for G
103

Cher Monsieur

Pour l'Armorial, j'ai ajourné la publication de l'Erratum qui augmenteront inévitablement les observations à venir.

Voici, en attendant, ce que j'ai pu remarquer

Votre respectueusement dévoué
L. Sarchey
63 rue de Seine.

Armorial du XVᵉ siècle

Omissions faites dans la copie de
l'Erratum.

Page 168. col. 2. L'alinéa commençant par Notre poète ainsi que les trois vers suivants, doit être reporté à la fin de la notice.

Page 170. col. 1. ligne 12. Supprimer la phrase commençant par Dans quelques armoriaux...

Page 202. col. 2. ligne 7. Edourd lisez Edouard.

Page 212. col. 1. l. 20. Mouselet lisez Moustelet

Page 220. col. 2. ligne 3. Hartcourt lisez Harcourt

for G
103

Cher Monsieur

Pour l'Armorial, j'ai ajourné la publication de l'Erratum qui augmenteront inévitablement les observations à venir.

Voici, en attendant, ce que j'ai pu remarquer.

Votre respectueusement dévoué
P. Taschey
63 rue de Seine

Avec la figure 30 *lisez* avec la figure 24 — Page 10. Notice Vergy. titre.

(Le texte descriptif ne parle que de sept besants. Ce nombre est porté à huit sur la partie postérieure de la housse, par erreur sans doute.) — Page 44.

A trois jumelles *lisez* à deux jumelles — Page 52. col. 2. ligne 1.

Niesiecki *lisez* Niesiecki — Page 85. col. 2. ligne 24.

ferrures *lisez* fourrures — Page 86. col. 1. ligne 36

Allemagnes selon Struvius *lisez* Allemagnes. Selon Struvius — Page 96. col. 1. ligne 22.

Tortnou *lisez* Tortnau — Page 108 col. 1. ligne 16
Kiepserg *lisez* Kyeperg — ————— ligne 20

Demi-Styrien *lisez* Styrien issant — Page 112, col. 1, ligne 6

Page 116, col. 1, ligne 10 — Klingel, écartelé ; lisez Klingel écartelé et reportez cet alinéa au dessous de Clingen 1er écu du 1er rang.

Page 116, col. 1, lignes 11 et 12 — partie lisez parti.
— ligne 17 — Rietstab lisez Rietstap.

Page 118, col. 2, ligne 8 — de l'un écu lisez de l'écu.

Page 124, avant dern. ligne — au sautoir lisez au sautoir engrêlé

Page 130, col. 1, ligne 1 — Fullen lisez Sullen

Page 134, col. 2, ligne 10 — Everinne lisez Everinen.

Page 176, ligne 5 — Rouel lisez Ronel.

ANCIEN
ARMORIAL ÉQUESTRE
DU 15ᴱ SIÈCLE

CET OUVRAGE A ÉTÉ TIRÉ A CINQ CENTS EXEMPLAIRES

NUMÉROTÉS A LA PRESSE

5 exemplaires sur papier du Japon . . . . Nos 1 à 5
5 exemplaires sur papier Whatman . . . . Nos 6 à 10
490 exemplaires sur papier vélin teinté . . . . Nos 11 à 500

———

UN DES DIX EXEMPLAIRES D'AUTEUR

Ancien Armorial équestre

de la Toison d'or
et de
l'Europe au 15ᵉ siècle

FAC-SIMILÉ

CONTENANT

942 ÉCUS, 74 FIGURES ÉQUESTRES, EN 114 PLANCHES CHROMOTYPOGRAPHIÉES

REPRODUITES ET PUBLIÉES POUR LA PREMIÈRE FOIS

D'APRÈS LE MANUSCRIT 4790 DE LA BIBLIOTHÈQUE DE L'ARSENAL

PAR LORÉDAN LARCHEY

L'UN DE SES CONSERVATEURS HONORAIRES

PARIS

BERGER-LEVRAULT ET Cⁱᵉ, ÉDITEURS

5, Rue des Beaux-Arts, 5

MÊME MAISON A NANCY

MDCCCXC

ORDRE DES MATIÈRES

INTRODUCTION, page VII.

AVANT-PROPOS de l'Armorial de la Toison d'or, p. XXV.

FIGURES ÉQUESTRES DES CHEVALIERS DE LA TOISON D'OR, avec texte explicatif en regard de chaque planche. — Planches : 1. Le duc Philippe le Bon. — 2. Guillaume de Vienne. — 3. René Pot. — 4. Jean de Roubaix. — 5. Roland d'Uytkerque. — 6. David de Brimeu. — 7. Hugues de Launoy. — 8. Jean de Commines. — 9. Antoine de Toulongeon. — 10. Jean de la Trémouille. — 11. Gilbert de Lannoy. — 12. Jean de Luxembourg. — 13. J. de Villiers-l'Ile-Adam. — 14. Antoine de Croy. — 15. Robert de Mamines. — 16. Jacques de Brimeu. — 17. Pierre de Bauffremont. — 18. Philippe de Ternant. — 19. Jean de Créquy. — 20. Le comte de Meurs. — 21. Simon de Lalain. — 22. Jean de Melun. — 23. Jacques de Crèvecœur. — 24. Jean de Vergy. — 25. Guy de Pontailler. — 26. Baudot de Noyelles. — 27. Le bâtard de Hautbourdin. — 28. Le comte de Charolais. — 29. Thibaud de Neufchâtel. — PLANCHES I A XXIX, pages 2 à 60.

DOCUMENTS sur l'ordre de la Toison d'or, page 61.

AVANT-PROPOS de l'Armorial de l'Europe, page 83.

FIGURES ÉQUESTRES DES SOUVERAINS, ET ÉCUS DES NOBLESSES DE L'EUROPE, avec texte explicatif en regard de chaque planche. — Planche 30. L'Empereur. — 31. L'archevêque de Cologne. — 32. L'archevêque de Mayence. — 33. L'archevêque de Trèves. — 34. Duc de Saxe. — 35. Marquis de Brandebourg. — 36. Duc de Bavière. — 37. Duc de Brabant. — 38. Duc de Souabe. — 39. Duc d'Autriche. — 40 à 46. Cent soixante-quinze écus, Noblesse d'Allemagne. — 47. Duc de Brunswick? — 48-49. Vingt-neuf écus. Noblesse de Brunswick? — 50. Duc de Limbourg. — 51 à 54. Cent écus. Noblesse de Hollande. — 55. Margrave de Misnie. — 56. Comte de Luxembourg. — 57. Duc de Berg et de Juliers. — 58. Duc de Gueldres. — 59. Le roi de France. — 60. Archevêque de Reims. — 61. Évêque de Langres. — 62. Évêque de Laon. — 63. Évêque de Beauvais. — 64. Évêque de Noyon. — 65. Évêque de Châlons. — 66. Duc de Bourgogne. — 67. Duc d'Aquitaine. — 68. Duc de Normandie. — 69. Comte de Flandre. — 70. Comte de Champagne. — 71. Comte de Toulouse. — 72 à 74. Soixante écus. Noblesse de France. — 75. Duc de Bourgogne. — 76. Duc de Normandie. — 77 à 80. Cent écus. Noblesse de Normandie. — 81. Duc de Bretagne. — 82. Comte de Flandre (2ᵉ fig.). — 83 à 86. Cent écus. Noblesse de Flandre. — 87. Comte d'Artois. — 88 à 91. Quatre-vingt-neuf écus. Noblesse d'Artois et de Vermandois. — 92. Roi d'Angleterre. — 93 à 99. Cent soixante-sept écus. Noblesse d'Angleterre. — 100. Roi de Castille. — 101. Roi de Norwège. — 102. Roi de Hongrie. — 103. Roi de Sicile. — 104. Roi de Portugal. — 105. Roi d'Aragon. — 106. Roi de Navarre. — 107. Roi de Pologne. — 108 à 111. Soixante-cinq écus. Noblesse de Pologne. — 112. Roi de Suède. — 113. Roi d'Écosse. — 114 à 116. Cinquante-sept écus. Noblesse d'Écosse. — Pages 87 à 262.

TABLES HÉRALDIQUES des écus, housses et cottes d'armes, page 263;
— des cimiers, 277;
— des écus sans noms, 278.

TABLE ALPHABÉTIQUE des noms de maisons nobles ou souveraines citées dans l'Armorial, page 280.

SOURCES CONSULTÉES, page 289.

INDEX DES MATIÈRES, page 291.

INDICATIONS NÉCESSAIRES POUR L'INTELLIGENCE DE CET ARMORIAL.

SON AUTEUR PROBABLE. — SES DIVERS POSSESSEURS.

DESCRIPTION DU MANUSCRIT. — COMMENT SA PUBLICATION FUT ENTREPRISE.

P<small>LUS</small> que toute autre, la publication d'un fac-simile a besoin d'être comprise à première vue. Cette considération impose dès le début quelques indications générales.

Les figures équestres de nos planches n'ont pas de caractère individuel ; leur mission n'est pas de montrer l'homme, mais ses attributs héraldiques. On n'a donc devant les yeux que des mannequins, ce qui explique la raideur uniforme des attitudes. Les chevaux ne sont pas même complets ; ils ont bien leurs jambes, presque toujours lancées au galop, mais les naseaux ne se profilent jamais hors des housses, ce qui rend les têtes assez difficiles à reconnaître, dans certains mouvements où les règles de la perspective sont peu observées. Si on excepte le roi de France, les évêques de Langres et de Laon, le comte de Champagne, les visages de cavaliers n'apparaissent guère davantage.

Il ne faut pas, bien entendu, prendre à la lettre le grand air de combattant donné à nos personnages. Malgré leur belliqueuse apparence, il est évident que les pairs ecclésiastiques de France et les prélats grands-électeurs du Saint-Empire ne songent guère à descendre en champ clos. On ne doit considérer leurs épées nues que comme la consécration de leur pouvoir séculier.

Les enluminures sont faites à la gouache assez grossièrement, comme le dessin, et nous n'avons pas atténué leur incorrection. Elles produisent néanmoins l'effet saisissant de tout ce qui a bien le caractère d'une époque reculée. La chromotypographie de notre fac-simile est nécessairement d'une couleur plus claire que l'original, souillé par l'usage, assombri par le temps, et terni par le ton mat de la gouache qui a subi plus d'une avarie.

Selon l'usage ancien, une couleur cendre-verte donne au terrain un aspect de prairie, semée de fleurettes. Sont teintés : en *blanc*, les têtes de clous ; en *bleu sombre*, le fer des armures et des épées ; en *rouge, vert* et *bleu*, les pierres précieuses des couronnes, des heaumes et de certaines parties d'armure ; en *jaune clair*, les parties dorées (colliers, éperons, étriers, grilles de heaumes, traits de damasquinures et filets décorant les parties en fer). Le même jaune est employé pour les clous et les filets de la selle.

L'armement et le costume sont du modèle en usage dans les tournois décrits par les chroniqueurs du quinzième siècle. Pour coiffure, les cavaliers ont un heaume, ou une salade, ou parfois une barbute recouverte du *chapel de Montauban*. Sur ces armures de tête, on remarque les lambrequins ou *hachements*, pièces de cuir découpé, assez courtes dans nos planches, mais qui pendaient en réalité de façon à faire l'office de couvre-nuque, et même à protéger les épaules, comme le manteau d'armes. On le voit par les miniatures que reproduit *La Science héroïque* de Wulson de la Colombière. Ces lambrequins n'étaient que le prolongement d'une calotte maintenue par une couronne, ou par un tortil, aux couleurs du combattant. A leur sommet se dresse une pièce importante, le cimier. De dimensions souvent extraordinaires et de formes plus ou moins bizarres (on le verra par nos planches), les cimiers faisaient de loin reconnaître leurs porteurs. Mais on devine qu'ils les auraient par trop alourdis s'ils n'avaient été faits d'un bois léger ou d'une feuille mince de cuir bouilli, feutré à l'intérieur. C'était non une défense, mais une véritable enseigne héraldique. Elle se fixait sur la calotte des lambrequins au moyen de courroies qui allaient probablement chercher leur point d'attache, sous le cuir, sur le fer du heaume, car la hauteur du cimier exigeait une grande solidité d'ajustage.

Les cimiers représentés ici sont les cimiers héraldiques réglementaires. Mais, à l'occasion, le cimier de fantaisie n'était pas négligé. C'est ce qui paraît ressortir d'un passage des *Mémoires de Du Clercq* reproduit dans le texte de la page 147 (planche LIX). On y voit le bâtard de Hautbourdin porter sur sa salade, non plus son dragon ailé (voyez planche XXVII), mais un habillement à la mode chez les *gentes dames* de son temps.

Viennent ensuite : 1° la bavière ou le gorgerin, protégeant le bas du visage et le cou ; — 2° le surcot, casaquin blasonné, ajusté ou même collé sur le corselet de fer ; — 3° la cotte d'armes proprement dite, qui se composait de deux manches bien rembourrées et d'une partie flottant sur le dos : elle était appelée *manteau d'armes*, coupée un peu comme une dalmatique. On devait la porter aux jours de bataille, comme nous le voyons page 78, où il est question de *cottes d'armes desployées*. Faite d'étoffe et doublée de peluche, elle préservait des coups de revers ; — 4° la *braconnière*, jupon de fer composé de quatre à cinq lames. Il est à noter que ce modèle appartient à la première moitié du quinzième siècle. On porta ensuite une braconnière à deux lames ; — 5° l'armure de jambe, comprenant les cuissots, genouillères et grèves ; — 6° les gantelets ; — 7° les *solerets*, qui aident encore à fixer notre date. Tous les chevaliers sont en effet chaussés de souliers de fer ou solerets dits à la poulaine (*à la polonaise*). Quand on était à cheval, le bout recourbé des solerets empêchait le pied de quitter l'étrier. Il se retirait à volonté pour la marche. Les solerets à la poulaine furent en usage jusqu'au règne de Charles VIII, qui les prohiba. Pour ce qui concerne cette partie de l'armement, nous ne dépassons donc pas l'année 1461.

Du même temps aussi est le modèle des épées, à garde et à poignée très simples.

L'armure défensive du cheval est cachée par la housse réglementaire. Le livre des *Cérémonies des gages de bataille* (Paris, Crapelet, 1839, p. 54) disait : « Se (si) le roi qui est en bataille (c'est-à-dire en ligne de bataille) veult combatre ses ennemis, il doit estre à cheval, lui et (avec) son destrier armé et couvert de tenicle et de parement de ses armes (c. à. d. : d'une tunique ou housse à la livrée royale), et son chief coronné (avec la couronne sur sa tête). »

On remarquera la forme élevée du troussequin de la selle. Non moins hauts sont les arçons ; ils ont leur housse aux armes du cavalier, qui était ainsi tout à fait emboîté.

Les selles de ce genre étaient spécifiées dans les *cris de joutes* ou proclamations de tournois. On le voit par cette proclamation de tournoi, dont le texte a été copié par Du Cange (5257 ms. Arsenal) : « Or, oyés, oyés, seigneurs chevaliers et escuyers que je vous fais ascavoir un très noble riche pardon d'armes, et une très grande jouste de par huit compagnons avanturiers, lesquels seront, le premier dimanche après Pasques flories, armés et montés en hautes selles..... »

On voit par le livre de comptes de Guy de la Trémouille (Paris, Champion, 1886, page 35) que les cottes, housses et bannières étaient, en 1396, d'étoffe dite *cendal*, et que le soin de les *armoyer* était confié à un peintre. Il devait en être de même à l'époque qui nous occupe.

Après avoir parlé des figures, nous devons entrer dans quelques explications sur notre texte.

Chaque notice de figure comprend trois parties : 1° *Légende*; 2° *Costume*; 3° *Histoire*. La première relève les légendes originales et complémentaires de chaque figure équestre. La seconde partie décrit les particularités de costume et d'armement à signaler en dehors des indications générales données ci-dessus. Quant aux renseignements historiques de la troisième partie, ils sont réduits à leur plus simple expression, ne contenant que ce qu'il faut pour constater chaque individualité.

Pour les notices des écus de l'*Armorial de l'Europe*, nous nous sommes borné à la lecture des légendes, au relevé des variantes, à quelques indications sur certaines armes et certains personnages.

Notre fac-similé a été obtenu par un calque aussi exact que possible, retouché ensuite avec le modèle sous les yeux.

On nous avait conseillé d'avoir recours à la photographie, mais l'encre des légendes du quinzième siècle avait trop pâli ; ces légendes elles-mêmes disparaissaient à moitié sous des surcharges relativement modernes. La photographie ne pouvait démêler tout cela ; son appareil ne s'accommodait pas non plus de ces feuillets pris de trop court dans la reliure. Impossible de les poser à plat. Enfin, les feuillets avaient été rognés de trois côtés avec une barbarie qui avait supprimé pour beaucoup le haut des titres et la partie postérieure des housses, dont la restitution était d'ailleurs facile; nous les avons rétablis dans l'intérêt de l'ensemble. Sur une épreuve photographique, ce n'eût pas été possible.

L'AUTEUR DE CET ARMORIAL. — L'auteur ne s'est pas nommé, mais la part importante faite aux plus anciens chevaliers de la Toison d'or suffit à démontrer qu'il était attaché à leur Ordre et à la personne de son fondateur, le duc Philippe le Bon. Le manuscrit date du règne de ce prince, car Charles le Téméraire n'y figure que sous le titre de comte de Charolais, porté jusqu'à 1467.

Quand on regarde le manuscrit de Berry, roi d'armes de France, conservé à la Bibliothèque Nationale de Paris, quand on compare ce manuscrit au nôtre, on reconnaît que tous deux eurent au quinzième siècle une semblable destination. Des deux côtés, c'est la même méthode, le même mélange de figures. Les princes et souverains de l'Europe y défilent à cheval, en costume de cérémonie, à la tête des blasons de leurs noblesses respectives. Comme dans notre manuscrit, certains noms sont écrits au bas de pages blanches en attendant de plus amples renseignements. L'analogie[1] paraît trop complète pour que l'auteur du manuscrit de l'Arsenal ne soit pas un roi d'armes de Bourgogne.

A l'époque qui nous occupe, le principal officier d'armes de Bourgogne était Jean Lefèvre, seigneur de Saint-Remy, dit *Jean de Saint-Remy*, ou *Toison d'or*, ou *Charolais*, car il cumulait, sous ce dernier surnom, les fonctions de roi d'armes de la Toison avec celles de héraut d'armes du duc, après avoir été héraut d'Angleterre. Il était né dans le Ponthieu qui fut quelque temps aux Anglais.

---

1. Ce qui diffère, c'est le choix et le nombre des figures et des écus. Les Flandres et la Pologne qu'on trouve ici, manquent à Berry, mais il donne le Berry, la Champagne, la Guyenne, la Bretagne et l'Italie que nous n'avons point. L'œuvre de Berry est plus considérable et plus soignée. Des différences de texte nombreuses achèvent de montrer que l'un n'a pas copié l'autre, et ils ne s'en complètent que mieux. Berry, mort une dizaine d'années avant son confrère Toison d'or, me paraîtrait avoir commencé son livre bien avant lui, si notre figure du duc de Berg ne permettait de préciser la date de 1423 à 1425.

C'était un personnage si prépondérant dans son ordre, si estimé par son prince, si naturellement indiqué par la nature de son double office, que dès le début nous le supposions auteur de cet armorial. Plus nous marchions sur cette piste, et plus nos conjectures premières tendaient à se confirmer. C'était d'abord les dates des promotions de chevaliers de la Toison nommés dans notre manuscrit qui, par une coïncidence digne de remarque, sont antérieures à 1468, l'année de la mort de Jean de Saint-Remy.

Autre indice bien particulier. — Les chevaliers des trois premières promotions ont leurs figures équestres dans l'Armorial. Deux manquent : Jean de Montaigu et Andrieu de Toulongeon. Pourquoi ? Quand on cherche la raison de cette lacune, on ne la trouve point dans les armoriaux officiels gravés au dix-septième siècle. Nos deux chevaliers y occupent leurs places comme les autres. Mais, en se reportant aux documents du quinzième siècle, contemporains de notre armorial, on apprend qu'Andrieu de Toulongeon mourut en Terre Sainte avant d'avoir reçu le collier, et que Jean de Montaigu fut exclu de l'Ordre pour s'être sauvé dans un combat.

Or, qui devait aller porter le collier de Toulongeon ? Qui devait aller reprendre celui de Montaigu ? C'était, pour l'un comme l'autre, Jean de Saint-Remy, en sa qualité de roi d'armes.

Nous comprenions dès lors pourquoi il n'avait pas fait leurs effigies. Dans le premier cas, le roi d'armes n'avait pu se renseigner près du nouveau promu. Dans le second cas, il jugeait Montaigu d'autant moins digne d'occuper une place, qu'il avait dû le citer lui-même à comparaître devant le chapitre de l'Ordre.

Jean de Saint-Remy fut si bien au courant de ce procès de Montaigu, qu'il lui consacre le chapitre 170 de ses Mémoires. On le trouvera reproduit ici, dans nos documents sur la fondation de la Toison d'or. Il y est conté tout au long comment, en 1431, au siège d'Anthonne, en Languedoc, le prince d'Orange se sauva. « Et aussy fist le seigneur de Montagu quy portoit l'ordre de la Thoison d'or, dont il fut fort repris. » Il fut mandé devant ses pairs, et n'osa comparaître. Ses excuses écrites ne purent empêcher sa condamnation. Tout chevalier tournant le dos à l'ennemi était déposé. Montaigu désespéré s'expatria, et mourut en pèlerinage à Jérusalem.

De cette déchéance, comme je l'ai dit, nulle mention dans les armoriaux postérieurs au nôtre, qui seul semble en avoir souci. Ce qui achève de montrer en son auteur un homme parfaitement au courant des affaires de l'Ordre, c'était que David de Brimeu porte sur le manuscrit ses armes écartelées, tandis que son cousin Florimond porte de Brimeu plein. C'est qu'il y avait eu débat et procès à ce sujet. La chose s'était jugée en 1435 à Arras ; Florimond avait eu gain de cause, et c'était sur l'avis de Jean de Saint-Remy, qui l'a de même relaté dans ses Mémoires (chap. 184).

Pour toutes ces causes, je ne croyais rien hasarder en le supposant auteur du présent armorial.

A la vérité, on ne voit point que l'ordonnance des officiers de la Toison impose au roi d'armes l'obligation de tenir armorial. Mais l'institution des officiers d'armes avait alors des règles communes à toute l'Europe. Leurs relations, fréquentes et courtoises, avaient un caractère véritablement international, si international que nous voyons en 1415, à la journée d'Azincourt, les hérauts de France et d'Angleterre demeurer côte à côte au même poste d'observation (leur devoir était de suivre et de noter les actes des combattants). Jean de Saint-Remy y était aussi, il en témoigne au 44º chapitre de ses Mémoires. Et Montjoie, le roi d'armes de France, ne quitta pas le champ de bataille sans avoir attesté, sur la demande du vainqueur, que le gain de la bataille lui devait être attribué.

Le devoir du roi d'armes de France ne se bornait pas là. L'obligation de dresser l'armorial est spécifiée dans son serment : « Le bon plaisir du roy sera que vous yres par toutes les provinces et « marches de ce royalme..... avec la commission du roy..... à tous les princes, contes, vicontes, barons, « baneres (bannerets), bacellers (bacheliers) et autres notables hommes..... pour savoir la noblesse de « son royaulme....; et de ceulx faire un extrait *à fasson d'un livre où seront leurs noms* et surnoms, les « cris et leurs *armes, blasons* et titres naturels. » (Recueil sur le roi d'armes, 4,655, ms. Arsenal.)

La prescription ne resta point lettre morte. On le voit par le grand nombre de livrets héraldiques conservés à la Bibliothèque Nationale, ainsi que par les copies de l'infatigable Du Cange. (Bibliothèque de l'Arsenal, nos 5256-57.) Le titre d'un manuscrit copié par lui prouve bien que les hérauts avaient chacun leur livre, et se le prêtaient mutuellement. Ce titre, le voici : « Recueil des armes des « roys, pairs et seigneurs de France et autres roys et seigneurs de plusieurs pays, fait par Secile, « hérault maréchal d'armes de Hainault, demeurant en la bonne ville de Mons, *pris en partie dans le « recueil de Vermandois, hérault du noble roi Charles de France, fait en l'an 1425* » (ms. 5,257 Arsenal, folio 370).

Or, Sicile était un officier du duc de Bourgogne, et cette mention de son travail sur le recueil de France établit parfaitement les obligations et les échanges confraternels des hérauts des deux pays, en ce qui touche la tenue des armoriaux.

Pour toutes ces causes, le présent manuscrit nous paraissait être l'œuvre du premier roi d'armes de la Toison d'or.

Nos suppositions se confirmaient encore par l'examen de la partie consacrée à la noblesse du reste de l'Europe. Il nous semblait retrouver la trace des séjours faits en divers pays par Jean de Saint-Remy. Les suites anglaise et écossaise, relativement considérables, montraient bien qu'il avait d'abord été au service du roi d'Angleterre, et qu'il y avait depuis porté plus d'un message diplomatique. Nous nous expliquions la partie polonaise, qu'on ne rencontre pas d'ordinaire dans les armoriaux, par la présence d'un ambassadeur polonais à Arras en 1434. Jean de Saint-Remy s'y trouvait alors, et n'avait point manqué l'occasion de s'instruire près du noble étranger, qu'il nomme, dans ses Mémoires, Sire Nicole *Lasessequin* (le *quin* est un *ki* sans doute).

Enfin, nous comprenions, dans son armorial, l'absence complète des écus d'Espagne, d'Italie et de la France méridionale, par cette raison que les rois d'armes de ces contrées n'assistaient point aux réunions chevaleresques de leurs collègues du Nord. C'est ainsi qu'en 1431, à la première fête de la Toison d'or, on voit arriver cinq rois d'armes : *Berry, Brabant, Flandre, Artois, Hainaut*, et neuf hérauts : *Sicile* (héraut de Hainaut), *Bretagne, Orange, Saint-Pol, Namur, Viane, Enghien, Zélande* et *Anthoing*, sans compter quatorze poursuivants d'armes. Aux noces du comte de Genève, en 1433, ils sont quatre rois d'armes (Toison d'or, Autriche, Savoie, France) et dix poursuivants à noms symboliques comme Humble-requeste, Doulce-pensée, Léale-poursuite, etc. — Cette fois encore, pas un ne vient du Midi, et cependant Chambéry, où la cérémonie avait lieu, n'en est pas éloigné. De plus, c'était la fille du roi de Chypre qu'épousait le comte de Genève, fils aîné du duc de Savoie.

N'était-ce point à ce défaut de relations qu'il convenait d'attribuer les pages blanches réservées dans l'Armorial aux noblesses de Castille, de Portugal, d'Aragon et de Navarre ?

Poursuivant, héraut, roi, tels étaient les trois degrés hiérarchiques d'une carrière qui fut encore

---

1. On a vu plus haut que *Sicile*, héraut et maréchal d'armes de Hainaut, habitait Mons en 1423.

estimée au quinzième siècle. Le chroniqueur Olivier de La Marche a traité ce point en termes qui sont à rappeler, puisqu'ils visent l'usage de Bourgogne :

> Et puisque nous avons parlé de l'office d'armes, je deviseray d'iceux. Le duc a en son hostel six roys d'armes, huict héraux[1] et quatre poursuyvans. Et leur sont leurs cottes d'armes délivrées et renouvellées par l'escuyrie; mais ils ne sont pas subjects à l'escuyer, et n'ont à respondre qu'au duc et à son premier chambellain.
>
> Et sont iceux comptés par les escroes (payés sur quittances délivrées à la Cour des Comptes) sinon quand ils vont ès voyages, qui sont comptés par l'argentier.
>
> Les officiers d'armes se créent et baptisent à l'hostel du duc ès grandes jours et ès bonnes festes. Et, à faire un poursuyvant, doit avoir deux héraux, qui doivent tesmoigner qu'il est personne honneste, qu'il a discrétion et renommée de vertu et de vérité pour entrer en l'office d'armes, qui jadis furent nommés les voirdisans[2]. Le prince luy donne tel nom qu'il luy plaist en le nommant, le baptise de vin que les héraux luy ont apporté en une tasse, et puis donne la tasse au poursuyvant, et le rachapt communément d'un marc d'argent; et puis les héraux luy vestent la cotte d'armes du long des bras, et non autrement; et le doit ainsi porter tant qu'il soit poursuyvant, en différence des roys d'armes et héraux.
>
> Et si le poursuyvant se gouverne bien, et qu'il soit trouvé homme de vertu, il parviendra au noble office de héraut. Et doit avoir en sa creation deux roys d'armes et quatre héraux, qui doivent certifier de sa première conduite, et qui a esté poursuyvant sept ans, et qu'il est digne d'estre héraut. Si doit estre batizé encore une fois, et luy change le prince son nom, et les héraux luy tournent la cotte d'armes selon ce qu'elle doit aller. Et pour créer un héraut à estre un roy d'armes, convient que tous les roys d'armes, héraux et poursuyvans que l'on peut finer, soyent là, et qu'ils portent tesmoignage, devant le prince, des vertus du héraut, et qu'il est stillé au treshaut office du roy d'armes, qui est si haut, si noble et si grand, que jamais ne peut avoir plus haut nom en l'office d'armes.
>
> Le héraut doit avoir la cotte d'armes vestue, et le prince luy met la couronne en la teste, qui doit estre d'argent doré, et non point d'or, et n'y doit avoir pierres que saphirs ; en segnifiant que le roy d'armes ne doit point avoir regard à nulles richesses, fors au Ciel seulement que le saphir figure, et dont il doit tirer vertu et vérité. La couronne doit estre en quatre lieux croisettée et non flouronnée ; et luy doit estre baillé nom de province subjecte au prince, où d'anciennenté il y ait eu nom de roy d'armes. Et au regard de créer le roy d'armes de la Toison, il doit estre faict par élection des chevaliers de l'ordre. C'est le premier et le principal de l'hostel du duc de Bourgogne, en l'entremise de la feste de la Toison ; et ne doit avoir autre officier d'armes pour conduire les cérémonies que luy seulement, et se doit aider d'iceux poursuyvans, et non plus. Ils doivent tous, à toutes choses grandes, accompagner le prince, leurs cottes d'armes vestues ; ils ont de grands droits et de grans dons. L'office d'armes doit honorer les nobles, et la noblesse les doit nourrir, soustenir et porter.

On voit, en effet, par le *livre des tournois* du roi René, que les droits perçus par les officiers d'armes aux jours solennels auraient pu leur tenir lieu d'appointements. Aux cours plénières, ils avaient la coupe du souverain ; aux créations de chevaliers, ils avaient l'habillement des promus ; tout ce qui tombait à terre dans un tournoi devenait leur propriété ; ils étaient payés par les chevaliers bannerets et par les chefs de bandes de piétons pour l'inscription de leurs noms sur un rôle nobiliaire particulier. Dans les combats singuliers, la dépouille du vaincu leur appartenait de droit. Le procès-verbal relatant le nom du vainqueur, dressé par eux, ne leur était pas payé moins de six marcs d'or; ils percevaient également un droit par inscription de chaque nouvel anobli sur leur registre. Pour la tenue de ce même registre, et ce dernier détail vient puissamment en aide à notre hypothèse, les officiers d'armes devaient savoir dessiner et enluminer les blasons.

Chaque roi d'armes devait avoir deux hérauts et deux poursuivants sous ses ordres. Ils se distinguaient par le costume. Les rois portaient l'écu brodé devant, derrière et sur les manches. Les hérauts ne le portaient point sur la manche gauche ; les poursuivants ne l'avaient, eux, que sur l'épaule gauche. Comme son nom l'indique, le poursuivant était toujours en quête des écus manquant au livre d'armes de son ressort.

La mission d'historiographe existe également dans l'ordre de la Toison, où le roi d'armes est chargé de réunir et de remettre au greffier les documents nécessaires pour la biographie de chaque chevalier. Il délivre un « *véritable* » rapport sur les hauts faits de chacun, *pour estre mis es croniques*

---

[1]. Il n'est point question de maréchaux. Sicile et Charolais portaient cependant ce titre, qui semble se confondre avec celui de héraut ; il indique sans doute non un grade, mais une fonction, une sorte de magistrature héraldique. — Puis il faut dire que le nombre des officiers d'armes sous Charles le Téméraire, dont parle Olivier de La Marche, n'a pas été le même que sous Philippe le Bon. Voy. page 9.

[2]. Mot à mot : *les diseurs de vérités*, car la sincérité était la première condition de leur parrainage.

qu registres. Il était aussi dans sa sphère un magistrat. Ainsi avons-nous vu, en 1435, à Arras, Toison d'or prendre la parole au nom des rois d'armes présents, dans un procès engagé entre divers membres de la famille de Brimeu. Son avis suffit à motiver le jugement. Ses autres devoirs sont énoncés par l'ordonnance des officiers de l'Ordre. On la trouvera reproduite dans notre extrait de ses Mémoires, car il fut aussi chroniqueur. Il parait, du reste, avoir eu tous les titres à l'estime de ses contemporains. Né à Abbeville en 1393, pourvu des quatre seigneuries de Saint-Remy, d'Avesnes, de Morienne et de la Vacquerie, fait chevalier après avoir été conseiller du duc Philippe le Bon, il le servit toujours avec honneur. Ses missions furent nombreuses et souvent importantes en Angleterre, en Écosse, en Allemagne, en Espagne, en Portugal et en Italie. C'est lui qui porta en Angleterre le texte des premières propositions de paix avec la France. En 1458, nous le voyons se présenter à Charles VII, dans le château de Montbazon, en compagnie de Jean de Croy et de Jean de Lannoy. Il s'agit de soutenir son maître contre certaines accusations. Le mémorandum est rédigé par Toison d'or, qui l'écrit et le signe avec ses deux collègues. Tous trois ont le titre de conseillers et d'ambassadeurs. Même qualité leur est donnée dans la réponse du roi de France. (Arsenal, ms. n° 3,842.) L'*Histoire du bon chevalier J. de Lalain* représente notre roi d'armes comme « le plus sachant, vertueux et vrai disant qui pour son temps estoit le non pareil qui pour lors fut en vie ». Cet éloge démentirait l'assertion de Buchon, qui croit Jean de Saint-Remy auteur de cet ouvrage; il y a pu collaborer, mais, bien qu'il aime à parler de lui (voy. la note de la page 143), eût-il osé se louer ainsi? Le P. Lelong est allé aussi trop loin en lui attribuant la chronique de Georges Chastelain, dont le manuscrit est conservé à la Bibliothèque nationale sous les n°s 8,348-49 (*hodiè* 2,688-89). Saint-Remy a pu fournir des documents à Chastelain, mais seulement pour le premier volume, car le second concerne le règne de Charles le Téméraire, au commencement duquel il mourut.

Cette mort advint en l'an 1468. — Comme roi d'armes, il avait résigné ses fonctions l'année précédente. En 1460 déjà, il était bien las, car il dit dans ses Mémoires avoir atteint l'âge de soixante-sept ans, et se trouver trop malade pour voyager désormais. Ce qui restait ardent chez lui, c'était le désir de laisser quelque témoignage écrit. « J'ai tousiours désiré », écrit-il en tête de son premier chapitre, « faire chose dont aucunement (quelquefois) soit mémoire après mon temps. » Bien qu'il s'excuse de « son gros et rude langaige picard », ses Mémoires présentent assez d'intérêt pour avoir été réédités trois fois. Nous leur avons emprunté les chapitres qui concernent l'institution de l'ordre. Il écrivit aussi sur l'art héraldique. Dans son traité sur l'origine des armoiries (p. 417), le P. Ménestrier dit avoir rencontré à Bruxelles, chez Chifflet, un traité manuscrit de Jean de Saint-Remy, sur les armoiries, daté de 1463, sans doute le même que le manuscrit de la Bibliothèque nationale, n° 1,968 (*français*). Dans son *Histoire de la Toison d'or*, Salazar lui attribue aussi un recueil des ordonnances du duc de Bourgogne sur le blason. A la bibliothèque de l'Arsenal, nous avons enfin trouvé sous le n° 4,150, dans un recueil héraldique manuscrit intitulé : *L'Assemblée d'Arras*, une copie dont le titre nous a révélé un troisième ouvrage de Saint-Remy. Ce n'est, à la vérité, qu'une copie; mais, chose à noter, elle a été faite sur le manuscrit original et dans cette même ville de Bruxelles.

Voici le titre : « Charolois, mareschal d'armes du bon duc Philippe de Bourgogne et de Braban, « Limbourg, Luxembourg, Lotrich et Gueldre, etc., conte de Flandre, Artois, palatin de Bourgogne et « de Henault, marquis du Saint-Empire, de Holande, Zelande, Namur, Zutphen, seigneur de Frise, « d'Utrect, de Salins et Malines, à qui Dieu fache paix et de présant le maintiene en santé et « prospérité.

« Ce livre traite des armoiries des Grands du monde assemblé de mains païs par le comendement

« de monseigneur le Duc l'an 1425. » Le copiste du dix-septième siècle a écrit à la suite : « Mis en « double sur l'original (en 1658), dans la noble ville de Bruxelles. »

Charolais n'est autre que Saint-Remy, puisqu'il avait ce nom en 1425 comme héraut du duc. Au-dessous du titre, l'auteur de cette copie a dessiné et peint l'effigie d'un héraut d'armes, portant de la main droite l'écu de Bourgogne, et de la gauche, le bâton bandé bleu et or, qui était l'insigne de sa charge. Sa cotte et son chaperon ont conservé la coupe ancienne; mais ses moustaches en croc, sa barbe en pointe, sa haute collerette tuyautée, ne permettent pas de douter. C'est le copiste de 1658 qui s'est représenté lui-même.

Le texte de Charolais commence naturellement par ses princes : « Chy comenche les armes de Mon- « seigneur le duc de Bourgogne, et de Messeigneurs ses nobles enchêtre; ensemble des provinces « qui sont sou(s) ly; avec les seigneurs à banières, chevaliers de marque, barons et bacheliers et « esquiers des marchès de ses païs et de sa sujection. »

Quelques pages plus loin, il s'excuse fort humblement des fautes qu'il pourra commettre en ce qui regarde les pays étrangers :

« Charolais, mareschal d'armes du duc de Bourgogne et de toutes ses provinces. Par le nombre qui « s'ensuyt on trouvera par escris les blasons et armes de la pluspart des princes... Sy suplie très hum- « blement à tous nobles et officiers d'armes qui mon petit livre verront, et antique chose y trouveront « qui ne soit ainsy come il doit estre, que de leur benigne grâce veulent coriger et mettre à son adresse « (redresser), afin que l'honneur de tout oficiers d'armes y soit gardé et la miene. L'an 1425 (la date « de 1425 a été grattée et indûment remplacée par celle de 1658) fut ce présent livre escris en « double. »

Les blasons de toute l'Europe viennent ensuite successivement, toujours avec un certain nombre de pages blanches réservées, comme dans notre manuscrit. Au bas du folio qui suit le titre de la série intitulée : *S'ensuivent en ce chapitre les armes des empereurs et roy du monde*, je remarque cette mention : *Addition du hérau Breban*, 1610 (il y avait 1600, on a biffé ensuite). Les additions du héraut Brabant, qui devait habiter Bruxelles, vont jusqu'à Louis XIII.

La découverte de cette copie nous a fait d'abord autant de peine que de plaisir, car elle semble mettre à néant les vraisemblances que nous avons commencé par exposer, et que nous avions soigneusement recueillies. Elle montre, en effet, que Jean de Saint-Remy avait un livre d'armes en 1425, mais que son manuscrit n'avait rien de commun avec le nôtre. La seule manière dont il écrit France (Franche) en serait une preuve. Il n'a point fait une seule figure équestre, il ne donne pas autant de blasons, mais il les accompagne de petites notes historiques; celles-ci ont la naïveté du temps. On y trouve les armoiries des Troyens et des Romains. Dans une suite consacrée aux souverains venus au concile de Constance, en 1413, on voit figurer les rois mages. Il est vrai que nous ayons affaire à une copie, et que le copiste a pu copier les additions d'héraldistes naïfs. J'ai montré, à la fin de l'avant-propos de l'Armorial de l'Europe, qu'il en existait encore sous Louis XIV.

Il est vrai aussi que nous nous trouvons en présence d'une œuvre de jeunesse; elle date de 1425. Saint Remy, qui avait alors trente-deux ans, a pu très bien recommencer un nouvel armorial orné de grandes figures, avec un choix meilleur et l'aide d'un calligraphe. Il n'aurait pas eu le temps de le finir à sa mort, arrivée en 1468, car la date extrême des promotions de chevaliers, dans notre manuscrit, est 1461.

L'hypothèse d'une seconde œuvre de Saint-Remy n'est donc pas improbable, elle est d'autant moins improbable que notre manuscrit est une œuvre inachevée.

Dans tous les cas, on doit persister à penser que l'auteur fut un héraut d'armes de Bourgogne, car le duc Philippe le Bon n'avait point que Jean de Saint-Remy à ses gages. On le voit en se reportant à l'état suivant publié par De la Barre, dans ses *Mémoires pour servir à l'histoire de France*. (Paris, 1729, in-4°.)

« *Roi d'armes du duc* : Toison d'or, roy d'armes de la Toison d'or. — Cet officier avoit 50 nobles de gages valans 141 frans 8 gros, et 50 frans pour des habits, il entroit au conseil de guerre. (*Compte de Mathieu Regnault*, de 1433.)

« *Hérauts d'armes* : Deux hérauts de Bourgogne : *Beaumont, Salins*. — Deux hérauts de Flandre. — Deux hérauts d'Artois. — Un héraut de Charrolois.

« *Poursuivans d'armes* : Fusiz, Germoles et Montreal, poursuivans du duc. — François Pèlerin, Etienneau Maître, dit *Persévérance*, Talant et Noyers, poursuivans. »

Fusil, le premier poursuivant, portait, comme on s'en doute, un nom allégorique qui devait en faire plus tard un roi d'armes de la Toison d'or. Son vrai nom était Guillaume Gobert, dit Gilles Gobet. C'était l'élève et l'ami de Jean de Saint-Remy. En 1468, ce dernier « fort débilité et affoibli » par une maladie dont il devait mourir six semaines après, profita d'un moment d'arrêt dans ses souffrances pour offrir sa démission au nouveau duc, Charles le Téméraire, en le priant d'agréer pour son successeur « ung sien serviteur nommé Fusil, lequel il avoit choisi digne à ce ».

La nomination fut accordée, et le duc fit plus encore en armant chevalier le démissionnaire. Le nouveau roi d'armes ne resta pas aussi longtemps en place. Serait-ce lui qu'il faut supposer auteur de notre armorial ?

Ce qui empêche de le croire, c'est la figure équestre du fils de Philippe le Bon, représenté uniquement comme comte de Charolais. En supposant que Gobet l'ait faite avant d'être nommé roi d'armes, il n'eût pas manqué ensuite de compléter ce qui regardait le nouveau duc. Pour cette dernière raison, comme pour les autres, l'auteur probable de cet armorial paraît avoir été, sinon Jean de Saint-Remy, tout au moins un héraut d'armes de Bourgogne, qui n'était plus en fonctions sous Charles le Téméraire. C'est encore en faveur de Jean de Saint-Remy qu'il y a le plus de présomptions.

LES DIVERS POSSESSEURS DU MANUSCRIT. — Après l'officier d'armes de Bourgogne, présumé par nous auteur du manuscrit, quels furent ses possesseurs, quelle part purent-ils avoir à la continuation de son œuvre, et comment arriva-t-il à la Bibliothèque de l'Arsenal ?

L'examen minutieux des légendes[1] nous donne à penser que, d'abord, il passa aux mains d'un

---

1. Beaucoup d'inscriptions de bas de page semblent avoir précédé l'exécution des figures, sans doute à titre de memento. Il y a des noms biffés, pour faire place à d'autres, qui sont biffés à leur tour. Ainsi, au bas de la page 77 du manuscrit, réservée au comte de Hainaut qui n'a pas été représenté, on a biffé successivement trois noms. La page est restée blanche. On s'explique la première biffure plus facilement que les autres, puisqu'on retrouve le duc de Lorraine ailleurs comme roi de Sicile. Au bas de la page 123, on a biffé *Anjou* (le comte de Hainaut), qui n'a pas été plus représenté qu'à la page 77. Au bas de la page 83, restée blanche, on a biffé cinq noms, dont deux (Souabe et Saxe) se retrouvent pages 16 et 42 du manuscrit. Le nom d'Aussy (Ausy), biffé page 336, est reporté à la page suivante sans que la représentation héraldique ait été faite pour cela. Presque toutes ces indications sont du quinzième siècle. Notre inventaire les a relevées avec soin, car elles constituent, avec les légendes placées en tête des figures et des écus, le seul texte du manuscrit.

ARMORIAL.

héraldiste flamand. Au bas de plusieurs pages, nous remarquons en effet des légendes flamandes écrites en surcharge qui font double emploi avec les légendes françaises du haut. Citons par exemple : *Berghen* sous *des Mon*, *Flander* sous *Flandre*, *Borgon* sous *Bourgogne*. Un Flamand seul a pu écrire *Sipers* pour *Chypre*, *Angau* pour *Hainaut*, *Shassen* pour *Saxe*, *Hartoes* pour *Artois*. Son écriture cursive est encore du quinzième siècle ; elle se retrouve sur les trois planches d'écus flamands placées après l'effigie du comte de Flandre.

J'attribuerais volontiers aussi la même origine aux légendes gothiques de presque tous les écus ; elles ne me semblent pas écrites par l'auteur des figures. Ainsi l'écu de France est-il surmonté du mot *Francse*, tandis que, vis-à-vis, la belle effigie du roi porte le mot *France* bien correct. Cette seule preuve parait convaincante. Il y a d'autres indices : l'auteur des écus met *Rogir* pour *Rogier*, *Olivir* pour *Olivier*, *Charters* pour *Chartres*, *Ferrire* pour *Ferrières*. Il écrit l'allemand comme on le prononce, soit : *Lossenstain* pour *Lossenstein*, *Blanckenstainr* pour *Blanckensteiner*, *Voux* pour *Fuchs*. On doit remarquer que la Flandre et la Hollande n'ont pas ici moins de deux cents blasons peints, vingt-cinq de plus que l'Allemagne.

Vint ensuite un troisième propriétaire, vraisemblablement de 1530 à 1580. C'était encore un héraldiste, bon dessinateur, si nous en jugeons par ses œuvres qui sont d'abord des légendes en majuscules, comme celles des rois de Portugal, de Suède, de Pologne et d'Aragon, ajoutées à des figures, plus anciennes, du quinzième siècle ; puis encore des dessins de cavaliers à la plume, bien exécutés (V. pages 338 à 354), et enfin une belle miniature de roi d'Écosse, la seule peinte un siècle après les autres et paraissant avec toutes les grâces de la Renaissance dans cette gothique assemblée. Ce doit être encore cet héraldiste qui a parfait les légendes d'un certain nombre d'écus écossais. Il devait être Français ou possédait bien la langue française, car il écrit *Suede* à la page 255, où le Flamand avait écrit *Zoueden*. De même, il remplace *Castielle* par *Castille*, *Ongheriee* par *Hongrie*, *Portighal* par *Portugal*, *Aragoun* par *Aragon*, *Pollaine* par *Pologne*, etc.

Après ces deux propriétaires désireux de compléter à leur façon l'œuvre première, nous entrons dans une période fâcheuse pour sa conservation. Ceci est prouvé par les lacunes de l'ancienne pagination, par l'interversion évidente d'un certain nombre de feuillets, par la barbarie avec laquelle on les a rognés sur trois côtés pour les remboîter dans une reliure ancienne.

Pour ne rien omettre, nous sommes forcé de mentionner une devinette scatologico-juridique écrite en six lignes au verso d'un des derniers feuillets. L'écriture est du commencement du seizième siècle. Ce feuillet fut collé sur un autre. Il a fallu la curiosité de notre temps pour lui faire revoir le jour.

Probablement vers le milieu du dix-septième siècle, l'Armorial tomba dans les mains d'un bel esprit qui l'orna d'une dédicace grotesque [1]. Les légendes complémentaires placées sur les pages réservées aux chevaliers de la Toison d'or et aux grands électeurs du St-Empire, paraissent écrites cinquante ans plus tard, par un possesseur plus sérieux.

---

1. « *Le très grand armorial de l'Europe au taille douce*, par Jacinte de la Tubéreuse, dédié à très illustre et très magnifique Guenin, écuier, seigneur de la Tulippe, marquis d'Auriculas, baron de la Renoncule et grand inquisiteur de la Florimanie occidentale, méridionale, etc.

ÉPITRE

« Monseigneur,

« Le travaille où je fais gloire de m'estre si long tems tenu occupé serait inutile aux curieux de tous les siècles si je n'osais le consacrer à Votre Excellence pour mériter ce goût exquis et délicat qui brille tellement en vous que les plus bizards même y doivent une entière soumission. Oh ! si j'avais des couleurs assez vives, votre jardin serait le vrai parter où mon cœur fairait épanouir les œilletons du respect enraciné qui me fait estre comme Iris estait à Junon

« De Votre Excellence, le très soumis, très dévoué et très fidèle sujet, Philippe-François de la Greinne. »

De 1770 à 1780, l'Armorial trouva son dernier refuge dans la bibliothèque du marquis de Paulmy. Cette fois, je ne conjecture plus. Une certitude m'est acquise par le numéro d'ordre 676 B. placé au verso du folio de garde. Ce numéro, je le retrouve porté à l'ancien catalogue de M. de Paulmy, avec une mention courte et vague : « *Armorial de l'Europe*, vol. in-fol., tout en figure de blazon manuscrit », sans aucun des détails que ce bibliophile distingué ne ménage pas à l'occasion. Je m'en étonnerais davantage si la lettre distinctive B et l'inscription placée à un revers de feuillet n'annonçaient une acquisition faite assez tard, peut-être au moment où la bibliothèque allait passer au comte d'Artois. On sait qu'elle appartient aujourd'hui à l'État sous le nom de Bibliothèque de l'Arsenal. Notre Armorial est inscrit à son catalogue sous le n° 4790 (ancien 687, Hist. ms. français).

Comment tomba-t-il entre les mains de M. de Paulmy? On sait que ce ministre lettré ne ménagea ni son argent, ni son influence, ni ses relations, pour enrichir son cabinet; il acheta et reçut des manuscrits en cadeau de toutes mains. Son fameux *Froissart* lui vint de Bruxelles. De là aussi lui vint la copie du livre d'Armes de Jean de Saint-Remy dit *Charolais*, héraut de Philippe le Bon, dont parle notre page 9. Or, si jamais manuscrit fut fait pour se trouver à Bruxelles à côté de celui-là, c'est assurément le présent Armorial; sa provenance doit être la même.

DESCRIPTION DU MANUSCRIT. — C'est un in-quarto de papier très fort; son filigrane, représentant une tête de bœuf surmontée d'une croix, se retrouve dans le papier des premiers livres imprimés à Mayence et en Franche-Comté. En Flandre, M. de la Fons Mélicoq trouve cette tête de bœuf de 1340 à 1505. (*Bulletin du bouquiniste*. Paris, Aubry. 1858, p. 482.) Sur quelques feuillets, on voit un roi d'échiquier, filigrane que M. A. Claudin nous a signalé comme antérieur au quinzième siècle en Dauphiné.

Les ratures et les pages blanches réservées montrent que c'est un original. Il n'a d'autre texte que des légendes écrites au quinzième siècle, et assez souvent biffées ou surchargées à des dates postérieures. Il contient 80 figures équestres et 942 écus peints au quinzième siècle.

Vers la fin du seizième siècle, les feuillets qui composent ce manuscrit paraissent avoir été remboîtés dans une reliure dont les plats étaient trop courts. Pour parer à cette inégalité, on n'a rien trouvé de mieux que de rogner de façon à entamer, de trois côtés, figures, légendes et blasons.

Comme un opérateur aussi barbare ne pouvait comprendre la valeur du manuscrit qu'il avait dans les mains, il ne s'est pas préoccupé de l'ordre primitif, qui est plusieurs fois interverti et qui a probablement souffert des retranchements. La pagination étant postérieure au remboîtage, les pages qui manquent (1 à 7, 14 et 15) ne peuvent donner idée des premières pertes.

A la fin du dix-septième siècle ou au commencement du siècle suivant, on a endossé la reliure, et on a fait un foliotage qui se suit sans interruption.

C'est pourquoi le folio 1 tombe à la page 8, sans tenir compte de la disparition des pages 1 à 7. On s'explique moins comment un recto de page peut porter un numéro pair. Il faut que le numéro de page 1 ait été placé à un verso. Entre la feuille de garde et le plat de la reliure, on constate un espace libre et des traces de mutilation.

L'inventaire qui suit nous a paru le meilleur compte à rendre de l'état actuel du manuscrit. Les moindres particularités y sont relevées scrupuleusement, hors les légendes ajoutées en surcharge après le seizième siècle, qu'on retrouvera dans notre texte descriptif.

INVENTAIRE DU MANUSCRIT

ANCIENNES LÉGENDES DES FIGURES. (XVe siècle.)	FIGURES ÉQUESTRES, ÉCUS, LÉGENDES des XVe et XVIe siècles, faisant double emploi. OBSERVATIONS.	FOLIOS du MANUSCRIT.	PAGES du MANUSCRIT.	NUMÉROS de NOS PLANCHES.
L'eupereur, Lenpereur	Figure peinte. — Manquent les pages 1 à 7	1	8	30
L'arsevesque de Caulongne	Idem	1 v.	9	31
L'arsevesque de M(alence)	Idem	2	10	32
L'arsevesque de Trèves	Idem	2 v.	11	33
	Commencement de croquis à la mine de plomb (XIXe s.). Fait d'après le type du fol. 2 v.	3	12	
	Page blanche	3 v.	13	
	Manquent les pages 14 et 15. Traces d'arrachement. Les numéros 14 et 15 se lisent encore sur des fragments de papier adhérents au dos. Trace de peinture au fragment de la page 15. Le foliotage qui est postérieur en date se poursuit sans interruption			
Le duc de Saxen	Figure peinte	4	16	34
Le marquis de Brandebourc	Idem	4 v.	17	35
	Contours d'écus tracés à la pointe sèche, sans aucun détail héraldique. L'estampage montre que le relieur a interverti les faces du feuillet	5 et 5 v.	18 et 19	
	Pages blanches	6 à 10	20 à 30	
Le duc de Bavières	Figure peinte	10 v.	31	36
Le duc de Brabant	Idem	11	32	37
	Pages blanches	11 v. à 15 v.	33 à 41	
Le duc de Zuaven	Figure peinte	16	42	38
	Pages blanches	16 v. et 17	43 et 44	
Le duc d'Aut(riche)	Figure peinte	17 v.	45	39
	Cent soixante-quinze écus de la noblesse d'Autriche	18 à 21	46 à 52	40 à 46
	Pages blanches	21 v. et 22	53 et 54	
Le duc de Br(unsw)ich	Figure peinte. En bas de page : Bronzwits (cursive fin du XVe s.)	22 v.	55	47
	Vingt-neuf écus de la noblesse de Brunswick. Au bas de la page 57, nom biffé : Sullich (cursive fin du XVe s.)	23 et 23 v.	56 et 57	48 et 49
	Pages blanches. Au bas de la page 63, on lit : Mylan (cursive du XVe s.). Au bas des pages 65, 69, 71, on lit : Savoyen, Sassen duc, Luneboreh (cursive du XVe s.). Mais ces noms n'ont pas été maintenus sans hésitation. A côté du nom de Mylan, on a biffé ceux de Marsse et de Loraine ; à côté du Savoyen, on a biffé Prussen ; à côté de Sassen, on a biffé Milan, Savolen et Bronzvits ; à côté de Luneborch, on a biffé Savoie, Pomeran(ie)	24 à 31 v.	58 à 73	
Le duc de Limbeurch	Figure peinte. On lit en bas de page : Liemboreh (cursive du XVe s. postérieure à la légende du haut)	31 (double).	74	50
	Pages blanches. En bas de la page 77, on lit : Henaut (cursive du XVe s.). Sont biffés à côté : Duc Loraine, Rodes, Conte de Hollant (id.). Au-dessus, commencement de croquis au crayon. Cavalier à heaume couronné, ayant une aigle pour timbre	31 v. double à 32 v.	75 à 77	
	Page blanche. En bas de page on lit : Hollande (cursive du XVe s.). Noms biffés : Shassen (Saxe) et conte de Henaut (id.). Commencement de croquis à la plume (XVe s.) représentant un chevalier à heaume ayant pour timbre un bonnet conique commençant par un haut retroussis et terminé par une petite couronne, d'où part un plumail	33	78	
	Cent écus peints de la noblesse de Hollande	33 v. à 35	79 à 82	51 à 54
	Pages blanches. Au bas de la page 83, noms biffés : Swaven duc (Souabe), Shassen (Saxe), Vauters (?)			

ANCIENNES LÉGENDES DES FIGURES. (XVᵉ siècle.)	FIGURES ÉQUESTRES, ÉCUS, LÉGENDES des XVᵉ et XVIᵉ siècles, faisant double emploi. OBSERVATIONS.	FOLIOS du MANUSCRIT.	PAGES du MANUSCRIT.	NUMÉROS de NOS PLANCHES.
	Prussen (cursive du XVᵉ s.), *Van der Stolpe* (cursive du XVIᵉ s.) — Au bas de la page 85, on lit le nom de *Wtettolf* (cursive du XVIᵉ s.). — Au bas de la page 86, on a biffé un nom de quatre mots. Le premier est illisible. Les trois derniers sont *grave van Essen* : comte d'Essen (Prusse) [cursive du XVIᵉ s.]	35 v. à 37	83 à 86	
Le marquis de Myse	Figure peinte	37 v.	87	55
»	Pages blanches	38 à 40	88 à 92	
(Le duc de) Lusembourc	Figure peinte. En bas de page : *Luchelemborch* (cursive du XVᵉ s., postérieure à la figure peinte). Aujourd'hui on dit encore en allemand *Lutzelbourg* pour Luxembourg	40 v.	93	56
»	Page blanche	41	94	
Le duc des Mon	Figure peinte. En bas de page : *Berghen*. Nom biffé : *Bronswick* (ces deux noms en cursive du XVᵉ s., mais de date plus récente que la peinture)	41 v.	95	57
»	Page blanche	42	96	
Le duc de Gheldere	Figure peinte. En bas de page : *Ghelder* (cursive du XVᵉ s., post. à la peinture)	42 v.	97	58
»	Pages blanches	43 à 47	98 à 106	
Le roy de France	Figure peinte	47 v.	107	59
L'archevesque de Rains	Idem	48	108	60
L'evesque de Langres	Idem	48 v.	109	61
L'evesque de Laon	Idem	49	110	62
L'evesque de Beauvais	Idem	49 v.	111	63
L'evesque de Noyon	Idem	50	112	64
L'evesque de Chaalons	Idem	50 v.	113	65
Le duc de Bourgoigne	Idem	51	114	66
Le duc d'Aquitaine	Idem	51 v.	115	67
Le duc de Normandie	Idem	52	116	68
Le conte de Flandres	Idem	52 v.	117	69
Le conte de Champaigne	Idem	53	118	70
Le conte de Toulouse	Idem	53 v.	119	71
»	Soixante écus de la noblesse de France, plus quatre écus de fantaisie ajoutés au XVIᵉ s.	54 à 55	120 à 122	72 à 74
	Pages blanches. En bas de la page 123, on lit le nom d'*Oriens* (cursive du XVᵉ s.). En bas de la page 125, *Angau* (id. pour *Hennegau*: Hainaut)	55 v. à 57	123 à 126	
Le duc de Bourgoigne	Figure peinte. En bas de page : *Borgon*ᵉⁿ (cursive du XVᵉ s., postérieure à la peinture)	57 v.	127	75
»	Pages blanches	58 à 63 v.	128 à 139	
(Le duc de) Normandie	Figure peinte	64	140	76
	Cent écus de la noblesse de Normandie (légendes gothiques du XVᵉ s.)	64 v. à 66	141 à 144	77 à 80
»	Pages blanches	66 v. à 68 v.	145 à 149	
Le duc de Bretaigne	Figure peinte. En bas de page : *Bertanne* (cursive du XVᵉ s., postérieure à la peinture)	69	150	81
»	Pages blanches	69 v. à 70	151 à 152	
Le conte de Flandres	Figure peinte. En bas de page *Flander* (cursive du XVIᵉ s.). Nom biffé : *Artoisien* (cursive du XVᵉ s., postérieure à la peinture)	70 v.	153	82
»	Cent écus (dont 93 peints) de la noblesse de Flandre	71 à 72 v.	154 à 157	83 à 86
»	Page blanche	73	158	
Le comte d'Artois	Figure peinte. Nom biffé : *Flamans* (cursive du XVᵉ s.). On lit ensuite *Hartoes* (cursive de la fin du XVᵉ s.).	73 v.	159	87
	Vingt-deux écus (dont un non peint) de la noblesse d'Artois	74	160	88
»	Pages blanches	74 v. à 75 v.	161 à 163	
	Soixante-sept écus (dont un non peint) de la noblesse de Vermandois. Au bas de la page 165 : *Vermandoies* (cursive du XVᵉ s.)	76 à 77	164 à 166	89 à 91
»	Page blanche	77 v.	167	
Le roy d'Engleterre	Figure peinte	78	168	92

ANCIENNES LÉGENDES DES FIGURES. (XVe siècle)	FIGURES ÉQUESTRES, ÉCUS, LÉGENDES des XVe et XVIe siècles, faisant double emploi. OBSERVATIONS.	FOLIOS du MANUSCRIT.	PAGES du MANUSCRIT.	NUMÉROS de NOS PLANCHES.
»	Cent soixante-sept écus peints de la noblesse d'Angleterre.	78 v. à 81 v.	169 à 175	93 à 99
(Roi de) Castille	Figure peinte. — Légendes : *Roy de Castielle* (curs. du XVe s.). *Le roy de Castille* (capit. du XVIe s.).	82	176	100
»	Pages blanches	82 v. à 86 v.	177 à 185	
Le roi de Norvegale	Figure peinte. En bas de page : *Roy de Norweghe*.	87	186	101
»	Pages blanches	87 v. à 91 v.	187 à 195	102
(Roi de) Honguerye	Figure peinte. En bas de page : *Roy de Ongherlee* (cursive du XVe s.). En haut : *le roy de Hongrie* (majuscules du XVIe s.).	92	196	
»	Pages blanches	92 v. à 96 v.	197 à 205	
(Roi de) Baheaigne	Figure peinte non terminée. En bas de page : *Roy de ....engue* (cursive du XVe s., post. à la peinture). En haut : *le roy de Bohème* (majuscules du XVIe s.).	97	206	
»	Pages blanches	97 v. à 99 v.	207 à 211	
Le roy de Cesille	Figure peinte. En bas de page : *roy de Seayle* (cursive du XVe s., post. à la peinture).	100	212	103
»	Pages blanches	100 v. à 104 v.	213 à 221	
Roy de Portighal	Figure peinte. En haut de page : *le roy de Portugal* (majuscules du XVIe s.).	105	222	104
»	Pages blanches	105 v. à 107 v.	223 à 227	
(Roi d') Aragon	Figure peinte. En bas de page : *roy d'Aragoun* (cursive du XVe s., post. en date). En haut : *le roy d'Aragon* (majuscules du XVIe s.).	108	228	105
»	Pages blanches	108 v. à 114 v.	229 à 241	
Le roy de Navarre	Figure peinte. En bas de page : *roy de Nazare*. (curs. du XVe s., post. en date).	115	242	106
»	Pages blanches	115 v. à 118 v.	243 à 249	
(Roi de) Pouleune	Figure peinte. En bas de page : *Pollaine* (cursive du XVe s., post. en date). En haut : *le roy de Pologne* (majuscules du XVIe s.).	119	250	107
»	Soixante-cinq écus peints de la noblesse de Pologne. Au XVIe siècle, on a placé page 121 un écu de fantaisie déjà reproduit ailleurs, celui de La Goutte	119 v. à 121	251 à 254	108 à 111
(Roi de) Suède	Figure peinte. En haut de page : *le roy de Suede* (majuscules du XVIe s.). En bas de page, à droite : *Zoueden* (cursive de la fin du XVe s.).	121 v.	255	112
»	Pages blanches. A la page 262, commencement de croquis à la plume. Cavalier à heaume couronné, sans timbre. En bas de page : *Sipers* (cursive de la fin du XVe s.). Ce doit être Chypre ; le roi de cette île avait marié sa fille en 1433 au fils du duc de Savoie	122 à 129 v.	256 à 271	
(Roi d') Esco(sse)	Figure peinte au XVIe siècle. En haut de page : *Le roy d'Escosse*. (majuscules du XVIe s.). La figure est la seule qui soit de ce temps	130	272	113
»	Cinquante-sept écus peints de la noblesse d'Ecosse, plus deux écus dessinés à la plume au XVIe siècle, p. 276.	130 v. à 132	273 à 276	114 à 116
»	Pages blanches	132 v. à 134 v.	277 à 281	
Gruhuse	Sans figure	135	282	
Le mareschal de Borgogne	Dessin à la plume du XVIe s. Sans indications héraldiques.	135 v.	283	
Roye	Idem.	136	284	
Le roy d'Aragon	Idem.	136 v.	285	
Coinbre	Idem.	137	286	
Estampez	Idem. (On a peint au commencement d'écartelement avec champ azur sur la partie postérieure de la housse.).	137 v.	287	
Montaigu	Dessin à la plume du XVIe s. Sans indications héraldiques.	138	288	
Mess. Jaquez de Lalaing	Idem.	138 v.	289	
Arienne	Idem.	139	290	
Humières	Idem.	139 v.	291	
Le roy d'Aragon	Idem.	140	292	
Oriens	Idem.	140 v.	293	
Charrollo(is)	Figure peinte.	141	294	25
Mess. Baudot de Noielles	Idem.	141 v.	295	26

ANCIENNES LÉGENDES DES FIGURES (XVe siècle.)	FIGURES ÉQUESTRES, ÉCUS, LÉGENDES des XVe et XVIe siècles, faisant double emploi. OBSERVATIONS.	FOLIOS du MANUSCRIT.	PAGES du MANUSCRIT.	NUMÉROS de NOS PLANCHES.
Mess. Jehan de Vergy	Figure peinte	142	296	24
Mons. d'Anthoing	Idem	142 v.	297	23
Le conte de Meurs	Idem	143	298	20
Mess. Jehan de Croy	Figure non reproduite comme semblable à la figure 14.	143 v.	299	
Mons. de Chargny	Figure peinte	144	300	17
Mess. Jaques de Brimeu	Idem	144 v.	301	16
Mons. de Mamines	Idem	145	302	15
Mons. de Croy	Idem	145 v.	303	14
Le conte de Lygny	Idem	146	304	12
Mons. de Jonvelle	Idem	146 v.	305	10
Mons. de Traves	Idem	147	306	9
Mons. de Santes	Idem	147 v.	307	7
Mess. Anthoine de Vergy	Figure non reproduite comme semblable à la figure 24.	148	308	
Mons. de Rombais	Figure peinte	148 v.	309	4
Mons. de Sainjorge	Idem	149	310	2
Montjoye	Idem	149 v.	311	1
Mess. René Pot	Idem	150	312	3
Mess. Roland d'Untkerke	Idem	150 v.	313	5
Mes. Davy de Brimeu	Idem	151	314	6
Mons. de Commines	Idem	151 v.	315	8
Le conte de Saint-Pol	Figure non reproduite comme semblable à la figure 12.	152	316	
Mes. Gilleibert de Lannoy	Figure peinte	152 v.	317	11
Mons. de Liladan	Idem	153	318	13
Mess. Florimond de B(rimeu)	Figure non reproduite comme semblable à la figure 6.	153 v.	319	
Mons. le Begue de Lannoy	Figure non reproduite comme semblable à la figure 11.	154	320	
Mons. de Teryant	Figure peinte	154 v.	321	18
Mons. de Croquy	Idem	155	322	19
Mes. Simon de Lalain	Idem	155 v.	323	21
Mes. Guy de Pontalier	Idem	156	324	25
Mons. de Crevecœr	Idem	156 v.	325	22
Mes. Tibaut de Nefchastel	Idem	157	326	29
Mons. le bastart de Haubourdin	Idem	157 v.	327	27
Vernenbourg	Dessin à la plume du XVIe s. Sans indications héraldiques.			
	Non reproduit, ainsi que les suivants, qui sont exécutés d'après un modèle uniforme.	158	328	
Breteingne	Idem	158 v.	329	
Alencon	Idem	159	330	
Comminges	Idem	159 v.	331	
Cleves	Idem. (Nom biffé: Lannoy. Cursive du XVe s.)	160	332	
Lannoy	Idem. (Idem; le b(âtard) de Bourgogne.)	160 v.	333	
Autreven	Idem	161	334	
Brederode	Idem	161 v.	335	
La Vere	Idem. (Nom biffé: Ausy. Cursive du XVe s.)	162	336	
Ausy	Idem. (Idem: Cleves.)	162 v.	337	
Le batard de Bourgogne	Idem. (Idem: Ravestain.)	163	338	
Ravestain	Sans figure. (Une inscription facétieuse du XVIe s.)	163 v.	339	
Le josne duc de Guellez	Sans figure	164	340	
	Pages blanches	165 à 167	341 à 346	

Au bas de la page 347, on lit *Corbioes* (curs. du XVe s.). Au-dessus, croquis à la plume (XVIe ou XVIIe s.), représentant un abbé mitré à cheval. C'est un feuillet transposé à la reliure. Il appartenait évidemment à l'Armorial de l'Europe, et il avait été réservé à l'inscription des écus picards du Corbiois (terre de l'abbaye de Corbie), comme la page 165 à celle des écus picards du *Vermandoies*, qu'il suivait sans doute. Quand on compare *Corbioes* à *Hartoes* (page 159), le sens du mot ne fait pas de doute. C'est le dernier folio. La page 348 est collée sur le plat de la reliure. On y lit le n° 771 que nous avons retrouvé sur la carte d'inventaire des manuscrits de la Bibliothèque de l'Arsenal, faite en 1816, par Dom Poirier.

Comment cette publication fut entreprise. — Cet Armorial n'était pas inconnu. Il a toujours été mentionné au catalogue de la Bibliothèque de l'Arsenal (n° 687, Hist., *hodiè* 4790). Plus d'un curieux en avait tourné les pages, mais elles étaient de celles qui rebutent les éditeurs.

On reculait devant les peintures grossières, devant les feuillets mutilés, les légendes raturées ou surchargées, devant le manque absolu de texte. Il y avait des lacunes visibles. L'ensemble était souillé et rompu comme un vieux jeu de tarots dont il rappelle tant soit peu l'aspect. Néanmoins, il avait de la couleur, du caractère. Je reproduisis quelques figures, et, vers 1875, je profitai d'une visite de Jules Quicherat pour les lui soumettre. Après avoir vu la copie, après avoir longuement examiné l'original, il déclara que le manuscrit lui paraissait fort intéressant, et que je ferais bien de continuer. Mon ancien maître n'étant pas de ceux qui prodiguent les banalités, je me mis au travail qui fut poursuivi pendant les vacances de onze années. En 1886, je croyais avoir fini. L'arrivée du premier cliché me déçut cruellement. Mon interprétation, trop grêle, n'atteignait pas la vigueur du contour qui doit se détacher à l'œil comme celui d'une figure de vitrail.

Tout était à retoucher. Je n'hésitai pas, je revins sur chaque trait en doublant sa force, depuis la première planche jusqu'à la dernière. Cette tâche me fut longue encore, mais l'ennui fut amoindri, dès que j'eus la certitude de mieux *rendre* le modèle. Toutefois, je n'étais pas au bout. L'éditeur de l'*Armorial* pensa que la reproduction en couleur assurerait mieux la vente. Son avis faisait loi, car, tout en ne demandant rien pour mon travail, je craignais que le sacrifice ne fût plus considérable de son côté. La chromotypographie du tout fut donc décidée. On avait fait peindre quarante figures pour la préparation d'un exemplaire d'amateur. J'enluminai à mon tour trente-quatre figures équestres et neuf cent quarante-deux écus. Restait à trouver le chromotypographe; il m'attendait heureusement à l'imprimerie Berger-Levrault et Cie en la personne de M. Édouard Müh. Je rends hommage à l'habileté de son travail, à la fidélité de son interprétation.

Tel qu'il se présente ici, notre fac-simile aura du moins le mérite d'offrir aux bibliothèques l'équivalent exact du précieux original; sa perte ne serait plus un désastre irréparable, et la joie de l'avoir conjuré reste le dédommagement de ma peine.

Lorédan LARCHEY.

ARMORIAL
DE LA
TOISON D'OR

1430 - 1461

Cet armorial de la Toison d'or est le plus ancien que nous connaissions. Antérieur au règne de Charles le Téméraire, il ne dépasse point l'année 1433 pour les figures, sa dernière inscription de chevalier est de 1461. C'est le seul qui contienne une suite aussi remarquable de figures équestres. Leur mode d'exécution a été l'objet des explications générales contenues dans les premières lignes de notre Introduction. Nous les complétons par quelques détails sur l'insigne de la Toison.

Autour du cou des chevaliers, on remarque le collier de l'ordre, si pompeusement décrit par l'historien bourguignon Paradin : « Un collier d'or moult gentement et richement ouvré de sa devise, c'est à savoir de fusils entrelacés avec des pierres jettant le feu et étincellant. Et portoit cette devise du fusil parce qu'un B dénotant Bourgogne est fait en forme de fusil. Au-dessous du collier pendoit à chacun, sur le devant, une toison d'or. »

Il ne faut pas moins que la description de Paradin pour comprendre les détails du joyau figuré grossièrement ici. Les fusils ou briquets ont une forme peu précise, les pierres à feu teintées de noir envoient de rares étincelles. Il faut se reporter à la planche 5, celle de Roland d'Utkerke, pour reconnaître que les briquets avaient bien la forme d'un B. Leur entrelacement avait exercé aussi les amateurs d'allégories. De même qu'ils avaient vu dans le B la première lettre de *Bourgogne*, ils virent dans l'union des deux B l'union indissoluble des deux Bourgognes (Duché et Franche-Comté). Sur la partie droite de chaque B, on grava, dans l'origine, les mots : *sic ferio*, pour appuyer la devise ducale : *antè ferit quàm flamma micat*, dont nous reparlerons tout à l'heure. — Une autre devise de l'ordre était, d'après le P. Ménestrier : *pretium non vile laborum*.

Le duc Philippe le Bon avait, comme nous l'avons dit, ses devises. L'une était : *Autre n'auray*, qui rappelle une devise plus longue adoptée le jour de son mariage avec Isabeau de Portugal (*Aultre n'aray (que) dame Ysabeau tant que vivray*). La seconde devise se rapporte aux briquets et aux pierres à feu du collier : *antè ferit quàm flamma micat*, c'est-à-dire : dès qu'il a frappé, la flamme brille.

La pensée première du fondateur a été discutée. Les uns ont affirmé qu'elle fut théologique, d'autres ont insinué qu'elle était galante. Je me rangerais plutôt à l'avis de ceux qui ont admis, avec Monstrelet, une allégorie mythologique. Les sujets fabuleux étaient de mode chez les beaux esprits qui ne manquaient point à cette cour de Bourgogne, alors la plus brillante d'Europe. La légende fameuse de Jason et des cinquante héros de sa compagnie était faite pour séduire un prince chevaleresque, et la Toison d'or a pu représenter noblement dans ses rêves la laine des Flandres réunies sous son sceptre. Le plus certain, c'est que la pensée politique, s'il y en eut une, s'enveloppa dans la vertu chrétienne des statuts de cette noble confrérie qui devait avoir le privilège singulier de rester, encore aujourd'hui, la plus enviée.

C'est un orfèvre de Bruges, Jean Peutin, qui fabriqua les premiers colliers de la Toison. Sur les *Comptes* publiés par l'abbé Dehaisnes (*Inventaire des Archives du Nord*, Lille, 1885), nous voyons, en 1432, attribuer à cet artiste 1,080 livres pour la façon de vingt-cinq colliers. Lorsque le collier, rendu par les hoirs du chevalier, avait besoin de réparations, elles étaient à la charge de l'ordre. Ainsi paiet-on encore quatre livres à cet orfèvre pour « avoir refait deux pièces d'un des colliers lequel fut à feu messire Robert de Masmines ».

Une dernière observation sur les heaumes ; ils ont tous la teinte du fer. L'auteur des *Insignia equitum velleris aurei* (1632), Chifflet, affirme cependant qu'ils étaient d'or, c'est-à-dire dorés.

À la suite des planches, nous avons donné les détails de la fondation et des règlements de l'Ordre, d'après un document du quinzième siècle. La reproduction du texte était préférable à une analyse qui eût été moins complète et moins colorée.

Les chevaliers de la Toison d'or qui ont ici leurs figures équestres appartiennent aux promotions de 1430 à 1440 exclusivement. Ils devraient être trente-sept, y compris le fondateur de l'ordre, mais ce nombre a été réduit à vingt-neuf. — Soit une différence de huit chevaliers que motivera le texte descriptif. Cinq n'ont pas été donnés par nous parce que leurs armes ne différaient point. L'effigie du sixième manque sur le feuillet qui porte son nom dans le manuscrit. Enfin, le septième et le huitième ont été omis pour des causes exceptionnelles : le premier ayant été dégradé, le second étant mort avant d'avoir reçu le collier.

Viennent ensuite les promotions de 1440 à 1461 inclusivement. Elles comptent vingt-six chevaliers, mais ne figurent ici que pour mémoire. Vingt-quatre figures équestres ont été ajournées, comme en témoignent leurs noms écrits au bas des feuillets laissés en blanc. On peut en déduire que le temps d'en faire davantage a manqué à l'auteur. Quant aux vingt-cinquième et vingt-sixième noms, ils manquent au manuscrit dont l'ordre primitif a beaucoup souffert d'une reliure défectueuse. Nous le voyons par le duc Philippe, fondateur de l'ordre, qui se trouve l'un des derniers de la série, tandis qu'il devrait marcher à sa tête. Le contraire a lieu pour le seigneur de la Gruthuse, inscrit le premier au lieu d'être l'avant-dernier. Et ainsi pour d'autres. Nous avons rétabli chacun à son rang de promotion.

Nous bornant aux figures du quinzième siècle, nous n'avons tenu aucun compte de treize pages sur lesquelles une plume exercée a dessiné, au siècle suivant, des cavaliers sans signe distinctif. Le heaume n'a point de cimier; la cotte est sans indication héraldique. C'est la reproduction habile, mais invariable, de deux modèles de convention (l'un de face, et l'autre de profil); — de ces modèles appelés familièrement *passe-partout* jusqu'au jour où l'héraldiste leur donne une personnalité.

ARMORIAL
DE LA TOISON D'OR

PLANCHE I.

Philippe le Bon,
FONDATEUR DE L'ORDRE.

(Fol. 149 v. du manuscrit.)

Planche I.

Philippe III, duc de Bourgogne.

(Fol. 149 v. du manuscrit.)

Légende : *Montjoye* (écriture cursive du quinzième siècle). — C'était le premier mot du cri de guerre ducal, qui fut d'abord : *Montjoye au noble duc !* — puis : *Montjoye Saint-Andrieu !*

Saint André (Andrieu) était le patron de la Bourgogne. Quant à *Montjoye*, c'était un vieux mot qui signifia d'abord *monticule, amas de pierres,* et qui paraît avoir désigné ensuite, par extension, ce qui était bien en vue sur cette éminence. Les soldats bourguignons criaient donc *Montjoye Saint-Andrieu.* Pour les Français, c'était *Notre-Dame Montjoie Saint-Denis !* allusion à saint Denis, patron de la France. Les soldats anglais criaient : *Montjoie Notre-Dame-Saint-Georges !* parce que saint Georges était patron de l'Angleterre. Ceux du comte d'Artois criaient aussi : *Montjoie le duc au blanc épervier !* Ces derniers cris ne permettent point de voir dans *Montjoie,* comme on l'a prétendu, la moindre allusion à la montagne sur laquelle saint Denis aurait été martyrisé.

Pour en revenir au *Montjoye* de Bourgogne, il ne suffirait pas ici faire reconnaître le personnage, si on n'était renseigné par les détails du costume. Dans l'*Armorial de l'Europe*, nous verrons le duc de Bourgogne encore plusieurs fois, comme pair et comme suzerain.

Pour la longue et pompeuse énumération de ses autres titres, on peut se reporter à l'introduction, où nous avons cité le texte officiel de Charolais, maréchal d'armes de Philippe le Bon.

Costume : Heaume couronné d'un bourrelet d'argent et de gueules, ayant pour cimier une double fleur de lis d'or, qui semble ornée de cinq gros rubis. Lambrequins d'azur fleurdelisé or (or et azur sans fleurs de lis, selon Chifflet). Les cinq gros rubis du heaume ne devraient pas être considérés comme un caprice de dessinateur. On peut s'appuyer ici du témoignage d'Olivier de la Marche ; il rapporte que Philippe le Bon avait une salade valant cent mille écus.

Cotte d'armes et housse de cheval écartelées aux armes de Bourgogne, qui sont : aux 1 et 4, d'azur fleurdelisé d'or, à la bordure componée d'argent et de gueules, qui est Bourgogne moderne (le champ d'azur est ici damassé de lignes losangées) ; — au 2, parti d'or et d'azur en bande de six pièces à la bordure de gueules (Bourgogne ancienne) et de sable au lion d'or, lampassé et armé de gueules (Brabant) ; — au 3, encore parti de Bourgogne ancienne, comme ci-dessus, et d'argent au lion de gueules, armé et couronné d'or, lampassé d'azur, à queue fourchue passée en sautoir (Limbourg). — Sur le tout, l'écu de Flandres : d'or au lion de sable armé et lampassé de gueules.

Doublures vertes. — Cheval bai-brun.

Histoire : On sait que le duc Philippe le Bon fut le fondateur, premier chef et souverain de l'ordre de la Toison d'or, institué solennellement à Bruges le 10 janvier 1430 (nouveau style), le jour même où il se remariait pour la troisième fois avec Isabeau de Portugal. C'est à Bruges aussi qu'il devait mourir en 1467. Son règne fut une longue suite de guerres avec la France, la Lorraine et la Flandre. Il n'en sut pas moins protéger le commerce, les lettres et les arts. Tout duc qu'il resta, on peut le considérer comme le plus brillant souverain de son époque.

PROMOTION DE BRUGES (1429)

VINGT-QUATRE CHEVALIERS.

PLANCHE II.

Guillaume de Vienne.

(Fol. 149 du manuscrit.)

PLANCHE II.

Guillaume de Vienne.

(Fol. 149 du manuscrit.)

LÉGENDE : *Mons' de Sainjorge* (cursive du quinzième siècle). Inscription supplémentaire du dix-septième siècle : *Messire Guillaume de Vienne, seigneur de St-Georges. A Bruges, 1429.* Chifflet le qualifie : seigneur de Sainct George et de Saincte Croix.

COSTUME : Son heaume a pour cimier un buste de maure à collier d'or, habillé d'hermines, et coiffé d'un haut bonnet pointu de même, avec retroussis de gueules. Sur la pointe du bonnet, se dresse un plumail de sable planté dans une boule d'or (plume d'argent, selon Chifflet, qui ajoute : l'oreille percée d'un annelet d'or). Dans les blasons des recueils gravés, le collier n'existe point et le plumail est remplacé, comme dans Chifflet, par une plume sans boule plantée dans le retroussis. Lambrequins d'hermines.

Cotte et housse aux armes de Vienne : de gueules à l'aigle d'or. Le champ de gueules est damassé. On a oublié de figurer le collier de l'ordre.
Doublures vertes. — Cheval noir.

HISTOIRE : Prudent capitaine, appelé à ce titre *le Sage* par le chroniqueur Olivier de la Marche, Guillaume de Vienne eut mission de bloquer Calais en 1406, emporta le pont de Saint-Cloud lorsque le duc de Bourgogne marcha sur Paris, signa la paix conclue avec le Dauphin. Mort en 1435, conseiller, chambellan, bailli général de Bourgogne.

Il avait pour devises les jeux de mots : *A bien vienne tout !* et *Tost ou tard vienne !* Sa maison était la plus illustre de Bourgogne, d'où les dictons populaires : *Noble de Vienne* et *Grandeur de Vienne.*

PLANCHE III.

Messire René Pot.

(Fol. 150 du manuscrit.)

Planche III.

René Pot, seigneur de la Rochepot.

(Fol. 150 du manuscrit.)

Légende : *Mes. Réné Pot* (cursive du quinzième siècle). Inscription supplémentaire du dix-septième siècle : *Messire Réné Pot, seigneur de la Rochepot. A Bruges, 1429*. Chifflet le qualifiait ainsi en 1632 : *Messire Regnier Pot, seigneur de la Pugne et de la Roche-Norday*. Il a voulu parler de la *Prugne* au Pot, en Berry. La Rochepot, dite aussi Roche-Norday et Roche-Noulay, était près de Nolhy, en Bourgogne.

Costume : Heaume couronné d'or (selon Chifflet, surmonté d'un bourrelet d'argent et de gueules). Lambrequins d'azur (azur et or selon Chifflet). Pour cimier, une tête d'aigle d'azur lampassée de gueules et becquée d'or. Cotte et housse écartelées, aux 1 et 4, d'azur à la fasce d'or, qui est Pot (d'or à la fasce d'azur, selon Chifflet).

L'étoffe de la fasce est, ici, damassée. Les 2 et 3 sont échiquetés d'argent et de sable à deux ceinturons de gueules bouclés d'or, supportant deux badelaires au fourreau de gueules, emmanchés, virolés et rivés d'or, mis en bande l'un sur l'autre. Il est à remarquer qu'ils sont disposés de façon à figurer la première lettre de Pot. Cette partie de l'écu est cependant aux armes de Courtejambe.

Doublures rouges. Cheval gris foncé.

Histoire : Conseiller et chambellan de Philippe le Bon, René Pot fut un des bons capitaines de la Bourgogne. Il gouverna le Dauphiné avant 1422, et fut envoyé près de Charles VII comme ambassadeur. Mort en 1432. D'après le *Mausolée de la Toison*, sa devise était : *A la Belle!*

PLANCHE IV.

Jean de Roubaix.

(Fol. 148 v. du manuscrit.)

Planche IV.

Jean de Roubaix.

(Fol. 148 v. du manuscrit.)

Légende : *Mons' de Rombais* (cursive du quinzième siècle). Inscription supplémentaire du dix-septième siècle : *Messire Jean, seigneur de Roubaix. A Bruges, 1429.*

Costume : Heaume couronné de gueules. Pour cimier, deux grèves ou jambières de sable (d'argent, selon Chifflet) enrichies d'or. Lambrequins de sable (d'hermine, repliés de gueules, selon Chifflet). — Cotte et housse d'hermines au chef de gueules. L'étoffe du chef est damassée. Doublures bleues.
Cheval blanc.

Histoire : Premier chambellan du duc, il avait été le négociateur de son mariage avec la fille du roi de Portugal. Il voyagea aussi en Hongrie, en Orient, et s'y battit pour Dieu contre les Turcs, comme il devait ensuite se battre pour son prince contre les Flamands révoltés à Rosebecq, à Liège, à Nivelle. Il mourut le 7 juin 1449, âgé de quatre-vingts ans. Son épitaphe, gravée sur une lame de cuivre, se voyait encore au dix-septième siècle, en la grande église de Roubaix, en Flandre. Au seizième siècle, cette seigneurie de Roubaix fut érigée en marquisat pour Robert de Melun, et passa ensuite à un prince de Ligne. Jean y joignait celles d'Herzeele et d'Escaudeuvres (*Mausolée de la Toison d'or*). Sa femme était une Lannoy.

PLANCHE V.

Roland d'Uytkerke.

(Folio 150 v. du manuscrit.)

Planche V.

Roland d'Uytkerke.

(Folio 150 v. du manuscrit.)

Légende : *Mess. Rolant d'Uutkerke* (gothique du quinzième siècle). — Uutkerke, aujourd'hui Uytkerke, est en Flandre, près de Bruges. — Inscription supplémentaire du dix-septième siècle: *Seigneur d'Hemsrode. A Bruges, 1429.* Chifflet ajoute à cette seigneurie Herstruut; le *Mausolée* ajoute Hemstede et Hoyembrouck.

Costume : Heaume portant pour cimier une tête de lévrier d'argent, à collier de sable (d'azur, selon Chifflet) annelé et clouté d'or. Lambrequins d'argent. — Cotte et housse aux armes d'Uytkerke qui sont d'argent à la croix de sable, chargée de cinq coquilles oreillées d'or. L'étoffe de la croix est damassée de palmettes d'un noir miroitant sur le noir mat de l'étoffe. — Doublures rouges.

Cheval gris pommelé.

Histoire : Du gouvernement de Harlem, Roland d'Uytkerke passa en 1437 à celui de la Hollande. Il aida le duc Philippe à soumettre les Brugeois. En 1435, Jean de Saint-Remy le vit entrer en la ville d'Arras « bien accompaignié, et ses gens richement vestus de sa livrée de broderie et orphaivrerie, douze arbalétriers devant luy, et sept pages derrière, et moult beaux chevaux, sans les sommiers (chevaux de somme) et bagaiges ». (*Mémoires*, chap. 183.)

Mort le 22 avril 1442.

L'artiste a figuré dans les coins de cette planche les briquets et les pierres à feu emblématiques du collier de la Toison. Leurs états différents (avec et sans flammes) rappellent la devise ducale : *ante ferit quam flamma micat*. Cette double œillère du briquet facilitait l'introduction des doigts; elle figurait en même temps la double panse du B, première lettre du mot Bourgogne. On assure que cette ressemblance a influé sur le choix de l'emblème.

Antoine de Vergy.

(Fol. 148 du manuscrit.)

(*Figure non reproduite en raison de sa ressemblance avec la figure 30 représentant Jean de Vergy.*)

Légende : *Mess. Antoine de Vergy* (cursive du quinzième siècle). Inscription supplémentaire du dix-septième siècle: *Messire Antoine de Vergi, seigneur de Champlitte. A Bruges, 1429.* — Chifflet ajoute à ce titre ceux de *comte de Dampmartin, seigneur de Rigney.*

Costume : Heaume ayant pour timbre une tête d'aigle de sinople (d'or, selon Chifflet) becqué d'or, au milieu d'un vol banneret d'hermines. Les lambrequins manquent. — Cotte et housse aux armes de Vergy, qui sont : de gueules bordé d'argent et chargé de trois quintefeuilles percées d'or.

Histoire : En 1419, Antoine de Vergy, chambellan de Jean sans Peur, fut blessé et fait prisonnier au pont de Montereau lorsque le duc y fut mis à mort. Il était maréchal de l'armée de Bourgogne au combat de Crevant, fut fait maréchal de France, lors de l'occupation anglaise, et gouverna la Bourgogne en 1423 pendant un voyage du duc Philippe le Bon. Mort le 9 octobre 1439.

PLANCHE VI.

David de Brimeu.

(Fol. 151 du manuscrit.)

PLANCHE VI.

David de Brimeu.

(Fol. 151 du manuscrit.)

Légende : *Mes. Davy de Brymeu* (cursive du quinzième siècle). Inscription supplémentaire du dix-septième siècle ; *Messire David de Brimeu, seigneur de Ligny. A Bruges, 1429.* — Il s'agit ici de la seigneurie de Ligny, en Picardie, qui était à la maison de Brimeu.

Costume : Heaume grillé et couronné d'or ayant pour cimier un cygne naissant, dans un vol à trois rangs d'argent, becqué de gueules. (Le bec n'est pas apparent ici.) Lambrequins d'argent (et de gueules, selon Chifflet). — Cotte et housse aux armes de Brimeu, qui sont écartelées, aux 1 et 4 : d'argent à trois aigles de gueules, becquées et membrées d'azur, qui est Brimeu ; aux 2 et 3 : d'argent à la bande de gueules, qui est Mingoval. — Doublures bleues.

Cheval gris rouan.

Histoire : En 1417, David de Brimeu accompagna Jean sans Peur lorsqu'il alla chercher à Tours Isabeau de Bavière exilée, et conclure avec elle l'alliance qui devait aboutir au traité de Troyes. En 1421, il se distinguait à la bataille de Mons-en-Vimeu, contre les Armagnacs, commandés par La Hire et Xaintrailles. Mort en 1451.

Sa devise était : *Quand sera-ce ?*

PLANCHE VII.

Hugues de Lannoy.

(Fol. 147 v. du manuscrit.)

PLANCHE VII.

Hugues de Lannoy.

(Fol. 147 v. du manuscrit.)

LÉGENDE : *Mes. de Santes* (cursive du quinzième siècle). Inscription complémentaire du dix-septième siècle : *Messire Hugues de Lannoy, seigneur de Santes. A Bruges, 1429.*

COSTUME : Heaume grillé et couronné d'or, ayant pour cimier une tête de licorne d'argent, armée d'or (aux crins et barbe de même, dit Chifflet). Lambrequins d'argent (et de sinople, dit Chifflet). — Cotte et housse aux armes de Lannoy, qui sont d'argent à trois lions de sinople, couronnés d'or, armés de gueules (d'or, selon Chifflet) et lampassés de gueules, l'écu brisé d'une bordure engrêlée de gueules. — Doublures bleues. — Cheval blanc.

Un armorial manuscrit de la Toison d'or exécuté avec soin au seizième siècle et conservé à la bibliothèque de Dijon, donne aux trois lions une couleur grise, inconnue en blason, que je cite à titre de renseignement.

HISTOIRE : Le chroniqueur Olivier de la Marche représente Hue (Hugues) de Lannoy comme « un des sages, vaillants et preudhommes chevaliers de son temps ». Fait chevalier dès sa vingtième année, il alla combattre sur les confins de l'Allemagne. De retour en France, il devint grand-maître des arbalétriers, capitaine de Meaux. Toutefois, ses fonctions de grand-maître (1421 à 1423) furent purement honorifiques, si on s'en rapporte au document produit ci-après. A quarante ans, il eut le gouvernement de la Hollande, et acquit autant de renom comme homme d'État que comme capitaine. A soixante ans, il se démit de toutes ses charges pour vivre dans la retraite, et mourut le 1ᵉʳ mai 1456, à soixante-douze ans, doyen des chevaliers de la Toison d'or.

Cette famille de Lannoy compta des hommes remarquables. Je trouve les états de services de deux de ses membres dans un recueil de copies de Du Cange, conservé à l'Arsenal sous le n° 5260. Je les reproduis parce qu'ils concernent le même Hugues de Lannoy et son frère Guillaume ; ils montrent éloquemment, dans leur concision, quelle était la vie de ces hardis seigneurs, guerriers partout où il y avait des coups à donner, et diplomates lorsque leur suzerain voulait bien mettre à profit leur humeur voyageuse. Voici le texte du manuscrit :

Extrait d'un manuscrit communiqué par M. de l'Effilé, lieutenant de l'eslection de Guise.

S'ersuit le livre fait par messire Guillaume de Lannoy, seigneur de Villerval, faisant mention de plusieurs voyages faiz par lui tant en Surie, Turquie, Prusse comme ailleurs.

M. de Santes se trouva es guerres contre les Armignacs. En 1413, partit de l'Escluse pour aller en Prusse où il receut l'ordre de chevalerie à une attaque d'une place en Poméranie[1]. Fait prisonnier à la bataille d'Azincourt, 1415, et conduit en Angleterre. Paya rançon. Est fait capitaine de l'Escluse par le duc Jean où il fut 30 ans. Fut au siège de Montereau avec le duc Philippe, et à celui de Meleun. L'an 1421, le 4 may, il partit de l'Escluse pour faire le voyage de Hierusalem, à la persuasion des rois de France, d'Angleterre, du duc de Bourgogne, avec Le Galois du Bois, Colart, le bastard de Marquette, le bastard de Lannoy, Jean de la Roe, aggrégé de Ham, le roy d'armes d'Artois. Passe par la Prusse, Pologne où il fut en ambaxade de la part des deux Roys (vers) la duchesse de Masovie, sœur du roy de Pologne. Passa par la Lithuanie. Il embarqua à Caffa, vint à Constantinople où il vit le vieil empereur Manuel, et le jeune empereur son fils, qui luy firent grand accueil. Puis s'embarqua sur des vaisseaux vénitiens pour la Terre-Sainte. Vint ensuite en Alexandrie et en Egipte.

Retourné de la Terre-Sainte, il fut en Angleterre l'an 1423. En 1426, fut en la première armée que le duc de Bourgogne mena en Holande contre Mᵐᵉ de Holande et (le duc) le fit capitaine de Ruberdem. L'an 1427, fut en la deuxième armée de Holande. L'an 1428, il fut envoyé ambassadeur par le duc en Hongrie vers le Roy des Romains pour le fait des Hussites et vers Aubert duc d'Autriche. L'an 1429, il fut fait chevalier de la Toison. L'an 1430, il fut envoyé en ambassade vers le roy d'Escosse. L'an 1433, le duc l'envoya en ambassade vers l'évesque de Nevers, l'esleu de Besançon, vers le Concile. L'an 1435, il fit le voyage de Saint-Jacques. L'an 1442, il fut en ambassade vers l'Empereur. L'an 1446, il fit de rechef le voyage de Hierusalem et fut aussi en ambassade vers le roy d'Aragon.

---

1. Son épitaphe, qui se lisait en 1680 au chœur de Saint-Pierre, à Lille, dit bien qu'au retour de Terre-Sainte, à il se tira avec le grand-maître de Prusse contre les Turcs », mais elle dit aussi qu'il « receut l'ordre de chevalerie à Jérusalem à l'auge de 20 ans ». (*Manuscrite de la Toison.*) Le grade conféré en Prusse était sans doute distinct et regardait l'ordre teutonique.

PLANCHE VIII.

Jean de Commines.

(Fol. 151 v. du manuscrit.)

Planche VIII.

Jean de Commines.

(Folio 151 v. du manuscrit.)

Légende : *Mons. de Comines* (cursive du quinzième siècle). Inscription supplémentaire du dix-septième siècle : *Messire Jean, seigneur de Comines. Bruges, 1429.* — D'autres armoriaux l'appellent Jean de la Clite, s' de Commines. C'est aussi le nom que lui donne l'historien Denis Godefroy, dans sa généalogie de Commines.

Costume : Heaume ayant pour cimier une tête de loup au naturel (de sable, selon Chifflet), entourée de flammes (jetant des étincelles par la bouche, les narines et les oreilles, selon Chifflet). — Lambrequins de gueules (repliés d'or, selon Chifflet). — Cotte et housse d'étoffe damassée aux armes de Commines, qui sont de gueules à la bordure et au chevron d'or accompagné de trois coquilles d'argent, lignées de sable. — Doublures bleues.
Cheval gris.

Histoire : Chambellan du duc et son haut bailli de Flandre, il l'aida, en 1436 contre les Brugeois révoltés, et conduisit les troupes d'Ypres au siège de Calais. Mort en 1445.

C'était l'oncle et le tuteur de Philippe de Commines, le célèbre historien.

Sa courte mais éloquente devise était : *Sans mal*.

PLANCHE IX.

Antoine de Toulongeon.

(Fol. 147 du manuscrit.)

Planche IX.

Antoine de Toulongeon.

(Fol. 147 du manuscrit.)

Légende : *Mons. de Traves* (cursive du quinzième siècle). Inscription supplémentaire du dix-septième siècle : *Anthoine de Thoulonjon, seigneur de Traves, 1429.* — Cette maison de Toulongeon était franc-comtoise, et sa seigneurie de Traves bordait la rive gauche de la Saône, près de Scey.

Costume : Heaume couronné de fleurs des champs au naturel (Chifflet dit : couronné d'épines d'or), ayant pour cimier une tête de dogue d'argent (lévrier, selon Chifflet), langué et accolé de gueules. Clous d'or au collier. — Lambrequins d'argent (et de gueules, selon Chifflet). — Cotte et housse aux armes de Toulongeon, qui sont écartelées aux 1 et 4 : de gueules à trois fasces ondées d'or ; aux 2 et 3 : de gueules à trois jumelles d'argent (Chifflet place 1 et 4 aux 2 et 3, et réciproquement). L'étoffe du champ est damassée dans les quatre quartiers. — Doublures bleues.

Cheval blanc.

Histoire : Vainqueur de René, duc de Lorraine, il le conduisit à Dijon et fit bâtir dans le palais ducal la tour dite *de Bar*, qu'il lui donna pour prison. Mort à Lyon en 1432, gouverneur, maréchal et capitaine général de Bourgogne.

Pierre de Luxembourg.

(Fol. 152 du manuscrit.)

(Figure non reproduite en raison de sa ressemblance avec la figure 12, représentant Jean de Luxembourg.)

Légende : *Le comte de Saint-Pol* (cursive du quinzième siècle). Inscription supplémentaire du dix-septième siècle : *M. Pierre de Luxembourg, seigneur de Saint-Paul. A Bruges, 1429.* Chifflet lui donne ces titres : comte de Saint-Pol, de Conversan et de Brienne, seigneur d'Enghien.

Costume : Comme celui de la planche XII avec le lambel en moins. — Doublures bleues.

Cheval bai-brun.

Histoire : Ce fut lui qui alla secourir en 1411 Jean de Bavière, évêque de Liège. Dès sa jeunesse, il tint l'un des premiers rangs au Conseil ducal, car sa famille était issue de cette maison de Luxembourg qui donna quatre empereurs à l'Allemagne. Il avait eu le comté de Saint-Pol, en Artois, de son frère Jean, qui le tenait de leur tante Jeanne, duchesse de Brabant. Il mourut, le 31 août 1433, en conduisant l'armée anglaise au siège de Saint-Valery. C'est le père du connétable de France Louis, comte de Saint-Pol, condamné pour trahison et décapité en 1475.

Sa devise *Vostre vueil* (vôtre veux) est d'un laconisme qui laisse le champ libre à plusieurs sens.

PLANCHE X.

Jean de la Trémouille.

(Fol. 146 v. du manuscrit.)

Planche X.

Jean de la Trémouille.

(Fol. 146 v. du manuscrit.)

Légende : *Mes. de Jonvelle* (cursive du quinzième siècle). Inscription supplémentaire du dix-septième siècle : *Messire Jean de la Trimouille, seigneur de Jonvelle, 1429. Bruges.* — Le territoire de Jonvelle est dans le département de la Haute-Saône.

Costume : Heaume couronné d'or ayant pour cimier une tête d'aigle d'azur, becquée de gueules (d'or, selon Chifflet). — Lambrequins d'azur (de gueules repliés d'or, selon Chifflet). — Cotte et housse aux armes de La Trémouille, qui sont d'or à la bordure et au chevron de gueules, ce dernier accompagné de trois aigles d'azur, becquées et membrées de gueules. (La bordure est omise dans la description de Chifflet.)

Histoire : C'était le troisième fils du célèbre Gui VI *le Vaillant*, chambellan du roi de France et chambellan héréditaire de Bourgogne, qui portait l'oriflamme de France à l'armée de Charles V, et refusa en 1392 l'épée de connétable. Jean de la Trémouille resta près des ducs Jean et Philippe comme premier chambellan. Il fut un des chefs de l'armée conduite en France, se distingua à Mons-en-Vimeu, et signa la paix conclue en 1429 avec le dauphin Charles. Mort en 1449 sans postérité.

PLANCHE XI.

Gilbert de Lannoy.

(Fol. 152 v. du manuscrit.)

Planche XI.

Gilbert de Lannoy.

(Fol. 152 v. du manuscrit.)

Légende : *Mes. Gillebert de Lannoy* (cursive du quinzième siècle). — Inscription supplémentaire du dix-septième siècle : *Messire Gilbert de Lannoy, seigneur de Villerval. Bruges, 1429.* Chifflet le nomme aussi comme seigneur de Tronchiennes.

Costume : Le même que celui d'Hugues de Lannoy, septième chevalier de l'ordre (v. pl. VII), avec cette différence que les armes sont brisées d'un lambel d'azur. Sur des armoriaux manuscrits du seizième siècle, ce lambel est de sable, et les lions rampent dans la direction contraire. — Doublures rouges. Cheval gris.

Histoire : Conseiller et chambellan du duc, il fut des ambassadeurs envoyés en 1419 au roi d'Angleterre pour solliciter son alliance contre la France. Frère de Hugues de Lannoy, il avait combattu avec lui pour elle à la journée d'Azincourt, quatre années auparavant. Il avait aussi mené une vie fort active. La relation complète de ses *Voyages et ambassades* (1399-1450) a été publiée à Mons en 1842, probablement d'après le manuscrit dont parle notre notice de la planche VII, car Guillaume et Guillebert ne font qu'un. Il mourut le 22 avril 1462, à un âge fort avancé, puisque sa première campagne datait de 1399. Sa courtoise devise était : *Vostre plaisir.*

Voici le résumé de sa vie d'après le manuscrit cité déjà par nous en ce qui regarde son frère Hugues (pl. VII) :

« G. de Lannoy, seigneur de Villerval en l'an 1399, fut en sa première armée avec Valleran, cte de St-Pol, à une descendue qu'il fit en Angleterre en l'isle de Wic (Wight) où il y eut cinq cents chevaliers que escuiers, cottes d'armes vestues.

« L'esté ensuivant, il fut en une armée que fit le vieil sr de Jeumont contre le sr de Lor, avec trois chevaliers et escuiers.

« L'an 1400, il fut (à) une armée de mille chevaliers et escuiers que mena le cte de la Marche, depuis roy de Naples, partant de Harfleu, pour descendre en Angleterre. Et fit la descente à Falmude (Falmouth).

« L'an 1401, en avril, il partit avec le sénéchal de Hainaut pour faire le voyage de Hierusalem, et s'embarqua à Gennes. Et, au retour, vint en l'isle de Ternacle (Trinacria) où le roy Martin luy donna l'ordre de la Bannière en sa ville de Cataigne (Catane).

« 1404. Il accompagna le cte de Hainaut Guillaume de Bavière contre les Liégeois, où il fut blessé.

« Trois mois après, il fut en la bataille de Liège du duc Jean où il demeura victorieux. Et y eut bien 28 ou 30 mille hommes morts, et entr'autres le sr de Pernes, son capitaine, et son fils.

« L'an 1405, il fut en Arragon avec le sénéchal de Hainaut ; il fut en juillet en une bataille de Ferrant, infant de Castille, contre les Mores de Grenade.

« Il alla ensuite voir le roi de Portugal, et revint par St-Jacques (de Compostelle), lieu de pèlerinage alors fréquenté.

« L'an 1409, may, il fut retenu eschanson du duc Jean de Berry. »

PLANCHE XII.

Jean de Luxembourg.

(Fol. 146 du manuscrit.)

Planche XII.

Jean de Luxembourg.

(Fol. 146 du manuscrit.)

Légende : *Le conte de Ligny* (cursive du quinzième siècle). — Inscription supplémentaire du dix-septième siècle : *Messire Jean de Luxembourg, comte de Ligny. 1429, à Bruges.* Chifflet ajoute : « seigneur de Beaurevoir et de Bouhaing. »

Costume : Heaume ayant pour cimier un cuveau d'argent (mortier ou chapeau comtal, selon Chifflet), d'où sort un dragon ailé d'argent et langué de gueules (ombré d'or et allumé de gueules, selon Chifflet). — Cotte et housse aux armes de Luxembourg : d'argent au lion de gueules, à la queue double, passée en sautoir, couronné et armé d'or, lampassé d'azur. Le tout brisé d'un lambel d'azur. — Doublures rouges.
Cheval gris.

Histoire : En 1421, il est blessé au combat de Mons-en-Vimeu ; en 1423, il chasse du Hainaut le duc de Glocester. Investi en 1430 du comté de Ligny, il prit trois ans après Landrecies et Avesnes. Poton de Saintrailles fut son prisonnier, comme aussi Jeanne d'Arc qu'il eut la lâcheté de vendre aux Anglais. Bien que ce marché de chair humaine fût conforme aux us militaires de son temps, il ne pouvait ignorer qu'il envoyait la pauvre fille à la mort. Que cette honte retombe à jamais sur sa mémoire !

Dans le chapitre 155 de ses *Mémoires,* Jean de Saint-Remy montre la dame de Beaurevoir, femme de messire Jean de Luxembourg, entrant à Bruges le 6 janvier 1429 « moult noblement acompaignée de chevaliers et escuyers » au nombre de 120 chevaux. « Elle estoit en un chariot moult riche, tout garny et couvert de drap d'or », suivie de six gentilshommes à cheval, et, suivant après, deux varlets sur deux chevaux, menant deux haquenées en main.

PLANCHE XIII.

Jean de Villiers.

(Fol. 153 du manuscrit.)

Planche XIII.

Jean de Villiers-l'Ile-Adam.

(Fol. 153 du manuscrit.)

Légende : *Mons de Liladan* (cursive du quinzième siècle). — Inscription supplémentaire du dix-septième siècle : *Messire Jean de Villers, seigneur de Lisle Adam. Bruges, 1429.*

Costume : Heaume couronné d'or, ayant pour cimier une tête de coq d'argent, crêté et barbé de gueules, becqué de gueules (d'or, selon Chifflet). — Lambrequins d'argent (et d'azur, selon Chifflet). — Cotte et housse aux armes de l'Ile-Adam, qui sont : d'or au chef d'azur chargé d'un dextrochère d'hermines, au fanon de même (frangé d'argent, selon Chifflet) pendant sur le tout.

Histoire : Maréchal de France, conseiller et chambellan du duc Jean de Bourgogne, il seconda celui-ci dans la guerre entreprise contre le Dauphin pour obtenir la régence du royaume. Il surprit Paris en 1418, et joua un grand rôle dans les troubles d'alors. Malgré son désaccord avec le roi d'Angleterre Henri V, qui le fit mettre à la Bastille, il ne se rallia à Charles VII qu'après la paix d'Arras (1435). Il servit alors le roi de France avec autant d'ardeur qu'il l'avait combattu et contribua à la reprise de Paris. Tué lors de la révolte de Bruges, en 1440. Son petit-fils fut le dernier grand-maître de Rhodes. Sa devise était : *Va oultre!*

PLANCHE XIV.

Antoine de Croy.

(Fol. 145 v. du manuscrit.)

Planche XIV.

Antoine de Croy.

(Fol. 145 v. du manuscrit.)

Légende : *Mons. de Croy* (cursive du quinzième siècle). Inscription supplémentaire du dix-septième siècle : *Messire Antoine, seigneur de Croy et de Renty. Bruges, 1429*.

Costume : Heaume couronné d'or ayant pour cimier une tête de lévrier (de braque, selon Chifflet), de sable, à collier de gueules, bordé et clouté d'or, avec deux anneaux de même, au milieu d'un vol à trois rangs d'argent. — Lambrequins de sable (d'argent et de gueules, selon Chifflet). — Cotte et housse écartelées aux 1 et 4 : d'argent à trois doloires de gueules, qui est Renty; aux 2 et 3 : d'argent à trois fasces de gueules (étoffe damassée), qui est Croy. Dans Chifflet, l'écartèlement est dans le sens contraire. — Doublures bleues.
Cheval gris foncé.

Histoire : Premier chambellan, conseiller et ministre du duc de Bourgogne qui le fit chef de l'armée envoyée contre Charles VI, il signa la paix d'Arras en 1435, après avoir combattu les révoltés de Flandre et fait le siège de Calais. Il était grand-maître de France en 1463. Mort en 1475.
Sa devise était : *Souvenance*.

Florimond de Brimeu.

(Fol. 153 v. du manuscrit.)

(Figure non reproduite en raison de sa ressemblance avec celle de David de Brimeu ; planche VI.)

Légende : *Mes. Flo(rimond) de B(rimeu)* [cursive du quinzième siècle]. Inscription supplémentaire du dix-septième siècle : *Messire Florimond de Brimeu, seigneur de Masincourt. Bruges, 1429*.

Costume : Le même que celui de David de Brimeu, avec cette exception qu'il porte de Brimeu plein, sans écarteler. — Doublures rouges.
Cheval bai-brun.

Histoire : Sénéchal de Ponthieu, fait prisonnier en 1430 à la journée de Compiègne, il contribua à la reprise du Crotoy sur les Anglais. Il avait été autorisé à porter les armes pleines de Brimeu à Arras, en 1435, à la suite d'un procès soutenu contre David de Brimeu que Jean de Saint-Remy conte tout au long en ses *Mémoires* (chap. 184). Nous en avons parlé à la page 4 de l'introduction. Mort en 1445. Sa devise était : *Autrefois mieux*.

PLANCHE XV.

Robert de Mamines.

(Fol. 145 du manuscrit.)

Planche XV.

Robert de Mamines.

(Fol. 145 du manuscrit.)

Légende : *Mons. de Mamines* (cursive du quinzième siècle). Inscription supplémentaire du dix-septième siècle : *Robert, seigneur de Mamines. Bruges, 1429.*

Costume : Heaume ayant pour cimier un dauphin d'argent mordant le coupet de la visière, la queue en haut. On retrouve ce dauphin sur les armes de sa mère, Catherine Maerschalck. — Lambrequins d'argent (d'or et d'azur, selon Chifflet). — Cotte et housse aux armes de Mamines : d'azur au lion d'or, lampassé et armé de gueules, fleurdelisé de même à l'épaule. (La fleur de lis est omise par Chifflet.) — Doublures rouges.

Cheval noir.

Histoire : Un des premiers capitaines flamands qui suivirent en 1417 le duc Jean sans Peur. Armé chevalier en 1430, au siège de Melun. Tué dans un combat livré aux Liégeois, en 1431, ce qui explique la réparation faite ensuite à son collier (voir l'Avant-propos de cette première partie).

Baudouin de Lannoy.

(Fol. 154 du manuscrit.)

(Figure non reproduite en raison de sa ressemblance avec celle de Gilbert de Lannoy; planche XI.)

Légende : *Mons. le Begue de L...* (cursive du quinzième siècle). Inscription supplémentaire du dix-septième siècle : *Messire Baudoin de Lannoy, dict le Bègue, seigneur de Molembais. A Bruges, 1429.*

Costume : Le même que celui de Gilbert de Lannoy (pl. XI), avec cette différence qu'au lieu d'un lambel, il porte sur le tout l'écu de Molembais, d'argent à la fasce d'azur de quatre pièces. — Doublures bleues.

Cheval gris.

Histoire : Troisième fils de Gilbert de Lannoy, il fut gouverneur de Lille, et mourut en 1474. Sa devise était : *Bonnes nouvelles.*

PLANCHE XVI.

Jacques de Brimeu.

(Fol. 144 v. du manuscrit.)

Planche XVI.

Jacques de Brimeu.

(Fol. 144 v. du manuscrit.)

Légende : *Mess. Jaques de Brimeu* (cursive du quinzième siècle). Inscription supplémentaire du dix-septième siècle : *Messire Jacques de Brimeu, seigneur de Grigny. 1429, à Bruges.*

Costume : Heaume couronné, ayant pour cimier une tête de cygne d'argent dans un vol à trois rangs de même. Le cou du cygne affecte le plumage de l'aigle. — Lambrequins d'argent. — Cotte et housse d'argent à trois aigles de gueules, becquées et membrées d'azur, allumées d'or, qui est Brimeu; brisé en cœur d'un lionceau naissant d'or (de gueules, selon Chifflet), qui est Humbercourt. — Doublures bleues. Cheval gris foncé.

Histoire : Troisième fils de Jean de Brimeu, seigneur de Ligny, il avait épousé une Humbercourt. Maréchal de l'hôtel du duc de Bourgogne, armé chevalier au combat de Pierrepont, il prit part au siège du Crotoi, et fut fait prisonnier à la bataille de Mons-en-Vimeu, l'an 1431. Mort dix ans après. Sa devise était galante : *Plus que toutes.*

PLANCHE XVII.

Pierre de Bauffremont.

(Fol. 144 du manuscrit.)

Planche XVII.

Pierre de Bauffremont.

(Fol. 144 du manuscrit.)

Légende : *Mons. de Chargny* (cursive du quinzième siècle). Inscription supplémentaire du dix-septième siècle : *Messire Pierre de Bauffremont, seigneur de Chargny. A Bruges, 1429.*

Costume : Heaume ayant pour cimier deux cornes d'or ; au milieu, une boule aux armes de la cotte, sommée d'un plumail noir (d'une fleur de six feuilles d'argent, selon Chifflet). — Lambrequins d'or. — Cotte et housse aux armes de Bauffremont, qui porte aux 1 et 4 : vairé d'or et de gueules ; aux 2 et 3 : de gueules à trois quintefeuilles d'or, qui est Vergy (les parties de gueules sont damassées), et sur le tout, l'écu de gueules à trois écussons d'argent, qui est Charny. (Dans d'autres armoriaux, le premier écusson est chargé d'une molette de sable, et la boule du cimier est de gueules.)

Doublures bleues. Cheval gris.

Histoire : Il était si estimé dans le monde de la chevalerie que le duc Philippe de Bourgogne lui fit épouser sa fille Marie (1447). Il fut ensuite désigné par le duc Charles pour aller recevoir sa fiancée Marguerite, fille du roi d'Angleterre. Il avait été l'un des signataires de la paix d'Arras (1435). Le comté de Charny lui fut donné en 1456.

En 1435, Charny se mesura contre un chevalier de Castille, et la pompe de son entrée solennelle en champ clos frappa Jean de Saint-Remy, qui la décrit ainsi dans ses *Mémoires* (chap. 183) : « Après grant foison de seigneurs, chevaliers, écuyers, rois d'armes, hérauts et trompettes », venaient quatre seigneurs, amis de Charny, portant chacun une lance bleue (celles du Castillan étaient blanches). Puis venaient le Cte d'Étampes, portant le heaume ; le Cte de Nevers, portant le manicle (le gantelet) ; messire Simon de Lalain, portant le grand garde-bras. Après quatre beaux coursiers conduits par quatre pages « couverts « moult richement de drap vermeil », paraissait enfin le s^{r} de Charny, monté sur son coursier couvert de drap d'or violet (la vraie housse est ici négligée à moins que l'or violet ne désigne le vairé or et gueules). Il avait une journade (cotte) de pareil par-dessus son harnois (armure). Après avoir fourni seize courses de lances, les champions reparurent le lendemain pour se battre à pied. Le cérémonial ne fut pas moindre. Cette fois, c'était le Cte de Suffolck qui portait l'épée de Charny ; le Cte de St-Pol, sa targe ; le Cte de Ligny, sa lance ; et le Cte d'Étampes, sa hache.

Le récit, fait par Olivier de la Marche, du pas d'armes de l'arbre de Charlemagne, près de Dijon (11 juillet 1443), achève de montrer en Charny un des chevaliers les plus accomplis de son temps. Sa devise était : *Plus dueil que joye.*

Les Bauffremont avaient une place à part dans les vieux dictons sur la noblesse bourguignonne. On disait :

Riches de Chalon ;
Nobles de Vienne ;
Preux de Vergy ;
Fiers de Neufchatel ;
Et la maison de Bauffremont
D'où sont sortis les bons barons.

On disait aussi *Bons chrestiens de Bauffremont* pour rappeler leur attachement à la religion, et *Clergie de Beffroimont* pour rendre hommage à leur savoir. C'est à l'ordre d'idées évoqué par le premier dicton que se rattache une autre devise de cette maison : *Dieu ayde au premier chrestien !*

PLANCHE XVIII.

Philippe de Ternant.

(Fol. 164 v. du manuscrit.)

Planche XVIII.

Philippe de Ternant.
(Fol. 154 v. du manuscrit.)

Légende : *Mons. de Ternant* (cursive du quinzième siècle). Inscription supplémentaire du dix-septième siècle : *Philippe de Ternant, seigneur dudit lieu et de la Mothe. A Bruges, 1429.*

Costume : Heaume surmonté d'un bourrelet d'or et de gueules (il manque dans Chifflet), ayant pour cimier une demi-femme, au visage, cou et mains peints au naturel (mains jointes, selon Chifflet), vêtue d'une robe d'azur fourrée de vair (selon Chifflet, robe de gueules bordée et cloutée de sable bordée et cloutée d'or, manches étroites d'argent, sous d'autres larges, et courtes manches de gueules rebrassées d'or), coiffée d'un escoffion d'or (cheveux d'or relevés en cornes, selon Chifflet), recouvert d'un chaperon de sinople dont la cornette ceint la poitrine et tombe derrière le bras gauche. (Selon Chifflet, le chaperon de sinople a une double cornette d'or entortillée autour du bras gauche. Le relevé de ces différences montre combien certains blasons ont changé avec le temps, car Chifflet est postérieur de près de deux siècles à notre manuscrit). — Lambrequins de gueules et d'or, selon Chifflet. La couleur est omise sur notre manuscrit.

Cotte et housse aux armes de Ternant, qui portait échiqueté d'or et de gueules. Les parties de gueules sont damassées. — Doublures bleues.
Cheval blanc.

Histoire : Philippe de Ternant fut gouverneur de Paris après la paix d'Arras (1435). Il servit ensuite de médiateur entre le duc de Bourgogne et les Brugeois révoltés. Quand ce fut le tour des Gantois, il fut un des chefs de l'armée envoyée contre eux. Lors de l'entrevue du duc et de l'empereur à Besançon, en 1442, il commandait la garde bourguignonne. Mort en 1456. Au mois d'avril 1446, il était remarqué au pas d'armes d'Arras par le chroniqueur Olivier de la Marche, qui en a laissé ce portrait :

« Le seigneur de Ternant entra en la lice sur un cheval couvert de ses armes en brodure (broderie). Et avoit sa cotte d'armes au dos, et estoit armé de toutes pièces ; le bacinet en la teste et la visière ouverte : et certes il avoit visage de chevalier, et non pas de pucelle ; car il estoit brun, à une noire et forte barbe, et sembloit bien homme à redouter et à craindre. »

Jean de Croy.
(Fol. 143 v. du manuscrit.)

(*Figure non reproduite en raison de sa conformité avec celle d'Antoine de Croy ; planche XIV.*)

Légende : *Mes. Jehan de Croy* (cursive du quinzième siècle). Inscription supplémentaire du dix-septième siècle : *Messire Jean de Croy, seigneur de la Tour sur Marne. A Bruges, 1429.*

Costume : Le même que celui d'Antoine de Croy (XIV), avec cette différence que la cotte et la housse portent sur le tout l'écu de Craon, écartelé aux 1 et 4 : d'or au lion de sable, qui est Flandres ; aux 2 et 3 : losangé d'or et de gueules, qui est Craon. (Dans Chifflet, la disposition est en sens contraire.) — Doublures rouges.
Cheval bai-brun.

Histoire : Conseiller et chambellan de Bourgogne, premier gouverneur du duché de Luxembourg (1443), qu'il sut défendre contre le duc Guillaume de Saxe, grand bailli et capitaine général du Hainaut (1453), Jean de Croy conduisit, avec Simon de Lalain, les Bourguignons qui secoururent Antoine de Lorraine en 1440. Après avoir fait ériger en comté la terre de Chimay qui devait devenir en 1486 une principauté, il mourut à Valenciennes en 1472. Sa devise était : *Souvienne vous !*

C'était le frère cadet d'Antoine de Croy. Leur père Jean de Croy, seigneur de Renty, chambellan du duc de Bourgogne, avait épousé Marguerite de Craon.

Pl. XVIII.

PLANCHE XIX.

Jean de Créquy.

(Fol. 55 du manuscrit.)

PLANCHE XIX.

Jean de Créquy.

(Fol. 155 du manuscrit.)

Légende : *Mons. de Créquy* (cursive du quinzième siècle). Inscription supplémentaire du dix-septième siècle : *Jean, seigneur de Créqui. A Bruges, 1429.*

Costume : Heaume ayant pour cimier deux têtes de cygnes affrontés d'argent, becqués de gueules, tenant ensemble un anneau d'or, à pointe de rubis. Sur le sommet du heaume, une boule de gueules. — Lambrequins d'or. — Cotte et housse aux armes de Créquy : d'or au créquier de gueules.
— Doublures rouges.
Cheval bai-brun.

Histoire : Le chroniqueur Monstrelet rapporte qu'on remarqua le seigneur de Créquy entre tous au siège de Calais (1436). Le duc de Bourgogne l'employa comme ambassadeur en Espagne et en France. Mort en 1473. Son père, Jacques de Créquy, maréchal de Guyenne, avait été fait prisonnier et mis à mort par les Anglais à la bataille d'Azincourt.

On disait en Artois : *Créquy haut baron, Créquy haut renom*, et ce dicton devait en effet être longtemps justifié. On appelait *créquier* le prunellier sauvage qui forme des haies épineuses, d'où la devise adoptée par cette maison : *Que nul ne s'y frotte !* et plus complètement : *A Créquy, Créquy le grand baron, nul ne s'y frotte.* L'allusion fut ensuite complétée par la représentation d'un porc-épic.

Jean de Neufchâtel.

(Fol. 138 du manuscrit. — *La figure manque.*)

Légende : *Montaigu* (cursive du quinzième siècle). Jean de Neufchâtel avait la seigneurie de Montaigu. Son folio était resté blanc. On a fait, au siècle suivant, un dessin à la plume, sans rapport avec ce Montaigu dont le costume ressemblait à celui de Thibaud de Neufchâtel (pl. XXIX), avec cette différence qu'il écartelait aux 2 et 3 de Montaigu : de gueules à l'aigle d'argent.

Ce chevalier manque seul parmi ceux de la première promotion. Le fait peut s'expliquer par une cause d'indignité, Jean de Neufchâtel ayant été exclu ensuite de l'ordre comme on a pu le voir dans le dernier chapitre de nos extraits des *Mémoires* de Saint-Remy. Je le trouve cependant maintenu dans les armoriaux de Chifflet et de Maurice, publiés au dix-septième siècle. Mais il est supprimé dans la réimpression des *Ordonnances*, faite à Vienne en 1735. (Voir notre Introduction.)

PROMOTION DE LILLE (1431)

DEUX CHEVALIERS.

PLANCHE XX.

Le comte de Meurs.

(Fol. 443 du manuscrit.)

Planche XX.

Le comte de Meurs.

(Fol. 143 du manuscrit.)

Légende : *Le conte de Meurs* (cursive du quinzième siècle). Inscription supplémentaire du dix-septième siècle : *Frédéric, comte de Meurs, à Lille, 1481.*

Costume : Heaume ayant pour cimier une tête de dogue d'or (de lévrier, selon Chifflet), languë de gueules au collier piquant de sable, pointé d'argent. — Lambrequins d'or. — Cotte et housse aux armes de Meurs, qui sont écartelées : aux 1 et 4, de sable à l'aigle à deux têtes d'argent, becquée et membrée d'or, qui est Saarwerden ; aux 2 et 3, d'or à la fasce de sable, qui est Meurs (Chifflet donne les quartiers dans le sens contraire). Les champs et la fasce sont en étoffe damassée.

Histoire : Frédéric, dit Valeran, était gouverneur de Gueldre, et gendre du duc de Clèves, dont les États avoisinaient son comté de Meurs (aujourd'hui Mœrs en Prusse Rhénane.) Il avait pour cri de guerre : *Meurs au Comte!*

PLANCHE XXI.

Simon de Lalain.

(Fol. 155 v. du manuscrit.)

PLANCHE XXI.

Simon de Lalain.

(Fol. 155 v. du manuscrit.)

Légende : *Mes. Simon de Lalain* (cursive du quinzième siècle). Inscription supplémentaire du dix-septième siècle : *Messire Simon de Lalaing, seigneur de Hantes, Lille, 1431.* — Le bourg de Lalaing est resté dans le département du Nord, tandis que Hantes est une commune du Hainaut belge.

Costume : Heaume couronné d'or, ayant pour cimier une tête d'aigle de sable (d'or, selon Chifflet), becquée et allumée d'or (becquée d'argent, langrée et allumée de gueules, selon Chifflet), au milieu d'un vol de trois rangs d'or (d'argent, selon Chifflet). — Lambrequins de sable (de gueules et d'argent, selon Chifflet). — Cotte et housse aux armes de Lalain : de gueules à dix losanges continués d'argent, le premier brisé d'un lionceau de gueules. D'autres armoriaux du seizième siècle omettent ce lion ou indiquent un lion de sable et des losanges d'or. Étoffes damassées. Doublures bleues.

Cheval bai-brun.

Histoire : Bailli d'Amiens, amiral, grand veneur de Flandre, Simon de Lalain soutint victorieusement les sièges de l'Écluse (1435), d'Audenarde (1452), et fit une descente en Angleterre. Il portait la bannière de Bourgogne, lors de l'entrée du duc Philippe à Paris, en 1461. En 1437, il représentait le roi des Romains à Ferrare et chantait l'Évangile devant le pape Eugène, le jour de Noël. Mort en 1476, avec le renom d'un grand jouteur de tournois.

Le chroniqueur Olivier de la Marche raconte comment il figura dans un pas d'armes, à Gand, vers 1445, avec son neveu, Jacques de Lalain. Celui-ci, dit-il, « entra armé de toutes armes, le bacinet en teste, et estoit paré de sa cotte d'armes, qui furent les pleines armes de Lalain, et portoit les lambeaux[1], comme fils aisné de la maison ». Ce Jacques de Lalain, qu'on retrouvera parmi les promus de 1451, est resté célèbre par ses aventures héroïques ; elles ont fourni la matière de l'*Histoire du bon chevalier Jacques de Lalain*, attribuée d'abord à G. Chastelain, puis à Lefèvre de Saint-Remy.

L'ancienne maison de Lalain compta douze chevaliers de la Toison d'Or. Sa devise était : *La Laing sans reproche.*

---

1. C'est-à-dire paré de sa cotte, qui était aux armes pleines des Lalain, avec un lambel, parce qu'il était l'aîné.

PROMOTION DE BRUGES (1432)

DEUX CHEVALIERS.

PLANCHE XXII.

Jean de Melun.

(Fol. 142 v. du manuscrit.)

Andrieu de Toulongeon.

(*Figure manquant au manuscrit.*)

Il mourut dans un pèlerinage en Terre Sainte, sans avoir reçu le collier de l'ordre, ce qui cause sans doute l'omission de son nom sur notre manuscrit. Son costume devait ressembler à celui d'Antoine de Toulongeon (planche IX).

Cette maison de Toulongeon était une des plus considérables de Franche-Comté. Sa fidélité aux ducs de Bourgogne était attestée par le dicton *Féalté de Tholongeon*.

Planche XXII.

Jean de Melun.

(Fol. 142 v. du manuscrit.)

Légende : *Mons. d'Anthoing* (cursive du quinzième siècle): Inscription supplémentaire du dix-septième siècle : *Messire Jean de Melun, seigneur d'Antoing, 1432*. Chifflet ajoute à cette seigneurie celle d'Espinoy, mais il y en avait encore cinq autres. Espinois et Antoing sont deux communes du Hainaut belge.

Costume : Heaume surmonté d'un bourrelet d'argent et de gueules, ayant pour cimier une tête de taureau d'or (au col d'or coupé d'azur, chargé de sept besans d'or, comme la cotte, selon Chifflet). — Lambrequins d'or. — Cotte et housse aux armes de Melun : d'azur à sept besans d'or, au chef d'or. Les champs et les besans sont damassés.

Au quatorzième siècle, les Antoing portaient de gueules au lion d'argent. Leur seigneurie aurait passé ensuite à une branche bâtarde de la maison de Melun.

Doublures rouges. — Cheval noir.

Histoire : Jean de Saint-Remy (chap. 155 de ses *Mémoires*) raconte comment la dame d'Antoing vint en 1429 aux noces du duc Philippe « accompagniée de *quatre cents chevaux* ». Derrière sa monture deux valets conduisaient, à la main, deux haquenées de rechange.

Vicomte de Gand, gouverneur de Douai, connétable de Flandre, Jean de Melun, seigneur d'Antoing, mourut le 15 février 1484. Il avait cette fière devise : *Tout ou rien contente Melun*.

PROMOTION DE DIJON (1433)

HUIT CHEVALIERS.

PLANCHE XXIII.

Jacques de Crèvecœur.

(Fol. 156 v. du manuscrit.)

Planche XXIII.

Jacques de Crèvecœur.

(Fol. 156 v. du manuscrit.)

Légende : *Mons. de Crévcuer* (cursive du quinzième siècle). Inscription supplémentaire du dix-septième siècle : *Mess. Jacques de Crèvecœur. A Dijon, 1433*. En France et en Belgique, il y a plusieurs lieux de ce nom. Notre Crèvecœur était Crèvecœur-le-Grand (Oise). Ses seigneurs furent alliés aux comtes de Flandre et de Nevers. Jacques était seigneur de Thois, de Thiennes et de Calonne. Il eut pour fils Philippe, fait ensuite chevalier de la Toison d'or par Charles le Téméraire, et maréchal de France par Charles VIII. Il était baron d'Esquerdes.

Costume : Heaume ayant pour cimier deux bras élevés, aux manches étroites d'azur (d'or, selon Chifflet), sous d'autres manches larges et courtes de sinople (d'azur, selon Chifflet), renversées d'hermines, pressant un cœur crevé et sanglant de gueules. — Cotte et housse aux armes de Crèvecœur : de gueules au chevron d'or de trois pièces. Étoffe damassée. — Doublures bleues.
Cheval gris-rouan.

Histoire : Commandant de Compiègne pour la France en 1417, puis de Clermont-en-Beauvaisis pour la Bourgogne en 1430, il alla en ambassade près du roi d'Angleterre pour les négociations qui aboutirent à la paix d'Arras (1435). Il aida puissamment Charles VII à recouvrer la Normandie. Mort en 1436.

PLANCHE XXIV.

Jean de Vergy.
(Fol. 142 du manuscrit.)

PLANCHE XXIV.

Jean de Vergy.

(Fol. 142 du manuscrit.)

LÉGENDE : *Mess. Jehan de Vergy* (cursive du quinzième siècle). Inscription supplémentaire du dix-septième siècle : *Messire Jean de Vergi, 1433, Dijon.* La tragédie fameuse de la dame de Fayel n'avait pas altéré la réputation de sagesse et de vertu des membres de cette famille, dont le fief avoisinait la ville de Nuits. On disait *Preux de Vergy* et aussi *Aulmonerie de Vergy*, pour rendre hommage à leur bienfaisance.

COSTUME : Heaume ayant pour cimier une tête d'aigle de sinople, becquée d'or, au milieu d'un vol banneret d'hermines (d'argent, selon d'autres armoriaux du seizième siècle). — Lambrequins de sinople. — Cotte et housse aux armes de Vergy : de gueules à trois quintefeuilles percées d'or, brisé d'une bordure d'argent. — Doublures bleues.
Cheval noir.

HISTOIRE : Jean de Vergy, seigneur de Fonvens et Vignorry, était fils de Guillaume de Vergy, seigneur de Pont-sur-Saône[1], mort en 1396. Il se trouvait à la suite de Jean sans Peur, au pont de Montereau, lorsque ce prince y fut tué. En 1435, il se battait contre les Anglais, en Champagne. Mort en 1460, maréchal et gouverneur de Bourgogne.

---

1. Les dénominations de Chifflet, reproduites ici, doivent s'appliquer à Fonvent (Haute-Saône), Vignory (Haute-Marne) et Port-sur-Saône (Haute-Saône).

Pl. XXIV.

PLANCHE XXV.

Guy de Pontailler.

(Fol. 156 du manuscrit.)

Planche XXV.

Guy de Pontailler.

(Fol. 156 du manuscrit.)

Légende : *Mes. Guy de Pontallier* (cursive du quinzième siècle). Inscription complémentaire du dix-septième siècle : *Messire Guy de Pontalier, seigneur de Talmer. A Dijon, 1433.* — Pontailler et Talmay sont deux communes voisines (Côte-d'Or).

Costume : Heaume couronné d'or, ayant pour cimier une tête de lion d'or (un mi-lion, selon Chifflet), lampassé d'azur, dans un vol de trois rangs de gueules. — Lambrequins d'or. — Cotte et housse aux armes de Pontailler : de gueules au lion d'or armé et lampassé d'azur. — Doublures bleues.

Cheval gris pommelé.

Histoire : Il se trouvait au pont de Montereau lorsque le duc Jean sans Peur fut mis à mort. On l'employa plus tard contre les révoltés de Flandre. Il mourut en 1436. Le bien qu'on disait de cette famille lui avait fait appliquer le dicton : *Bon bruit de Pontailler.* Elle était issue des comtes de Champlitte, de la maison de Champagne, qui avaient les mêmes armes, avec cette différence que leur lion était couronné.

PLANCHE XXVI.

Baudot de Noyelles.

(Fol. 144 v. du manuscrit.)

Planche XXVI.

Baudot de Noyelles.

(Fol. 141 v. du manuscrit.)

Légende : *Mess. Baudet* (sic) *de Noielle* (cursive du quinzième siècle). Inscription supplémentaire du dix-septième siècle : **Messire Baudouin de Noielle, seigneur de Chasterelle, 1433.** (Baudot de Noyelles, seigneur de Casteau, selon Chifflet.) Il y a, dans le Nord, une douzaine de villages de ce nom. Il s'agit sans doute ici de Noyelle-Vion (Pas-de-Calais).

Costume : Heaume ayant pour cimier une tête de dogue d'argent, langué de gueules, au milieu d'un vol d'argent. Lambrequins d'argent. (Chifflet et les autres armoriaux donnent au chien un collier de gueules clouté et annelé d'or.) Cotte et housse aux armes de Noyelles : de gueules à trois jumelles d'argent, brisé d'un lambel à trois pendants de même. — Doublures vertes.
Cheval blanc. — Sangle tressée.

Histoire : C'était un fils de Jean de Noyelles-Wyon, mort à la journée d'Azincourt en 1415. Conseiller et chambellan du duc Philippe de Bourgogne, gouverneur de Péronne, Montdidier et Roye, il commanda les troupes bourguignonnes au siège de Calais, et signa le traité de 1453, conclu entre la Bourgogne et la ville de Gand.

PLANCHE XXVII.

Le bâtard de Hautbourdin.

(Fol. 157 v. du manuscrit.)

PLANCHE XXVII.

Le bâtard de Hautbourdin.

(Fol. 157 v. du manuscrit.)

LÉGENDE : *Mons. le bastart de Haubourdin* (cursive du quinzième siècle). Inscription supplémentaire du dix-septième siècle : *Le bastard de Luxembourg, seigneur de Haubourdin. A Dijon, 1433.*

COSTUME : Le même que celui de Jean de Luxembourg (planche XII), avec la barre d'azur en plus (de sable, dans l'arm. ms. de Dijon). Lorsqu'il a donné le cimier dans ses *Insigna equitum Velleris aurei*, il est à remarquer que Chifflet n'a pas maintenu davantage le cuveau; il en a fait « un donjon de tour d'or maçonné de sable ». C'est une corbeille dans l'arm. ms. de Dijon. Lambrequins d'argent. — Doublures bleues. — Cheval blanc.

HISTOIRE : Olivier de la Marche, qui l'appelle *Jehan, bastard de S^{nt}-Pol, seigneur* de Hautbourdin, dit en effet qu'il porte les armes de Luxembourg avec la bande de Lusignan. C'était un fils naturel de Pierre de Luxembourg, comte de Saint-Pol. Il passait pour un des premiers soldats de son temps et portait la bannière du duc de Bourgogne à la bataille de Gavres (1485). Trente ans après, « comme vaillant et sage chevalier », dit Philippe de Commines, il commandait, à la journée de Montlhéry, en qualité de lieutenant général. Mort en 1466.

Sa devise *De bourdons et de coquilles* jouait sur les mots *Hautbourdin* et *haut bourdon*. (Les pèlerins avaient alors bourdon en main, coquilles au chapeau et à la pèlerine.) On le voit par le récit du pas d'armes qu'il tint sur le grand chemin de Calais, près de Saint-Omer, avec cinq autres chevaliers nommés *pèlerins* « pour ce que, dit Olivier de la Marche, le bourdon estoit la devise du seigneur de Hautbourdin ».

PLANCHE XXVIII.

Le comte de Charolais.

(Fol. 141 du manuscrit.)

PLANCHE XXVIII.

Le comte de Charolais.

(Fol. 141 du manuscrit.)

LÉGENDE : *Charrollo...* (cursive du quinzième siècle). Inscription complémentaire de la fin du seizième siècle : *Le comte de Charolois, 1433.*

COSTUME : Le même que celui de son père, le duc Philippe, chef de l'ordre (Pl. I), à la différence du lambel qui est d'argent, et du heaume qui est entièrement azur fleurdelisé d'or. Le couronnement des cinq branches de la double fleur de lis semble composé de cinq houppettes écarlates.

Cheval gris pommelé.

HISTOIRE : Promu chevalier dès son baptême, le comte de Charolais fut connu plus tard sous le nom de Charles *le Guerroyeur* ou *le Hardi*, oublié aujourd'hui pour celui de *Charles le Téméraire*. Sa vie militaire et sa fin prématurée sont restées fameuses. On sait qu'il devint duc de Bourgogne en 1467. (L'inscription de son nom avec le titre de comte démontre que l'exécution des figures équestres est antérieure à cette date.)

Le comte de Wernembourg.

(*Figure manquant au manuscrit.*)

Roprecht ou Robert, comte de Wernembourg, mourut en 1445.

Le folio 158, sur lequel devait être son effigie, est resté blanc. On lit seulement son nom au bas, en cursive du quinzième siècle. La maison de Wernembourg était l'une des plus puissantes de l'archevêché de Trèves.

PLANCHE XXIX.

Thibaud de Neufchâtel.

(Fol. 157 du manuscrit.)

Planche XXIX.

Thibaud de Neufchâtel.

(Fol. 157 du manuscrit.)

Légende : *Mes. Tibault de Nefchastel* (cursive du quinzième siècle). Inscription supplémentaire du dix-septième siècle : *Messire Tibauld, seigneur de Neufchastel, 1433, Dijon.*

Costume : Heaume ayant pour cimier un vol adossé par les pennes, aux couleurs de la cotte. — Lambrequins de gueules. — Cotte et housse damassées aux armes de Neufchâtel qui sont de gueules à la bande d'argent. — Doublures violettes.

Dans l'armorial manuscrit de la bibliothèque de Dijon, le heaume est couronné d'or, avec des lambrequins de gueules, doublés d'argent.
Cheval bai-brun.

Histoire : Grand-maître de France sous la régence du roi d'Angleterre, il reçut de ce dernier la place de La Ferté-en-Tardenois. Mort en 1461.

Il avait également la seigneurie de Châtel-sur-Moselle. Le maréchal de Bourgogne Thiébaud de Neufchâtel qui hérita de ses titres et fut après lui chevalier de la Toison d'or (voyez page 59), mourut en 1473.

De la promotion de 1440 à celle de 1461, cet armorial ne contient plus de figures peintes. Des noms seuls écrits au bas des folios indiquent le projet d'aller plus avant. Je me borne au relevé rapide de ces légendes, avec les indications nécessaires pour montrer qu'elles concernent bien des chevaliers de l'Ordre. Il en manque deux : Pierre de Cardona et Philippe Pot.

PROMOTION DE SAINT-OMER (1440)
QUATRE CHEVALIERS

Charles, duc d'Orléans (fol. 140 v. du manuscrit). LÉGENDE : *Orlens* (cursive du quinzième siècle). — Jean, duc de Bretagne (fol. 158 v.). LÉGENDE : *Breteingne* (cursive du quinzième siècle). — Jean, duc d'Alençon (fol. 159). LÉGENDE : *Alençon* (cursive du quinzième siècle). — Mathieu de Foix, comte de Comminges (fol. 159 v.). LÉGENDE : *Comminges* (cursive du quinzième siècle).

PROMOTION DE GAND (1445)
SIX CHEVALIERS

Alphonse V, roi d'Aragon (fol. 140 du manuscrit). LÉGENDE : *le roy d'Aragon* (cursive du quinzième siècle). — Franc ou François de Borsele (fol. 161 du manuscrit). LÉGENDE : *Autreven* (cursive du quinzième siècle). Il était comte d'Ostrevant. — Reynauld de Brederode (fol. 161 v. du manuscrit). LÉGENDE : *Brederod* (cursive du quinzième siècle). — Henri de Borsele (fol. 162 du manuscrit). LÉGENDE : *La Vere* (cursive du quinzième siècle). Il était seigneur de la Vere. — Jean d'Auxi (fol. 162 v. du manuscrit). LÉGENDE : *Auxy* (cursive du quinzième siècle). — Drieu d'Humières (fol. 139 v. du manuscrit). LÉGENDE : *Humières* (cursive du quinzième siècle).

PROMOTION DE MONS (1451)
DIX CHEVALIERS

Jean, duc de Clèves (fol. 160 du manuscrit). LÉGENDE : *Clevez* (cursive du quinzième siècle). — Jean de Guevara (fol. 139 du manuscrit). LÉGENDE : *Arienne* (cursive du quinzième siècle). Il était comte d'Ariano. — Pierre de Cardona. (Manque.) — Jean de Lannoy (fol. 160 v. du manuscrit). LÉGENDE : *Lannoy* (cursive du quinzième siècle). — Jacques de Lalain (fol. 138 v. du manuscrit). LÉGENDE : *Jaque de Lalaing* (cursive du quinzième siècle). — Jean de Neufchâtel (fol. 138 du manuscrit). LÉGENDE : *Montaigu* (cursive du quinzième siècle). Il était seigneur de Montaigu et de Rigney. — Jean de Bourgogne, comte d'Étampes et de Dourdans (fol. 137 v. du manuscrit). LÉGENDE : *Estampes* (cursive du quinzième siècle). Comme à d'autres folios, on a dessiné au seizième siècle un cavalier sans indication héraldique, mais le dessin présente ici une particularité. On a commencé à peindre la housse en bleu, et on voit par deux lignes d'encadrement laissées en blanc, que la housse devait être écartelée de Bourgogne aux armes de Jean qui fut exclu de l'Ordre pour crime de haute trahison. — Antoine, bâtard de Bourgogne, comte de la Roche (fol. 163 du manuscrit). LÉGENDE : *le batard de Bourgogne* (cursive du seizième siècle). Sa mère s'appelait Michelette de Presle. En 1432, nous voyons le duc Philippe le Bon faire solder ses dépenses. (Comptes publiés par l'abbé Dehaisnes dans son inventaire des archives de Lille.) — Adolphe de Clèves (fol. 163 v.). LÉGENDE : *Ravestain* (cursive du quinzième siècle). Il était seigneur de Ravestein et Winendale. — Jean de Coimbre, régent de Chypre (fol. 137 du manuscrit). LÉGENDE : *Cuimbre* (cursive du quinzième siècle).

PROMOTION DE SAINT-OMER (1461)
SIX CHEVALIERS

Jean II, roi d'Aragon (fol. 136 v. du manuscrit). LÉGENDE : *le roy d'Aragon* (cursive du quinzième siècle). — Adolphe, duc de Gueldres, comte de Zutphen (fol. 164 du manuscrit). LÉGENDE : *le josne duc de Guelles* (cursive du quinzième siècle). Nommé *le jeune* parce qu'il régna du vivant de son père dont il n'avait pu attendre la succession. Il s'était révolté et le détenait prisonnier. — Thiébaud de Neufchâtel (fol. 135 v. du manuscrit). LÉGENDE : *le mareschal de Borgogne* (cursive du quinzième siècle). Alors Thiébaud ou Thibaut de Neufchâtel était maréchal de Bourgogne. — Philippe Pot (manque). — Louis de Bruges (fol. 135 du manuscrit). LÉGENDE : *Gruhuse* (cursive du quinzième siècle). Louis de Bruges était seigneur de la Grutuse. — Guy de Roye (fol. 136 du manuscrit). LÉGENDE : *Roye* (cursive du quinzième siècle).

FONDATION DE L'ORDRE
DE LA TOISON D'OR

EXTRAITS DES MÉMOIRES DE SON PREMIER ROI D'ARMES

Comment le duc de Bourgongne, durant la feste de ses nopces, institua et meit sus la noble ordre de la Toison d'or[1].

Et pour venir à parler de l'ordre de la Toison d'or, vray est que le duc, par grant magnificence, fist, durant ceste noble feste assemblée[2], publier l'emprinse de ladicte noble ordre de la Toison d'or, par son roy d'armes de Flandres, accompagnié moult honorablement de pluiseurs officiers d'armes, et de l'un de ses secrétaires, prononchant les paroles par la manière que s'ensuit :

« Or, oyez, princes et princesses, seigneurs, dames et damoiselles, chevaliers et escuyers ! Très hault, très excellent et très puissant prince, monseigneur le duc de Bourgongne, comte de Flandres, d'Arthois et de Bourgongne, palatin de Namur, ce faict sçavoir à tous : que pour la révérence de Dieu et soustenement de notre foi chrestienne, et pour honorer et exaulser la noble ordre de chevalerie, et aussi pour trois causes cy-après déclarées : la première pour faire honneur aux anchiens chevaliers, qui par leurs nobles et hauls faicts sont dignes d'estre recommandés ; la seconde, afin que ceulx qui de présent sont puissants et de force de corps, et exercent tous les jours les faicts appartenants à la chevalerie, aient cause de les continuer de bien en mieulx ; et la tierce, afin que les chevaliers et gentilshommes qui verront porter l'ordre, dont cy-après sera toutte honneur à ceulx qui le porteront, soient meus de eulx employer en nobles faicts, et eulx nourrir en telles mœurs que par leurs vaillances ils puissent acquérir bonne renommée, et desservir en leur temps d'estre esleus à porter ladicte ordre : mondict seigneur le duc a emprins et mis sus une ordre qui est appelée la Toison-d'Or. Auquel, aveucques et en oultre la personne d'icelui monseigneur le duc, a vingt-quatre chevaliers, gentilshommes de nom et d'armes, et sans reproches, nés et procréés en léal mariage[1] ; desquels la déclaration des noms et surnoms se

---

1. Chapitre 156 des *Mémoires de Jean Lefèvre de Saint-Remy*. Page 409 du manuscrit 5442 de la *Bibliothèque nationale*. — Si on n'a pas encore la preuve positive qu'il est auteur du présent armorial, on est du moins certain de la paternité de ses *Mémoires*, car il a pris soin de la déclarer en tête de leur premier chapitre. La suite donne des détails fort intéressants pour l'histoire de la Toison d'or. Nous reproduisons l'ancien texte, comme se trouvant en parfaite harmonie avec nos figures. Ces Mémoires n'ont pas été publiés séparément. D'abord Le Laboureur en a donné une partie à la suite de sa Chronique du Moine de Saint-Denis. Puis Buchon les a édités deux fois, dans sa collection de *Chroniques* (en intercalant Saint-Remy dans Monstrelet) et dans ses *Extraits de Chroniques* du *Panthéon littéraire*. Il s'est servi de deux manuscrits, l'un appartenant au marquis Levert, et l'autre à la Bibliothèque nationale (9869³, *hodie* 5442 français). D'après Le Laboureur, un troisième manuscrit était en possession d'un seigneur d'Hennedouche de Rebecque, qui commandait pour l'Espagne dans une ville de Flandre. La plus grande partie du texte de Buchon, si on ne s'attache point à quelques mots franciés, est conforme au manuscrit de la Bibliothèque nationale, dont le dernier chapitre s'arrête au jugement d'armes rendu à Arras entre Florimond et David de Brimeu.

2. La fête de ses troisièmes noces avec Isabeau de Portugal, à Bruges, le 10 janvier 1429 (1430 nouveau style).

1. Peu d'années après, la règle souffrait des exceptions. Le bâtard de Hautbourdin fut de la promotion de 1433 ; le bâtard de Bourgogne fut de celle de 1451. Il est vrai qu'ils étaient de la famille, car Hautbourdin tenait aux Luxembourg.

ensuivent : c'est assavoir nos très chiers et féaulx, messire Guillaume de Vienne, seigneur de Sainct-Georges et de Saincte-Croix, nostre cousin ; messire Renier Pot, seigneur de la Prugne et de la Roche de Nollay ; messire Jehan, seigneur de Rouboix et de Herzeilles ; messire Rollant d'Utequerque, seigneur de Hemefrode et de Heestruut ; messire Anthoine de Vergy, comte de Dampmartin, seigneur de Champlite et Rigney, nostre cousin ; messire David de Brimeu, seigneur de Ligny ; messire Hues de Lannoy, seigneur de Santes ; messire Jehan de Commines ; messire Anthoine de Toulonjon, seigneur de Traves et de la Bastie, mareschal de Bourgongne ; messire Pierre de Luxembourg, comte de Sainct-Pol, de Conversan et Brienne, seigneur d'Enghien, nostre cousin ; messire Jehan de la Trimouille, seigneur de Jonville, aussi nostre cousin ; messire Guilbert de Lannoy, seigneur de Villerval et Tronchiennes ; messire Jehan de Luxembourg, comte de Ligny, seigneur de Beaurevoir et de Bohain, nostre cousin ; messire Jehan de Villers, seigneur de l'Ille-Adam ; messire Anthoine, seigneur de Croy et de Renty, nostre cousin ; messire Florimont de Brimeu ; messire Robert, seigneur de Mamines ; messire Jacques de Brimeu ; messire Baulduin de Lannoy, dit le Beghue, seigneur de Molembaix ; messire Pierre de Beffromont, seigneur de Charni ; messire Philippe, seigneur de Ternant et de La Motte ; messire Jehan de Croy, seigneur de Tours-sur-Marne, nostre cousin ; et messire Jehan, seigneur de Créqui et de Canaples[1]. Auxquels chevaliers dessus nommés mondict seigneur donne à chacun d'eulx ung collier faict de fusils, auquel pend la Thoison-d'Or ; et est l'intention de mondict seigneur le duc de faire briefvement les ordonnances appartenants à ladicte ordre. »

De l'estat que le duc de Bourgongne tinst en la ville de Brouxelles ; et du trespas de son cousin le prince de Piedmont[2].

L'on 1431, en la bonne ville de Brouxelles en Brabant, le jour de tous les saincts, au disner, le duc et la duchesse tinrent leur estat, moult honourablement accompaigniés de très révérends pères en Dieu les prélats qui s'ensuivent, assavoir : l'archevesque de Coullongne, l'évesque de Cambray, l'évesque d'Amiens, et pluisieurs autres abbés et prélats, et de grans, haulx et notables seigneurs, comtes, barons, chevaliers et escuyers. Présents lesquels, il voult monstrer la bonne intencion et voulloir qu'il avoit des ordonnances faire appartenant à ladicte ordre de la Thoison-d'Or. Si est ainsy que, à icelle journée, le duc ne tint point l'estat en sa personne, pour tant que les nouvelles qu'il avoit eu nouvellement de son cousin le prince de Piedmont, fils au duc de Savoye, lequel estoit allé de vie à trespas. Et à ceste cause le duc fist son substitut à tenir son estat pour la journée, de Jehan monseigneur de Clèves, fils au duc de Clèves, son nepveu, qui très honourablement le tint. Le duc, présent toute la noble compaignie qui là estoit, fist, par son roy d'armes de Brabant, à ce ordonné, sadicte bonne intention et voullenté sçavoir et publier sollempnellement, comme il appartenoit, en la manière qu'il s'ensuit.

La publication que le duc feist faire en la ville de Brouxelles pour encommenchier la feste de l'ordre de la Toison-d'Or[1].

« Or, oyez, princes, seigneurs, chevaliers et escuyers ! De par très hault et très excellent, très puissant prince et mon très redouté seigneur Philippe, par la grâce de Dieu duc de Bourgongne, de Lothiers, de Brabant et de Lembourg, comte de Flandres, d'Arthois et de Bourgongne, palatin, etc. Est à savoir à tous les nobles seigneurs et compaignons de l'ordre de la Thoison, et à tous aultres princes, seigneurs, chevaliers et escuyers, que vous soiez en la bonne ville de Lille en Flandre, la nuict Sainct-Andrieu prochain venant, pour accompaignier le duc ; lequel a intencion et voullenté de encommenchier la feste de ladicte noble ordre de la Thoison-d'Or. Si fera très bonne chière à ceulx qui venir y vouldront. »

Il est vrai que audict an le duc fut en ladicte bonne ville de Lille, accompaignié des chevaliers et compaignons portans ladicte Thoison-d'Or, en la manière qui s'ensuit, avec pluisieurs grants, nobles et puissants seigneurs.

De la première feste de l'ordre de la Toison d'or, que le duc de Bourgongne tint à Lille ; et des cérémonies observées à ladicte feste[2].

Si est ainsi que la nuict Sainct-Andrieu, à l'heure de vespres, le duc, accompaignié de dix-huit de ses compaignions dudict ordre, furent vestus de robes vermeilles fourrées de gris, longues jusques dessoubs les genoulx, et par-dessus grants et longs manteaulx de ladicte coulleur de fine escarlatte, bordées de riches orfrois de fin or, et grans et larges, et ouvrés à la fachon de fusils, comme le duc les porte ; et estoient fourrés de menus vairs moult richement ;

---

1. Cette énumération de titres complète celle que donne le texte des figures équestres. Il en sera tenu compte dans la table alphabétique.
2. Chapitre 165 des *Mémoires* de Saint-Remy. Page 430 du manuscrit.

1. Chapitre 166 des *Mémoires* de Saint-Remy.
2. Chapitre 167 des *Mémoires* de Saint-Remy, page 431 du manuscrit.

et par-dessus ils portoient chapperons de pareil drap à longues coquilles doubles, à l'usage anchien ; et par-dessus iceulx habits, ils portoient le collier de ladicte ordre à descouvert. Or est-il vrai que le duc et ses compaignions se mirent en ordonnance à l'heure de vespres, en la grande salle, deulx à deulx ensemble, et le duc tout darrière eulx, vestus et parés comme dict est. Si s'en partirent et vinrent à la porte dudict hostel, où leur vindrent au-devant les processions, moult révérammment et sollempnellement ; et s'en allèrent ainsi tenants leur ordonnance, les sainctes processions devant eulx, jusques à l'église Sainct-Pierre, où ils entrèrent dedans le chœur, et se seyrent en leurs sièges parés moult richement et nottablement ordonnés, comme ci-après s'enssuit.

Tout le chœur de ladicte église estoit, hault et bas, paré et tendu de fines et riches tapisseries tissues à or, et les sièges pareillement. Si estoit par-dessus le siège du duc ung tableau armoié de ses armes, de hachement[1] de son ordre et devise. Et pareillement aux deulx costés du chœur, en haultes fourmes[2], estoient les sièges où se seyrent lesdicts seigneurs de l'ordre ; et par-dessus chascun siége, tableaux armoiés des armes, hachements, ordre, noms et titres d'iceulx chevaliers ; et par leurs armes chascun chevalier séet où il doit seoir. Et quand l'ung d'iceulx chevaliers sont allés de vie à trespas, on meet en leur siège ung drap noir où les armes sont, comme toutes ces choses sont bien à plain déclarés ès chapitres de ladicte ordre.

Or fault parler d'iceulx qui furent en ladicte ordre en personne. A la première feste sy y furent : le seigneur de Roubaix, messire Anthoine de Vergy, messire Hue de Lannoy, messire Anthoine de Toulonjon, le seigneur de Jonvelle, le seigneur de Croy, messire Jacques de Brimeu, messire Jehan de Croy. Au sénestre costé estoient assis, au plus près du prince, messire Rollant d'Utekerque, messire David de Brimeu, le seigneur de Commines, messire Guilbert de Lannoy, le seigneur de l'Isle-Adam, le seigneur Florimont de Brimeu, le Bégue de Lannoy, le seigneur de Ternant, et le seigneur de Créquy ; et, par procureurs, le seigneur de Sainct-George, messire Regnier Pot, le comte de Sainct-Pol, et le comte de Ligny.

Le seigneur de Mamines estoit allé de vie à trespas ; pour laquelle cause son siège estoit couvert de drap noir, et dessus icellui drap ses armes.

Et là se tinrent honnourablement jusques à tant que le sainct servichè divin fust faict ; et après vespres chantées, se levèrent lesdicts seigneurs, les plus josnes devant, deulx et deulx, par devant le prince et souverain de ladicte ordre, en le révérandant[1]. Si revindrent, aussi en belle ordonnance, jusques à l'hostel du duc, dont ils estoient partis ; et là entrèrent tous en une chambre, là où ils devestirent leurs manteaulx ; et plus ne fut, ce jour, faict.

Or est vrai que par grant délibéracion de conseil le duc et les seigneurs dudict ordre avoient institué, faict et ordonné quatre hommes officiers à eulx, dont les mémoires s'enssuivent ; c'est à sçavoir, ung chancelier pour eulx servir en ladicte noble ordre, faict par ung très nottable docteur en theologie, familier du duc, appelé maistre Jehan Germain, esleu évesque de Nevers ; le second, pour leur greffier et secrétaire, ung notable homme appelé maistre Jehan Imber, familier et officier du duc ; ung autre pour leur trésorier, ung très puissant et riche homme, pareillement famillier et officier du duc, appelé Guy Guilbault ; et ung nottable homme et souffisant hérault, appelé Charrolois[2], lequel estoit aussi au duc. Icelui feirent leur roy d'armes, et le nommèrent Thoison-d'Or, pour eulx servir en leurs besongnes et affaires ; et est autheur de cestuy livre, comme devant est dit en ung prologue. Et tous iceulx quatre officiers servans à ladicte ordre pareillement furent vestus chascun de rouges robbes, manteaulx et chapperons, les robbes fourées et les manteaulx, non réservé le docteur, qui avoit l'habit, et fouré comme à docteur appartient. Et furent iceulx quatre officiers assis ès basses fourmes[3], par-devant le siège du duc, chascun en son degré.

Et lendemain pareillement, comme la nuict Sainct-Andrieu, entrèrent en l'église à huit heures au matin. Si se sist chascun en son siège ; et quand le sainct service fut faict jusques à l'offrande, alla le duc, fondateur et souverain de ladicte ordre, le premier à l'offrande. Et après, lui retourné en son siège, le roy d'armes de l'ordre, pour le plus prochain du haultain siège, appela le seigneur de Sainct-George, ou son procureur pour lui ; et pareillement il appela messire Regnier Pot, ou son procureur pour lui. Pourquoi, au lieu d'iceulx chevaliers qui estoient absents, ils s'en apparurent deux aultres chevaliers

---

1. Buchon a cru que ce mot vouloit dire *armes*, ce qui ferait double emploi. Il donne à *hachement* cette étymologie fantaisiste : « Écusson, armes prises en l'honneur de l'*achèvement* de quelque grande action, d'où les Anglois ont pris leur mot *atchievement*, prononcé comme l'écrit ici Saint-Remy. Ces *atchievements* ou écussons se pendent aux maisons à la mort de celui qui les portoit. » — Littré, qui a peu compris la définition donnée au mot *hachement* par l'*Origine des armoiries* de Ménestrier, lui donne le sens de *liens de panaches*, qui n'est pas exact non plus. Le vrai sens nous paraît être celui de *lambrequins*, c'est-à-dire de *pièce hachée* ou *découpée* (V. Introduction, page 2) servant de couvre-nuque au casque ; Il ressort nettement d'une définition du roi René (Œuvres, éd. Quatrebarbes, t. II, p. 10) qui donne *hacheure* pour synonyme de *hachement* (V. le *Dict.* de Godefroy).

2. C'est-à-dire en hautes stalles de bois à dossiers élevés.

---

1. C'est-à-dire défilèrent deux à deux devant le duc, en faisant la révérence.

2. C'est de lui-même que parle ici le chroniqueur, comme il le dit quatre lignes plus bas, et la naïveté de son éloge en atténue l'apparente vanité.

3. Assis sur des sièges bas sans dossier.

de l'ordre dessusdit, dont l'ung fut messire Anthoine de Vergy, qui se présenta au lieu de monseigneur de Sainct-George, et le seigneur de Jonvelle se présenta au lieu de messire Regnier Pot.

Si se partirent de leurs siéges, comme procureurs représentans les personnes des dessusdicts défaillans. Si allèrent à l'offrande ces deulx ensemble, et chascun d'ung pièce d'or; et aussi firent tous les aultres chevaliers de ladicte ordre; et après allèrent offrir, le seigneur de Roubaix et messire Rollant d'Utekerque ensemble, de telle manière que les aultres dessusdicts; et ainsi, tous par ordre, ils allèrent offrir ensemble, deux et deux, l'ung à dextre et l'autre à senestre. En telle manière et ordonnance se fist l'offertoire, qui dura moult longuement; et estoient, chascune fois, appelés par le roy d'armes, qui les conduisoit jusques à l'autel, et les raconduisoit jusques à leurs siéges.

Après ladicte offertoire faicte, se fist une moult belle prédication, en manière de collacion[1], par le chancellier de ladicte ordre, docteur et évesque de Nevers. Après icelle prédication, se parfist le sainct service divin, et puis se partirent de l'église les susdicts seigneurs de l'ordre en leur très honnourable ordonnance, comme j'ai dict dessus, et s'en retournèrent à l'hostel du duc. Si le convoyèrent en sa chambre, où il fut une espasse avec icelle noble compaignie. A toutes icelles ordonnances furent plusieurs héraulx, roys d'armes et poursuivans; premier pour roys d'armes, le roy de Berry, le roy de Brabant, le roy de Flandres, le roy d'Arthois et le roy de Haynault; et pour héraulx, Secille, Bretaigne, Orenge, Sainct-Pol, Namur, Vianne, Enghien, Zellande et Anthoing. Et de poursuivans furent le nombre de quatorze, tous à grants princes et seigneurs. Quand l'heure du disner fut venue, environ à midy, les tables furent dreschiées et très nottablement parées, comme à ung si très hault et très noble et riche estat appertenoit, et les dreschoirs parés et aournés de riche vasselle et joiaulx, si très richement que ce seroit trop longue chose à raconter. Si s'assist le duc au milieu de la table, et puis les seigneurs de degré en degré; c'est assavoir, les plus anchiens faicts chevaliers au plus près du souverain, les ungs à dextre et les aultres à senestre, en la fourme et manière que leurs tableaux de leurs armes estoient à l'église, comme dict est. Et au bout d'icelle longue table, par-devant, au dextre, y avoit une petite table où les quatre officiers de ladicte ordre se séoient, et chascun à tout[2] leurs manteaulx et habits de ladicte ordre; et en icelle grant salle n'y avoit aultre table dreschiée. Si furent servis très honnourablement les ungs après les aultres

---

1. En manière de conférence.
2. C'est-à-dire avec leurs manteaux.

en leur degré. Là trompettes et menestreulx cornoient et jouoyent devant les mets et non ailleurs; et là estoit une doulce mélodie à ouyr durant icelui disner; et ainsi se fina le disner en très grant esjouissement et honnourable ordonnanche. Après graces rendues, le duc et lesdicts seigneurs se retrairent chascun en leurs chambres, et se desvestirent de tous leurs habits. En aultres salles se tindrent les estats de messeigneurs de l'église et des aultres nobles seigneurs qui furent venus à ladicte feste.

Après icelle noble feste et sollempnité passée, à l'heure de vespres, le duc et mesdicts seigneurs de l'ordre se revestirent tous de noirs habits, manteaulx et chapperons longs, comme de dœul; si se mirent en leur ordonnance comme ils avoient faict au matin, chascun en son ordre et degré, et leur vindrent les processions au-devant; et, en fesant dévotes processions et oraisons, ils retournèrent en l'église et se mirent en leurs propres siéges, chascun dessoubs ses armes. Et là furent chantées et dictes vegilles pour les trespassés, et dura le serviche moult longuement et bien avant en la nuict; et puis, ledict service faict, s'en retournèrent audict hostel en ordonnance comme dessus. Quand che vint l'heure du soupper, ils s'assirent à table, à tout leurs habits noirs, chascun en son degré, comme dict est. Des mets et ordonnance d'icelui soupper je me tais, mais vrai est qu'il fut de grant magnificence.

Et lendemain matin de rechief, en noirs habits de dœul, se rangèrent en leur ordre, et avec les processions retournèrent à l'église; et très dévottement y furent au serviche divin que on fist pour les morts, dont au milieu du chœur y avoit ung chandellier de bois, paint de noir, sur lequel y avoit vingt-quatre chierges ardans pour et au nom desdicts seigneurs de l'ordre, chascun pesant trois livres; et icelui de mondict seigneur le duc souverain estoit au milieu, plus grant que les aultres; et chascun chierge armoié de petits escuchons des armes desdicts seigneurs de ladicte ordre, et estoient tous assis par ordre comme les seigneurs et les tableaux de leurs armes. Si se fist le sainct service divin très révéramment; et quand il fut l'heure de l'offrande, le roy d'armes Thoison-d'Or apporta à mondict seigneur le duc son chierge ainsi armoié, comme dict est, lequel mondict seigneur le duc offrit à l'autel, et puis, par le roi d'armes, fut rapporté en son lieu sur le chandellier. Et puis, comme j'ai dict dessus, furent appelés chascun seigneur en son siége pour aller à l'offertoire; et leur apportoit le roy d'armes à chacun son chierge, et puis, comme dict est, rassis en leur siége. Et les seigneurs qui y furent deffaillans y furent pareillement appelés, et y eulrent chascun leurs procureurs par lesdicts seigneurs et compaignons de l'ordre, comme dessus est dict aux aultres offertoires.

Mais cellui de deffunt le seigneur de Mamines fut offert par le roy d'armes de l'ordre et laissié à l'autel d'estaint[1], sans estre rapporté en sa place comme les aultres furent; et par ainsy demoura ladicte place vide tout le remain[2] dudict service, en desmonstrant le trespas dudict seigneur de Mamines. Lesquelles choses estoient moult desvottes et plaisantes à veoir.

Quand icelle offertoire fut passée, le greffier et secrétaire de l'ordre se mist à l'endroit des tableaux au milieu des frères mesdits seigneurs de l'ordre, et là fut faicte par lui une moult belle et pitoiable[3] recommandation à mondict seigneur le duc, et à eulx tous, pour et au nom dudict chevallier, seigneur de Mamines, que Dieu pardoint! dont les armes estoient à l'endroit de son siége, comme dict est. Et (le greffier) le fist en la manière qui s'ensuit:

« Très excellent et très puissant prince, mon très redoubté seigneur, le fondateur, chef et souverain de ceste honnorable et léable ordre de la Thoison-d'Or, et vous, nobles et honnourés seigneurs, chevalliers, frères et compaignons dudict ordre, cy présents maintenant à che service que l'on faict pour les trespassés; à l'intention de vous, monseigneur, affiert[4] faire singulière et espéciale mention de l'âme du noble et vaillant chevallier messire Robert de Mamines, en son vivant frère et compaignon d'icellui ordre, qui trespassa à Namur, en vostre service, contre vos ennemis, l'an passé, et (qui a) si vaillamment et grandement servy son naturel prinche, vous, monseigneur, en vos guerres, voyaiges, armées, et (qui), aultrement en maintes manières, a faictes de haultes proesses. »

Et ainsy, par moult belles, dévottes et très nottables ordonnances, se parfist le sainct serviche divin. Et puis, par la manière que j'ai dict dessus, le duc et les seigneurs de l'ordre, en leur nottable et honnourable ordre et ordonnance, se partirent de l'église et retournèrent audit hostel du duc, et à l'heure du seoir à table, mondit seigneur le duc en son siége moyen, et mesdicts seigneurs chascun en son degré, comme dessus a esté dict, en leurs habits de dœul. Et puis, le disner passé, pour tout le jour furent ainsy vestus jusqu'à la nuit; et lendemain, le duc et les seigneurs dudict ordre furent vestus de tels habits qu'il leur plust à l'église, où ils furent ensemble oyr la messe de Nostre-Dame. Et entrèrent en chappitre, où ils furent par ordre et en manteaulx dudict ordre, où ils esleurent deulx chevalliers pour estre frères et compaignons dudict ordre; c'est assavoir le comte de Meurs, et messire Simon de Lalaing, comme il sera dict chi après.

---

[1]. Eteint. — [2]. Reste.
[3]. Attendrissante, mot à mot; faisant prendre en pitié le sort du défunt.
[4]. C'est-à-dire: il appartient de faire.

ARMORIAL.

La coppie des lettres de l'institution de la noble ordre et confrairie de la Thoison-d'Or, faicte en la ville (de Lille), le vingt-septiesme jour de novembre, l'an de grâce mil quatre cent et trente-un[1].

« Philippe, par la grace de Dieu duc de Bourgongne, de Lothier, de Brabant et de Lembourg, conte de Flandres, d'Arthois et de Bourgongne, palatin de Hainault, de Hollande, de Zellaude et de Namur, marquis du Sainct-Empire, seigneur de Frise, de Salins et de Malines, sçavoir faisons à tous présents et advenir que, pour la très grand et parfaicte amour que avons au noble estat et ordre de chevallerie, dont de très ardant et singulier affection désirons l'honneur et accroissement, parquoi la vraie foy catholique, la foy de nostre mère saincte Eglise et la tranquillité et prospérité de la chose publicque, soient, comme peuvent estre, deffendues, gardées et maintenues. Nous, à la gloire et louenge du Tout-Puissant, nostre Créateur et Rédempteur, en révérence de sa glorieuse mère Vierge Marie, et à l'honneur de monseigneur sainct Andrieu, apostre et martyr, à l'exaltation de vertus et bonnes meurs, le quinziesme jour de janvier, l'an de nostre Seigneur mil quatre cent vingt-neuf, qui fut le jour de la sollempnisation du mariaige de nous et de nostre très chière et très aimée compaigne, avons faict choix et élection de certain nombre de chevalliers que vollons estre appelés l'ordre de la Thoison-d'Or, sous la forme, condicion, statuts, manières et articles qui s'ensuivent.

Premier: ordonnons qu'en l'ordre devant dicte aura trente-ung chevalliers, gentilshommes de nom et d'armes, et sans reproches; dont nous, en nostre temps, serons le chief et souverain, et appres nous nos successeurs, ducs de Bourgongne.

Item, les frères et chevalliers dudict ordre, à entrer en icellui, deveront laissier et laisseront toute aultre ordre, se aultre en ont ou avoient, soit de prince ou de compaignie, excepté empereurs, rois et ducs, qui, avec che présent ordre, polront porter l'ordre dont ils seront chiefs, par ainsy que ce soit du gré et consentement de nous ou de nos successeurs souverains, ou des frères de l'ordre, passé en leur chappitre, et non aultrement. Et pareillement, nous et nos successeurs souverains de ce présent ordre, en cas semblables, porrons, s'il nous plaist, porter l'ordre des dessusdicts empereurs, rois et ducs, avec la nostre, en démonstrance de vraye et fraternelle amour l'un envers l'aultre, et pour le bien qui en polroit venir.

Item, pour avoir connoissance dudict ordre et des chevalliers qui en seront, nous, pour une fois,

---

[1]. Chapitre 166 des *Mémoires* de Saint-Remy, page 438 du manuscrit.

17

donnons à chascun des chevalliers ung collier d'or faict à nostre devise : c'est assavoir par pièces, à façon de fusils touchants à pierres, dont partent estincelles ardants, et, au bout d'icellui collier, pendant semblance d'une thoison d'or. Lequel collier, qui appartiendra à l'ordre, et demou(re)ra toudis[1] à l'ordre, Nous et nosdicts successeurs souverains, et chascun chevallier dudict ordre, serons tenus de (le) porter chascun jour, autour du col, à descouvert, sur peine de faire dire une messe de quatre sols, et quatre sols donner pour Dieu, que ils seront tenus de faire en conscience, pour chascun jour qu'ils fauldront à le porter, excepté en armes, où il souffira de porter la thoison sans le collier, qui ainsi que vauldra faire[2]. Aussi se le collier avoit besoing de réparation, il pourra pour ce estre mis ès mains de l'orfèvre, et jusques il soit réparé ne sera tenu ledict chevallier de l'amender[3] de non porter ; et pareillement, se[4] en aulcun lointaing voiage laisser le convenoit, ou en aultre cas ils le délaissent à porter par aulcun temps, tant par maladie comme pour la seureté de leurs personnes. Lequel collier ne poulra estre enrichi de pierres ni d'aultres choses ; et ne le pourront donner, vendre ne gaigier, ne aliéner, pour quelque nécessité ou cause, ne en quelque manière que ce soit.

Item, que pour bonne amitié avoir audict ordre, tous les chevalliers d'icellui sont tenus et prometteront, à leur entrée, avoir bonne et vraye amour à nous, nos successeurs souverains dudit ordre, l'ung à l'aultre et nous à eulx, vouloir pourchasser et avancher à leur pouvoir l'honneur et prouffit, et eschever[5] le deshonneur et dommaige de ceux dudict ordre. S'ils oyent aulcune chose dire qui fust à la grant charge de l'honneur d'aulcun d'icellui ordre, ils seront tenus de l'excuser par la meilleure manière que faire le poulront ; et se le disant vouloit persévérer publiquement en ses parolles, ils sont tenus, en ce cas, de lui dire en effect : « Nous, par le serment faict à l'ordre, sommes tenus de révéler à tous les chevalliers de l'ordre se aulcune chose estoit dicte contre leur honneur ; et pour che, advisez se voullez persévérer en vos parolles. » Et au cas qu'il persévéreroit, sont tenus de le donner à congnoistre au chevallier duquel seroient dictes les parolles.

Item, prometteront lesdicts chevalliers, se aulcun s'efforchoit de grever ou porter dommaige par œuvre de faict à nous et à nos successeurs, chiefs et souverains dudict ordre, ou à nos pays, terres et seigneuries, vassaulx et subjects, ou que nous ou iceulx successeurs souverains emprénissions aulcunes armes pour la deffense de la saincte foy chrestienne, ou pour deffendre, maintenir et rétablir la dignité, estat et liberté de nostre mère saincte Eglise et du sainct siège apostolicque de Rome, en ce cas, les chevalliers dudict ordre, les puissants[1] en leurs personnes, seront tenus de nous servir personnellement, et les non puissants faire servir, moyennant gaiges raisonnables, s'ils n'ont loïalle ensonne[2] et apparant empeschement, auquel cas se poulront excuser.

Item, que pour ceste cause et pour la grant amour et confidence[3] de nos frères chrestiens, chevalliers dudict ordre, nous, pour nous et pour nos successeurs souverains, déterminons que nous ne iceulx n'entreprendrons aulcunes guerres ou aultres haultes besognes, que avant ne l'ayons faict scavoir à la greigneur[4] partie desdicts frères chevalliers, pour sur che avoir leur avis et bon conseil, sauf entreprises secrettes et hastives, dont le révéler à pluiseurs pourroit porter préjudice et dommaige auxdictes entreprises.

Item, semblablement, que les chevalliers de l'ordre, nos vassaulx ou subjects, ou des seigneuries de nostre gouvernement, ne se metteront en aulcunes guerres ou voiages loingtains sans le donner par avant à congnoistre à nous et à nos successeurs chiefs de l'ordre, et sans nostre congié ou licence. Mais par ce, ne entendons-nous pas que les chevalliers de icellui ordre, subjects de nous, ou de nos successeurs souverains, soient empeschiés ou astraints, que au regard des terres et tennements qu'ils tiendront d'aultrui, qu'ils ne puissent bien entrer en guerre, et servir, ainsi qu'il appartient par honneur, comme ils eussent peu faire auparavant l'establissement de nostredict ordre, et nonobstant icellui, et aussi que les non subjects de nous et dudict chief de l'ordre ne puissent servir en armes et faire voiages à leurs plaisirs, par ainsi que ils le nous donnent à congnoistre par avant que faire le poulront, sans préjudice de leur entreprise ou voiage.

Item, s'il advenoit que entre aulcuns chevalliers de l'ordre sourdist[5] débats ou contents, à cause de leurs personnes seulement, dont voye de faict et inconvénient fust apparent, che venu à la connoissance du souverain, il sera aux parties deffendre ou deffendra toutes œuvres de faict, en leur enjoingnant que se submettent au dict et ordonnance de lui et de l'ordre, et que, en leurs personnes, ou se ils ne peuvent,

---

1. Toujours.
2. C'est-à-dire : Il suffira, si on le veut ainsi, de porter la Toison sans collier. *Vauldra* est pour *vouldra*.
3. C'est-à-dire de payer l'amende infligée à qui ne le porte pas.
4. Et il en sera pareillement dispensé si, avant de partir pour quelque lointain voyage, il étoit prudent de le laisser.
5. C'est-à-dire, ils sont aussi tenus de vouloir poursuivre et accroître de tout leur pouvoir l'honneur et le profit de l'ordre, ainsi que d'éviter à ses membres tout déshonneur et dommage.

---

1. C'est-à-dire, ceux qui seront valides de leurs personnes.
2. Loyale excuse.
3. Confiance.
4. Majeure.
5. Il s'élevât débats ou contestations.

par procureur, comparoissent au prochain chappitre ou assemblée d'icellui ordre pour dire che qu'ils vouldront l'ung à l'encontre del 'aultre. Lequel souverain et chevaliers de l'ordre, parties ouyes, appoincteront du débat, le plus tost que faire se pourra. A quoi les parties seront tenues de obtempérer et obéir, saulf par tout le droit et haultesse de nostre justice et seigneuries de nos successeurs.

Item, si aulcun par son outrage, vousist villennier aulcun chevalier de l'ordre, tous les aultres qui ad ce seront présents, ou qui faire le pourront, sont tenus de y pourveoir et remédier.

Item, si aulcun, non subject du souverain dudict ordre, estant en son gouvernement, faisoit injure à aulcun des chevaliers de l'ordre, subject dudict souverain, ou de ses seignouries de son gouvernement, qui par voie de justice ne poeult avoir réparation, et que icellui chevalier, soi-disant grevé, ne se voulsist de la chose submettre au dict et ordonnance du souverain de l'ordre, et sa partie adverse le refusast, en che cas, le souverain et chevaliers de l'ordre seront tenus de faire à leurdict frère et compaignon, pour son droict, toutte assistance possible. Et quant aux chevalliers estranges non subjects du souverain de l'ordre, qui se vouldroient submettre, et leur partie en fust refusant, en ce cas, le souverain et chevaliers en feront telle assistance que bonnement pourront.

Item, et aussi, comme audict ordre poulront estre chevalliers non subjects du souverain, pourroit venir à guerre au seigneur naturel desdicts chevaliers non subjects, né au pays dont ils seront natifs; pour nous et nos successeurs souverains dudict ordre, déclairons que, en ce cas, lesdicts chevalliers non subjects poulront garder leur honneur et deffendre leur naturel seigneur, et ce, au pays dont ils seront natifs, sans pour che encourir en charge de deshonneur ne mesprendre audict ordre. Mais se leurdict seigneur voulloit faire guerre au souverain dessusdict ou à ses pays et subjects, attendu la fraternité et abstriction de l'ordre, se devront excuser de servir. Touttesfois, se le seigneur ne les y voulloit recevoir, ains les y voulsist constraindre, le pourront, sans pour ce encourir charge de deshonneur, servir, en ce cas que leur seigneur y seroit en personne, et non aultrement; mais que par leur scellé le signifient par avant audict souverain de l'ordre.

Item, si aulcuns des chevaliers de l'ordre allast en voiaige et service d'arme de seigneurs estranges, il devera advertir; et se aulcuns de ses frères et compaignons d'icellui ordre estoient prins en bataille ou guerre, il feroit son léal povoir de à sondict compaignon saulver la vie; et s'il estoit prins de sa main,

lui quicteroit sa foy, et le délivreroit franchement[1] à son povoir, sinon que ledict chevallier seroit le chief de la guerre. Et se ledict seigneur ne voulloit ainsi consentir[2], icellui chevallier de l'ordre ne se pourroit, par honneur, armer pour luy, mais debveroit laisser son service.

Item, que les chevalliers dudict ordre y demoureront durant le cours de leurs vies, se ils ne commettoient cas réprochable, parquoy ils en deussent estre privés, lesquels cas nous déclarerons tels qu'il s'ensuit :

C'est assavoir: se aulcun desdicts chevaliers, que jà n'aviegne[3] ! (est) attaint et convaincu de hérésie et erreur contre la foy chrestienne, ou avoit pour che souffert paine et pugnition publicque;

Item, s'il estoit attaint ou convaincu de trahison;

Item, s'il s'enfuyoit ou parteist de journée en bataille, soit avec son seigneur ou aultres où bannières fussent déployées, et que on eult assemblé et procédé aussy avant jusques à combattre.

Pour lesquels trois cas dessus déclarés, affin que l'ordre et compaignie ne soit ad ce diffamée, mais demeure nette et honnorée, comme il appertient, ordonnons que le chevallier qui en seroit attaint ou convaincu, ou des deulx ou de l'un d'iceulx, soit, par le jugement du souverain et compaignons dudict ordre, osté, privé et débouté d'icellui ordre, lui oyy en ses deffences sur le cas, si deffendre et excuser s'en voulloit, ou par[4] lui sur ce duement appelé, sommé et attendu. Ou s'il commettoit aulcun aultre villain et énorme ou reprochable cas, le souverain et chevaliers de l'ordre procéderoient contre lui comme dessus est dict; et par aultre manière ne polroit estre, privé ne débouté. Mais s'il s'advenoit que le souverain feist tort, grief ou violence à aulcuns des chevalliers de l'ordre, tout après que icellui chevallier auroit suffisamment requis et sommé ledict souverain et les chevalliers de luy en faire raison et justice, et l'auroit deuement attendue, et ne le polroit obtenir, et que par déclaration des frères et chevalliers pour che assemblés, de la greigneur partie d'eulx seroit faicte la déclaration du tort et reffus de justice, en che cas; et non par avant, ledict chevallier ainsi grevé poulroit rendre ledict collier, et soi départir de l'ordre sans fourfaire ne estre chargié d'honneur, en prenant gracieulx congié; et pareillement pour aultres licites et raisonnables causes, selon l'advis et déclaration des chevalliers de l'ordre.

---

1. Et si un compagnon devenait son prisonnier, il le tiendrait quitte de tout engagement, et lui donnerait la liberté sans rançon.
2. Et si ledit seigneur étranger ne laissait pas le chevalier libre de se conformer au règlement de son ordre.
3. C'est-à-dire : Plaise à Dieu que cela n'arrive jamais !
4. Les mots *ou par* sont répétés deux fois ici sur le manuscrit. Il y a sans doute un oubli de mots, et on devrait lire, s'il voulsit s'excuser ou *par avoué* ou *par lui-même*.

Item, et affin de oster toutes difficultés qui pourroient venir touchant les honneurs, estat et degré d'entre lesdicts chevalliers, et mesmement que bonne et vraye amour et fraternelle compaignie ne doibt point avoir regart à telles choses, nous voullons et ordonnons que[1], tant en aller, soit en l'église ou en chappitre, et à table, nommer, parler et escripre, et en toutes aultres choses touchant ladicte ordre et amiable compaignie, tiengnent lieu et ordre, selon le temps que ils auront receu l'ordre de chevallerie. Et s'il en y avoit qui tout en ung mesme jour eussent esté faicts chevalliers, ordonnons que le plus anchien d'age tiengne lieu premier en ce que dict est, et les aultres ensieuvent. Et quant à ceulx qui seront en l'ordre par élection du souverain et des chevalliers, ordonnons qu'ils auront lieu selon le temps qu'ils seront receus audict ordre. Et se pluiseurs en y avoit d'ung mesme jour, ils auroient lieu[2], selon l'age, comme dict est, exceptés empereurs, rois et ducs, lesquels, pour hault essoine[3] de leurs dignités, auront lieu en ceste ordre, selon le temps qu'ils averont receus l'ordre de chevallerie, sans point avoir aultre regart à noblesse et lignaige, grandeur et seigneuries, offices, estats, richesses ou puissanches.

Item, que à la création et commenchement de nostredict ordre, pour le sens, prud'hommie, vaillance, vertus et bonnes meurs des chevalliers cy-dessoubs escripts, la confidence que avons de leur loyaulté et persévérance en honnourables et bonnes œuvres, nous iceulx, selon leur anchienneté en l'estat de chevallerie, et sans avoir regart, comme dessus est dict, à noblesse de lignage, se[4] avons nommés, et par ces présentes nommons, c'est assavoir nos très chiers et féaux : messire Guille de Vienne, seigneur de Sainct-Georges et de Saincte-Croix, nostre cousin; messire Regnier Pot, seigneur de La Prugne et de La Roche; messire Jehan, seigneur de Roubaix et de Herselles; messire Rollant d'Utekerque, seigneur de Hemrode et de Hestruut; messire Anthoine de Vergy, comte de Dampmartin, nostre cousin; messire David de Brimeu, seigneur de Ligny; messire Hues de Lannoy, seigneur de Santes; messire Jehan, seigneur de Commines; messire Anthoine de Toulonjon, seigneur de Traves et de la Bastie, mareschal de Bourgongne; messire Pierre de Luxembourg, comte de Sainct-Pol, de Conversan et de Brienne, seigneur d'Enghien, nostre cousin, messire Jehan de La Trimouille, seigneur de Jonvelle, nostre cousin; messire Guilbert de Lannoy, seigneur de Willerval et de Tronchiennes; messire Jehan de Luxembourg, comte de Ligney, s[r] de Beaurevoir, nostre cousin; messire Jehan de Villers, seigneur de l'Ille-Adam; messire Anthoine, seigneur de Croy et de Renti, nostre cousin; messire Florimont de Brimeu; messire Robert, seigneur de Mamismes; messire Jacques de Brimeu; messire Boulduin de Lannoy, dit le Besgue, seigneur de Mollenbais; messire Pierre de Beffromont, seigneur de Charny; messire Philippes, seigneur de Tervant; messire Jehan de Croy, seigneur de Tours-sur-Marne, nostre cousin; et messire Jehan de Créqui et de Canaples;

Et le surplus, pour accomplir ledict nombre de trente chevalliers de l'ordre, sans le souverain, réservons à estre mis en icelle ordre au prochain chapitre ou aultre subséquent, à l'élection de nous et de nos compaignons dudict ordre.

Item, que en che présent ordre avons ordonné et ordonnons quatre officiers : c'est assavoir, chancellier, trésorier, greffier et roi d'arme, qui sera appelé Thoison-d'Or. Lesdicts officiers serviront audict ordre en la manière déclarée en certain livre[1] et articles que leurs avons faict bailler par escript, pour leur instruction en enseignements requis à icelluy ordre, et feront services chascun en droict soy d'eulx acquitter en leurdict serviche, comme il appartient, et de tenir secret tout che que sera faict, dict, ordonné et apointcié audict ordre que céler se devera.

Item, que en faveur dudict ordre ferons, se Dieu plaist, en nostre ville de Dijon, en nostre duchié de Bourgongne, certaines fondations de divin serviche, en l'église de nostre chapelle des ducs, audict lieu de Dijon, et aultres fondations des vivres et sustentation des povres chevalliers, et édification à che pertinentes et nécessaires ainsi que déclarié est en nos lettres sur che faictes.

Item, que au chœur de ladicte église, contre le mur, dessus le siége du souverain de l'ordre, sera mis et fichié l'escu de ses armes, heaulmes, tymbres et hachements, et pareillement sera faict des aultres chevalliers dudict ordre, dessus leurs siéges, au chœur de ladicte église.

Item, combien que par cy-devant eust esté advisé de sollempnisier la feste et chappitre de che présent ordre, chascun an, au jour sainct Andrieu, apostre; néantmoins, pour considération de la briefté des

---

1. C'est-à-dire : Nous ordonnons que lesdits chevalliers conservent leur rang de promotion.
2. C'est-à-dire : Ils prendraient rang de préséance.
3. Soin.
4. *Se*, mis pour *si*, prend ici la valeur affirmative du *si* italien, ce qui équivaut à : Oui, nous avons nommé et nommons, etc.

---

1. Notre ami et confrère A. Castan, bibliothécaire de la ville de Besançon, nous signale l'existence d'un cérémonial de ce genre : *Le miroir de l'ordre du Thoison d'or*, par Pierre Fyon (pet. in-fol., milieu du seizième siècle). Quatorze croquis à la plume grossièrement enluminés représentent les diverses cérémonies chapitrales de la Toison d'or. Une miniature représentant la tenue d'un chapitre se trouve au commencement d'un manuscrit du quinzième siècle, appartenant aussi à la bibliothèque de Besançon et provenant de Louis de la Gruthuse.

jours, et que griefve chose est aux anchiens chevalliers et aux aultres qui sont de loingtaines contrées de y venir souvent en si dure saison, nous, eue de plus délibération en ceste matière, ordonnons la feste, chappitre, convention, assemblée et amiable compaignie du souverain et de tous les frères chevalliers estre tenus de trois ans en trois ans, au second jour du mois de may, en tel lieu que le souverain fera par avant sçavoir, par temps compétent et raisonnable, selon la distance des lieux. Toutes voies nous réservons à nous de pouvoir tenir ladicte feste, et la anticiper et mettre à plus brief jour, se véons qu'il y ait cas qui le requiert, toudis à distanche et intervalle d'un an du précédent chappitre et non moins.

Item, et affin que le chappitre, convention et feste de l'ordre soit entretenu, comme dessus est escript, et ne soit délaissé ou empeschié par les nécessités des cas qui pourroient advenir, voulons et ordonnons que, si par maladies, prison, périls de guerre, dangiers de chevalliers ou aultres quelconques causes raisonnables et rechevables, le souverain ou aulcun des chevalliers de l'ordre estoient empeschiés de non povoir sollemnnellement comparoir audict chappitre et feste, en che cas, celluy qui auroit tel empeschement seroit tenu d'envoyer pour luy aultres chevalliers de l'ordre ou pluiseurs : c'est assavoir le commis du souverain pour présider, et des chevalliers, pour assister et comparoir audict chappitre, dire son excusacion ou essonne[1], tenir lieu pour luy faire ses offrandes et sollemnpnité, ou ce que pour luy ou contre luy sera dict et faict, receues les corrections et paines, pour de tout luy faire rapport, et chascun pour faire au lieu de son maistre, qui commis envoyé aura, que il mesmes poeult et deust faire, si présent y estoit. En quoi sera obéi et entendu par eulx de l'ordre, à icelluy qui personnellement y debvoit comparoir[2].

Item, que dès le premier jour de may, tous les chevalliers de l'ordre, venus au lieu de l'assemblée, se viendront présenter devers le souverain dudict ordre, en son hostel, devant l'heure de vespres, et il les recevera amiablement et honnourablement, comme au cas appartiendra.

Item, que le premier jour de may, ledict souverain et les chevalliers de l'ordre partiront ensemble de l'hostel de icelluy souverain ou de son commis, vestus pareillement de manteaulx d'escarlatte, comme dict est dessus; lesquels manteaulx et habillemens le souverain et chascun des chevalliers fera faire à ses propres cousts, frais et despens. Et en cest estat iront à l'église ouyr vespres, comme dict est.

Item, le jour de la sollempnité, yront ouyr la grand' messe, qui sollempnellement sera célébrée en la révérenche de monseigneur sainct Andrieu; à l'offertoire de laquelle messe sera, par le souverain et chascun des chevalliers présents, et procureurs des absents, offert une pièce d'or à la dévocion de celluy qui l'offrera. Et apprès le service retourneront, en la manière dicte, en l'hostel du souverain, qui au disner les recevera à sa table et les festoiera honnourablement, ou les fera festoyer par son commis.

Item, cedict jour mesme, le souverain et chevalliers dudict ordre, comme dict est, partiront de icelluy, vestus de longs manteaulx et affublés de chapperons noirs à longue cornette[1], iront ansi à l'église ouyr vegilles et service pour les trespassés. Et lendemain iront en tel estat ouyr la messe pour les trespassés, à l'offertoire de laquelle le souverain et chascun des chevalliers présents, et procureurs des absents, offeront chascum ung chierge de chire armoié des armes de celluy pour quy offert sera. Et à ladicte offertoire sera, par le greffier dudict ordre, leu ung rolle des noms, sournoms et tiltres du souverain et des chevalliers de l'ordre trespassés, pour les ames desquels et aultres deffunts celluy qui célèbrera ladicte messe dira d'abondant, en la fin de l'offertoire le psalme *De profundis*, et une oraison des trespassés.

Item, le jour ensuivant le souverain et chevalliers de l'ordre, vestus comme bon leur semblera, iront à l'église ouyr la grand' messe, qui sera célébrée sollempnellement de l'office de Nostre-Dame.

Item, le lendemain de ladicte sollempnité, pourront les souverains et chevalliers de l'ordre, s'il leur plaist, encommenchier le chappitre pour traictier des affaires de l'ordre en tel lieu que par le souverain ordonné sera. Mais quant aux esléctions et corrections des chevalliers de l'ordre, elles se feront au chappitre de l'église où aura esté le service divin, si chappitre y a convenable à ce, et sinon, en tel lieu qu'il plaira au souverain. Auquel lieu (ou) on feroit lesdictes élections ou corrections, le souverain, chevalliers et officiers de l'ordre auront leurs manteaulx et chapperons d'escarlatte dessusdicts.

Item, audict chappitre sera parlé par le souverain ou son commis, ou par le chancellier, de l'auctorité du souverain, et enjoinct à tous les chevalliers présents, et procureurs des absents, et officiers de l'ordre, que ils tiennent secret ce que ès consaulx dudict chappitre sera dict, faict, traictié et demené, mesme les corrections faictes sur les chevalliers de

---

1. Empêchement, embarras.
2. C'est-à-dire : Et pour que chaque envoyé fasse, au lieu de son maître, ce que ce maître même auroit pu et dû faire s'il avait été présent. En quoi, les autres chevaliers auront pour lui autant de déférence que si le maître avait comparu.

ARMORIAL.

---

1. La cornette était la queue qui, se redressant d'abord comme une *petite corne*, sortait du bourrelet du chaperon pour retomber derrière le dos ou sur l'épaule, selon la mode du temps.

l'ordre, sans rien reveller à aulcuns, fors les procureurs des absents, qui en porront rapporter à leurs maistres che quy leur touchera seullement.

Item, et affin que ce présent ordre et amiable compaignie soit maintenue en bons termes, et que les supposts, chevalliers et frères d'icelluy ordre, travaillent à vivre vertueusement en bonnes mœurs, accroissement d'honneur et bonne renommée, pour exemple à tous aultres chevalliers et nobles, parquoy le debvoir de l'ordre de chevallerie et noblesse soit maintenue et mieulx congnue, et plus patent à tous, sera audict chappitre, entre aultres choses, touchié en général par le chancellier de l'ordre ce qui leur semblera estre bon et vaillable, et prouffiter à la correction des vices et inclination à amendement de vie et vertus pour lesdicts de l'ordre. Et ce faict sera par icelluy mesme chancelier, au nom dudict ordre, (dit) et enjoingt au derrain en siège[1] desdicts frères et compaignons, selon l'institution et ordre que dessus, que il isse du chappitre, et attende au dehors, jusques à ce que on l'appellera pour y retourner.

Item, et que, lui ainsi parti dudict chapitre, le souverain ou son commis, ou ledict chancellier au nom du souverain et de l'ordre, demandera par serment grant et sollempnel, à tous les chevalliers et au souverain, et à ung chascun particulièrement, en commenchant au siège d'en bas et procédant continuellement jusques en hault, que ils dient se ils ont veu, sceu ou ouy dire à personne digne de foi que leur frère et compaignon issu dudict chapitre ait dict, faict ou commis chose qui soit contre l'honneur, renommée ou estat de chevallerie, mesme contre les estatuts, points et ordonnanches de che présent ordre et amiable compaignie, et dont elle puist estre blasmée et diffammée aulcunement.

Item, et s'il est trouvé par le rapport des frères chevalliers de l'ordre, ou de souffisant partie d'eulx, que leur dict frère et compaignon ait commis aulcun vice ou offense contre l'honneur, ou estat de chevallerie ou noblesse, mesme contre les paines et ordonnances de che présent ordre, et aultres cas que en ceulx qui requièrent privation, il lui sera par le souverain ou son commis, ou par ledict chancellier, remonstré et blasmé en le admonestant caritablement qu'il s'en corrige, et en telle manière que tous blasmes ou paroles diffammatoires ou mal sonnants sur personnes de si noble estat doibvent cesser, et que dès lors en avant les compaignons de l'ordre ayent de lui meilleur rapport. Et quant aux paines, le souverain et chevalliers dudict ordre en appoincteront ainsi qu'ils verront estre à faire selon le cas; à quoi debvera obéir ledict chevallier sur quoi lesdictes paines seront mises; et sera tenu de les porter, souffrir et accomplir.

Item, et sera pareillement procédé après au regart de l'aultre chevallier prochain, et ainsi conséquemment des procureurs, en montant jusques ou chief et souverain de l'ordre. Sur lequel, pour les raisons touchiées, et afin de entretenir l'amour et fraternité, et garder en che point égalité, et mesmement que des greigneurs[1] doit par raison venir le meilleur exemple, voullons que l'issue et examen se face de lui comme des aultres, et[2] la correction, paine et pugnition, à l'advis desdicts chevalliers de l'ordre, si le cas y eschiet.

Item, si le chevallier issu du chapitre estoit, par ledict et témoignage des aultres ses frères et compaignons, réputé de bonne renommée, honnourable et vertueuse vie, et entendant aux haulx faicts de chevallerie et noblesse, il sera, par le chancellier, de l'advis du souverain et des chevalliers, dict et exposé, par manière de congratulation, et pour le animer de tousjours bien faire, que ledict souverain et lesdicts frères de l'ordre sont oultre liés[3] et joyeulx de la haulté et bonne renommée qu'ils ont eue de lui et des biens de sa personne, en le exortant et admonestant à toudis persévérer en bien et se efforchier à mieulx, affin que ses mérites et louenges en accroissent, et que il, par son bon exemple, donne à tous occasion de faire bonnes œuvres. Et pareillement sera dict aux aultres chevalliers de l'ordre, qui, au dict de leurs compaignons, seroient tenus et réputés bons et vertueulx.

Item, que se audict chapitre venoit à la cognoissance du souverain de l'ordre que aulcun des chevalliers et frères d'icelluy eust commis aulcuns cas ou crimes par quoi il en deubst estre privé[4], selon les estatus de ceste présente ordonnance, se ledict chevallier estoit là présent, le souverain fera mectre son cas en terme. Et lui ouy en ses deffenses, se aulcune chose vœult dire et prouver en son excusation et solucion, lui sera sur che faict droict par le souverain et les chevalliers dudict ordre ou la greigneur partie d'eulx. Et se la chose venoit à la cognoissance du souverain hors le temps du chappitre, il signifiera par ses lettres closes ou patentes scellées du scel de l'ordre, qu'il envoyera par le hérault Thoison-d'Or ou aultre personne notable, au chevallier blasmé et chargié du cas, qu'il viengne au chappitre prochain, pour estre procédé en sa matière; et che faict[5] che que raison donra. Et se le temps dudict prochain chappitre estoit si brief, selon la distanche du lieu

---

1. Au dernier promu.

1. Des plus grands seigneurs.
2. Ainsi que.
3. Sont on ne peut plus réjouis.
4. Privé, c'est-à-dire exclu de l'Ordre.
5. Et pour qu'il soit fait ce que raison prescrira.

de la demouranche dudict chevallier[1], la signification sera faicte au chappitre subséquent. En lui inthimant qu'il viengne ou non, l'on procédera contre lui comme il appartiendra.

Item, et s'il estoit trouvé que ledict chevallier ait commis aulcun cas reprochable ou digne de privation de l'ordre, il, par le souverain et chevalliers de l'ordre ou la greigneur partie d'eulx, en sera osté, privé et débouté comme dessus est dict. Et affin que l'ordre ne soit scandalisiée ou blasmée par la coulpe en sa personne, lui sera interdict et deffendu de jamais porter ledict collier ne aultre semblable, en lui enjoignant et commandant, par les serments par lui faits à entrer en icelle ordre, que ledict collier il rende ès mains du souverain ou du trésorier de ladicte ordre. Et se lediet chevallier n'estoit présent ad ce, lui seront envoyées lettres patentes scellées du scel de l'ordre, contenants la privation, sentence et condempnation, deffence, interdict, inhibition, commandement et choses dessus dictes.

Item, se ledict chevalier ainsy sommé estoit refusant de renvoyer ledict collier, ledict souverain, s'il estoit son subject, procédera par voie de justice à le contraindre ad ce. Et s'il n'estoit subject du souverain, il procédera comme il appartiendra, par l'advis et conseil des chevalliers de l'ordre.

Item, ordonnons que quand l'ung des chevalliers de l'ordre ira de vie à trespas, ses hoirs ou ayant cause seront tenus de renvoyer, dedans trois mois après, ledict collier, dudict défunt audict trésorier de l'ordre; et parmi ces lettres dudict collier, ses hoirs ou ayant cause seront tenus quictes et déchargiés d'icelluy collier, aultrement non.

Item, s'il advenoit que aulcun desdicts chevalliers perdist le collier par guerre et faict honourable, ou que, en poursuite d'aulcun faict honnourable et d'honneur, il fust faict prisonnier, par quoy ledict collier fust perdu, le souverain de l'ordre sera tenu, en ce cas, de donner à ses despens ung aultre collier audict chevallier. Mais se ledict chevallier perdoit son collier aultrement, il seroit tenu d'en faire faire ung à ses despens semblable, et l'avoir et porter, en dedans quatre mois après, ou le plus tost que bonnement faire se pourroit.

Item, que quand il y aura vacquant ung lieu[2] en l'ordre, par trespas d'aulcuns des chevalliers ou aultrement, il sera prins jour pour remplir le nombre pourveu, d'ung aultre des condicions devant escriptes[3], par l'élection et plus grand nombre de voix du souverain et chevalliers de l'ordre. En laquelle élec-

---
1. Et s'il n'y avait point assez de temps pour aller convoquer à son logis le chevallier cité.
2. Quand il y aura une vacance dans l'Ordre.
3. Pour compléter l'effectif en nommant un autre chevalier réunissant les conditions prescrites.

tion et touttes aultres opinions ou délibérations touchant les besongnes de l'ordre, la voix du souverain aura lieu et sera comptée pour deulx et non pour plus, sinon au cas cy-après déclaré.

Item, sera procédé à ladicte élection en la manière quy s'ensuit; c'est assavoir qu'après le trespas d'aulcuns des chevaliers de l'ordre, Thoison-d'Or, roy d'armes, sera tenu de le tantost donner à congnoistre au souverain quy, par ses lettres-patentes, le signifiera aux chevaliers de l'ordre, les requérant et mandant que au chappitre de lors prochain à venir, se le temps est compétent, et s'il estoit trop brief, à l'aultre chappitre à venir et prochain après, ils soient de leurs personnes advisés et prests de nommer et procéder à l'élection du nouvel frère et compaignon de l'ordre au lieu du deffunt. Et s'ils avoient essoingne ou empeschement raisonnable, parquoy personnellement ils n'y puissent comparoir, que chacun d'eulx envoie audict chappitre par leur procureur, et aultre sur ce, au souverain en escript par sa cédulle, semblablement close et scellée de son scel, le nom du chevalier qu'il voudra pour ce nommer.

Item, et se lieu estoit vacquant par privation, pour ce qu'elle se feroit en chappitre, et par le souverain et chevalliers de l'ordre, comme dict est, iceluy souverain diroit ou feroit dire aulx chevaliers ou frères d'icelle ordre présents et aux procureurs des absents, que après ladicte privation ils advisent à nommer et à procéder à l'élection au lieu du privé[1] que dessus.

Item, que ladicte élection se fera au temps et lieu du chappitre ordinaire et non aultrement, et avant que l'on y procède, par l'istorieur ou greffier de l'ordre, et che que par luy au rapport du roy d'armes, Thoison-d'Or, aura esté mis par escript des hauts faicts du chevalier trespassé, à sa recommandation et louange.

Item, avant l'élection, sera par le souverain et les chevaliers présents et procureurs des absents, baillée cédulle, où nommeront les chevaliers présents, se ils sçavent aulcune chose parquoy les dessus nommés ne doibvent estre recevables à l'élection.

Item, et après ceste généralité, le souverain et chevaliers de l'ordre estants au siège audict chapitre, sera dict par le chancellier : « Messeigneurs, vous estes icy assemblés pour élire ung nouveau frère et compaignon; mais, pour y procéder sainctement et justement, vous avez à faire les serments quy s'ensuivent; et vous jurerez ès mains de monseigneur le souverain ou de son commis, par la foi et serment de vos corps et l'obligation et astriction que vous avez à l'ordre : que vous procéderez, chascun en droict soy, léalement et justement à ladicte élection. Et pour ce nommera chascun à son jugement et

---
1. C'est-à-dire, au lieu du chevalier déchu, privé du collier.

advis ung notable chevalier, des condicions dessus escriptes, bon et prouffitable pour le souverain et ses successeurs souverains dudict ordre, leurs pays et seigneuries, et pour le traitement et bien dudict ordre. Ne pour lignaige, amour, hayne[1], justement à vostre povoir élirez celuy quy moult vous semblera digne d'estre appelé et mis à ceste honnourable ordre et amiable compaignie. »

Item, tantost après se lèvera le chevalier du premier siége, et révéramment venra[2] devers le souverain, ès mains duquel fera serment tel que dict est. Et luy retourné en son siége, fera pareillement le prochain après[3], et ainsi les autres conséquemment et par ordre.

Item, demandera après le souverain ou son commis au chevalier du premier siége, par le serment que faict a, quy est le chevalier quy mieulx luy semblé digne d'estre appelé et receu à ceste ordre? Alors se lèvera ledict chevalier, et à un plat d'or et d'argent à ce ordonné, devant le souverain ou son commis, venra mectre une cédulle, en laquelle sera escript le nom du chevalier qu'il voudra nommer. Et ainsy feront tous les aultres conséquemment pareillement; et mectera le souverain sa cédulle et celles qu'il aura receues des chevaliers absents, closes et scellées.

Item, ce faict, le chancellier prendra toutes lesdictes cédulles et les lira tout haut; et seront mis en escript les noms contenus dedans lesdictes cédulles dont sera faict collation ensamble, pour sçavoir quy aura le plus. Et che faict, le chancellier proclamera le nombre de voix que chascun des dénommés aura. Et après, le souverain reprendra le plus de voix, et dira en nommant celuy quy plus en aura : « Tel a le plus de voix, et par ainsy est esleu et appelé à nostre frère et compaignon de l'ordre. » Et s'il y avoit difficulté, pour ce que deulx des nommés eussent aultant de voix l'ung que l'aultre, en ce cas et non aultre des affaires de l'ordre, le souverain, pour avanchier l'élection, polra, oultre ses deulx voix, donner encoire la tierche à icelluy des deulx nommés que bon luy semblera. Mais sy le souverain ne le voulloit faire, on renouvelleroit l'élection première; touttefois les cédulles des absents demoureront en valleur, pour ce que on ne poulroit assez tost avoir les leurs nouvelles.

Item, et que l'élection faicte, elle sera par le greffier de l'ordre enregistrée en ung registre servant ad ce, le jour que faict aura esté. Et après che, sy le chevalier esleu n'estoit au lieu, le souverain, par le roy d'armes Thoison-d'Or ou par aultre notable, signifiera au chevalier esleu sadicte élection, en luy requérant que le voeulle agréablement recepvoir, et accepter amiablement sa vocation à l'ordre. Des ordonnances duquel luy sera, avec lesdictes lettres, envoyé le double par escript, afin de prendre sur ce son advis, en luy enseignant que : se ladicte élection luy est agréable, et luy plaist estre à compaignie en l'ordre, il viengne devers le souverain, au jour quy luy sera signifié, pour faire les serments, recepvoir le collier de l'ordre et faire touttes aultres choses pertinentes, et que son intencion sur che il voeulle la déclarer au porteur, et aussy en certifier le souverain, et en luy rescripre ses lettres par le porteur.

Item, et se ledict chevalier esleu est grand seigneur, par quoy il deust avoir grands occupations et affaires, ou demourast[1], ou fust voyagier en lieu lointain, dont fust à doubter de povoir personnellement comparoir devers le souverain, s'il luy semble expédient, polroit faire bailler au porteur de ses lettres ung collier d'icelle ordre, pour, après ce que ledict élu aura accepté ladicte élection, et non aultrement, présenter ledict collier. A condicion que sadicte acceptation et réception dudict collier il baillera ses lettres audict porteur quy les rendra au souverain, et par icelles promectera de venir au prochain chappitre, se faire se poeult bonnement, et sy non à l'autre subséquent, ou devers le souverain, pour jurer les poincts de l'ordre, le plus tost que bonnement faire se polra, et généralement faire tout che à quoy il sera tenu de faire.

Item, que ledict chevalier élu et quy aura esté accepté à ladicte élection, venu devers le souverain pour faire les serments et recepvoir le collier de l'ordre, se présentera au souverain, et luy dira, selon sa manière de parler : « J'ay veu par vos lettres comment, de la grace de vous et des très honnourés frères et compaignons de la très honnorable ordre de la Thoison-d'Or, j'ay esté élu à icelluy ordre et amiable compaignie, dont je me tiens très grandement honnouré. J'ay révéremment receu et accepté, et vous en remerchie de très bon coeur; sy suis venu devers vous et m'y présente prest pour obéir, et de faire touchant icelluy ordre tout ce que je suis tenu de faire. » A quoy sera respondu par le souverain, accompaignié de plus grand nombre de chevaliers de l'ordre que faire se polra : « Sire, nous, nos frères et compaignons de l'ordre, quand de vous avons ouy dire tant de bien, espérants que y persévérerez et les augmenterez de l'exaltation et honneur de l'ordre de chevalerie, et à nostre mérite, louange et exaltation et recommandation, vous avons élu à estre perpétuellement, se Dieu plaist, frère et compaignon d'icelluy ordre et amiable compaignie. Parquoy avez à faire les serments quy s'ensuivent; c'est assavoir

---

1. Sans considération de parenté, d'amour, ni de haine.
2. Viendra.
3. Le chevalier le plus voisin fera pareil serment.

---

1. Ou s'il demeurait en un pays fort éloigné.

qu'à vostre léal povoir vous aiderez à garder, soutenir et défendre les haultes seigneuries et droits du souverain, tant que vous vivrez et serez dudict ordre.

« *Item*, que de tout vostre polvoir vous emploierez et labourerez[1] à maintenir à ladicte ordre, estat et honneur, et mecterez paine à le augmenter sans le souffrir déchoir ou admoindrir, tant qu'y puissiez remédier.

« *Item*, s'il advenoit, que Dieu ne vœuille! qu'en vous fust trouvé aulcune faulte, par quoy, selon la constitution de che présent ordre, en fussiez privé et débouté, et sommé et requis de rendre le collier, vous, en ce cas, le renvoyerez sain et entier devers le souverain ou le trésorier de l'ordre, dedans trois mois après ladicte sommation faicte, sans jamais après icelle sommation porter ledict collier, ne aultre semblable, ne pour ceste occasion avoir ne tenir rancune ou malveillance envers ledict souverain, ne les frères chevaliers, ne aulcuns d'eux.

« *Item*, que touttes aultres pugnition et correction, quy pour aultres mendres cas vous seront enchargiés ou enjoingts par l'ordre, vous les porterez et accomplirez, sans, pour che aussy, tenir ne aulcune rancune ne haine envers le souverain.

« *Item*, que vous venrez et compaignerez aulx chappitres, assemblées de l'ordre ou y envoyerez selon l'estatut et ordonnance dudit ordre, et au souverain obéirez, ou à son commis, en touttes choses raisonnablement, touchant et requérant le debvoir et affaire d'icelle ordre.

« *Item*, que de vostre léal povoir vous entenderez et accomplirez tous les status, ordonnances, articles et poins de l'ordre que vous avez veu par escript, et ouy lire. Et les promectez et jurez en général, tout ainsy que se particuliérement et sur chascun point en fissiez espécial serment. »

Item, sur ce le chevalier le promectera et jurera ainsy de foy et serment, et touchera la croix et les sainctes Évangilles.

Item, et ce faict, ledict chevalier se mectera révérammont devant le souverain ou son commis, quy prendra le collier de l'ordre et luy mectera autour du col, en disant ou fesant dire semblables parolles : « Sire, l'ordre vous rechoit à son amiable compaignie, et, en signe de che, vous présente ce collier. Dieu doint que le puissiez long-temps porter à sa louange et service, et exaltation de saincte Église, accroissement et honneur de l'ordre, de vos mérites et bonne renommée! Au nom du Père et du Fils et du Sainct-Esprit. » A quoi ledit chevalier respondra : « Amen! Dieu me doint la grâce! » Et après che, le chevalier du premier siège, quy lors sera présent,

mènera le chevalier nouvellement élèu devers le souverain en son siège, et iceluy souverain le baisera en signe d'amour perpétuelle; et aussy le baiseront par ordre tous les aultres chevaliers.

Item, se le chevalier éleu se excusoit de accepter la élection, le souverain le signifiera aulx frères de l'ordre, en leur donnant à congnoistre, et requérant et mandant qu'ils soient aparéillés de procéder à l'élection quand appartiendra.

Item, et que les serments en la forme devant escripte et costume, feront aussy les chevaliers par nous cy-dessus nommés à frères et compaignons dudict ordre.

Item, que chascun chevalier dudict ordre, à sa réception, paiera au trésorier dudict ordre, quarante escus de soixante-douze au marcq, ou la valleur, pour convertir aulx vestements, joyaulx et ornements pour le service divin au collège dudict ordre. Touttes voies[1], se il voulloit donner en che lieu joyaulx et ornements, jusques à la valleur de la somme, faire le poira; et par che moyen sera tenu quicte de ladicte somme.

Item, quand aulcun chevalier de l'ordre trespassera, chascun des frères d'iceluy ordre, ledict trespas venu à sa congnoissance, sera tenu de bailler ou envoyer au trésorier dudict ordre argent pour faire chanter quinze messes et quinze sols pour donner pour Dieu, pour les âmes d'ung chascun chevalier trespassé, et ledict trésorier sera tenu de l'employer, comme dict est, au lieu de la fondation.

Item, s'il advenoit après le décès du souverain de l'ordre, son successeur en l'ordre fust mendre en âge, parquoy il ne fust puissant de mener les faicts de l'ordre, voullons et ordonnons que, en ce cas, les frères et compaignons de l'ordre fassent ensemble une assemblée et convention, et par oppinions, et le greigneur[2] nombre de voix, éllisent l'ung d'entr'eulx pour présider et demener les besongnes de l'ordre, au lieu du mineur, à ses despens, jusques à ce qu'il sera en eage de chevallier. Et se, au trespas du souverain, demouroit fille son héritière non mariée, voullons et ordonnons que semblablement soit éleu ung des frères de l'ordre, pour conduire les faicts d'iceluy ordre, jusques à ce que ladicte fille soit mariée à chevallier en eage d'emprendre conduire la charge et faicts de souverain de l'ordre. Auquel ainsy éleu voullons et ordonnons, durant ledict temps, estre obéi ès besongnes d'iceluy ordre comme au souverain.

Item, et pour che que ce présent ordre, comme desssus est dit, est une fraternité et compaignie amiable, en laquelle se submectent de leur bon gré

---

1. Travaillerez.

1. Toutefois.
2. Et par le plus grand nombre de voix.

et voullenté les frères et chevaliers d'iceluy, et les prometteront et jureront garder et franchement entretenir sans enfraindre ne aller au contraire, voulons, establissons et décernons ledict ordre, avoir congnoissance et court souveraine ès choses et cas qui touchent et regardent ledict ordre et sur les frères et compaignons d'iceluy, et que touttes sommations, privations, appointements, sentences, jugements, arrests et choses passées et faictes par ladicte ordre, ès cas qui lui touchent, et sur les frères et chevalliers d'icelluy, soient exécutoires et vallables comme de court souveraine, sans ce que, pour les empeschier, l'on puisse ou doive dire, par appel, complainte, supplication ou aultrement, comment que che soit, traire ou adreschier à quelque seigneur, prince, juge, court, compaignie, ne aultrement quelconques, ne que le souverain et frères dudict ordre soient pour che tenus de respondre, attendu la voluntaire et franche submission jurée solempnellement, comme dict est.

Tous lesquels poincts, conditions, articles et choses dessusdictes et chascune d'icelles, que avons ordonné et establi, ordonnons et establissons, comme dessusdict est, nous, pour nous et nos hoirs et successeurs ducs de Bourgongne, chiefs et souverains de nostre présent ordre et amiable compaignie de la Toison-d'Or, promettons tenir, garder et accomplir à nostre pouvoir, entièrement et inviolablement à tousjours. Et ès ès choses dessus escriptes ou aulcune d'icelles avoit aulcune obscurté, doubte ou difficulté, nous en réservons et retenons à nous et à nosdicts successeurs, ducs de Bourgongne, souverains dudict ordre, la détermination, interprétation et déclaration, et d'y adjouster, corrigier, muer et esclarcir, en l'advis et délibération de nos frères et compaignons dudict ordre, exceptés : le premier article, faisant mention du nombre et de la condition des chevalliers dudict ordre; le second, faisant mention et disant que les frères et chevalliers de l'ordre ne doibvent, iceluy receu, estre de nul aultre, sinon par la condition audict article déclarée; le quatriesme article, de l'amitié que le souverain et chevalliers doibvent avoir l'ung envers l'autre; le cinquiesme, du service que les chevalliers de l'ordre sont tenus de faire au souverain; le huitiesme, comment le souverain debvera procéder pour apaisier les débats, si aulcuns en sourdoient entre les chevalliers de l'ordre, à cause de leurs prouesses; les neufviesme et dixiesme, de l'assistance que le souverain et chevalliers de l'ordre debveront faire à leurs frères et compaignons; le onziesme, en quel cas les chevalliers non subjects du souverain pourront servir allencontre de lui, sans charge d'honneur; le douziesme, quelle courtoisie les chevalliers de l'ordre debveront faire à leurs frères et compaignons, s'ils estoient prins en guerre et en bataille où ils fussent; les treiziesme, quinziesme et seiziesme articles touchant les cas parquoy se debveront faire privation de l'ordre, et aultres pour lesquels les chevalliers se pourront despartir; le dix-septiesme article, contenant la manière et ordre qui se debvra tenir en aller seoir, escripre, parler et aultres faicts des choses, regardant à la situation de l'ordre devant dicte; le quarante et uniesme faisant mention de l'élection à faire, quand il y aura lieu vacquant d'aulcuns chevalliers de l'ordre, en quoy le souverain aura deulx voix ; le cinquante-deuxiesme : de la manière de la réception du chevalier éleu; et iceluy mesme article, et les cinquante-trois, cinquante-quatre, cinquante-cinq et cinquante-septiesme : des serments que debveront faire les chevalliers de l'ordre. Lesquels articles et chascun d'eulx ci-dessus désignés, selon leur forme et manière, vollons demourer fermes et entiers, sans par nous, nos successeurs souverains, ne aultre, y estre faict mutation aulcune. Et voullons que, au *vidimus* de cestes, soubs nostre scel d'iceluy ordre, ou aultres authentiques, pleine foy y soit adjoustée comme à l'original. Et affin que che soit chose ferme et estable à tousjours, nous avons faict mettre nostre scel à ces présentes.

Donnée à nostre ville de Lille, le vingt-septiesme jour de novembre, l'an de grace mil quatre cens trente et un [1].

Du nombre des officiers de l'ordre de la Thoison-d'Or ; et comment ils doibvent exercer leur office ; et du serment qu'ils sont tenus de faire [2].

Premièrement en iceluy ordre aura ung officier nommé chancelier ; et pour tant que l'office est grant et de grant charge, et requiert d'avoir homme nottable, voeult et ordonne mondict seigneur le duc que nul ne soit à iceluy office pourveu s'il n'est constitué en prélature ecclésiastique, comme archevesque ou évesque, ou dignité nottable et cathédralle, ou collégiale église, ou personne séculière de grant recommandation ou expérience, clercq gradué en théologie ou en droit canon ou civil.

Item, que le chancelier aura en garde et gouvernement le scel de l'ordre, qui sera mis en ung coffre fermant à clef ; et ne polra ledict chevallier soeller d'icelluy scel aulcunes lettres touchant l'honneur d'aulcuns chevalliers, sinon par l'ordonnance expresse du seigneur souverain et de six compaignons dudict ordre à tout le moins, soubscrits à la signa-

---

1. Contrairement à ce qui se passe d'ordinaire, le règlement ne fut promulgué, on le voit, que bien après la première promotion de l'Ordre. On sent du reste qu'il fut longuement médité et préparé par quelque jurisconsulte.
2. Chapitre 160 des *Mémoires* de Saint-Remy.

ture. Mais en l'absence dudict scel de l'ordre, mondict seigneur le souverain pourra bien faire sceller icelles lettres de son scel de secret[1].

Item, aura la charge, ledict chancellier, de par le souverain ou son commis, d'enquérir ou demander audict chappitre, aulx chevalliers de l'ordre, qui y seront, de l'estat du gouvernement de ung chascun d'iceulx chevalliers, qui, pour cette cause, isseront hors du chappitre l'ung apprès l'aultre. Et les opinions ou dépositions desdicts chevalliers révèlera ou réciterapour, par lesdicts souverain et son commis, y estre prins conclusion; laquelle conclusion, soit qu'elle tende à recommandation et louange, ou à correction, peine ou pugnition, iceluy chancellier proposera, remonstrera, et pronoschera sur le chevallier à qui ce touchera.

Item, avec che, ledict chancellier, au temps de l'élection à faire des chevalliers de l'ordre, recepvra du souverain et chevalliers les cédulles de ladicte élection, et fera comparaison, présents les officiers, du nombre des voix que aura chascun chevallier nommé pour ladicte élection.

Item, et que ledict chancellier, ou aultre de l'ordre commis par ledict souverain, ensemble aulcuns chevalliers de l'ordre, à ce députés par ledict souverain, sera au temps du chappitre à l'audition des comptes du trésorier de l'ordre.

Item, que ledict chancellier aura la charge, de par le souverain de l'ordre, de proposer et mectre avant audict chappitre dudict ordre touttes les choses qui seront advisées pour l'honneur, prouffict et bien d'iceluy ordre, et touttes les fois que par iceluy souverain ou son commis ordonné lui sera.

Item, audict ordre aura ung aultre appelé trésorier, qui aura en garde touttes chartres, privilèges, lettres, mandements, escriptures, muniments et enseignements, touchant la fondation et les appertenances d'iceluy ordre, et aussi la garde de tous joyaulx, reliques, aornements et vestements d'esglise, tapisserie et librairie[2] appartenants audict ordre, et avec che la garde et gouvernement des manteaulx d'escarlatte, appartenants au souverain et chevalliers de l'ordre, servants à l'estat et sérimonies de ladicte assemblée, convention et chappitre. Lesquels manteaulx il debvera, à ladicte assemblée et convention, à chascun chevallier bailler le sien pour adoncques en user; et après les recepvera et gardera soigneusement pour le temps advenir. Mais les habits desdicts officiers demeureront devers eulx, et seront pour eulx en user à leurs vollentés; et s'il y avoit officiers nouveaulx, ils en feront faire à leurs despens, habits tels qu'il

appartiendra, sur les gaiges qu'ils auront du souverain.

Item, après le trespas ou privation d'aulcuns des chevalliers de l'ordre, fera le trésorier oster les armes, heaulmes et tymbres d'iceluy chevallier de sa place au chœur de l'église de la fondation, et les transporter où faire se debvra, selon l'ordre; et quand aultre chevallier sera en ce lieu éleu et receu, iceluy trésorier fera mectre ses heaulmes, tymbres et armes en la place qui lui sera deue au chœur de ladicte église.

Item, aura encoires ledict trésorier la charge de la dotation et fondation dudict ordre, et des dons, lais[1], augmentations, prouffict, bienfaits et émolumens d'icelluy, qu'il recepvra et fera venir ens[2] bien diligemment, et par ce les fondations, pensions et charges ordinaires aux gens d'église, povres chevalliers et officiers de l'ordre, selon l'ordonnance de la fondation; et sur ce en fera aussi les aultres missions et despens nécessaires et convenables pour le faict de l'ordre, au commandement du souverain ou de son commis, et de tout rendra bon et léal compte au chapitre ordinaire, par devant icellui souverain ou son commis, ou ceulx de l'ordre ad ce députés.

Item, fera faire ledict trésorier livres où seront escripts tous les dons, aulmosnes, lais et bienffaits que l'on fera à l'ordre, de quelques choses que che soit. Et des joiaulx et aornemens fera inventorié et ostencion[3] à chascun chappitre, si longuement qu'ils porront durer ou estre, et des dons pécunieulx et prouffiets des rentes, revenus et possessions, comme dict est. Et à chascun chappitre, nommera par nom et surnom les bienffaicteurs dudict ordre, et déclarera les dons qui auront esté faicts, affin de avoir mémoire et prix, et pour eulx, et donner exemple et couraige de y faire bien.

Item, des chartres, privilèges, fondacions, augmentations, acquests, lettres, munimens, et enseignemens dudict ordre, fera ledict trésorier faire livres et cartulaires collationnés aulx originaulx, et approuvés par scellés authentiques et saings de nos notaires ou personnes publiques. Desquels cartulaires l'ung demourra en ladicte église, et l'aultre sera mis au trésor des chartres de Bourgongne; et si y sera foi adjoustée comme aulx originaulx, affin que s'ils estoient d'aventure perdus, on peust avoir recours et soi aidier desdicts cartulaires.

Item, ung aultre officier aura audict ordre, appelé greffier, qui sera prébendé d'une des bendes[4] en l'église où sera faicte ladicte fondacion d'icellui ordre,

---

1. On appeloit ainsi le petit sceau réservé par les souverains à l'expédition des affaires secrètes.
2. *Librairie* signifioit *bibliothèque*.

1. Legs.
2. Et fera venir dedans, et encaissera.
3. Exhibition.
4. C'est-à-dire d'une des prébendes.

ou [1] aultre personne nottable et habile clercq, homme d'église ou séculier; lequel greffier sera tenu de faire deulx livres en parchemin, en chascun desquels sera escripte la fondacion dudict ordre, les causes, ordonnances et estatuts d'icellui. Et au commenchement desdicts livres sera historiée la représentation du fondateur et des vingt-quatre chevaliers premiers dudict ordre ci-dessus nommés; desquels livres, l'ung sera attachié au chœur à chaisne de fer, en ladicte église, devant le siége du souverain, et l'autre aussi sera attachié à chaisne de fer au chappitre, devant le siége d'icellui souverain [2].

Item, que ledict greffier mectera par escript, en ung livre ad ce ordonné, touttes les proesses louables et honnourables faits du souverain et de tous les chevaliers dudict ordre, faits depuis la fondacion d'icellui, dont il sera informé par Thoison-d'Or, roy d'armes; et sera tenu de monstrer au chappitre ensuivant la minute qu'il aura sur ce faicte au rapport dudict Thoison-d'Or, pour là estre leu et corrigié, se mestier est, et après mis en grosse audict livre, laquelle sera leute avec la minute au chappitre subséquent.

Item, en ung aultre livre escripra, ledict greffier, les appointemens, conclusions et actes des chappitres ordinaires, les fautes commises par les chevaliers de l'ordre, dont ils auront esté blasmés et reprins en chappitre, les corrections, pugnitions et peines qui pour che leur auront esté ordonnées, et avec ce, les combinances des chevaliers de l'ordre qui ne seront comparus en chappitre, et n'y auront pour eulx souffisamment envoyés à faire remonstrer leurs excusations.

Item, ung autre officier aura ordonné [3], c'est assavoir ung roy d'armes, appelé Thoison-d'Or, prudent, de bon renom et souffisant à l'office; auquel mondict seigneur le souverain fera baillier ung esmail [4] qui sera dudict ordre, qu'il portera tant qu'il vivera. Et après le trespas d'icellui, ses heritiers seront tenus de rendre au trésorier de l'ordre ledict esmail, s'il n'avoit esté perdu en aulcun voyage ou faict honnourable, sans fraulde; auquel cas ses héritiers seront quittes dudict esmail qui ainsi perdu seroit; et sera tenu ledict souverain de lui en faire avoir ung autre.

Item, le roy d'armes dessusdict aura charge de porter ou faire porter les lettres du souverain aux chevalliers de l'ordre et aultres où il les fauldra envoyer; signifier à icellui souverain le trespas des chevalliers de l'ordre quand le cas adviendra; porter ou faire porter lettres de élections aux chevalliers; rapporter leurs responses; et généralement de faire ou faire faire toutes les messageries et choses dues, qui par le souverain ou officiers de l'ordre lui seront ordonnées.

Item, ledict roy d'armes, Thoison-d'Or, enquerra dilligamment des prouesses et haulx faits, honnourables entreprinses du souverain et chevalliers de l'ordre, dont il fera véritable rapport au greffier de l'ordre, pour estre mis en escript, comme faire se debvera.

Item, quand l'office du chancelier de l'ordre sera vacquant doresnavant, le souverain appellera des chevalliers de l'ordre le plus qu'il pourra recouvrer, et néant moins du nombre de six. Et ad ce présents le trésorier et le greffier de l'ordre, se bonnement faire se pœult, procédera à élection du nouveau chancelier, promeu à prélature ecclésiastique, comme archevesque, évesque, ou dignité nottable, cathédralle ou collégiale église ou personne séculière de grant recommandation et expérience, clercq gradué en théologie ou en droit canon ou civil. Laquelle élection ainsi faicte sera signifiée à l'éleu, en lui assignant jour de venir devers le souverain pour faire les sermens pertinens, en requérant que son intencion sur che il signifie et certifie audict souverain.

Item, s'il s'excusoit d'accepter ladicte élection, ledict souverain procédera à élection d'ung aultre, et fera comme en l'article dessus prochain est contenu. Et jusques il y ait chancellier éleu, et qu'il ait faict le serment, le office sera exercé par ung commis, par l'advis et authorité du souverain et des chevalliers de l'ordre.

Item, et que (le) chancellier éleu, et qui aura accepté l'élection, fera ès mains du souverain ou son commis, les sermens que s'ensuit, c'est assavoir: qu'il comparera aux chappitres et assemblées de l'ordre en personne, sinon que par maladie ou aultre essongne ou cause recepvable il en fust empesché, auquel cas il le fera sçavoir, sans fraulde, par ses lettres au souverain, qui, en son absence, pour icelle fois, commectera la charge de l'office à nottable personne, des condicions dessusdites, telle qu'il lui plaira, qui sera sermenté comme au cas appartient.

Item, qu'il ne scellera du scel de l'ordre aulcunes lettres touchant l'honneur des chevalliers sinon du commendement du souverain, présents six des chevaliers de l'ordre à tout le moins.

Item, que pour amour, haine, crainte, faveur ou affection aulcune, il ne laissera de loyaulment et duement à son pouvoir dire et proposer, ès chappitres

---

1. C'est-à-dire qui sera un prébendier de l'église ou qui sera une autre personne, etc.
2. Les membres de l'Ordre faisaient aussi exécuter pour eux des recueils de ce genre. Ainsi la bibliothèque de Besançon conserve un exemplaire des *Statuts*, petit in-folio vélin (IV. 13) écrit après 1470 pour Louis de Bruges, seigneur de la Gruthuse.
3. C'est-à-dire : Il y aura un autre officier établi.
4. On appelait ainsi un écusson aux armes du suzerain émaillées sur plaque ; les hérauts le portaient sur la poitrine.

et assemblées de l'ordre, toutes les choses qui lui seront chargiées par le souverain; et que, les conclusions prinses ès chappitres, touchant la correction ou corrections d'aulcuns chevalliers ou aultrement, il dira où il appartiendra. Et ainsi que faire se debvera, selon le contenu de ceste ordre, tiendra secret les consaulx d'icellui; et généralement à son povoir exercera, en tout et partout, bien et duement ledict office.

Item, sera faicte la élection du trésorier de l'ordre quand le cas y écherra, ainsi que celle du chancellier. Et fera les sermens qui se ensuivent : c'est assavoir, que bien et duement il gardera et gouvernera à son povoir les joiaulx, meubles, rentes, revenus et biens de l'ordre qu'il aura en gouvernement, sans en rien distribuer, fors en usaiges à quoi ils seront, par le souverain de l'ordre, appliqués et ordonnés.

Item, que bien et loyaulment il distribuera aux gens d'église ce qui leur sera ordonné pour le divin service, aux officiers de l'ordre pour l'exercice de leurs offices, et aux povres chevalliers pour leur vivre et substentation, selon les fondation et dotation sur ce faictes; et de che fera son devoir, sans en riens retenir ne retarder.

Item, qu'il rendra bon et loial compte des rentes et revenus appartenantes audict ordre, comme des dons et largesses qui faicts y seront, sans riens céler ni retenir; et en toutes aultres choses exercera le faict de son office bien et loyaulment à son povoir.

Item, que vacquant le lieu[1] du greffier de l'ordre, il sera, par le souverain, six des chevalliers de l'ordre, néant moins, esleu ung aultre greffier, nottable personne, des conditions dessusdictes[2]; lequel greffier, ainsi élu et qui aura accepté, fera, ès mains du souverain ou de son commis, le serment qui se ensuit, c'est assavoir : que bien véritablement et diligamment à son povoir il mectra par escript et en registres les haulx faicts et honnourables des chevalliers qui par le roy d'armes d'icellui ordre lui seront rapportés; et pareillement mectra léalement par escript les peines et corrections données aux chevalliers de l'ordre ès chappitres et assemblées; enregistrera les actes desdits chappitres; se acquittera et fera son debvoir en toutes escriptures touchant l'office; tiendra secret les consaulx de l'ordre; et icelluy office exercera bien et loyaulment et duement, à son pouvoir.

Item, à l'élection du roy d'armes, nommé Thoison-d'Or, on procèdera en la manière que dict est du trésorier et greffier; et fera les sermens qui s'ensuivent : c'est assavoir, qu'il enquerra des haulx faits des chevalliers de l'ordre, sans faveur, amour, hayne, dhommaige, prouffict ou autre affection; (et) en fera véritable rapport au greffier de l'ordre, pour estre mis ès cronicques ou registres, comme faire se debvera.

Item, que bien et diligamment il fera ou faire fera les messages qui lui seront enchargiés, et obéyra au souverain et chevalliers de l'ordre, en touttes choses servant loyaulment et dilligamment à son povoir.

Comment le prince d'Orange et les Bourguignons furent desconfits à la bataille des Daulphinois[1] devant Anthonne[2]; et comment le seigneur de Montagu fut privé de l'ordre de la Thoison-d'Or[3]. (1431.)

En celuy an, le prince d'Orange, quy estoit gouverneur de Languedoc, fist de grants conquestes en iceluy pays sur les gens d'armes du Daulphin. Or advint qu'il mist ung siège devant une place nommée Anthonne, que les gens du Daulphin tenoient. Le Daulphin, pour secourir ses gens, fist ung grant amas de gens d'armes et de traict. Entre lesquels y furent le seigneur de Gaucourt, gouverneur du Daulphin(é), et pluiseurs aultres seigneurs dudict pays, et aussy de Lionnois; et avec eulx, Digues de Villendras, Eduæ de Ribedieux, Sallesart, et pluiseurs aultres capitaines.

Et quand ils furent assemblés, ils se mirent aulx champs pour combattre le prince d'Orange, quy estoit grandement accompaigné de pluiseurs grants seigneurs de Bourgongne; lesquels, véants leurs adversaires, se mirent en belle ordonnance avec bannières déployées et cottes d'armes vestues. Que vous diroye? les puissances s'assemblèrent ensemble[4] et combattirent; mais la fortune tourna sur les Bourgongnons; et là furent pluiseurs grants seigneurs de Bourgongne morts et prins. Le prince d'Orange se saulva; et aussy fist le seigneur de Montagu[5], quy portoit l'ordre de la Thoison-d'Or. Dont il fut fort repris, et pource que[6], par le chappitre de la Thoison-d'Or, il y a trois choses parquoy on poult perdre ladicte ordre, c'est assavoir : si ung des chevalliers

---

1. La place, l'office.
2. C'est-à-dire réunissant les conditions susdites.
ARMORIAL.

1. C'est-à-dire : les partisans du Dauphin de France.
2. Antonne (Dordogne).
3. Page 468 du manuscrit des Mémoires de Saint-Remy.
4. Les forces des deux partis se mirent en bataille.
5. Jean de Neufchatel, seigneur de Montaigu et d'Amance (V. p. 4 et 38). Il y avait en Bourgogne et en Comté cinq familles du nom de Montaigu. On ne sait laquelle concernait le dicton : *Jurements de Montaigu*.
Deux autres dictons : *Fiers de Neufchatel* et *Oultrecuydance de Neufchatel*, ne paraissent point favorables à la maison.
6. Ce dont il fut jugé fort répréhensible, parce que, d'après les règles du chapitre, etc.

dudict ordre estoit atteint ou convaincu de trahison, d'hérésie, ou que il se trouvast en journée de bataille, où cottes d'armes et bannières fussent desployées, et procéder aussy avant que jusques à combattre sans estre victorieulx, mort ni prins, pour l'ung de ces trois cas, il seroit privé et debouté de iceluy noble ordre et fraternelle compaignie de l'ordre de la Thoison-d'Or. Or est vray que le seigneur de Montagu ne fut victorieulx, mort ni pris. Pour laquelle cause il fut mandé à comparoir en personne devant le duc, fondateur, chief et souverain, et les aultres chevalliers de l'ordre de la Thoison-d'Or, au prochain chappitre lors ensuivant.

Auquel chappitre le seigneur de Montagu ne comparut point, mais envoya pour ouyr che de quoy on le vouldroit accuser. Auxquels il fut dict : que ledict de Montagu, leur maistre, avoit offensé faict, et commis cas par quoy il debvoit estre privé et débouté de la noble compaignie de la Thoison-d'Or, et de ne jamais porter le collier ni enseigne d'iceluy noble ordre, en leur enjoingnant, de par le duc et ceulx de l'ordre, qu'ils deissent au seigneur de Montagu, leur maistre, qu'il renvoyast le collier, et que jamais il ne le portast.

A quoy iceulx notables gens envoyés de par le seigneur de Montagu respondirent. Et monstrèrent maintes belles et grandes excusations pour ledict seigneur de Montagu, disants que, au jour de la bataille, il avoit, par sa vaillance, sauvé maints chevaliers et escuyers d'estre morts ou prins, et que, par pluiseurs fois, il soustint le faix des ennemis, les fist arrester et retarder de la chasse qu'ils faisoient sur eulx. Et prenoit à prouver par nobles hommes, qu'en che feut le derrain retrayant de la besogne[1] ; et, s'il ne vouloit, à son droit escient, estre mort ou prins, aultrement ne povoit faire. Et si, pour bien faire, il falloit qu'il perdist icelle noble compaignie de l'ordre, il luy sembloit que c'estoit une dure chose à porter ; mesmement qu'il s'estoit gouverné iceluy jour si vaillamment que corps de chevalier povoit faire.

Touttefois, quelque remonstrance que les gens du seigneur de Montagu sceussent faire, le seigneur de Montagu ne feut receu à excusation nulle ; et fut procédé allencontre de luy ; et, par les opinions, ceulx de l'ordre de la Thoison-d'Or estans en leur chappitre, nonobstant pluiseurs poursuites qui lors se feirent, depuis, le seigneur de Montagu fut jugié de non jamais porter le collier de la Thoison-d'Or, et d'estre privé et débouté de la noble compaignie d'icelle ordre.

Quand le seigneur de Montagu sceut la sentence, il fut dollent et desplaisant que jamais homme ne povoit plus estre ; car il estoit vaillant chevalier et de grant courage. Pour laquelle cause il fist ses ordonnances, et fist finances pour s'en aller au sainct voyage du sainct Sépulchre de Jérusalem ; duquel voyage ne retourna oncque depuis, et là finà ses jours. Dieu en aye l'ame !

Aulcuns voeullent dire que le prince d'Orange avoit (aurait) porté le collier de l'ordre de la Thoison-d'Or ; mais bien poeult estre que, à la cause de ladicte journée, il perdit d'avoir ledict collier et ordre ; car il estoit bien homme pour estre en icelle belle compaignie, n'eust esté la douloureuse et maulditce aventure quy luy advint.

De la seconde feste et solempnité de la Thoison-d'Or, quy fut tenue à Bruges.

La seconde solempnité et chapitre de l'ordre de la Thoison-d'Or, en l'an dessusdict, fut tenu en la ville de Bruges, à la Sainct-Andrieu, mil quatre cent trente-deux. Et comparurent personnellement avec le souverain dudict ordre, le seigneur de Roubaix, messire Rolland d'Utquerque, messire David de Brimeu, messire Hues de Lannoy, le seigneur de Commines, le comte de Sainct-Pol, messire Guillebert de Lannoy, le seigneur de Croy, messire Jacques de Brimeu, messire Baulduin de Lannoy, le seigneur de Ternand, messire Jehan de Croy, messire Jehan de Créqui, et le comte de Nevers. Et par procureurs comparurent messire Anthoine de Vergy, le comte de Ligny, le seigneur de l'Isle-Adam, le seigneur de Charny. Messire Regnier Pot, et messire Anthoine de Toulonjon estoient allés de vie à trespas ; et messire Florimont et messire Simon de Lalaing estoient prisonniers de guerre.

Après les solempnités du service divin en l'église Sainct-Donat, le souverain et chevalliers et frères dudict ordre, entrèrent au chapitre de ladicte église de Sainct-Donat, le premier jour de décembre, vestus de leurs habits d'iceluy ordre, comme il appartenoit. Auquel chapitre, le souverain et chevalliers, séant aussi en sièges paraulx, les ungs à dextre, les aultres à senestre, selon l'ordre, procédèrent à l'élection de deux chevalliers pour estre frères dudict ordre, l'ung au lieu de messire Regnier Pot, et l'aultre au lieu de deffunt messire Anthoine de Toulonjon, ainsi qu'il est accoustumé en ordre de faire.

Et fut éleu messire Andrieu de Toulonjon, pour lors pèlerin en la Terre Saincte, frère et compagnon de l'ordre, au lieu de messire Regnier Pot. Mais ledict messire Andrieu alla de vie à trespas audit sainct voyage ; et par ainsi ne porta point le collier dudict ordre. Et le seigneur d'Anthoing fut éleu à seigneur et compagnon dudict ordre, au lieu de messire Andrieu de Toulonjon ; et lui fut porté le collier de l'ordre par Thoison-d'Or ; lequel il receut très amia-

---

[1]. Et il s'offroit à prouver, par témoignage de gentilshommes que, à la retraite, il fut le dernier à combattre.

blement et aggréablement. Et depuis, ledict seigneur d'Anthoing alla devers le duc le merchier très humblement, et aussi à messeigneurs de l'ordre, fist le serment ès mains du duc aussi, et par la manière qu'il est accoustumé.

De la troisième feste et chapitre de l'ordre de la Thoison-d'Or, tenue à Dijon, où le nombre des chevalliers fut accru de six.

La vigille Sainct-Andrieu, mil quatre cent trente-trois, devant la sollempnité des vespres, fut tenu chapitre de la chapelle des ducs à Dijon, et y feut procédé aux élections quy estoient à faire, pour ce que le nombre des chevaliers quy estoient là presents estoit petit, et pour remplir les lieux de huit chevaliers quy estoient à élire : c'est assavoir, le premier au lieu de messire Renier Pot, au lieu duquel, l'an précédent, avoit esté élu messire Andrieu de Toulonjon, quy, avant que son élection loy fut signifiée, estoit trespassé au retour du voyage de la terre saincte; le second au lieu du comte de Sainct-Pol, trespassé depuis le précédent chapitre ; et six aultres quy feurent mis de creue (de plus) ; car la première ordonnance n'estoit que de vingt-cinq chevaliers, et depuis fut advisé que on en mectroit encoires six quy feroient le nombre de trente-un. Ainsy y eult à ce chapitre huit chevaliers éleus, dont les noms s'ensieult ; c'est assavoir : le seigneur de Crevecœur, messire Jehan de Vergy, messire Baudot de Noyelle, messire Jehan bastard de Sainct-Pol, le comte de Charollois, seul fils du souverain dudict ordre, le comte de Varnembourg et le seigneur de Neufchastel ; lesquels huit chevaliers éleus feurent très joyeulx de leur élection, receurent très agréablement le collier, et firent les serments audict lieu de Dijon appartenant à faire, comme il est déclaré ès chapitres dudit ordre.

De la cinquième feste et chapitre de la Thoison-d'Or qui fut tenue à Bruxelles.

Le cinquiesme chappitre, feste et solempnité de la devant dicte ordre de la Thoison-d'Or, fut tenue à Bruxelles, à la Sainct-Andrieu, audict an mil quatre cents trente-cinq. A laquelle feste furent en personne avec le duc, souverain dudict ordre, les seigneurs cy-après nommés : premier, le seigneur de Roubaix, messire Hue de Lannoy, le comte de Ligny, le seigneur de Croy, messire Jacques de Brimeu, le comte de Meurs, le seigneur d'Anthoing, le comte de Charrollois, messire Rolant d'Utekercque, messire David de Brimeu, le seigneur de Commines, messire Guilbert de Lannoy, le seigneur de Ternant, la seigneur de Créquy, le seigneur de l'Ille-Adam, messire Florimont de Brimeu, messire Bauduin de Lannoy, messire Simon de Lalaing, le seigneur de Crèvecœur, le bastard de Sainct-Pol, le comte de Vernembourg. S'ensuivent ceulx quy comparurent par procureurs : les seigneurs de Sainct-Georges, messire Antoine de Vergy, le seigneur de Jonvelle, le seigneur de Charny, messire Jehan de Croy, messire Jehan de Vergy, messire Baudon de Noyelle, messire Guy de Pontailler, le seigneur de Neufchastel. Au temps d'icelle solempnité et chappitre, n'avoit nul des chevaliers d'iceluy ordre allé de vie à trespas. Si commencèrent en chappitre à procéder aulx corrections et requestes, lesquelles durèrent par l'espasse de quatre jours, car il y avoit de grands et pesantes matières et requestes quy pour lors furent bailliés.

ARMORIAL

DE

L'EUROPE

Le titre *Armorial de l'Europe au quinzième siècle* est donné à cette partie parce que les souverains et les princes de l'Europe y sont représentés dans une suite de quarante-cinq figures équestres. Les grandes familles européennes sont également rappelées par neuf cent quarante-deux écus, divisés en sections régionales, chaque noblesse marchant à la suite de son souverain.

Des sections importantes font, il est vrai, défaut; il n'y a point d'écus pour l'Espagne, l'Italie, les pays de langue d'oc, la Bretagne et les deux Bourgognes. Le manque de foliotage ancien ne permet point d'affirmer nettement qu'ils ont toujours manqué.

Autant qu'on peut en juger dans l'état actuel, les feuillets blancs, qu'on trouve réservés çà et là, indiquent que l'auteur espérait combler certaines lacunes imposées, soit par le défaut de renseignements, soit parce qu'ayant déjà ces renseignements sous la main dans des recueils spéciaux, il n'avait pas jugé à propos de se hâter pour y faire un choix. Les deux Bourgognes étaient certainement dans ce dernier cas, car l'auteur de l'*Armorial de l'Europe* ne fait qu'un avec celui de l'*Armorial de la Toison d'Or*, ordre bourguignon. Non seulement ces deux œuvres se trouvent réunies dans notre manuscrit, mais leur faire annonce la même main, comme dessin et comme couleur. Pour ce qui regarde l'Europe, le dessin est toutefois moins lâché, surtout au début; il semble un peu plus ancien. Je ne parle pas bien entendu de la figure du roi d'Écosse, faite visiblement, après coup, par un artiste du seizième siècle. C'est une exception.

Comme pour l'Armorial de la Toison d'Or, cet armorial de l'Europe ne contient en fait de texte, que des légendes, ce qui ne facilite point le commentaire de ses planches.

Si la comparaison des figures équestres des deux armoriaux ne montrait qu'ils sont l'œuvre d'une seule main, on en douterait en voyant les différences d'exécution des légendes. Dans la partie consacrée à l'Europe, c'est presque partout des majuscules gothiques. Pour les chevaliers de la Toison, on s'est borné à cantonner, dans les coins, les petites légendes en cursive qu'on retrouve parfois aussi dans l'Armorial de l'Europe; elles semblent des titres d'attente, et donnent à penser que le peintre des lettres gothiques venait après celui des figures. Une réserve de ce genre est à signaler pour l'Empereur. La légende est par trop sommaire, l'auteur se réservait évidemment de lui donner le même développement qu'à celle du roi de France (pl. LIX). Même observation pour Philippe le Bon et pour le comte de Charolais, dans la série consacrée à la Toison d'Or.

Les légendes d'écu sont de deux sortes : les unes portent le nom de famille seul; les autres le font précéder du nom patronymique. Cette addition permet moins souvent qu'on ne le croirait de préciser l'individualité. S'il n'y a pas à se tromper quand il s'agit de Robert-Canolle et de Foucaut-du-Merle, l'usage général de conserver le même nom patronymique dans une famille ne permet pas de reconnaître avec certitude la plupart des autres, parce qu'ils manquent de la date certaine qui permettrait de les distinguer. La majorité appartient sans doute au quinzième siècle, mais Foucaut-du-Merle montre exceptionnellement que certaines légendes remontent aussi au siècle précédent. Pour le quinzième siècle, elles semblent en général ne point dépasser 1450, car dans les légendes en cursive des écus flamands (de date plus récente que les légendes en gothique), on voit les noms de Gérard d'Escornay, Roland d'Uytkerke et Philippe de Longpré qui vivaient tous trois avant 1440, d'Hector de Voorhoute qui fut banni en 1405. Nos recherches sur le duc de Berg, qui porte les armes d'Egmond, montrent enfin que la figure a été exécutée entre 1423 et 1425. Celle du duc de Gueldre remonte à une période plus ancienne encore (1393 à 1402); toutefois, son exécution est de date postérieure.

Le travail des légendes paraît avoir été fait par d'autres mains que celui des figures. Tantôt il les devance en inscrivant au bas des pages certains noms qui annoncent le projet d'y placer tel ou tel personnage. Tantôt c'est l'écu déjà peint qui attend sa légende, comme dans les vingt-neuf écus de Brunswick où pas un nom n'a été mis.

En se reportant à l'inventaire qui termine l'introduction, on acquiert également la conviction qu'on se trouve ici devant une œuvre interrompue. Pour certaines figures, comme celles du duc de Luxembourg, du margrave de Misnie, le cimier n'est pas encore peint. Pour d'autres, comme celle du roi de Bohême, l'enlumineur n'a fait que la moitié de son travail.

En ce qui regarde les figures, une observation essentielle reste à faire.

L'Armorial de la Toison d'Or mettait en face d'individualités bien précises, représentées par des mannequins. Avec l'Armorial de l'Europe, nous avons encore des mannequins sous les yeux, avec cette différence qu'ils n'ont pas de caractère personnel, ils ne montrent pas l'individu, mais l'appareil caractéristique de son titre. C'est la représentation héraldique de la dignité, rien de plus. Et souvent même, cette représentation ne figure qu'à l'état de souvenir lointain, car elle rappelle des suzerainetés abolies depuis des siècles. Au moyen âge, la tradition jouit d'un grand prestige; elle semble s'imposer au conquérant qui s'incarne dans le conquis, au lieu de l'absorber. Ainsi le duc de Bourgogne a beau tenir sous sa main puissante le Brabant et les Flandres, le Limbourg et le Luxembourg; — il ne s'y montrera point en prince bourguignon. Respectueux serviteur de la tradition locale, il ne changera rien en chaque pays à l'aspect héraldique inséparable du principe gouvernemental. Derrière le comte flamand, les ducs brabançon, limbourgeois et luxembourgeois de notre manuscrit, se retrouve en réalité le seul et même duc bourguignon; mais le costume de ceux qu'il remplace reste intact. Il en était de même pour la France où, pour n'en citer qu'un, le duc de Normandie reparaît à nos yeux sous la double effigie de pair et de suzerain, bien que n'existant plus. Longtemps encore, il n'en continuera pas moins à figurer en nom aux sacres de nos rois. Seulement, c'est un autre qui répondra pour lui dans la basilique de Reims.

Toutefois, ce culte de la tradition n'a pas été jusqu'à la conservation exacte de leur costume. Bien qu'ils appartiennent à d'autres temps, nos revenants ont été armés et habillés à la mode du quinzième siècle. Cet anachronisme nous vaut d'être renseigné sur la date d'exécution des enluminures, car le chapeau de fer du comte de Champagne appartient bien certainement à la première moitié du quinzième siècle. Nous devons reconnaître d'ailleurs qu'à part la variété distinctive des charges héraldiques, une uniformité quelque peu banale règne dans l'armement et les costumes. Il est cependant quelques différences comme le manque de cimiers aux casques des grands électeurs et des pairs. Les casques à la sarrasine du duc d'Aquitaine et du comte de Toulouse tranchent aussi sur l'ensemble. Ce dernier laisse même flotter une banderole à inscription qui n'a point ailleurs sa pareille. Est-ce une fantaisie? Nous n'avons rien trouvé à Toulouse qui permette de soutenir le contraire, et cependant le cas semble bien particulier.

Comme pour l'Armorial de la Toison d'Or, nous avons cherché à faire un fac-similé rigoureusement exact. Les légendes incomplètes ou mutilées ont été reproduites telles quelles.

Faite avec une certaine grossièreté, l'enluminure à la gouache ne rend pas toujours bien les petits détails de certaines figures. Les couleurs posées à plat sur d'autres s'écaillent à la longue et s'émiettent. Cet inconvénient s'est manifesté surtout dans l'exécution des écus très chargés dont les délicatesses ont souffert. Aussi avons-nous éprouvé de l'embarras au sujet d'aigles, de lions, qui ne paraissent ni armés ni lampassés. Une telle lacune provient beaucoup plus de l'oubli du copiste ou des dégradations dont je viens de parler que de l'effet des mesures disciplinaires, inaugurées par saint Louis. On se rappelle que ce roi condamna Jean d'Avesnes, fils d'une comtesse de Flandre, pour injures adressées à sa mère devant lui, à supprimer la langue et les ongles du lion de Flandre figurant dans ses armes.

On vient de voir le blason intervenir dans une question de morale. Que de considérations curieuses amènerait encore son étude, une fois dégagée des spéculations où la vanité humaine s'obstine à vouloir dénaturer et compromettre! Les bons esprits qui lui demandent uniquement un sujet d'observation retrouveront ici sous plus d'un aspect inattendu le symbolisme qui faisait loi dans ce monde oligarchique du moyen âge.

Pour ne toucher qu'à une question fort agitée aujourd'hui, celle de la dépopulation préméditée dans la classe aisée, la conformité croissante de nos écus prouve qu'il eût été difficile d'adresser le même reproche à l'ancienne noblesse.

A ce propos, le président de Boissieu écrivait en 1644 dans sa *Science théorique*, p. 74 : « J'ay veu un très beau recueil d'armoiries dans la bibliothèque de M. le c.te de Brienne, qui, traittant des brisures, donne au fils aîné, son père encore vivant, un lambeau de trois pendans, qui est joint aux flancs de l'escu. — Au second fils, un croissant sur le milieu du chef de l'escu. — Au troisième fils, une moulette, aussi sur le milieu du chef de l'escu. — Au quatrième, une merlette de sable qu'il nomme aussi martelet, posée au mesme endroit pour ce, dit-il, qu'il se doit résoudre à passer la mer, et aimer la demeure des vieux chasteaux, comme le martelet. — Au cinquième, un annelet d'or au mesme endroit pour mémoire et gage de sa naissance, s'il va voyager en païs loinctain. — Au sixième, une fleur de lys, pour faire connoistre sa patrie et son prince. Mais l'on ne peut prendre en France des fleurs de lys pour armes ni pour brisure, que par concession du Roy. — Au septième, une rose double...... — Au huictième, une croix ancrée ou accrochée, pour luy donner à connoistre qu'il se doit accrocher où il pourra. — Au neuvième, une double quarte-feuille......

« Mais quant à moy, ajoute Boissieu, je tiens toutes ces contraintes (pour) inutiles, pour ce qu'elles ne peuvent pas convenir à toute sorte d'armes. Il y a beaucoup d'autres figures qui peuvent servir de brisure, des estoilles, des coquilles, des besans, des tourteaux, des quintefeuilles et mille autres. »

En ce genre éclectique, on pourrait citer onze de nos écus brunswickois (voyez planche 48), où l'écu d'argent à fasce de sable du chef du nom se charge successivement de trois lions, d'un lion naissant, de trois merlettes, d'un fretté, d'un huchet, d'un bar, de trois besants, d'une tête de Maure, d'un seul besant et enfin de trois fers à cheval.

D'autres fois, on se contentait de changer les couleurs. Au treizième siècle, nous voyons Gilles, sire de Mailly, ordonner à ses quatre fils « afin de ne pas déformer ses armes par des brisures », le changement des émaux de leurs maillets en retenant le champ. Tandis que l'aîné, Jean, sire de Mailly, continuerait à porter des maillets de sinople, Antoine, seigneur de Lorssignol, qui était le second, porterait des maillets de gueules; Gilles, seigneur d'Authuille, le troisième, aurait des maillets d'azur, et Jean, seigneur de Nedon, le quatrième, porterait des maillets de sable.

Pour certaines familles, le signe distinctif est peu de chose. Ainsi, dans les écus de Hollande, la fasce d'argent des Borsele est accompagnée selon le cas d'une molette ou d'une étoile d'or ou d'argent. La différence n'est rien à première vue, car la molette semble une étoile, et certains veulent que l'étoile soit une molette. Cela est en Angleterre. Les écus de Borsele permettent d'en douter pour la Flandre.

On doit rendre une justice à l'auteur de notre armorial; il n'est point tombé dans le travers de beaucoup d'héraldistes de son temps. On n'y trouve pas les armes de fantaisie que se permettait encore deux siècles plus tard, P. Du Val, l'auteur d'un *Blason en plusieurs tables* publié à Paris en 1677 : entre autres, l'écu du Vieux de la Montagne, roi des assassins (*d'or au sautoir de sable, chargé de quatre têtes d'enfants au naturel, chevelées d'or*), et celui du roi d'Éthiopie (*d'azur à la croix d'or chargée d'un crucifix d'argent*, ou encore : *d'argent à la croix de gueules chargée d'un crucifix d'or accompagné de deux fouets de gueules*).

De plus, notre manuscrit traite un point qu'aucun roi d'armes de ce temps n'avait encore abordé. Il contient le plus ancien armorial polonais connu. Il a été dit dans l'introduction comment l'auteur avait pu profiter, pour l'établir, du séjour fait à Arras, en 1434, par un ambassadeur polonais. Un ami dont le savoir héraldique nous a secouru plus d'une fois, M. le baron Oscar de Watteville, a fait du blason de cette nation une étude approfondie. La lettre ci-jointe peut seule montrer combien elle diffère de toute autre :

Paris, 5 juin 1890.

L'étude du blason polonais présente des difficultés de toute nature. La première, la plus sérieuse, c'est que même en Pologne il n'existe pas de traité sur la matière; la seconde tient à la constitution de la noblesse polonaise; la troisième aux meubles qui diffèrent essentiellement des nôtres.

Dans mes *Contributions à l'étude du blason comparé chez les différents peuples* (titre provisoire du travail dont je m'occupe depuis longues années, comme vous le savez), j'ai tenté d'écrire un traité de blason polonais ; en voici les traits principaux :

On ne possède que des armoriaux polonais ; ils sont nombreux, curieux et fournissent d'amples renseignements. Mais ces renseignements, encore faut-il les synthétiser ! De tous ces armoriaux le plus ancien est celui de Jean Dlugosz, célèbre historien qui vécut de 1415 à 1480, un contemporain, comme vous le voyez, de l'auteur de l'*Armorial* que vous éditez. Il écrivit de nombreux ouvrages en latin sous le nom de Longinus. Son manuscrit (latin) dont j'ai le fac-simile sous les yeux porte le titre de *Dlugosza Herbarz* (Armorial Dlugossien). Le plus récent, le plus complet de tous est celui de Niesiecki, *Herbarz Polski* (Armorial Polonais, 10 v, in-8°, Leipzig, 1839-1846). Ces deux ouvrages, puis votre *Armorial*, puis l'autre Ms. de l'arsenal *Stemmata Polnica* font, j'ai tout lieu de le croire, pour Henri III, alors qu'il était roi de Pologne[1], l'*Histoire et relation du voyage de la Royne de Pologne*, par Le Laboureur (in-4°, Paris, 1648); enfin le très curieux travail du Dr Fr. Piekosinski sur les origines des armoiries polonaises : *O dynastycznem Szlachty Polskiej Pochodzeniu*[2], tels sont les ouvrages que je recommanderai à ceux qui veulent étudier la question, le dernier, très important pour tout ce qui touche aux origines.

Vous aurez remarqué dans les titres que je viens de citer le mot *Herbarz* (Armorial). Ce mot est à retenir, car il appelle l'attention sur un point essentiel de la constitution nobiliaire de la Pologne.

A la fin du siècle dernier, ce pays comptait près de dix mille familles nobles d'importance, de richesses inégales, mais toutes nobles au même titre, toutes égales entre elles, bien que les unes fussent quelquefois au service des autres. Aujourd'hui, on en compte encore cinq à six mille. Pour cette petite armée, cent cinquante à deux cents armoiries sont plus que suffisantes ; je vais tâcher d'expliquer comment on y a atteint un pareil résultat.

La constitution primitive de la société polonaise fut la forme patriarcale, celle que les Anglais, par un mot qui nous manque, appellent *the tribal form* : la forme de tribu, le clan pour ainsi dire. Chacun des chefs de tribu avait ses signes distinctifs qui servaient dans les combats à rallier autour de lui ses hommes. Chacun de ses fils, même alors qu'à son tour il était devenu chef de famille, héritait des armes paternelles sans les modifier ; les brisures, en effet, n'ont jamais été employées en Pologne pour différencier les membres d'une même race. De là ces armes identiques portées par des gentilshommes qui avaient perdu jusqu'au souvenir de la communauté d'origine. Ils formèrent ce que l'on nomme un *Herb* (de l'allemand *Erben*, hériter), c'est-à-dire un groupe, une sorte de clan plus ou moins nombreux, dont tous les membres, avec des noms et des titres divers, avaient tous les mêmes armoiries. Bien plus, quand des étrangers appartenant à la noblesse venaient se fixer en Po-

---

[1]. Le texte de ce manuscrit est presque textuellement celui de Dlugosz.

[2]. *De l'Origine des Dynastes de la noblesse polonaise*, in-8°. Krakovie, 1888.

logne, quand des provinces étaient conquises ou annexées comme la Lithuanie, les gentilshommes pour conserver leurs droits et leurs privilèges étaient obligés de se faire adopter (ou agréger) par une famille noble polonaise. Cette adoption solennelle faite devant la diète entraînait *ipso facto* pour la famille adoptée l'obligation de porter les armes de l'adoptant [1].

Chaque *Herb* porte un nom polonais ou latin (ou les deux simultanément) rappelant en général le meuble principal de l'écu ou du cimier, qui souvent diffère de l'écu. Ainsi le *Herb Cygnorum* ou *Labec* [2] porte de gueules au cygne d'argent; le *Herb des Accipitrins*, comme dit Le Laboureur, *Herb Accipitrum* ou *Iastrzembiec* [3], qui porte d'azur au fer à cheval montant d'argent accompagné d'une croix pattée d'or en abîme, tire son nom de l'autour qui sert à tous de cimier.

Je viens de dire que les *Herb* comptaient plus ou moins de membres. Celui des Accipitrins se compose de 298 familles; le *Herb* Roch, de 29; le *Herb* Rola, de 66. Ainsi des autres.

De cette organisation, découle une conséquence bizarre pour nous Occidentaux, c'est que l'on trouve beaucoup de familles ayant le même nom. Mais comme elles appartiennent à des *Herb* différents, elles portent des armes différentes. Un exemple entre mille : on trouve des Starzynski portant les armes du *Herb* Godziemba; d'autres, du *Herb* Gryzima; d'autres, du *Herb* Lis; d'autres, du *Herb* Rudnica; d'autres, du *Herb* Slepowron, etc., etc. Aussi, quand l'auteur de l'Armorial donne au-dessus d'un écu le nom de son possesseur, il aurait dû, pour être complet, avoir soin d'indiquer le nom du *Herb* auquel ce possesseur était agrégé.

En Pologne, il n'est pas nécessaire de blasonner ses armes. Tout le monde connaît les meubles des différents *Herb*. Il suffit, quand on vous interroge, de répondre en indiquant le nom du *Herb* auquel on appartient, et tout est dit.

Le blason polonais se sert peu ou point des partitions, des pièces honorables non plus que des ferrures. Les gueules parmi les émaux, l'argent parmi les métaux, sont d'un emploi fréquent. Les écus (de forme allemande) ne se différencient guère que par les meubles, qui sont significatifs et pour la plupart caractéristiques d'un peuple de chrétiens, de cavaliers, d'agriculteurs. La croix, et par opposition le croissant (si souvent abattu par les Polonais), l'épée, la lance, le fer à cheval sont les attributs que l'on rencontre le plus souvent. A côté d'eux la flèche sur un arc sans corde (*Strahla*), le hangar couvert de paille (*Brog*) ne se trouvent qu'en Pologne. Puis viennent encore les fers de faux, les coutres de charrue, etc., etc. Pour terminer ce résumé, rappelons encore que :

1° La brisure ne s'emploie que par exception ;

2° L'écartelure est plus rare encore, par conséquent ;

3° La femme prend les armes de son mari et renonce aux siennes propres ;

4° L'emploi des devises est rare et tout moderne ;

5° Les cimiers, sans avoir la même importance qu'en Allemagne, jouent un rôle considérable, car c'est par les cimiers que les membres du même *Herb* se distinguent les uns des autres.

Bon O. DE WATTEVILLE.

---

1. Quelques familles, en petit nombre et formant exception, n'appartiennent à aucun Herb, telle la maison des Czartoryski, par exemple.
2. *Labec*, cygne, en polonais.
3. *Iastrzab*, autour, épervier.

Nos calques ont ajouté aux écus quelques signes conventionnels pour indiquer les émaux et les couleurs, car tout d'abord la chromolithographie complète n'était pas décidée. Quant au texte descriptif des écus, il est borné à la reproduction du nom, à l'énoncé de quelques variantes, à l'indication de différences relevées sur d'autres armoriaux, et, plus rarement, à quelques détails sur le personnage, quand il est nommé. L'usage ancien de donner le même prénom dans chaque famille a rendu cette dernière recherche moins efficace qu'on ne pourrait le croire. Aussi le résultat a été bien médiocre en raison du temps dépensé. Pénible pour la France, quand on se trouvait en face de noms altérés comme *Le allotodanoy*, la recherche des noms a naturellement été plus pénible encore pour l'étranger où les moyens d'information faisaient bien plus défaut. On ne reconnaît pas du premier coup d'œil *Görtz* dans *Gurst*, *Fuchs* dans *Voux*, *Steenhuyse* dans *Stenout*, *Windischmark* dans *Woinsschemarck*, *Ferrette* dans *Fart*, *Magdebourg* dans *Meitbouch*, *Lennox* dans *Linax*, *Devonshire* dans *Deveneshis*, *Oxenford* dans *Oxyet*, *Vell* dans *Deswet*, *Fitz Hugues* dans *Fehus*, *Wiston* dans *Wauwillon*, *Lumley* dans *Pulimley*, *Zouche* dans *Ronche*, *Prunelé* dans *Pruncquin*, l'amiral *de Trie* dans *Mons. de lamiad*, sans signe abréviatif. — Une fois le vrai nom retrouvé, la chose paraît simple, mais que de tâtonnements et de longueurs souvent pour y arriver ! Sans parler des légendes mal conservées ou rognées à moitié. Nos grands recueils généalogiques n'éclairent pas beaucoup ces formes anciennes. C'est par la comparaison des textes de livres d'armes encore manuscrits du quinzième siècle, en original ou en copie, que nous avons pu arriver seulement aux solutions les plus difficiles. Et encore en manque-t-il beaucoup. Sans prétendre faire œuvre de généalogiste, nous avons voulu montrer du moins que nous n'avions pas reculé devant un travail autre que celui de la reproduction. Travail ingrat dont le résultat reste assez mince, si on pense aux développements considérables qu'eût nécessités un commentaire approfondi de ces neuf cent quarante-deux écus. Le peu que nous en avons dit nous expose encore à des erreurs qu'il eût été facile d'éviter en se bornant à la reproduction qu'on trouve suffisante eu égard aux pays pour les publications documentaires de ce genre. « Qui de tout se tait, de tout a paix », dit le vieux proverbe. Mais nous avons estimé qu'il y avait encore, à risquer de se tromper, plus d'honneur.

PLANCHE XXX.

L'Empereur.

(Fol. 1 du manuscrit.)

Planche XXX.
L'Empereur.
(Fol. 1 du manuscrit.)

LÉGENDE : *Lanpeureur, Lenpereur* (cursive du XV° siècle). Légende complémentaire non reproduite sur notre fac-similé : *Imperator Romano (rum) semper Augustus* (écrit. du dix-huitième siècle). On nommait *toujours auguste* l'Empereur seul; le roi des Romains n'avait droit qu'à la qualification d'*auguste*, rappel du titre donné en l'année 800 par le pape Léon III à Charlemagne, qu'il consacra aux cris de : *Vive Charles, couronné, par la main de Dieu, empereur auguste des Romains !*

Donné à l'élection après le démembrement de la monarchie carlovingienne, le titre d'*empereur* ou *chef du Saint-Empire romain* avait un caractère religieux, encore affirmé par le titre de *roi des Romains* que prenaient l'empereur élu, mais non encore couronné, ainsi que le prince élu destiné par anticipation à le remplacer. Il attestait la suprématie du Saint-Siège qui se réservait la consécration du monarque et provoquait parfois sa déposition. Ainsi le pape Clément VI remplaça Louis V par Charles IV. Frédéric III devait être le dernier empereur couronné à Rome (1452). Le voyage fut ensuite remplacé par la formalité d'une simple ratification. A l'époque qui nous occupe, l'Empereur était nommé par les sept grands électeurs auxquels la Bulle d'or de 1356 avait donné le privilège exclusif du suffrage restreint.

Pour remplacer le pape, les trois électeurs ecclésiastiques mettaient ensemble la couronne sur la tête de l'impérial élu, et l'officiant déclarait la couronne dévolue, non par droit de succession, mais par les suffrages des électeurs de l'Empire.

COSTUME : Heaume ayant pour cimier une couronne d'or fermée, ornée de perles et de pierres précieuses; les plus grosses sont des saphirs et des rubis. Les cercles de la couronne se rejoignent au sommet pour supporter le globe d'or surmonté par l'aigle de sable. Lambrequins d'or (ils étaient doublés d'hermines). — Cotte d'armes et housse de cheval aux armes de l'Empire : d'or à l'aigle de sable. — Doublures rouges. — Cheval noir.

Si on s'en tient à la tradition qui représente l'empereur Sigismond, mort en 1437, comme ayant donné deux têtes à l'aigle impériale, notre effigie serait antérieure à son règne. Au dix-septième siècle, le héraut d'armes Brabant (ms. 4450, bibl. Arsenal) donnait un autre point de départ : « L'Empereur d'Autriche, dit-il, a mis deux testes à l'aigle à cause de la prinse de Constantinople par le Turc, 1453. »

Au quinzième siècle, les hérauts d'armes faisaient remonter à l'ancienne Rome le blason de l'Empire. On en jugera par cette notice de Charolais (4150, ms. Arsenal) : « L'Écu d'Empire (fut) anchienement de gueules à l'aigle d'or à un diademe de gueules. Il y eut un empereur nommé Constantin qui boutit (donna) deux testes à cet aigle, et le portoit d'or à fond de gueules à diadême d'argent. Le bon roi Charlemaigne et tous ses fieux (fils), empereur de Rome, portait d'azur à l'aigle d'or à une teste et un diademe de gueules. Les empereurs d'Alemaigne anchienement portoi(ent) le fond de gueules et parfois l'aigle d'argent... — Depuis l'empereur Barberousse, ses successeurs ont porté or à l'aigle de sable à une teste, diadesmé de gueules, et sur la poitrine un escu de sa maison. »

Des blasons peints appuient le texte précité. Nous le citons seulement à titre de curiosité, parce qu'il est de l'an 1425, c'est-à-dire aussi ancien que notre armorial. J'y remarque que le « diadême de gueules (non figuré ici) a la forme d'un nimbe ».

On retrouve le nimbe dans la forme circulaire des annelets décrits par les armoriaux postérieurs au nôtre : « Aigle à deux têtes entourées d'un annelet d'argent, armée, cerclée, membrée, languée et becquée de gueule. » Il y est question aussi d'une couronne faite « à la persane ». Cette *mode persane* désigne le bonnet à deux pointes affrontées, en forme de mitre basse, figurant dans les attributs impériaux gravés au seizième siècle. Autour du bonnet, le cercle fleuronné de la couronne d'où part un seul demi-cercle supportant à son sommet le globe couronné de la croix, et non de l'aigle, comme ici.

Les Empereurs ne portaient que rarement leurs couleurs officielles, car en 1415, lorsque Sigismond vint pour tâcher de réconcilier les rois de France et d'Angleterre, son costume est ainsi décrit par Jean de Saint-Remy (chap. 69 de ses *Mémoires*) : « Estoit l'empereur armé, portant à l'arçon de sa selle un chapeau de Montauban (chapeau de fer, comme celui de notre planche du roi de France). Sur son harnois (armure) portoit une heuque (cotte d'armes) noire en laquelle estoit une droite croix, devant et derrière, de couleur de cendre, sur laquelle avoit escript en latin : *Dieu tout-puissant et misericors*. Et ainsi estoient habillés la plupart de ses gens, montés sur bons chevaulx. » — Le chroniqueur Monstrelet fait un semblable récit.

PLANCHE XXXI.

L'archevêque de Cologne.

(Fol. 1 v. du manuscrit.)

Planche XXXI.

L'archevêque de Cologne.

(Fol. 1 v. du manuscrit.)

Légende : *Larsevesque de Coulongne.* Légende complémentaire du dix-huitième siècle : *Archiep. Colon. sac. Ro. imp. el. et archic. per Ital.* (archevêque de Cologne, électeur du Saint-Empire Romain et archichancelier d'Italie).

Costume : Heaume sans cimier, comme ceux des autres princes électeurs; orné de perles et d'émeraudes, avec grosse émeraude au sommet. — Cotte, housse et bannière aux armes de l'archevêché de Cologne : d'argent à la croix de sable. L'étoffe de la croix est damassée; la hampe de bannière est verte et le pavillon est frangé d'argent. — Doublures rouges. — Cheval noir. — L'épée brandie par cet archevêque, comme pour tous les autres prélats d'Allemagne ou de France, doit être considérée comme l'insigne de leur pouvoir séculier. Au dix-huitième siècle, les électeurs ecclésiastiques de l'Empire croisaient encore la crosse et l'épée derrière leur écu. Marque de la dignité ecclésiastique, la mitre rouge, brodée d'or, de perles et d'émeraudes, est soutenue, à côté du heaume, par un chérubin blond; ses ailes et sa robe sont d'un violet lilas.

Histoire : Lorsque l'Empereur était sur le territoire de son archevêché, l'électeur de Cologne avait le droit de siéger à sa droite. Il avait aussi celui de couronner le roi des Romains. L'archevêque de Mayence ne voulait toutefois le lui reconnaître que lorsque le couronnement se faisait dans la cathédrale d'Aix-la-Chapelle, dépendant du diocèse de Cologne. Le chapitre de sa cathédrale était le plus noble d'Allemagne; ses chanoines, auxquels étaient adjoints, à titre consultatif, huit docteurs en droit et en théologie, n'acceptaient pour collègues que des princes ou des comtes. Ils usaient au besoin du droit de déposition, ce qui arriva pour l'archevêque Robert, mort en 1480.

Érigé au huitième siècle, l'archevêché avait dans son ressort les évêchés de Bonn, Liège, Munster, Osnabrück; toutefois, la ville libre de Cologne était indépendante de son autorité. Son territoire, assez étendu, comprenait la Westphalie et une partie du cercle du Bas-Rhin, entre les États de Trèves, de Juliers et de Berg.

L'archichancellerie d'Italie n'avait entre les mains de l'archevêque que la valeur du souvenir de la domination de Charlemagne au delà des Alpes; souvenir que rappelait encore en 1889 un prince de Bavière en disant que l'accession de l'Italie à la triple alliance semblait reconstituer moralement le Saint-Empire dans les temps modernes.

C'est bien à cheval que l'archevêque de Cologne se montrait, comme ses collègues, dans les circonstances solennelles. Lorsque l'Empereur tenait sa cour, les électeurs, ecclésiastiques ou séculiers, devaient aller à cheval le chercher à son logis, et l'escorter de même au lieu préparé pour la séance. L'Empereur était revêtu du costume de cérémonie, et ses sceaux étaient portés au bout d'un bâton d'argent par l'archichancelier dans le ressort duquel se trouvait la Cour.

Cet honneur de porter le sceau impérial au bout d'un bâton était assez onéreux. D'abord, le bâton d'argent, du poids de douze marcs, fabriqué aux frais des trois prélats, ne devait servir qu'une fois, car il était ensuite donné au chancelier de la Cour. Puis, les sceaux également devaient être donnés au même dignitaire par l'électeur ecclésiastique qui avait eu le privilège de les porter.

L'usage voulait que, avec ses collègues, il les présentât d'abord à la table où mangeait l'Empereur, lequel les refusait aussitôt. L'Électeur pendait alors à son col le plus grand des sceaux, et le portait ainsi durant le dîner, comme pendant le trajet de la Cour à son logis particulier. Une fois rentré, il envoyait au chancelier les sceaux sur le cheval qui lui avait servi de monture, et que, pour comble de générosité, il était tenu d'offrir avec le tout.

PLANCHE XXXII.

L'archevêque de Mayence.

(Fol. 2 du manuscrit.)

Planche XXXII.

L'archevêque de Mayence.

(Fol. 2 du manuscrit.)

Légende : *Larsevesque de Maience* (cursive du quinzième siècle). Légende complémentaire du dix-huitième siècle : *Archiep. Moguntinus sacri Rom. imperii primus elector et archicancell. per German.* (archevêque de Mayence, premier électeur du Saint-Empire romain et archichancelier d'Allemagne).

Costume : Chapeau de fer dit *de Montauban*, avec grosse topaze ou boule d'or au sommet. Cette coiffure militaire n'est pas de fantaisie, comme on peut s'en convaincre par une citation du texte de la planche XXX. Le chapeau de fer fut très porté à la fin du quatorzième siècle et au commencement du quinzième. Comme pour l'archevêque de Cologne, la mitre rouge brodée d'or et de pierreries est soutenue dans les airs par un blond chérubin, à ailes et à robe lilas.

Cotte d'armes, bannière et housse aux armes de l'archevêché : de gueules à la roue de six rais d'argent. Cette roue figura pour la première fois sur l'écu de l'archevêque Willigis, qui fut chancelier des deux empereurs Othon III et Henri II, du dixième au onzième siècle. Fils d'un simple charron du village de Schöningen, dans la principauté de Wolfenbüttel, il aimait ainsi à rappeler combien humble avait été son origine. Ce modeste emblème de la roue de voiture fut conservé par ses successeurs. Il était même sculpté sur les murs et peint sur les vitraux de son palais. — Doublures d'hermines. — Cheval gris foncé.

Histoire : L'électeur de Mayence devrait marcher ici le premier : à lui revenait le privilège de convoquer les électeurs à Francfort-sur-le-Mein, dans un délai de trois mois, pour nommer un nouvel empereur. C'était aussi lui qui recueillait les voix, proclamait le résultat, comme président de la session, et faisait prêter serment au nouvel élu. Bien qu'il ne fût point cardinal, il prenait le titre d'*éminentissime*. Seul il avait près de sa personne un vicaire ou vice-chancelier, nommait les officiers de la chancellerie impériale et réglait leurs émoluments, présidant aux séances publiques, recevant les lettres de crédit des ambassadeurs, rédigeant et signant les lettres impériales. Enfin, il couronnait l'Empereur, lorsque la cérémonie n'avait pas lieu à Aix-la-Chapelle.

Le landgrave de Hesse était son premier maréchal; les comtes de Metternich furent ses chambellans par hérédité. Neuf, puis douze, évêchés des bords du Rhin furent compris dans son ressort. Possesseur de grands domaines dans la Franconie, la Hesse, la Thuringe, doyen du collège électoral et des archivistes de l'Empire, grand-maître des postes, chargé de recevoir toutes les communications faites par les princes étrangers, l'archevêque de Mayence était le plus considérable et aussi le plus riche des prélats de l'Empire. Il était nommé par vingt-quatre chanoines de sa cathédrale, à la majorité des deux tiers. Les autres chanoines (leur nombre total était de quarante-deux) ne se trouvaient là qu'en survivance.

Lorsque l'Empereur ou le roi des Romains assistait à la messe plusieurs jours de suite, les électeurs ecclésiastiques devaient officier successivement par ordre d'ancienneté. De même pour le *Benedicite* et les grâces à dire au commencement et à la fin de chaque repas. Pour plus de civilité, il était de règle que le doyen des électeurs ecclésiastiques invitât d'abord ses collègues à remplir l'office, honneur refusé, bien entendu, par eux.

Les électeurs avaient le droit de déposer l'Empereur qu'ils avaient nommé. Dans ce cas extrême, c'est encore au nom de l'archevêque de Mayence, archichancelier du Saint-Empire romain en Allemagne, que la notification motivée de la déposition était faite.

PLANCHE XXXIII.

L'archevêque de Trèves.

(Fol. 2 v. du manuscrit.)

PLANCHE XXXIII.
L'archevêque de Trèves.
(Fol. 2 v. du manuscrit.)

Légende : *L'arsevesque de Trèves* (cursive du quinzième siècle). Légende complémentaire du dix-huitième siècle : *Archiep. Trevirensis, sacro Ro. imp. elector et archicancell. per Gall.* (archevêque de Trèves, électeur du Saint-Empire romain et archichancelier de France). Au titre *archicancellarius per Galliam*, on ajoutait ordinairement ces mots *et regnum Arelatense* (et du royaume d'Arles). « Par ces derniers mots, dit Imhof (*Notitia Germanici imperii procerum,* 1699), il faut entendre non la France entière, mais toute la partie de son territoire ayant appartenu au royaume de Bourgogne (*non integram Galliam, sed quidquid ejus ad Burgundicum regnum pertinuit*). Je ne dissimule point toutefois que le titre est sans effet (*inanis est titulus, omni potestate destitutus*), sauf en ce qui regarde la Savoie. »

En effet, ce royaume d'Arles, légué au onzième siècle à l'empereur Conrad II, ne comprenait pas seulement la Provence, mais le Dauphiné, la Savoie, la Bourgogne et la Suisse. En ce qui concerne la France, on ne saisit pas très bien la portée de la restriction d'Imhof, puisque le texte dit aussi *per Galliam*. Et, à vrai dire, on ne le conçoit guère, puisque le Saint-Empire avait la prétention d'être européen; l'Allemagne n'en était qu'une partie. Le globe qui surmontait la couronne impériale symbolisait le caractère universel de son pouvoir sur le monde; l'Empereur avait le pas sur les autres rois de la chrétienté; il pouvait même en augmenter le nombre, puisqu'il fit le roi de Bohême, celui de Pologne, celui de Hongrie et refusa, dit-on, de faire un roi de Bourgogne en la personne de Charles le Téméraire.

La seule raison qui vienne par la suite atténuer cette affirmation écrite de la continuation de la monarchie carlovingienne par les empereurs d'Allemagne, c'est l'oubli du français dans l'article 30 de la Bulle d'or, qui impose aux électeurs l'obligation de faire apprendre à leurs héritiers, outre l'allemand, leur langue maternelle, le latin, l'italien et l'esclavon.

La Bulle d'or motive cette mesure en disant que, le Saint-Empire devant prescrire des lois à plusieurs peuples de diverses langues, il est juste que les princes les connaissent. Cette lacune du français est d'autant plus à noter, qu'à Metz, lieu désigné dans la bulle pour certaines réunions, on ne parlait que français. Les Messins étaient obligés de prendre des interprètes pour leurs rapports officiels avec l'Allemagne qui n'avait jamais songé à leur imposer sa langue.

Costume : Salade ornée de quatre émeraudes avec grosse émeraude au sommet. Même mitre que dans les deux planches précédentes. Bannière, cotte d'armes et housse aux armes de l'archevêché : d'argent à la croix de gueules. L'étoffe de la croix est damassée. — Doublures rouges. — Cheval noir.

Histoire : Lorsqu'on élisait un Empereur, l'archevêque de Trèves avait le droit d'exprimer le premier son suffrage et de se placer en face de l'Empereur élu. Lorsque l'Empereur marchait, couronne en tête, deux princes désignés par lui précédaient immédiatement l'archevêque de Trèves, en portant, le premier la couronne d'Aix-la-Chapelle, le second, la couronne de Milan. Cet archevêque avait le droit de précéder seul l'Empereur, sans autre intermédiaire que les électeurs chargés de l'épée, du globe et du sceptre. Au banquet impérial, sa table était également placée en avant de la table impériale; tandis que celle de l'archevêque de Mayence était à la droite du souverain et celle de l'archevêque de Cologne à sa gauche. Lors du sacre, c'était lui qui faisait au nouvel élu l'imposition des mains.

L'église de Trèves était réputée la plus ancienne d'Allemagne, mais elle en était devenue la moins riche, l'archevêque n'ayant conservé que trois suffragants situés en pays de langue française. Aussi plus tard devait-on l'accuser de partialité lorsqu'il se montra favorable à la candidature de François Ier au trône de l'Empire.

Comme l'archevêque de Mayence, celui de Trèves était nommé à la pluralité des voix de son chapitre. Mais ses chanoines n'admettaient parmi eux personne qui n'eût treize quartiers de noblesse, en ayant toutefois la précaution d'exclure les princes, et même les comtes.

En compensation des avantages territoriaux qui lui manquaient, l'archevêque de Trèves avait le privilège de réunir au domaine de son église tous les fiefs d'Empire ayant oublié la formalité de l'hommage à la date voulue. De même pour les fiefs relevant de lui, mais dont les possesseurs mouraient sans postérité masculine. Ceux qu'il excommuniait étaient mis au ban de l'Empire, s'il maintenait son excommunication au bout d'un an.

PLANCHE XXXIV.

Le duc de Saxe.
(Fol. 5 du manuscrit.)

Planche XXXIV.

Le duc de Saxe.

(Fol. 5 du manuscrit.)

Légende : *le duc de Saxen* (gothique du quinzième siècle).

Costume : Salade de joute à crête et à plaques rondes latérales. — Bannière, cotte d'armes et housse de cheval aux armes de Saxe : burelé d'or et de sable au crancelin de sinople en bande sur le tout.

Ce crancelin ou petite couronne (de l'allemand *Kränzlein*) rappelle, dit-on, un fait de guerre. Le duc Bernard Ier recevant, en 1181, de l'empereur Frédéric l'investiture de la Saxe, cet empereur aurait détaché une couronne de feuillage de rue qu'il portait à cause de la chaleur, et l'aurait accrochée au bouclier du duc en exprimant le désir de l'y voir maintenue. Il faut supposer que la couronne était assez large pour aller d'un bout à l'autre du bouclier. Mais il est certain que le bouclier fut la première partie blasonnée dans le costume militaire. Le crancelin de Saxe appelé, sur d'autres armoriaux, demi-couronne de rue, ce qui confirmerait la légende, ou bande fleuronnée, ce qui la démentirait.

Le crancelin a donné lieu à de nombreuses dissertations en Allemagne selon Struvius, c'est une brisure prise par le duc Bernard pour distinguer les deux branches, en 1218. — Zschakwitz dit que c'est un ceinturon. — Krantz, dans sa *Saxonia* (1450), est le premier qui rapporte la légende de la couronne de rue.

Doublures rouges. — Cheval gris foncé.

Histoire : Le duc de Saxe était archimaréchal de l'Empire. En cette qualité, il précédait immédiatement l'Empereur dont il portait l'épée; il la lui présentait au couronnement. On verra plus loin ce droit fut, une fois, contesté par le duc de Brabant.

Lorsqu'un prince de l'Empire recevait de l'Empereur ou du roi des Romains l'investiture de ses fiefs, le duc de Saxe, en sa qualité de grand-maréchal, avait droit à la possession du cheval sur lequel le prince était monté, quel qu'en fût le prix. Dans la ville où l'Empereur tenait solennellement sa cour, on commençait par élever devant ses fenêtres un monceau d'avoine assez haut pour toucher le poitrail du cheval du duc de Saxe qui restait en selle, tenant à la main une mesure et un bâton d'argent pesant ensemble douze marcs.

Une fois l'avoine arrivée à hauteur, il remplissait la mesure dont il donnait le contenu au palefrenier le plus voisin. Puis, plantant son bâton dans l'avoine, il se retirait laissant le peuple libre d'enlever tout le grain. Le bâton et la mesure d'argent étaient alors, ainsi que le cheval du duc, donnés en cadeau à son vice-maréchal héréditaire, le comte de Pappenheim.

Pendant les interrègnes, le duc de Saxe était proviseur ou vicaire de l'Empire pour les provinces où le droit saxon était de règle en justice. Il avait les pouvoirs souverains, sauf le droit d'aliénation du bien de l'empire, et sous réserve de la ratification de l'Empereur ou du roi des Romains, une fois élus. Formé au neuvième siècle et vaste à l'origine, le duché de Saxe se trouvait au quinzième siècle réduit à la Thuringe, à la Misnie et à l'Osterland, possessions de la maison de Wettin.

Il est à remarquer qu'ici les électeurs allemands n'ont, pas plus que les pairs français, des cimiers sur leurs casques. C'est, nous le croyons du moins, par la raison qu'ils figurent à titre d'électeurs, et non de suzerains. Mais les cimiers ne manquent pas dans les blasons gravés par la suite. Au dix-huitième siècle, l'électeur de Saxe plaçait jusqu'à dix cimiers sur son écu.

Comme électeurs, les effigies du roi de Bohême et du comte Palatin devraient figurer ici avant celles du duc de Saxe. Elles se trouvaient sans doute aux pages 14 et 15 de notre manuscrit qui ont été arrachées. L'effigie du roi de Bohême a été ébauchée plus loin et non terminée, mais il revenait là sans doute à titre de souverain et non d'électeur. On le voit bien par sa couronne.

PLANCHE XXXV.

Le marquis de Brandebourg.

(Fol. 4 du manuscrit.)

Planche XXXV.

Le marquis de Brandebourg.

(Fol. 4 du manuscrit.)

Légende : *Le marquis de Brandebourc* (cursive du quinzième siècle). Légende complémentaire du dix-huitième siècle : *Marchio Brandeburg., S. R. I. el., etc., Stetini, Vandal., Pomeran., Prussiæ dux, princeps Rugiæ* (Le marquis de Brandebourg, électeur du Saint-Empire Romain, etc., duc de Stettin, de Vandalie, de Poméranie, de Prusse, prince de Rugie).

A l'époque qui nous occupe, les marches de Brandebourg constituaient les seules possessions du marquisat; elles appartenaient depuis 1414 à Frédéric VI de Hohenzollern, burgrave de Nuremberg, créancier de l'empereur Sigismond qui les lui avait vendues quatre cent mille ducats.

Les autres titres (ajoutés ici au dix-huitième siècle) concernent des accroissements de territoire bien postérieurs à la date du manuscrit. La ville de Stettin se trouve citée à part de la Poméranie, parce que ce duché n'était point le seul de la province qui se divisait en plusieurs parties, y compris l'île de Rugen ou principauté de Rugie. De même, le duché de Prusse ne devait pas être réuni au margraviat avant le dix-septième siècle. Quant au titre de *duc de Vandalie*, il concernait un duché qui faisait encore partie de la Poméranie. Un second duché de Vandalie se trouvait dans le Mecklembourg, d'où le titre de *prince des Vandales* porté aussi par les princes de cette dernière maison, la plus ancienne de l'Europe ; c'est elle qui compte parmi ses premiers chefs Genséric, roi des Vandales, conquérant de l'Espagne, de l'Algérie, de la Tunisie, de l'Italie du Sud ; son frère Fredobald était resté avec une fraction des Vandales sur les bords de la mer Baltique.

Costume : Salade ornée d'émeraudes, avec plaques latérales. La crête dentelée porte sur chaque pointe une émeraude montée en or. — Bannière, cotte et housse aux armes de Brandebourg : d'argent à l'aigle de gueules couronnée, becquée, membrée et liée d'or. Sur d'autres armoriaux, les ailes sont chargées d'un demi-cercle d'or. Pour cimier, le margrave portait une couronne d'or dans un vol d'azur, chaque demi-vol chargé d'un sceptre d'or. La couronne fut fermée dès que le margraviat devint un royaume.

Doublures rouges. — Cheval noir.

Histoire : En qualité d'archicamérier, grand-chambellan ou grand-maître de l'Empereur, le marquis de Brandebourg le précédait en portant le sceptre impérial dans les marches solennelles. A la cérémonie du couronnement, il passait l'anneau au doigt du nouveau souverain. Quand celui-ci tenait sa cour et dînait avec ses électeurs, chacun d'eux avait sa table dans un ordre de préséance déterminé, à côté de la table impériale. Avant de s'y asseoir, le marquis de Brandebourg arrivait à cheval portant un bassin avec aiguière d'argent du poids de douze marcs. Puis il mettait pied à terre, versait l'eau et, présentant une « belle serviette », aidait aux ablutions manuelles de l'Empereur et du roi des Romains. Le bassin, l'aiguière et le cheval ne devaient servir qu'une fois, tout cela étant aussitôt donné au chambellan héréditaire, comte de Falkenstein. N'oublions pas que l'Empereur permit au marquis de Brandebourg de déposer sa couronne avant d'apporter le bassin, pour la reprendre ensuite au moment de se mettre à table. A la cérémonie même du couronnement, il ne portait le sceptre impérial qu'à certains moments, et pour le reste du temps, le laissait aux mains de son maréchal. Le duc de Saxe en usait de même pour l'épée ; seulement il le portait la pointe en haut, tandis que son maréchal tenait la pointe en bas. Le globe et la couronne étaient de même portés par des suppléants.

PLANCHE XXXVI.

Le duc de Bavière.

(Fol. 10 v. du manuscrit.)

Planche XXXVI.

Le duc de Bavière.

(Fol. 10 v. du manuscrit.)

Légende : *Le duc de Bavieres* (gothique du quinzième siècle).

Costume : Heaume ayant pour cimier un lion assis de sable, lampassé de gueules, entre deux cornes de buffle fuselées d'argent et d'azur. Lambrequins argent et azur. — Cotte et housse aux armes de Bavière : fuselé d'argent et d'azur. — Doublures violet clair. — Cheval noir. — Le bras droit du cavalier fait accomplir à l'épée un mouvement circulaire qu'on ne saisit pas facilement à première vue.

Les autres armoriaux placent sur le heaume un lion d'or, et non de sable, couronné de gueules, accosté d'un vol fuselé aux armes de Bavière, bordé de petites branches feuillées d'or. Quant aux cornes figurées ici, elles sont attribuées au cimier du Palatinat. Mais il ne faut pas oublier que depuis 1215 il y eut des ducs de Bavière, palatins du Rhin. Plus tard, en 1485, lorsque Maximilien fut élu roi des Romains, le chroniqueur Jehan Aubrion rapporte qu'on vit arriver à Francfort : « Premièrement, les éliseurs erchevesques de Trièwe, Cologne et Maiance ; Ernst, duc de Sachsen ; Alebrech, marquis de Brandebourg ; Philippe, duc de Bavière, *comte pallantin du Rhin*[1]. » Au service religieux, le même chroniqueur ajoute que le « conte Palantin avoit la pomme comme archisénéchault ». — Cette pomme était le globe impérial.

---

1. Il avait succédé, en 1476, à son oncle Frédéric dit le Victorieux, à cause des combats glorieux qu'il eut à soutenir contre des ligues toujours renaissantes, et contre l'empereur Frédéric lui-même. Après une bataille gagnée entre Heidelberg et Mannheim (1461), il donna un grand repas aux princes faits prisonniers, et comme on s'étonnait de n'y pas voir de pain, il répondit qu'il était juste de ne pas donner de pain à ceux qui venaient de brûler les granges et de réduire les laboureurs à la mendicité. — Ce n'est pas seulement du fait de Louis XIV que le Palatinat eut à souffrir.

Le lion de Bavière se retrouve dans les devises adoptées par cette maison. Albert, mort en 1579, avait fait frapper une médaille représentant un lion dompté embrassant une brebis, et un lion rebelle subjugué par son maître, avec la devise : *Parcere subjectis et debellare superbos*.

Histoire : Le duc de Bavière figure-t-il ici comme comte palatin du Rhin ? Les cornes le font supposer, mais non les armes, qui sont autres. Néanmoins, pour compléter les détails donnés sur les autres électeurs, nous rappellerons que le comte Palatin était archimaître d'hôtel ou archisénéchal de l'Empire. Il avait ce privilège, en apparence bien exceptionnel, de juger les causes intentées en appel contre l'Empereur ou le roi des Romains. Mais il ne pouvait user de ce droit qu'aux séances de la cour impériale où les augustes justiciables figuraient en personne. Lorsque l'Empire vaquait, il était son proviseur ou vicaire pour les provinces du Rhin, la Souabe et la Franconie, avec pouvoirs souverains, sauf le droit d'aliéner le bien de l'Empire, et sous réserve de la ratification de l'Empereur ou du roi des Romains, une fois élus.

Nous avons vu que dans les occasions solennelles, le comte Palatin portait la pomme ou globe impérial ; il marchait alors à la droite du duc de Saxe. De même, c'était lui qui au dîner se présentait à cheval, apportant les viandes sur quatre écuelles (*scutellæ*) pesant ensemble douze marcs d'argent. Après avoir mis pied à terre, il plaçait le tout sur la table du souverain. Les écuelles et le cheval devaient ensuite être donnés au maître cuisinier de Nuremberg, qui n'est pas un personnage autrement désigné. Il faut ajouter que la première cour impériale devait être tenue à Nuremberg.

PLANCHE XXXVII.

Le duc de Brabant.

(Fol. 11 du manuscrit.)

Planche XXXVII.

Le duc de Brabant.

(Fol. 11 du manuscrit.)

Légende : *Le duc de Brabant* (gothique du quinzième siècle).

Costume : Heaume ayant pour cimier une queue de paon dans un vol de paon sommé d'hermine. — Lambrequins d'hermine. — Cotte d'armes et housse de cheval aux armes de Brabant : de sable au lion d'or, armé et lampassé de gueules. L'étoffe du champ est damassée.
Doublures rouges. — Cheval gris pommelé.

Histoire : Le titre de duc de Brabant était, à la date de notre Armorial, porté par le duc de Bourgogne. Une partie de cette contrée lui était revenue comme héritage de Jean III, duc de Lothier et de Brabant, échu à sa fille cadette Marguerite, duchesse de Bourgogne. L'autre moitié avait également fini par tomber entre les mains d'Antoine, fils du duc Philippe le Hardi. Le titre de *duc de Lothier* ou Basse-Lorraine, était, d'autre part, réuni à celui de duc de Brabant depuis le règne d'Henri Ier, le Guerroyeur (1190); c'était l'ancien apanage de Godefroy de Bouillon, et il représentait à peu près la Belgique actuelle, avec Bruxelles, Louvain, Nivelle et Bois-le-Duc pour villes principales. Il s'étendait de la Meuse à l'Escaut, et de la Waal à la Dyle. Depuis 1349, une bulle impériale dite Brabantine, avait relevé le pays de sa dépendance judiciaire.

Nous avons vu que le duc de Saxe portait l'épée de l'Empereur dans les circonstances solennelles. Il semblerait que ce droit souffrait des exceptions, car lors de la cour plénière tenue à Metz en 1356, pendant les fêtes de Noël, par l'empereur Charles IV, nous voyons Wenceslas, comme duc de Brabant et marquis du Saint-Empire, disputer à Rodolphe II, duc de Saxe, le droit de porter l'épée impériale. Le duc de Saxe l'emporta par la seule raison que le duc de Brabant n'avait pas encore reçu ses lettres d'investiture.

PLANCHE XXXVIII.

Le duc de Souabe.

(Fol. 16 du manuscrit.)

Planche XXXVIII.

Le duc de Souabe.

(Fol., 16 du manuscrit.)

Légende : *Le duc de Zuaven* (gothique du quinzième siècle). — Au dix-septième siècle, en France, on écrivait encore *Suawe* pour Souabe. Ce mot rappelait mieux le latin *Suevia*, car cette région fut le berceau des bandes de Suèves qui envahirent l'Europe occidentale au cinquième siècle.

Costume : Heaume ayant pour cimier un bonnet d'argent à pointe recourbée comme celle du bonnet phrygien. Lambrequins d'argent. — Cotte et housse d'argent à neuf fusées de gueules mises sur un rang. — Doublures bleues. — Cheval blanc.

Les armes du duché de Souabe sont représentées partout autrement : « d'or à trois lions léopardés de sable, l'un sur l'autre », au dire du père Ménétrier, — « d'argent à neuf léopards de sable couronnés de gueules », disent d'autres généalogistes.

Histoire : Constituée en duché sous ce nom depuis l'an 912, la Souabe n'avait plus de ducs depuis la fin du treizième siècle. Notre planche doit donc être considérée comme un rappel héraldique dépourvu de toute indication personnelle. La Souabe formait le sud-ouest de l'Allemagne; elle était bornée par la Thuringe, la Bavière et la Forêt-Noire. Réunie vers 1250 à la couronne impériale, elle fut un des quatre grands cercles créés en 1387, et resta l'un des dix cercles reconstitués par Maximilien. Elle comprenait alors le Wurtemberg et le pays de Bade, s'étendait jusqu'à Constance, et comptait trente et une villes impériales, parmi lesquelles Ulm et Augsbourg, confédérées entre elles sous le nom de *Ligue de Souabe*.

Quant à ses anciens ducs, leur histoire se confond avec celle de la fameuse maison de Hohenstaufen qui donna six empereurs à l'Allemagne et représenta le grand parti féodal des Gibelins, dont la lutte avec les Guelfes troubla si profondément l'Italie pendant quatre siècles. Après avoir brillé avec Barberousse et Conrad IV, le conquérant des deux Siciles, la maison de Souabe (car on donne généralement ce nom à celle de Hohenstaufen) devait s'éteindre avec Conradin, un enfant de seize ans qui fut dépouillé de ses États par son tuteur, et décapité à Naples en 1268, après sa défaite à Tagliacozzo.

PLANCHE XXXIX.

Le duc d'Autriche.

(Fol. 17 v. du manuscrit.)

Planche XXXIX.

Le duc d'Autriche.

(Fol. 17 v. du manuscrit.)

Légende : *Le duc d'Aut…..* (gothique du quinzième siècle). Inscription non terminée.

Costume : Heaume couronné d'or, ayant pour cimier une queue de paon. — Lambrequins rouges. — Cotte et housse aux armes d'Autriche : de gueules à la fasce d'argent. — Étoffe damassée.
Doublures bleues. — Cheval gris pommelé.

Depuis le chroniqueur Olivier de la Marche qui s'en occupa un des premiers, les légendes ne manquent pas aux armes d'Autriche. On veut que d'abord elles aient été d'azur à cinq alouettes d'or, pour perpétuer le souvenir de la légion romaine *Alauda*. D'autres généalogistes ne voient dans ces alouettes que des aiglettes, ce qui paraît plus vraisemblable, si on pense à l'aigle de l'Empire.

On ajoute qu'après une journée de combat en Palestine, un duc d'Autriche serait revenu dans sa tente avec sa cotte blanche rouge de sang, moins la place protégée par sa ceinture. On aurait alors laissé les aiglettes de côté pour rappeler cette glorieuse ligne blanche par une fasce d'argent sur champ de gueules.

D'autres veulent que le duc ait noué une écharpe au bout de sa lance pour rallier ses soldats, et que ses deux extrémités aient été rougies de sang dans le combat, moins la partie nouée qui serait restée blanche. Nous en doutons parce que l'écharpe ne se portait pas au quatorzième siècle.

On a prétendu enfin que la fasce d'argent représentait le cours du Danube sur « le terroir rougeastre d'Austriche ».

Cette dernière hypothèse rappelle celle qui voit une route dans la bande de gueules sur champ d'argent de l'écu de Strasbourg, par allusion au mot allemand *Strasse*. On serait tout aussi fondé à y voir le cours du Rhin.

Les conjectures de ce genre auraient plus de vraisemblance si elles étaient faites à propos de blasons exceptionnels, mais il est tant de fasces et de bandes d'argent sur champ de gueules dans le domaine héraldique, que cette multiplicité ne permet guère de supposer des cas très particuliers.

Histoire : D'abord margraviat, érigé en duché vers 1156, l'Autriche se trouvait au quinzième siècle augmentée de la Styrie, de la Carniole, de la Carinthie et du Frioul.

Le titre de duc, qui figure encore ici, avait été officiellement remplacé en 1453 par celui d'archiduc, ce qui donnerait à notre effigie une date antérieure. De plus, la couronne archiducale ne fut plus la même; elle était de fer et fermée comme la couronne impériale, avec une croix semblable au sommet; elle entourait aussi un bonnet à deux pointes affrontées comme celui de l'Empereur.

L'archiduc était le chef du conseil privé de l'Empereur. On ne pouvait ni l'appeler en combat singulier, ni le bannir; sa justice était sans appel. Il ne se dérangeait point pour recevoir l'investiture que l'Empereur venait lui donner sur la frontière. L'archiduc l'attendait couronné, à cheval, avec son bâton de commandement en main.

C'est l'empereur Frédéric III (comme duc d'Autriche, Frédéric V), qui obtint la reconnaissance de l'archiduché par les Électeurs. On lui attribue également la fameuse devise A E I O U, réunion de cinq voyelles répondant aux cinq lettres initiales des cinq mots de cette phrase : *Austriæ est imperare orbi universo.*

M. le baron Oscar de Watteville a remarqué que les cinq lettres correspondent également aux cinq mots allemands : *Alle Erde ist Œsterreich unterthan* (toute la terre est soumise à l'Autriche).

Cette double coïncidence mérite d'être signalée.

PLANCHE XL.

Écus d'Allemagne.
(Fol. 18 du manuscrit.)

Planche XL.

Écus d'Allemagne.

(Fol. 18 du manuscrit.)

LÉGENDES DU MANUSCRIT.	VARIANTES.
1er rang. Le duc de Styrmarck	Steyer (Styrie).
Le duc de Kerren	Kärnthen (Carinthie).

Sur d'autres armoriaux, trois lions passant en sens contraire, et non trois léopards.

Le duc de Kran	Krain (Carniole).
Le comte de Tyroil	Tyrol.
Le comte de Odoren	

Cet écu figure comme étant celui de la Haute-Autriche dans une planche de la *Cavalcade de Maximilien*, par Albert Dürer. (Bibl. nat., Estampes.)

2e rang. Cte de Woinssckemarck.	Windischmark.

Dans les autres armoriaux, le chapeau est pourpre sur champ d'argent.

Comte de Portenau	Portnaw.

Au *Wappenbuch*, deux autres portes sont figurées sur les deux battants. Dans *Rietstap*, c'est Portnoû.

Comte de Habsperg	Habsbourg.
Comte de Kieperg	Kibourg.

Au *Wapp.*, lions placés en sens contraire. La bande devient une barre.

Comte de Fart	Pfirt (Ferrette).
3e rang. Comte Elzaes	Elsass (Alsace).

Dans d'autres armoriaux, bande engrêlée, bordée de feuilles de rue, avec les couronnes en bande.

Marquys de Morave	Mähren (Moravie).

Au *Wapp.*, l'aigle est sans couronne, et sa tête contournée.

Le comte de Cilly	Cillia.

C'est l'écu de Sickingen et Urn dans la *Cavalcade de Maximilien*. Cilly est ici aux 1 et 4.

LÉGENDES DU MANUSCRIT.	VARIANTES.
3e rang. Comte de Meitbeuch	Magdebourg.
Comte de Guirst	Görz (Goritz).

Au *Wapp.*, transposition des deux parties.

4e rang. Cte de Scauwenberch	Schauenbourg.

C'est exactement l'écu de Stahrenberg, dans *Rietstap*.

Le comte de Monfort	Montfort.

Au *Wapp.*, le gonfanon est plus orné et coupé carrément.

Comte de Dierstein	Thierstein.

Thierstein (Fribourg), d'après *Rietstap*.

Artenburg	Ortenburg.
Walse	Waldsee.

Au *Wapp.*, les quartiers sont transposés.

5e rang. Eberstorff	Von Ebersdorf.

Dans *Rietstap*, c'est Eberstorf. Au *Wapp.*, la licorne est aux quartiers 1 et 4.

Puchaim	Buecheim.

Au *Wapp.*, se retrouve aux quartiers 2 et 3 de Buecheim. Dans *Rietstap*, c'est Bucheim.

Hohenperg	Hochenberg.
Pollenhaim	Von Pollheimb.

Dans *Rietstap*, c'est Polheim.

Volchestorff	Volckensdorf.

Au *Wappenbuch* de 1605, cet écu herminé n'occupe qu'une partie d'écu nouveau; il se retrouve sur la bannière et sur l'écu d'un cavalier. *Rietstap* donne aussi l'écu ainsi modifié, sous le nom de Volckersdorf (Autriche).

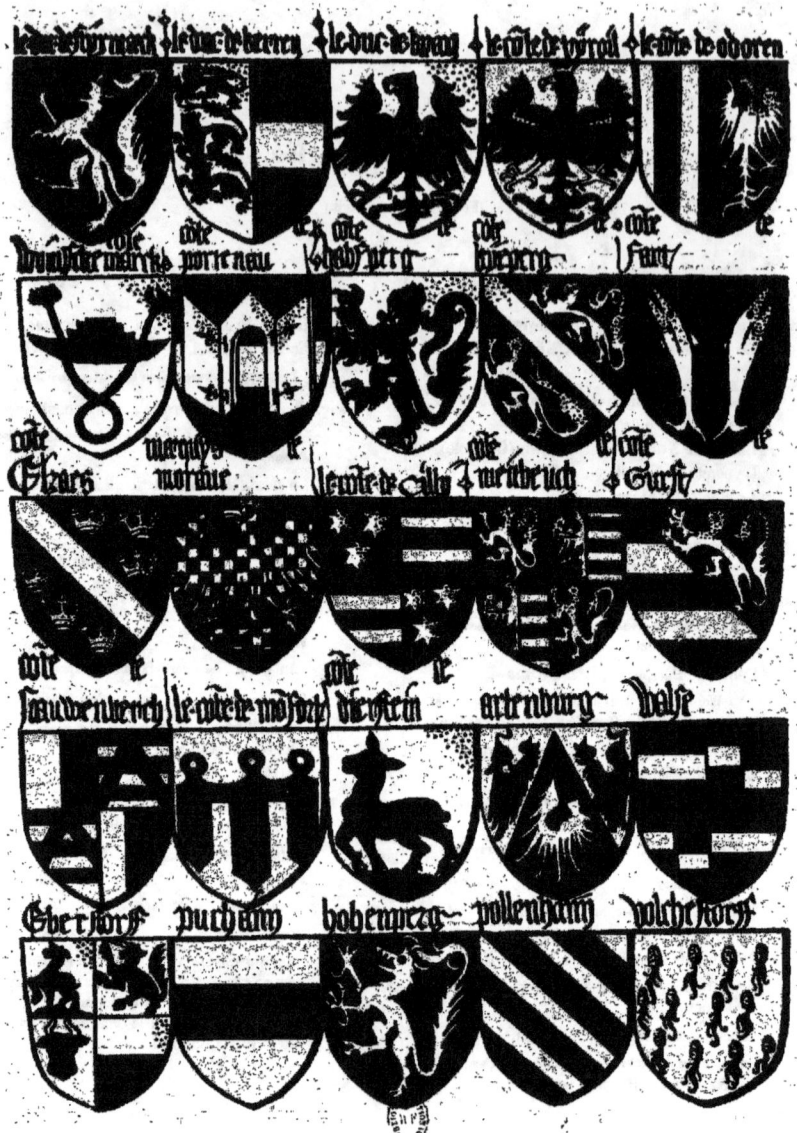

PLANCHE XLI.

Écus d'Allemagne [2].

(Fol. 18 v. du manuscrit.)

Planche XLI.

Écus d'Allemagne(2).

(Fol. 18 v. du manuscrit.)

LÉGENDES DU MANUSCRIT.	VARIANTES.
1er rang. .eelkinge	Burgau?

Si on compare cette légende, aux trois premières de la planche 43, il est évident que la première lettre disparue était un Z. Cependant cet écu ne ressemble en rien aux écus des Zelckhing, il figure dans la *Cavalcade de Maximilien* comme écu de Burgau (Berg, margrave de Burgau).

Pittaw	

C'est au *Wapp.*, l'écu de von Stumberg.

Missaw	Meissau.

Les quartiers 1 et 4 sont de Meissau. Maison éteinte au quinzième siècle.

Potendorf	Pottendorf.
Lichtenstain	Liechtenstein.

Au *Wapp.*, le chef descend à la moitié de l'écu, qui devient un coupé.

2e rang. Gayerustain	Geyerstein.
Wehingher	

Au *Wapp.*, cet écu est aux quartiers 2 et 3 des von Welsberg.

Weillemfriaur	Weylheim.
Lamberger	Lamperg, Lamberg.

Cet écu est aux quartiers 1 et 4 de von Lamperg, dans le *Wapp.* de 1657, ainsi qu'aux quartiers 1 et 4 de Lamberg von Amerang (Autriche).

Wehinger	
3e rang. Ruckendorffer	Rukendorf.
Winden	

LÉGENDES DU MANUSCRIT.	VARIANTES.
3e rang. Perner	Berner.

L'ours est ici arme parlante.

Drochzes	Libman von Trusch.

Au *Wapp.*, la tête est contournée.

Blankenstainr	Blanckensteiner.

Au *Wapp.*, l'échiquetage est autre.

4e rang. Écu sans légende.	
Jolincher	Jöchlinger?

M. le Bon O. de Watteville a reconnu que les deux jougs de bœuf posés en bande aux quartiers 1 et 4 étaient des armes parlantes. De l'allemand *Joch* : joug.

Jorge de Roir	
Stochanmer	Stockhörner.
Pellendorffer	Peilendorf.
5e rang. Oberhaimer	Von Oberheimer zu Schonau.
Meilezdorff	Meylersdörffer.
Wuerfel	Würfel.

Sur le manuscrit, les points noirs du dé ne sont pas entourés d'or comme dans notre reproduction qui a été fautive. Ces Würfel (Vienne) avaient des armes parlantes. De l'allemand *werfen* : jeter.— Allusion au jeu de dés (comm. de M. le baron O. de Watteville).

Rodenperg	Rodenburg?
Gayman	Geymänner.

Au *Wapp.*, il n'y a qu'un seul créneau sommé d'une feuille de vigne.

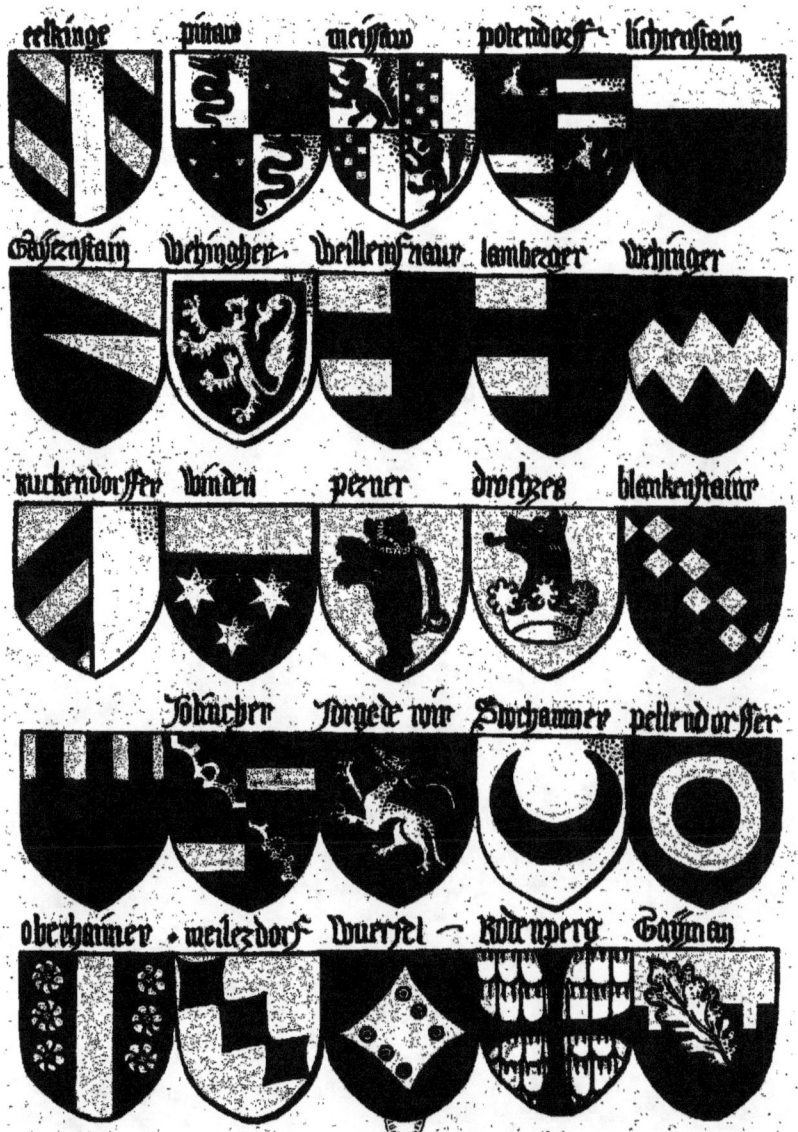

PLANCHE XLII.

Écus d'Allemagne[3].

(Fol. 19 du manuscrit.)

PLANCHE XLII.

Écus d'Allemagne(3).

(Fol. 19 du manuscrit.)

LÉGENDES DU MANUSCRIT.	VARIANTES.
1ᵉʳ rang. ranenperg	Kranenberg.

Première lettre à moitié coupée. Armes parlantes. De l'allemand *Kranich* : grue (comm. de M. le baron O. de Watteville).

Storrenperg	Stahrenberg.

Au *Wapp.*, le demi-styrier passe en sens contraire. D'autres armoriaux parlent de panthère ou de taureau, non de styrier. En parlant de styrier, je me conforme ici aux commentaires du *Livre de Gelre*, par M. V. Bouton.

Lossenstain	Loseustein.

Au *Wapp.*, le styrier est au quartier 1 de l'écu.

Steck de Walde	Walde.
Hazelaw	Haselau.

Bien que les oreilles n'y soient pas, ce doit être un lièvre, arme parlante, comme au von Hasenburg du *Wapp.*

2ᵉ rang. Dost	Von Dosse.

Armes parlantes. De l'allemand *Dose* : boîte (comm. de M. le baron O. de Watteville).

Neidecker	Neydeckh, Neydeck.

Les 1 et 4 sont de Neydeck ; les 2 et 3 de Reina. Au *Wapp.*, les 1 et 4 se retrouvent dans les écus de von Neydeckh et de von Neydeck zu Rastenberg.

Truner	Von Traun.
Floitt	
Rappach	Rappach.

Au *Wapp.*, c'est une barre, non une bande.

3ᵉ rang. Gradener	Gradelner.

Un Gradel von Boden a les mêmes armes dans le *Wappenbuch* avec cette différence que le squelette n'a d'arêtes que d'un côté. D'autres Gradel portent deux squelettes de poisson en sautoir. De l'allemand *Gräte* : arête.

Friszestorfer	Friesdorf?
Miszinger	Minsing?
Idemspuger	Idungspeugen.

Idungspeug (Styrie).

Zebech	

De gueules à trois bouterolles d'argent, qui passent en Allemagne pour trois feuilles de nénuphar.

4ᵉ rang. S. Ote de Ratmandorf	Von Ratmansdorf.

Au *Wapp.*, c'est la bande qui est de sable et les fers qui sont d'argent.

Swinbeg	Schweinböck.
Drochzes	Truchses?
Poltendorff	Poeltendorf.
Beueringer	Beuerling.

Le castor semble figurer ici comme arme parlante. En allemand : *Biber*. En vieux français : *bièvre*.

5ᵉ rang. (Jo)rge Rateler	
Woilzestorf	Wilferstorf.
Roerpach	Von Rohrbach.
Peyser	
Kreyer	Von Kraigga.

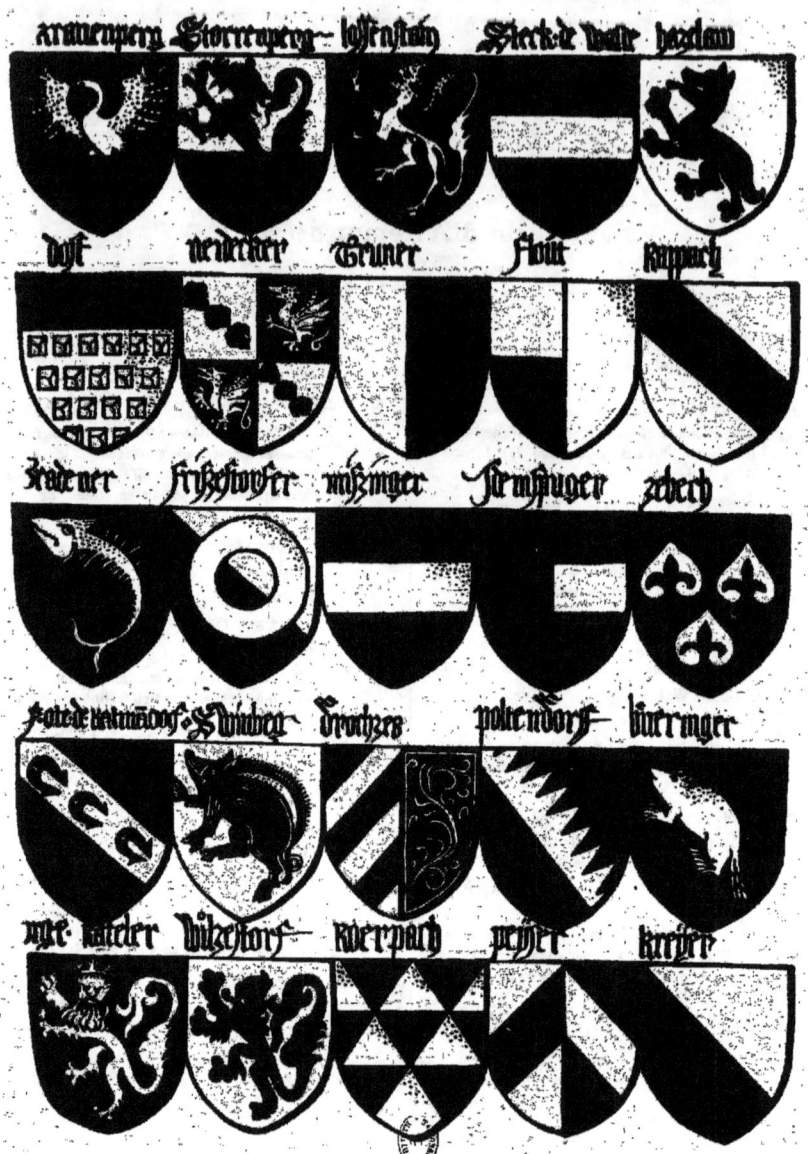

PLANCHE XLIII.

Écus d'Allemagne [4].

(Fol. 19 v. du manuscrit.)

PLANCHE XLIII.

Écus d'Allemagne [4].

(Fol. 19 v. du manuscrit.)

LÉGENDES DU MANUSCRIT.	VARIANTES.
1ᵉʳ rang. (Z)eelkinghe.	Von Zelckhing.

Au *Wapp.*, cet écu est aux 2ᵉ et 3ᵉ quartiers. Il porte une tête de lion, et non de léopard.

Zeelkinghe.	Idem.

Au *Wapp.*, cet écu est aux 1ᵉʳ et 4ᵉ quartiers.

Zeelkinghe.	Idem.
Sachs.	Sachsen.
Stubenperg.	Von Stubenberg.

Au *Wapp.*, on a fait une ancre de ce qui n'était qu'un découpoir de gantier. Elle charge le tout de l'écu, ainsi que les quartiers 1 et 4.

2ᵉ rang. .aek.	
Maberger.	
Tufel.	Teuffel.

Dans le *Wappenbuch* de 1605, le cornet de sable est placé sur un coussin d'argent.

Perenstorfer.	Pernstörfer.
Perenstorfer.	Idem.
3ᵉ rang. .aechpeg	
Hohenveker.	Hohenfeldt.
Frusle.	Fröschel von Martzel.

Se trouve au *Wapp.*, avec cette différence que les lions ont leurs têtes naturelles couronnées, et non des têtes d'hommes.

LÉGENDES DU MANUSCRIT.	VARIANTES.
3ᵉ rang. Tamperg.	Von Tannberg.
Pelgrin Wacker.	
4ᵉ rang. ...olf van Onescha.	Ontschena ?

Même écu que ceux de Stængel et de Gall, au *Wapp.*

Pusiner.	Putzing ?
Reybeinez.	Reibnitz.
Panhalff.	

On trouve dans *Rietstap* l'écu de Panhalm (Styrie) coupé d'argent sur gueules, chargé de deux tiges *feuillées* (ici chicots) de sable mouvant du coupé.

(Sans légende).

Semble une brisure de l'écu 2 (4ᵉ rang, pl. 42) qui est de *Schweinböck*, — de *Schwein*, cochon. Le sanglier est un cochon sauvage.

5ᵉ rang. Idem.	
Idem.	
Idem.	
Idem.	

Armes de Gandersheim (comm. de M. le baron O. de Watteville).

Jorge Graser.	Georges Graser.

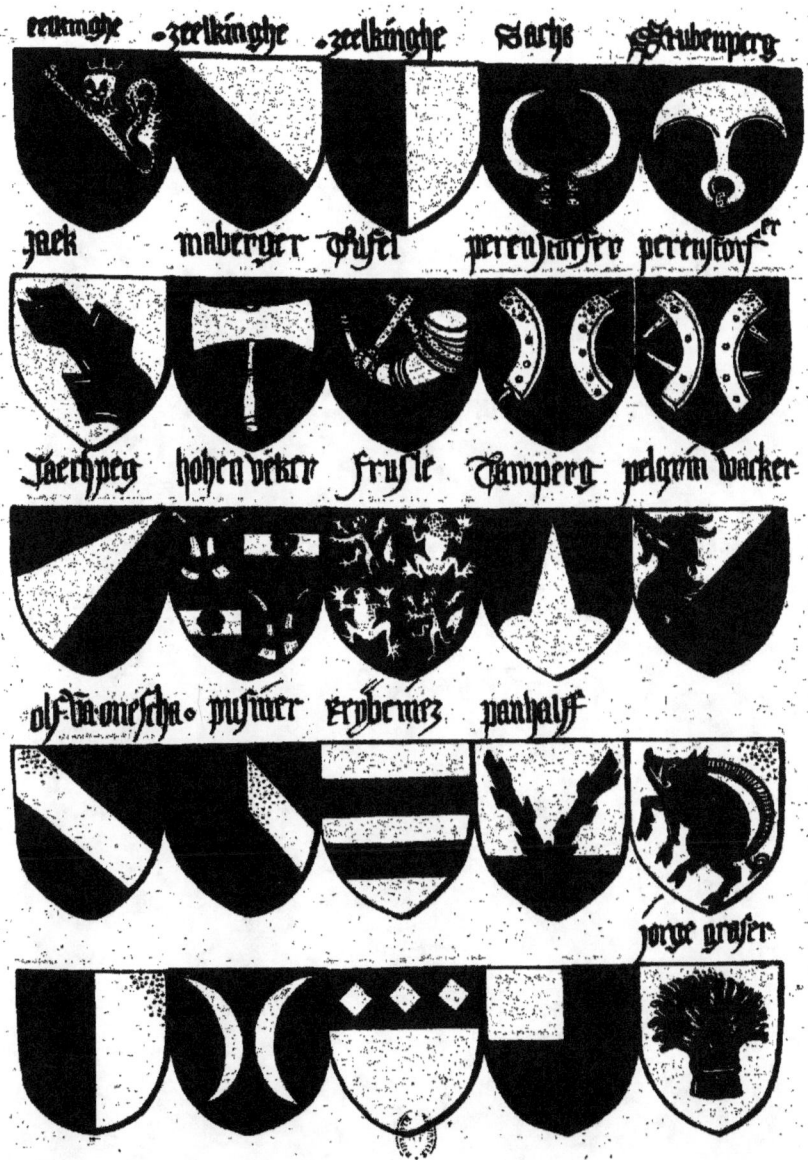

PLANCHE XLIV.

Écus d'Allemagne [5].

(Fol. 20 du manuscrit.)

PLANCHE XLIV.

Écus d'Allemagne.[5]

(Fol. 20 du manuscrit.)

LÉGENDES DU MANUSCRIT.	VARIANTES.
1ᵉʳ rang. Veispeiacher	Weispriach.
Manpeg	Mansberg?
Trauewirter	
Clingen	Klingel?
Hauneichcruk	Von Krackaw.

Au *Wapp.*, cet écu est celui de von Krackaw (Silésie), finale paraissant répondre aux lettres qui manquent.

2ᵉ rang. Eckersaw . . . . . Eckardsau.

Klingel, écartelé aux 1ᵉʳ et 4ᵉ : Coupé A, de gueules, au fer de pique d'argent ; B, partie d'or et d'argent ; tandis qu'ici il écartelle aux 1ᵉʳ et 4ᵉ : partie d'argent et de sable, au chef d'or ; aux 2ᵉ et 3ᵉ, de gueules au fer de pique d'argent.

Ebser . . . . Ebser von Ebser, Ebser von Ebs.

Ebser von Ebs (Bavière, M. éteinte), d'argent au chevron ployé de gueules (*Rietstab*).

Poelher . . . . Peller.

Se trouve en chef seulement dans l'écu, au *Wappenbuch*.

Rosenharst . . . . . Rosenhatz.
Eysingher . . . . . Von Eytzing.

Figure au premier quartier de l'écu du *Wapp.*

3ᵉ rang. Hauser . . . . . .

Un cheval figure dans le *Wapp.*, au lieu d'un ours.

Scerenhanner . . . . Scherenham?

3ᵉ rang. Caudauwer . . . . .

Au *Wapp.*, c'est l'écu de von Knobelsdorf.

Harpergher . . . . .
Darhahlt . . . . .

4ᵉ rang. (Sans légende) . . . .
Idem . . . . . .
Idem . . . . . .
Idem . . . . . .

Semble être une brisure de Kraneuperg. Planche 42, 1ᵉʳ rang, n° 1.

Idem . . . . . .

5ᵉ rang. Potinger . . . . . Pötinger von Persing.

Au *Wapp.*, se retrouve aux 1 et 4 de Pötinger, dont les deux chenilles ont été remplacées par un fer à cheval brisé ; quant aux masses d'armes, elles sont devenues des clous.

Papeller . . . . . . Kappeler.

(Ce Kappelaire ou Kappeler, chambellan d'Autriche, portait un bandé arrondi de six pièces gueules et argent qui semble bien conforme à notre écu.)

(Sans légende) . . . .
Idem . . . . . .
Idem . . . . . .

C'est un banc de justice qui charge le dernier écu.

PLANCHE XLV.

Écus d'Allemagne [6].

(Folio 20 v. du manuscrit.)

PLANCHE XLV.

Écus d'Allemagne[6].

(Folio 20 v. du manuscrit.)

LÉGENDES DU MANUSCRIT.	VARIANTES.
1er rang. Mersz	Merzsee?
Erck	
Frunspergher	VonFreundsberg.

Au *Wapp.*, l'écu se retrouve aux quartiers 2 et 3.

Castelberck	Castelberg?
Welfer	
2e rang. (W)innecker	Von Winegk.
Voux	Fuchsen.

Aux quartiers 1 et 4 de l'écu de Fuchsen von Fuchsberg dans le *Wappenbuch*. Ces Fuchsen sont du Tyrol. Fuchs von Bimbach (Autriche) et Fuchs von Waldburg (Franconie) ont aussi ces armes parlantes (*Fuchs* : renard) [comm. de M. le baron O. de Watteville].

Passevyr	Passeyr (Bavière)
Sebner	Sebner zum Reiffenstein.

Dans *Rietstap*, les couleurs sont transposées.

Gryffonstain	Greiffenstein.

Au *Wapp.*, les Greiffenstein ont le champ d'or. Mais dans *Rietstap*, il est bien d'argent. — Armes parlantes.

3e rang. (L)evenperger	Löwenberg.
Mesze	
Fromioner	Furmiou.
Idem	Idem.
Anneperger	Von Annenberg.

Le bois de la branche est en bande dans *Rietstap*, et il a été remplacé par une bande d'or au *Wappenbuch*.

LÉGENDES DU MANUSCRIT.	VARIANTES.
4e rang. Lichtenperger	Liechtenberg.
Galterburg	Kettenburg.

Au *Wapp.*, chaîne barrant la porte et personnage debout entre les deux tours. La chaîne est aussi dans *Rietstap*, avec le champ d'argent.

Tromuzen	Trautson.

Le fer à cheval se retrouve au *Wapp.*, sur le tout de l'un écu écartelé des princes de Trautson et Falkenstein (Autriche).

Spies	Spiess?

La pointe (*Spitze*) doit être ici arme parlante. Les Spiess (prv. rhén.) ont le même écu, moins la couronne (comm. de M. le baron O. de Watteville).

Hael	Haeln von Suntheim.
5e rang. (C)onnigspergher	Von Königsperg.

Au *Wapp.*, les roues sont d'argent.

Montagie	
Druczaes van Mullem	Mülinen.

Un Trukhmuller a des armes semblables au *Wappenbuch*. M. le baron O. de Watteville a retrouvé sur l'écu des Mülinen, d'Autriche et de Prusse, barons en 1434, ces armes parlantes (*Mühle* : roue de moulin).

Hertenvelder	Hertenfeldn, Hertenfeld (Bavière).
Jagher	Jager.

Deux hachets de chasseur (*Jäger*), armes parlantes.

PLANCHE XLVI.

Écus d'Allemagne⁽⁷⁾.

(Fol. 24 du manuscrit.)

Planche XLVI.

Écus d'Allemagne [7].

(Fol. 21 du manuscrit.)

LÉGENDES DU MANUSCRIT.	VARIANTES.
1er rang. (S)terenbergher	
Wolkenstein	Wolkenstein.
Au *Wapp.*, les émaux sont transposés.	
Slanderspergher	Von Schlandersperger.
Se retrouve, avec une couleur différente, aux quartiers 1 et 4 de von Schlandersperg, dans le *Wappenbuch*.	
Couffendou?	
C'est au *Wapp.*, l'écu de Tretzka zum Linds.	
Winnecker	Winnecker.
2e rang. Brandyst	Brandschidt, Brandschild.
Champ burelé, dans le *Wappenbuch*. Armes parlantes. De *Brand* : embrasement.	
Lebenberg	
Lion brochant sur le tout, dans le *Wappenbuch*. De même dans *Rietstap*, qui donne, au lieu de Lebenberg, le nom de Löwenberg (Tyrol et Prusse). Armes parlantes. De *Löwe* : lion (comm. de M. le baron O. de Watteville).	
Spaur	Von Spauer.
Au *Wapp.*, le lion figure au quartier 1 de Spaur, et aux 1 et 4 de Von Spauer.	
Calders	Caldes?
Gryessinge	Griesingen?

LÉGENDES DU MANUSCRIT.	VARIANTES.
3e rang. Velanders	Vilanders.
Lichtensteiner	Liechtenstein.
Cet écu est porté sur le tout, au *Wapp.*	
Vighenstainer	Wigstein?
Semblerait être Witgenstein, mais, au *Wapp.*, les armes sont autres.	
Goldecker	Goldegger.
L'écu est un peu modifié au *Wapp.*	
Pardeel	Von Bradell.
4e rang. Scrobesteiner	Schrofenstein?
Kael	Kall.
Nedertoern	Nieder-Thor?
Nieder-Thor: porte du bas. Armes parlantes.	
Gostzen	Gotzen?
Vinteler	Vintler von Platsch.
Écartelé de Runggstein aux 2 et 3; de Vintler aux 1 et 4 (Tyrol).	
5e rang. Sommer?	
Ecker	Eck.
Wersinig?	Werching?
Speaernperger	Sparrenberg?
Au *Wapp.*, les écus de Sparrenberg et Sparnberg sont autres.	
Zaypser	

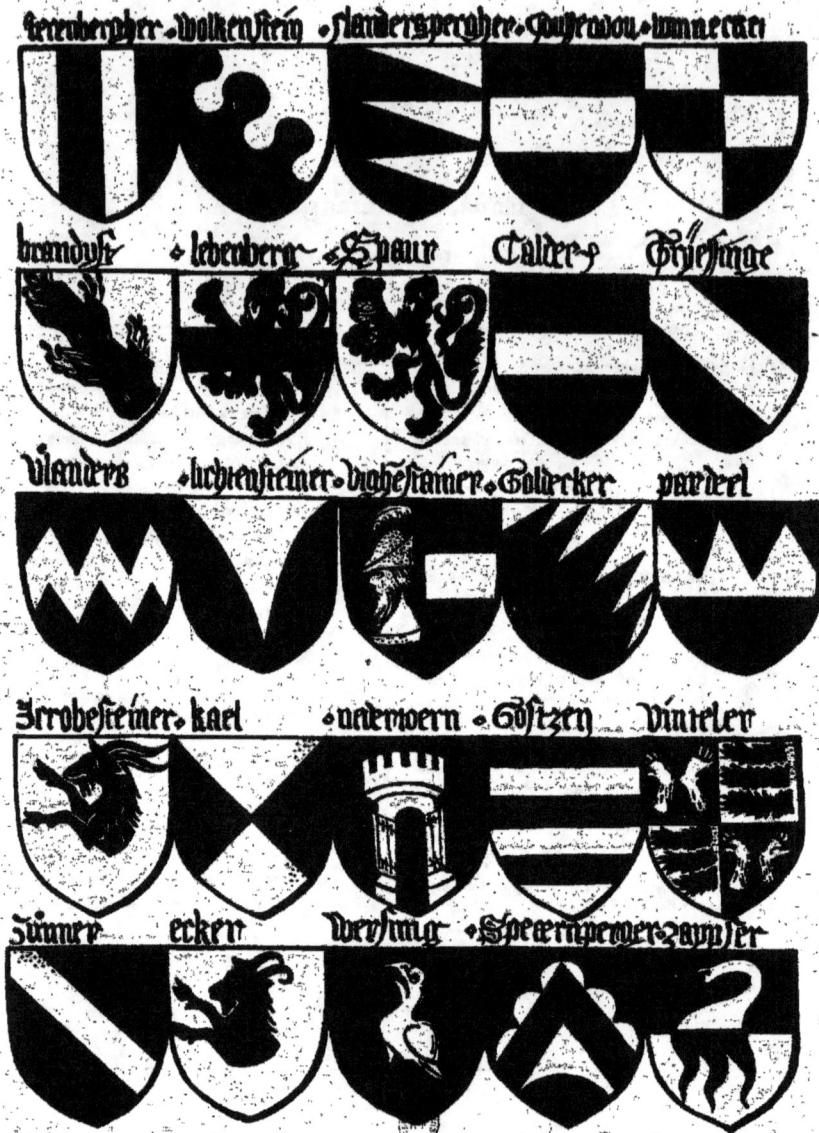

PLANCHE XLVII.

Le duc de Brunswick.

(Fol. 22 du manuscrit.)

Planche XLVII.

Le duc de Brunswick.

(Fol. 22 du manuscrit.)

Légende : *Le duc de Brich* (gothique du quinzième siècle). *Brich* est ici pour *Brunswick* qu'on trouve habituellement dans les textes du temps. — On lit en bas de la page *Bronsvitz* (cursive du quinzième siècle).

Costume : Heaume couronné ayant pour cimier un coussin entouré d'un double cercle de plumes de paon et chargé d'une aigle de sable sur champ d'or. La cotte et la housse sont aussi d'or à l'aigle de sable chargée d'un croissant d'argent.
Doublures rouges. — Cheval blanc.

Au premier abord le croissant ci-dessus semblerait une arme parlante, à cause de la ville ducale de Lunebourg (*Lunæ burgum*). Nous n'en retrouvons cependant aucune trace dans les armoriaux de Brunswick-Lunebourg, à moins qu'on ne doive considérer les deux faucilles d'argent du cimier de Brunswick au *Wappenbuch* comme un rappel vague du croissant dont elles ont la forme. Ce qui le donnerait à penser, ce sont les houppes de plumes de paon qui ornent le dos des faucilles, comme elles décorent ici notre cimier.

Il serait encore à noter que Henri le Jeune, duc de Brunswick et de Lunebourg, mort en 1568, avait pris pour devise la lune, avec ces mots : *Lux in tenebris*. Mais c'était une devise personnelle. Le duc Éric, mort peu après (1584), en avait une différente : deux mains tenant une flèche sur un arc bandé, avec ces mots : *Sic itur ad astra*. Il avait encore celle-ci : *Gloria ex duris*.

En réalité, le croissant et l'aigle ne figuraient pas sur l'écu de Brunswick ; il était de gueules à deux léopards d'or, et Lunebourg était d'or semé de cœurs de gueules, au lion d'azur. Quand il prit plusieurs quartiers, on trouve bien une aigle dans un quartier de l'écu de Brunswick, mais elle est là pour le comté de Diepholt (Hanovre) et elle est d'argent sur champ d'azur.

Il est vrai que les léopards n'ont pas toujours figuré sur les armes de Brunswick. Ils passent pour dater d'Henri le Lion, celui-ci les tenait d'un roi d'Angleterre qui lui avait donné l'hospitalité avant l'année 1185. L'historien Albert Krantz rapporte même à ce sujet que quelques feudataires crurent pouvoir le braver en faisant peindre sur leurs boucliers un loup terrassant un lion, insulte dont Henri tira justice, malgré l'appui donné aux rebelles par l'archevêque de Mayence qu'il tint un an prisonnier, et par le comte d'Eberstein qu'il fit pendre par les pieds jusqu'à ce que mort s'ensuivît.

Tel qu'il est représenté ici, cet écu de Brunswick n'est donc pas conforme à la tradition ; il semble être celui du duc de Silésie qui, lui, portait bien d'or à une aigle de sable, lampassée de gueules et chargée sur la poitrine d'un croissant d'argent. Il n'y a qu'une légère différence dans le croissant, tréflé et surmonté d'une petite croix, aussi d'argent.

Histoire : Érigé en duché vers 1235, le territoire de Brunswick se trouvait entre le Hanovre et la Saxe dont il avait fait d'abord partie. Il appartint à diverses branches de la célèbre famille des Guelfes, dépossédée en 1180 de la Saxe et de la Bavière. Après les Électeurs, les ducs de Brunswick étaient les princes les plus considérés de l'Empire.

PLANCHES XLVIII et XLIX.

Écus de Brunswick.

(Fol. 23 et 23 v. du manuscrit.)

Planche XLVIII.

Écus de Brunswick.

(Fol. 23 du manuscrit. — *Vingt-cinq écus sans légendes.*)

Le premier écu figure au *Wappenbuch* comme étant celui de la ville de Brunswick, moins la couronne ducale. Les onze écus qui suivent appartiennent certainement à une seule famille dont le chef porte d'argent à la fasce de sable. Les écus 3 et 4 du 3e rang sont de la famille de Mérode. Les 1 et 3 du 4e rang, 2 du 5e rang, sont semblables à ceux des familles de Kintzich, Ledeboer, Aspermont. Néanmoins, aucun ne figure sur le recueil des blasons brunswickois que M. le Dr Hanselmann, archiviste en chef de Brunswick, a bien voulu communiquer, dans cette ville même, à Mlle Hélène Larchey, notre mandataire. Après examen comparatif, M. le Dr Hanselmann a, de son côté, déclaré que, à son avis, la donnée reposait sur une erreur (*dass die ganze Kunde auf einem Irrthum beruhle*). Cet avis nous a paru devoir être signalé, en raison des incertitudes que me laisse l'examen de la figure précédente.

Planche XLIX.

Écus de Brunswick.

(Folio 23 v. du manuscrit. — *Quatre écus sans légendes.*)

1. D'argent à trois marteaux de sable, au lambel d'azur. — 2. D'argent à trois pelles de gueules. — 3. D'argent au sautoir de gueules. — 4. D'argent au lion de sinople.

Mêmes observations que ci-dessus.

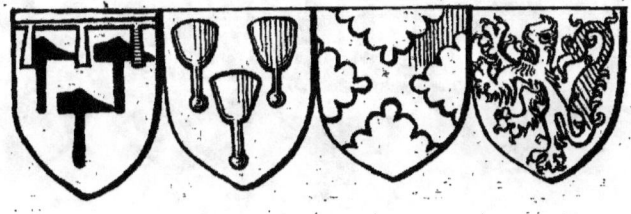

PLANCHE L.

Le duc de Limbourg.

(Fol. 34 double du manuscrit.)

PLANCHE LI.

Ecus de Hollande.

(Fol. 38 v. du manuscrit.)

Planche LI.

Écus de Hollande.

(Fol. 33 v. du manuscrit.)

LÉGENDES DU MANUSCRIT.	VARIANTES.
1ᵉʳ rang. Aeghemont	Egmond.

Dans *Rietstap*, chevronné de douze pièces.

Breroe.	Brederode.

Le lambel ne devrait figurer que sur la poitrine du lion aux 1 et 4, qui sont de Brederode.

Var. Croix d'argent sur l'épaule du lion.

Ghasbeke.	Gaesbeke.

Le quartier 2 seul est de Gaesbeke, le 1 est de Zuylen.

Monfort	Montfoort.
Mons. Louvis de Monfort.	Louis van Montfoort.

Branche cadette des Montfoort de Gueldre.

2ᵉ rang. Mes. Gh. d'Eghemont.	Gherard d'Egmond.

Les quartiers 2 et 3 sont d'Ysselstein.

H. Woassenesnere	Henri de Wassenaer, — naar.
Jehan de Wassenere.	Jean de Wassenaer, — naar.

H. et J. de Wassenaer, tous deux frères, vivaient en 1433.

Nalwic.	Naaldwijk.

Var. Champ billeté de gueules.

Mes. Jeh. de Viane.	Jean de Vianen.

J. de Vianen vivait en 1433.

3ᵉ rang. Hamstede.	Haemstede.
Poulglest.	Poelgeest.
3ᵉ rang. Zyel.	Zyl.
— Craneborch.	Croonenbourg, Cronenburg.

Le chef devrait être écartelé d'Hainaut aux 1 et 4, de Hollande aux 2 et 3. La ligne qui divise les quatre quartiers a été oubliée dans l'Armorial.

Hassendelf.	Assendelft.

Dans *Rietstap*, le champ est de gueules.

4ᵉ rang. Dronghel.	Drongelen.

Les quatre écus qui suivent paraissent ceux de quatre fils ou de quatre frères puînés.

Wedengys	
Mes. Jeh. de Rosendale.	Van Roosendael.
Hoesdaien	Hoesdinne.
Hedichufune ?	
5ᵉ rang. San Torst.	Santhorst.
Wassenere.	Wassenaere, — nare.

Voir l'écu précédent, le second et le troisième du deuxième rang. De même pour sept autres écus de la planche LII (troisième et quatrième rangs).

Wateringhen	Wateringen.
Mordrech.	Moordrecht.

Dans *Rietstap*, de gueules à l'étoile d'argent.

Alpehen	Alphen ?

Ces trois derniers écus semblent encore de la même famille que trois autres de la planche LII (troisième et cinquième rangs).

PLANCHE LII.

Écus de Hollande[2].

(Fol. 34 du manuscrit.)

PLANCHE LII.

Ecus de Hollande [2].

(Fol. 34 du manuscrit.)

LÉGENDES DU MANUSCRIT.	VARIANTES.
1ᵉʳ rang. Sullen	Zuylen.

La famille de Zuylen ne comptait pas moins de quarante-deux branches portant sur leur écu, sous des noms de terre différents, trois colonnes, qui sont des armes parlantes (du hollandais *Zuylen* : colonne). Tantôt d'argent, tantôt de sable ou de gueules, ces colonnes ont fini par se transformer, perdant leur fût, ne conservant que le soubassement et le chapiteau, ce qui leur donne ici un faux air de briquets (comm. de M. le baron O. de Watteville).

Ysselstein	Iisselstein.
Marvaie	Marvie? (Belgique).
Marvoie	Id.
Raporst	Raephorst.
2ᵉ rang. Hakema	Vekama?
Sonfrere	

La similitude des armes montre qu'il faut lire ici *son frère*.

Cralinge	Cralingen.
Melis de Mine	Minne.
Doust	

LÉGENDES DU MANUSCRIT.	VARIANTES.
3ᵉ rang. Waven	
Seventer	Zevender.
Kifouk	Kyfhoeck.
Niwenro	Niewenrode?
Waven	
4ᵉ rang. Pilannen	
Divorde	Van Duivenvoorde.
Oesterhout	Oosterhout.
Grovenvelt	Groenevelt.
Crannenborch	Croonenburg.
5ᵉ rang. Sterenborch	
Vittelmoerde	
Sevenberghe	Zevenberg, Van Sevenbergen.
Teruennlen	
Aemstel	Amstel.

Ces trois derniers écus semblent de la même famille que les deux suivants.

PLANCHE LIII.

Écus de Hollande[3].

(Fol. 34 v. du manuscrit.)

PLANCHE LIII.

Écus de Hollande[3].

(Fol. 34 v. du manuscrit.)

	LÉGENDES DU MANUSCRIT.	VARIANTES.
1ᵉʳ rang.	Zit. Winde	
	Weiburghe	
	Cet écu et le précédent semblent des brisures de Sevenbergen. Voir la pl. LII dernier rang.	
	Amstel	
	Bot. Dezeme	
	Un autre armorial porte Blotzen.	
	Poroye	Poderoye.
2ᵉ rang.	Herlem	Harlem.
	Mere	Meerre, Moere.
	Les Van der Meere van Cruyshantem portent aujourd'hui d'azur à trois feuilles de nénuphar, qui sont ici trois bouterolles.	
	Linscote	
	Were	Vereen Zelande?
	Eemskerke	Heemskerck.
	Lion armé et lampassé de gueules.	
3ᵉ rang.	Spanghen	Spangen.

	LÉGENDES DU MANUSCRIT.	VARIANTES.
3ᵉ rang.	Heemstede	
	Hoiepyl	Hodenpyl.
	Zenevelt	
	Tettoden	
4ᵉ rang.	Bandevin de Zveten	Baudouin de Zwieten.
	Vivait en 1445.	
	Arze	
	Les meubles qui chargent cet écu et le précédent sont des chaudières à sel (Salzpfanne).	
	Son de la Warde	
	Oestghet	Oestgeest.
	Zassenem	
5ᵉ rang.	Rosenberch	
	Zutwiit	Zuydwyk.
	Lintscoten	
	L. Zemchuelt	
	Liestervelt	Lichtervelde.

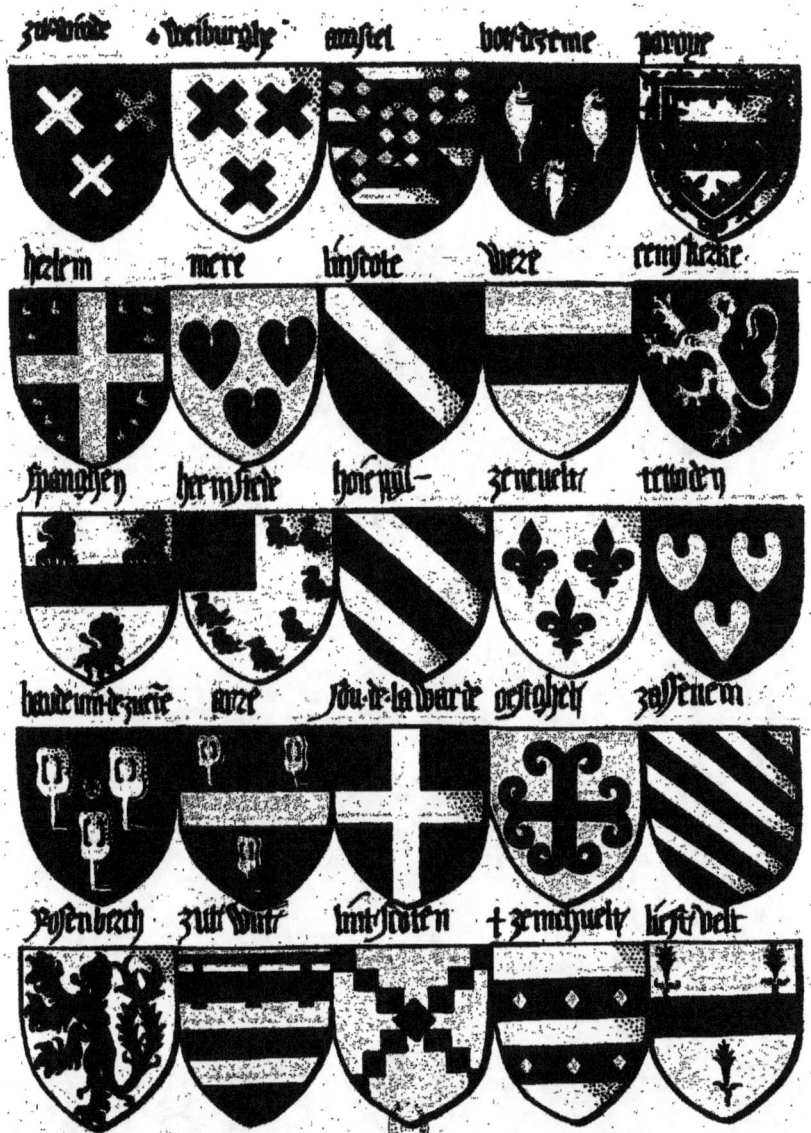

PLANCHE LIV.

Écus de Hollande[4].

(Fol. 35 du manuscrit.)

PLANCHE LIV.

Écus de Hollande [4].

(Fol. 35 du manuscrit.)

LÉGENDES DU MANUSCRIT.	VARIANTES.
1ᵉʳ rang. Vorne	Voerne, Voorne.
Dans *Rietstap*, léopard armé et lampassé d'azur.	
Le comte d'Ostevant	Ostervant, Ostrevant.
C'est l'écu de Borssele écartelé de Zuylen aux 2 et 3 (Zélande).	
H. van de Vere	Henri de la Vere,
Chef des troupes de Hollande et de Zélande (1433).	
Boudewin de Burssel	Baudouin de Borssele.
Floris de Burssel	Florent de Borssele, seig' de Cortgen.
2ᵉ rang. Sans nom.	Borssele.
Sans nom.	Idem.
Cet écu doit porter une étoile au lieu d'une molette, car comme la molette et l'étoile d'argent qui distinguent plus haut Baudouin et Florent, une molette et une étoile d'or devaient indiquer ici deux autres membres de la famille.	
Renisse	Renesse.
Dans *Rietstap*, léopard armé et lampassé d'azur.	
Aderia de Lodike	Adrien de Lodyck.
D'après *Rietstap*, Lodycke (Zélande).	
Crunicen?	Cruningen.
D'après *Rietstap*, c'est Van Cruyningen (Zélande).	

LÉGENDES DU MANUSCRIT.	VARIANTES.
3ᵉ rang. Oestende	Ostende.
Rasse de Mlstede	Rasse de Maelstede.
Rase de Malstede, le jone.	Rasse de Maelstede, le jeune.
Sans légende.	Maelstede.
Paraît être en double, sinon en réserve pour un autre membre de la famille dont la charge distinctive était ignorée par l'auteur.	
Willem de Everinne	Guillaume d'Everwyn?
4ᵉ rang. Botlant	Van Botland.
Schinghen	
Sans légende.	
Même remarque que pour le quatrième écu du troisième rang.	
Abenbrouke	Abbenbroeck.
Sans légende	
5ᵉ rang. Idem.	
Bredamme	Bredam.
Ckatz	Livin van Catz.
Vivait en 1467. Le loup représenté ici devait être un chat, arme parlante, car les Cats de Zélande portent d'or au chat de sable.	
Bouwellis.	
Donboch	Van den Bossche?

PLANCHE LV.

Le margrave de Misnie.
(Fol. 37 v. du manuscrit.)

PLANCHE LV.

Le margrave de Misnie.

(Fol. 37 v. du manuscrit.)

LÉGENDE : *Le marquis de Myse* (gothique du quinzième siècle). — Myse est une forme francisée du nom de Meissen, aujourd'hui ville de Saxe; elle était alors la capitale de ce margraviat dont le territoire resta longtemps fort limité.

COSTUME : Cette figure n'a point été terminée. A en juger par d'autres armoriaux, le cimier était un buste d'homme au vêtement burelé d'argent et de gueules. — La cotte d'arme et la housse de cheval sont d'azur au lion burelé d'argent et de gueules de huit pièces, armé et lampassé d'or. Doublures d'hermines. — Cheval blanc.

HISTOIRE : Les armes de Misnie sont représentées partout autrement; elles sont d'or au lion passant de sable. Notre lion burelé sur champ d'azur est le lion de Thuringe. Et cela ne peut s'expliquer qu'en se reportant à l'an 1247, où Henri Raspon, landgrave de Thuringe et palatin de Saxe, étant mort sans postérité, l'empereur Frédéric II conféra ces deux principautés vacantes à Henri, neveu de Raspon, qui devint en même temps landgrave de Thuringe et marquis de Misnie. Ancienne province de Saxe, comprenant le pays situé entre l'Elbe et la Mulde, la Misnie avait été érigée vers 980 en margraviat.

Albert, duc de Saxe, qui mourut en 1500, portait encore le titre de marquis de Misnie et landgrave de Thuringe. Il était alors en guerre avec la Frise d'où son corps fut ramené à Meissen. L'incertitude où l'on était des causes de sa mort fit graver cette naïve épitaphe qui se voyait encore en 1689. Elle est citée par le *Mausolée de la Toison d'Or* (p. 85) :

Nondum genus mortis meæ refertur,
Neque adhuc populi sciunt quid interemit.
Hic terrenum somnium capio sepultus,
Albertus ille, Frisiisque timendus,
Propago Martis, prœliorum Enyo.
Multi putant hostilia obsidentem.
Mœnia, trucidatum esse flammi-crepæ
Fundæ globo. Multi negant ita esse,
Sat hoc tamen constat, carere vitâ
Albertum, ab ortu Saxoniæ ducem avito,
Ne Frisiis jam nunc quidem timendum.

PLANCHE LVI.

Le duc de Luxembourg.

(Fol. 40 v. du manuscrit.)

Planche LVI.

Le duc de Luxembourg.

(Fol. 40 v. du manuscrit.)

Légendes : *Lusenbourc* (cursive du quinzième siècle). Au bas de la page, on lit *Luchelemborch*. En Flandre, en Allemagne on dit encore *Lutzelburg* pour Luxembourg. *Lutzelburg* est, étymologiquement, l'équivalent de *Petit-Bourg*.

Costume : Le cimier n'a pas été dessiné, sans doute par défaut de renseignements. Cotte et housse aux armes du duché de Luxembourg : burelé d'argent et d'azur au lion de gueules, la queue fourchue, nouée, passée en sautoir, couronné, armé et lampassé d'or. Doublures rouges. — Cheval gris pommelé.

Histoire : A la date probable de cet armorial, le duché de Luxembourg allait perdre son autonomie. Cette révolution était causée, comme celle du Limbourg, par des contestations princières dont voici le bref résumé :

Ainsi que Jean l'Aveugle, duc de Luxembourg et roi de Bohême, mort en combattant à Crécy en 1346, Antoine de Bourgogne, duc de Brabant et de Luxembourg, se fit tuer pour la France en 1415, sur le champ de bataille d'Azincourt. Après avoir demandé l'aide du duc de Bourgogne pour maintenir ses sujets, sa veuve Élisabeth chercha un protecteur en épousant Jean de Bavière, ancien évêque de Liège, mais démissionnaire avant d'avoir été consacré, et déjà gouverneur de la Hollande pour la comtesse Jacqueline, sa nièce. Jean meurt en Frise, en cherchant à apaiser une révolte (1425), et le nouveau duc de Brabant, ainsi que le duc de Saxe, élèvent des prétentions sur le duché de Luxembourg.

De guerre lasse, Élisabeth finit par invoquer de nouveau le duc de Bourgogne, Philippe le Bon, en lui faisant cession définitive de tous ses droits (1443), qu'une bonne armée rendit aussitôt respectables.

Pl. LVI.

PLANCHE LVII.

Le duc de Berg.

(Fol. 44 v. du manuscrit.)

PLANCHE LVII.

Le duc de Berg.

(Fol. 41 v. du manuscrit.)

LÉGENDE : *Le duc des Mon* (gothique du quinzième siècle). Au bas de la page, on lit *Berghen* (cursive du quinzième siècle). *Berghen* est une traduction flamande de *Des Monts*. En allemand, on sait que *Berg* signifie *mont*; en latin, le duché se nommait de même *Montensis ducatus*. En français, du reste, on disait autrefois *duc de Mont* plus que *duc de Berg*. Le journal de Jehan Aubrion, bourgeois de Metz, relate en 1485 le passage d'une ambassade du *duc de Jullet* (Juliers) *et de Mon* (Berg). Dusseldorf était la ville principale de cette contrée montagneuse.

COSTUME : Heaume, surmonté d'une couronne de gueules. Pour cimier, une queue de paon. Lambrequins d'or. — Cotte et housse écartelées : aux 1 et 4, d'or au lion de sable armé et lampassé de gueules (armé d'argent sur d'autres armoriaux), qui est Juliers ; aux 2 et 3, d'argent au lion de gueules, couronné et armé d'or, d'azur sur d'autres armoriaux, lampassé d'azur, qui est Berg. Sur le tout l'écu chevronné de douze pièces d'argent et de gueules (Egmond).

Doublure rouge. — Cheval noir.

On chevronne habituellement Egmond d'or et de gueules (8 et 12 pièces). L'écu de Berg est aussi représenté comme étant d'or au lion de gueules. Nos deux écus d'Egmond (planche LI) sont, d'autre part, chevronnés d'or et de gueules, et non d'argent et de gueules, comme dans cette planche. Il y a eu sans doute oubli, car cette partie est restée en blanc. On ne peut trop s'appuyer sur ce détail, parce que l'enlumineur n'use d'aucune teinte pour désigner l'argent. Quant au nombre de pièces, l'héraldiste ne paraît pas fixé, car il met tantôt douze et tantôt quatorze.

HISTOIRE : Le pays de Berg fut érigé en duché par l'empereur Wenceslas (1380). Son histoire ne fait mention que d'un seul Egmond, Arnoul, petit-neveu de Renaud IV, investi également pour le duché de Gueldre en 1423. Cette investiture ayant été révoquée par l'Empereur deux ans après, nous aurions donc ainsi la date précise d'exécution de notre figure équestre.

PLANCHE LVIII.

Le duc de Gueldre.

(Fol. 42 v. du manuscrit.)

Planche LVIII.

Le duc de Gueldre.

(Fol. 42 v. du manuscrit.)

Légende : *Le duc de Gheldere* (gothique du quinzième siècle).

Costume : Heaume couronné ayant pour cimier une pointe surmontée d'un coussin représentant un lion d'or sur champ d'azur, dans un double cercle de plumes de paon. — Lambrequins bleus. — Cotte d'armes et housse de cheval aux armes parties de Juliers (au lion de sable armé et lampassé de gueules sur champ d'or) et de Gueldre (au lion d'or à double queue passée en sautoir, armé et lampassé de gueules, sur champ d'azur). Cette queue est simple sur d'autres armoriaux.

Doublures rouges. — Cheval gris.

Histoire : La juxtaposition des armes de Juliers et de Gueldre peut faire admettre qu'on a voulu représenter ici Renaud IV, le seul qui ait réuni le gouvernement des deux duchés.

C'était un frère de Guillaume VII; duc de Gueldre de 1393 à 1402, il gouverna jusqu'à l'an 1423, et mourut, comme son prédécesseur, sans laisser de descendant direct.

Le duché de Gueldre tirait son nom de sa capitale. Ancien comté, il avait été érigé en 1339. Compris entre la Frise, le Rhin et la Meuse, son territoire avait encore Arnheim, Zutphen et Nimègue pour villes principales. En 1472, il fut cédé au duc de Bourgogne.

PLANCHE LIX.

Le roi de France.

(Fol. 47 v. du manuscrit.)

PLANCHE LIX.

Le roi de France.

(Fol. 47 v. du manuscrit.)

Légende : *Le roy de France* (gothique du quinzième siècle). On lit plus haut: *Montjoye* (idem). C'est le premier mot du cri de guerre royal. J'ai rappelé (planche I) quel en était le sens primitif; il avait été le cri des Français avant d'être celui du Roi; il fut d'abord prononcé seul, puis précédé et plus souvent suivi de celui de *Saint-Denis*. (Voyez les exemples des dictionnaires de Godefroy, Sainte-Palaye, Littré.) Je ne crois pas que *Montjoie-Saint-Denis* ait fait allusion, comme le dit Littré, à la colline sur laquelle ce saint fut supplicié. La première raison est que ce cri fut *Montjoie* tout simplement dans les plus anciens textes (douzième siècle), où Saint-Denis ne paraît point. Exemples :

> Franceis crient : Munjoie !
> Et Normanz : Dex aïe !
>
> Cil de France crient : *Monjoe* !
> Guillaume crie: *Dex aye*!
> C'est l'enseigne de Normandie,

dit le *Roman de Rou*. D'autre part on trouve dans la *Chanson de Roland* :

> (Les barons de France) la bataille demandent,
> Munjoie escrient....
>
> *Munjoie* ! escriet, ço est l'enseigne Carlun.

Plus tard, Girard de Roussillon le constate encore: « Le cri de ces François est de loncteups Montjoye. » De Saint-Denis, comme on voit, il n'est point question.

Enseigne a, dans ces exemples, le sens de cri de guerre, cri de ralliement, et non celui de drapeau. On le voit bien par le cri de guerre normand (Dieu aide !) qui est appelé *enseigne*.

Maintenant quel est le sens de Montjoie ? En langue d'oïl, il eut d'abord celui d'*éminence*, de *monticule*[1]. Puis il désigna ce qui était placé en vue sur cette éminence, et pouvait être, aux jours de bataille, considéré comme un point de ralliement, une sorte d'enseigne visible à tous.

Il faut également compter avec une autre hypothèse non moins soutenable, déduite par M. Marius Sepet de ce même texte de la *Chanson de Roland*; on y voit que l'empereur Charlemagne reçut du pape une bannière, appelée d'abord *Romaine*, puis *Montjoie*. Or, il existait à Rome une éminence appelée Montjoie (*Mons Gaudii*), et anciennement *Mont de Mars*. M. Marius Sepet est fondé à en déduire que la bannière put être remise sur cette colline et qu'elle en garda le nom. La seule réserve qu'on pourrait faire ici serait à propos du premier nom de cette bannière. Est-il supposable qu'elle ait été appelée *Romaine* par des Romains, et à Rome même? Le texte dit bien : « Si aveit num. romaine, mais de munjoie iloec (là) ont pris esc(h)ange. » Mais ne serait-il pas plus naturel, sinon aussi correct, de traduire : « elle avait un nom romain qu'on échangea contre celui de Montjoie ? » — Quoi qu'il en soit, la métonymie est admise également ici ; *Montjoie* serait un nom de colline donné à la bannière qui l'avait surmontée un moment.

Pour en finir avec le cri de *Montjoie*, disons que

---

1. Voici un passage d'Agrippa d'Aubigné que je cite, non pour sa date, mais pour montrer la permanence de la tradition : « Un de ses prédécesseurs avoit autrefois esté deffait en Grenade, comme il paroissoit par une grande montjoie d'os gardez ensemble pour la mémoire. » De même qu'il parle de montjoie d'os, on parle de montjoie de cadavres, et les textes du seizième siècle en offrent plus d'un exemple. Cette acception n'est pas en désaccord avec la tradition. Un terrier du Berri, cité par Godefroy, parle d'une grosse *monjoye* de terre appelée *la Tumbette*. Comme noms de lieux on trouve des Montjoie partout, du Nord au Midi (Ariége, Aude, Doubs, Lot-et-Garonne, Manche), et les bergers des Alpes appellent encore *mounjoya* et *mounjoù* les tas de pierres qu'ils élèvent sur les hauts sommets, comme des monuments primitifs.

son texte complet était : *Notre-Dame, Montjoie Saint-Denis, au très chrétien Roi.* — Tous les princes issus de la maison de France gardaient ce même cri de *Montjoie*.

Costume : Chapeau dit *de Montauban*, ou chapeau de fer damasquiné d'or et semé d'émeraudes. Sous le chapeau, cervelière de fer. Bavière semée d'émeraudes. Cotte et housse aux armes de France : azur fleurdelisé d'or. — Doublures d'hermine.
Cheval bai brun.

De chaque côté du roi, un chérubin blond, ailes et robe lilas. L'un porte l'écu royal (azur à trois fleurs de lis d'or) ; l'autre porte le heaume couronné d'or, avec une double fleur de lis d'or pour cimier. — Il paraît que cette fleur de lis était ornée de perles bleues comme celle de Bourgogne était ornée de pierres rouges. — Lambrequins azur fleurdelisé d'or. On sait que François Ier prit la couronne fermée à l'imitation de l'empereur Charles-Quint. Il est cependant question d'une couronne fermée dans le texte de l'entrée de Charles VII. (Voir la colonne qui suit).

Histoire : Les deux coiffures ne sont pas de fantaisie. Le heaume officiel porté par le chérubin ne protégeait que rarement le chef du roi. Ainsi, à la bataille de Cassel, Le Borgne de Léry suivait Philippe de Valois en portant le heaume couronné et surmonté de fleurs de lis.

Mais, pendant le combat, les rois ne dissimulaient point leurs insignes. Monstrelet rapporte qu'au désastre d'Azincourt, le duc d'Alençon fit une trouée jusqu'au roi d'Angleterre et frappa de sa hache un si grand coup sur son bacinet, qu'il l'abattit et fit sauter une partie de sa couronne.

Au chapitre *Comme se doit gouverner un duc en bataille*, le *Cérémonial* dit qu'il doit être à cheval, et son cheval couvert de ses armes, et lui-même armé de sa cotte d'armes « sur son harnois (armure). Et sur son harnois de tête, *un chapeau d'or* bien riche, en signifiance qu'il est duc. » Berry, roi d'armes, dit dans son *Histoire de Charles VII*, en parlant du duc de Clarence à la bataille de Baugé (1421) : « Le duc de Clarence vint devant sa bataille en chapeau de fer en sa tête, et, dessus, un chapeau d'or et de pierreries bien riche. »

On voit que le chapeau de Montauban est bien conforme à l'usage suivi généralement. L'empereur d'Allemagne le portait aussi volontiers, comme on l'a vu dans la notice de la planche XXX.

Dans cette suite de planches, le roi de France a, seul avec les prélats, des chérubins pour porter sa coiffure. On pourrait y voir une allusion aux deux anges qui servirent de supports à son écu.

Au quinzième siècle, on croyait qu'avant les fleurs de lis, l'écu de France était d'azur à trois couronnes

d'or, et dans sa description des obsèques du roi d'Angleterre Édouard III (1423), Monstrelet dit que ces anciennes armes de France étaient peintes sur le collier du troisième cheval attelé au char funèbre, « telles que les portoit ce noble roy Artus que nul ne povoit vaincre ».

A l'entrée de Charles VII à Paris, en 1437 (Godefroy, *Cérémonial*, t. Ier, p. 654), on voit que, aux autres jours que celui du sacre, sa cotte d'armes n'était pas obligatoirement fleurdelisée ; elle est de velours incarnat croisé d'or, d'argent et de pierreries. Seul le cheval est couvert de la « large housse de velours bleu céleste traisnant jusqu'à terre, semée plus plein que vuide de grandes fleurs de lys d'or ». Nous la retrouvons ainsi que le heaume royal porté par Pothon de Sainte-Treille (Xaintrailles) « sur un baston peinct d'azur fleurdelisé » : il est « couronné d'une riche couronne fermée d'une double fleur de lys d'or ». Dans la même entrée décrite par Alain Chartier (Id., p. 657), nous revoyons presque le chérubin de notre planche dans un petit enfant qui se tient à la porte Saint-Denis pour faire fête au Roi, portant « un escu d'azur à trois fleurs de lys d'or. Et sembloit qu'il vollast et descendist du ciel. »

Le heaume et le cheval à housse fleurdelisée étaient si bien considérés comme des attributs inséparables de la souveraineté que, aux jours officiels, nous les voyons demeurer aux côtés du roi, quand il lui plait de se montrer en autre équipage. Un passage intéressant de la *Chronique de J. Du Clercq* (chapitre XXXIII) va permettre de le démontrer.

C'est l'entrée de Louis XI après son sacre dans Paris, en août 1461. Le texte en sera d'autant mieux placé ici que nous y verrons défiler bien des figures de connaissance : le comte de Charolais, le comte de Saint-Pol, les Crèvecœur, Commines, Toulongeon, Croy, le bâtard de Hautbourdin, et, à leur tête, Philippe le Bon. Le chroniqueur est sujet du duc de Bourgogne, ce qui explique comment le roi de France et les Français sont ici l'objet de beaucoup moins de détails. Du Clercq reste tout yeux pour son prince.

La description très colorée qu'on va lire est en harmonie parfaite avec la suite des figures équestres de cet *Armorial*.

Comment le roy Loys de France entra en la ville de Paris après son sacre, et comment le duc de Bourgoingne alla noblement accompaignié allencontre de luy, et des noblesses quy y feurent.

Tantost que ledict duc feust venu où ledict roy Loys estoit, sy commanda ledict roy Loys qu'on se missist en ordonnance, et commençast à entrer en ladicte ville de Paris.

Et pour vous raconter en quelle ordonnance ils y entrèrent, et en quelle manière et comment ils estoient habilliés et houssés, premiers entrèrent en ladicte ville de Paris, et allèrent debvant les aultres environ demi-quart d'heure :

Adolphe de Clefves, messire Philippes de Hornes, seigneur de Bausignies, et messire Philippes Pot, seigneur de la Roche en Bourgoingne, eulx trois en rang.

Et avoit ledict Adolphe six chevaulx, chargiés de houssures de drap d'or jusques en terre, et chargiés de grosses campanes[1], dont il y en avoit beaucoup, et tous ses pages et ceulx quy estoient sur les chevaulx merveilleusement en poinct ; le seigneur de la Roche et le seigneur de Bausignies pareillement ; et tous leurs gents merveilleusement en bon poinct. Et les faisoit beau veoir, et aussy les campanes rendoient ung grand bruict. Ledict seigneur de la Roche avoit aussy six chevaulx houssés de drap d'or de cramoisy et de velours noir et velours cramoisy, et de brodure, et dessus chascun une grosse campane d'argent, aussy grosse que la teste d'ung homme, et ses pages de rouge et violet, tant richement que on ne povroit plus.

Après iceulx vindrent à Paris les archiers de corps du comte d'Estampes, en nombre de vingt-quatre, deulx en ung rang ; entre lesquels estoient messire Pierre de Miraulmont, seigneur de la Bouillerye, chevallier, et encoires ung aultre gentilhomme avecq luy, lesquels estoient comme capitaines des archiers ; et avoient chascun trois chevaulx couverts de houssements jusques à terre, de drap d'or et de velours cramoisy, à campanes d'argent, en habillement pareil.

Après lesquels archiers alloient le comte de Nevers et le comte d'Estampes, frères. Ledict comte d'Estampes, quy estoit maisné, estoit moult richement habillié de sa personne, et avoit après luy quatorze chevaulx, c'est à sçavoir, huict tout couverts de houssures d'orfèvrie, de martres zebelins[2], de drap d'or et de drap d'argent jusques à terre, et de velours cramoisy, chargiés de campanes d'argent. Après iceulx, aultres six pages, et six chevaulx non houssés, mais le page très richement en poinct, de robbes de draps de Damas chargiées par en bas d'orfèvrie, et belles chaisnes d'or au col.

Après ces pages dudict seigneur d'Estampes, suivoient le seigneur de Roye et le seigneur de Crèvecœur, bailly d'Amiens, merveilleusement en poinct ; et après eulx, tous les seigneurs et gentilshommes de la compagnie dudict comte, leurs chevaulx houssés jusques à terre, de soie noire, bleue et blanche, et touts d'une parure ; et estoient jusques au nombre de trente ou plus, quy estoit belle chose à veoir.

Après alloient les archiers du corps du duc de Bourbon, très bien en poinct, au nombre de vingt-quatre ou plus.

Après alloient les archiers de corps du comte de Charrollois, en nombre de trente, très bien en poinct ; et entre eulx alloient messire Philippes de Crèvecœur et le seigneur de Humbercourt, comme cappitaines desdits archiers, chascun habillié d'ung palletot d'orfèvrie[1], et chascun quatre chevaulx couverts de drap d'or et d'argent, et grande foison de campanes d'argent.

Après les archiers du comte de Charrollois venoient messire Jehan, bastard de Renty, et encoires ung aultre, chascun habillié d'ung palletot d'orfèvrie doré, et chascun trois chevaulx moult richement habilliés de houssures jusques à terre, de drap de velours et aultres, chargiées de campanes d'argent ; et estoient ces deulx cappitaines des archiers du duc de Bourgoingne.

Après eulx venoient les archiers du corps dudict duc de Bourgoingne, en nombre de cent, très bien en poinct.

Après venoient : Charles de Chaslons, Philippes de Bourbon, fils de messire Jehan de Bourbon, le seigneur de Comines en Flandres, le seigneur de Toulongeon et son frère, Bourguignons, et encoires ung aultre, touts pareulx, chascun ung cheval couvert d'une houssure de velours bleu, semée de campanes d'argent bien drues, quy estoit une belle chose.

Après venoient le bailly de Haynault, fils de messire Jehan de Croy, et messire Simon de Lallaing ; et avoit ledict bailly six chevaulx couverts de houssures de drap d'or, de martres et de drap d'argent, entrelasciés de harnas d'orfèvrie, et l'ung des chevaulx mené en dextre[2], et pareillement les aultres précédents.

Après alloit le seigneur de Beaucamp, lequel avoit six chevaulx, touts d'une parure, merveilleusement en poinct ; et touts alloient en belle ordonnance.

Après alloient les deulx fils du seigneur de Croy, quy avoient houssures merveilleusement, richement et largement.

Après alloit messire Philippes de Lallaing, armé de toutes pièces, houssoyé d'une garde d'acier[3], et de deulx pages après luy, houssés de velours, et se monstroit gentil compagnon.

Après ce venoient le seigneur de Boucain[4], fils du seigneur de la Vere en Hollande, et le seigneur de

---
1. Cloches.
2. De fourrures de martre zibeline.

1. C.-à-d. brodé d'or.
2. Menés en main.
3. Avec une housse de cheval garnie d'acier.
4. Buchan.

Gruuse en Flandres, touts deulx paraulx[1]; chascun quatre chevaulx couverts, l'ung de velours cramoisy bordé richement, l'aultre de martres zebelins, l'aultre de riche drap de cramoisy, et l'aultre de drap d'argent, et chascun ung cheval en dextre houssé d'une houssure chargiée de grosses campanes d'argent, et à chascune des aultres houssures y en avoit aussy. Et feurent des mieulx en poinct de la compaignie (en raison) de ce qu'ils contenoient.

Après vindrent le seigneur de Breda et messire Jehan de Croy, seigneur de Chimay; et avoient chascun six chevaulx, couverts moult richement.

Après venoient le seigneur de Gaesbaecq et ung aultre, quy estoient touts enharnachiés de houssures faictes de velours, chargiées de grosses campanes d'argent doré et aultres, et leurs pages moult richement houssés.

Après venoit le comte de Sainct-Pol, sy richement qu'on ne polroit mieulx, et estoit belle chose à veoir.

Après venoit messire Anthoine, bastard de Bourgoingne, quy avoit devant luy neuf gentilshommes, touts leurs salades sur leurs testes et gorgerons au col et harnas de jambes[2], houssés, eulx et leurs chevaulx, de satin moitié blanc, moitié violet et bordé de noir; et avoit ledict messire Anthoine neuf pages après luy, touts houssés pareillement. L'ung des pages portoit une lance toute couverte de fines martres zebelins; et avoit chascun page et gentilhomme sur sa salade une banneroille[3] de satin blanc et violet. Et autour du cheval dudict messire Anthoine avoit six de ses archiers à pied; et se monstroit fort gentil compagnon, et disoit-on que c'estoit l'ung des mieulx en poinct.

Après venoient Jacques de Bourbon, frère du duc de Bourbon, et le seigneur de Wistembergh, habilliés et houssés touts deulx paraulx, merveilleusement, gentiment et richement en poinct.

Après venoient messire Jehan de Luxembourg, seigneur de Fiennes, et le seigneur de Boucys, lesquels aussy estoient moult richement et noblement habilliés.

Après venoit le bastard de Sainct-Pol, seigneur de Hault-bourdin, fils du beau comte Walleran, lequel avoit trois chevaulx, houssés sy richement qu'on ne pooit plus; et luy estoit monté sur ung cheval auquel il falloit la rue; et sur sa salade portoit habillement que portoient les gentes dames en icelluy temps[5]; le faisoit beau veoir.

Touts lesquels seigneurs dessus nommés, et aultres plusieurs, que je ne nomme point parce que je ne les sçauroie touts nommer, jà-soit-ce que les veisse touts, estoient de l'hostel et de la compaignie du duc de Bourgoingne, lesquels estoient par compte faict treize vingts houssures[1] jusques à la terre, et plus.

Après lesquels venoient le seigneur de Montauban, admiral de France, le bastard d'Arminacq, marissal[2] de France, quy aussy estoient merveilleusement en poinct et bien habilliés et houssés, et aultres plusieurs seigneurs et gentilshommes, bien jusques au nombre de soixante houssures, touts de l'hostel et de la compaignie du roy.

Et alloient devant eulx: le comte d'Eu, le comte de la Marche et le comte de Patriarch[3], frère au comte d'Armaignac, touts sans houssures et en rang.

Après venoient les héraulx, quy estoient en nombre, tant ceulx du roy que des aultres princes, soixante-seize.

Après alloient les archiers du roy, quy estoient en nombre de six vingts, très bien en poinct, chascun ung varlet à pied[4].

Après alloient les trompettes, quy estoient en nombre de cinquante-quatre, mais nuls desdictes trompettes sonnoient, sinon les trompettes du roy.

Après eulx alloient le marissal de Bourgoingne et le seigneur de Croy, moult bien en poinct et richement; et avoit ledict seigneur de Croy quatre chevaulx qu'il avoit envoyés devant, lesquels estoient en harnas quy estoit de grosses chaisnes d'argent doré, de l'espaisseur de deulx doigts de large, et estoient par escaillons, et de quatre ou cinq escaillons à ung lez et à l'aultre...

Et après alloit, devant le roy, Joachim Rohaut, premier escuyer du roy, lequel portoit l'espée du roy en escharpe.

Après luy portoit le heaulme du roy, à une couronne d'or, le fils Flocquet, cappitaine d'Evreulx.

Et, entre cestuy et le roy, avoit ung cheval en dextre mené, couvert de velours bleu, semé de fleurs de lys d'or[5].

Et puis après, alloit le roy de France, sur ung blanc cheval, en signe de seigneur, vestu d'une robbe blanche de soye sans martres, et ung pourpoint de satin cramoisy vermeil et ung petit chapperon et locquette. Et portoient quatre bourgeois de Paris, sur lances bien haultes, ung drap d'or dessus luy, en manière d'ung tabernacle, ainsy comme on porte, le jour du Sacrement, dessus le précieulx corps de Jésus-Christ. Et y

---

1. Pareils.
2. C.-à-d. de cuissards et jambières.
3. Petite bannière, banderole.
4. C.-à-d. de si forte encolure et chargé d'une telle surabondance d'ornements qu'il tenait presque la largeur de la rue.
5. Notre planche (XVIII) du sire de Ternant offre un exemple curieux de ce genre de cimier (voir l'Introduction, page 2).

---

1. Plus de deux cent soixante montés sur coursiers recouverts de housses tombant jusqu'à terre.
2. D'Armagnac, maréchal de France.
3. Pardiac.
4. Chacun suivi d'un valet à pied.
5. C.-à-d. après Flocquet et avant le Roi, était mené en main un cheval houssé de velours bleu fleurdelisé.

avoit deulx hommes d'armes à pied, chascun une hache au poing, quy alloient pas à pas après le roy.

Et après le roy, environ vingt ou trente pieds derrière, alloit le duc de Bourgoingne, moult richement habillié, la selle de son cheval chargiée de riches pierreries; et sy avoit une aloière[1] et aultres bagues[2] sur luy, quy valloient, comme on disoit, une moult grande finance, et disoient aulcuns ung million d'or, quy vaut dix cents mille florins. Ne sçay qu'il en est.

Ledict duc avoit après luy nœuf pages quy estoient couverts de houssures d'orfévrie, les plus riches qu'on eust sceu trouver; et portoit l'ung des pages une salade qu'on disoit valoir cent mille couronnes d'or[3], sans les aultres salades; et le chanfrain du cheval dudict duc estoit tout chargié de pierres précieuses.

Et au costé dudict duc, à sénestre, environ six à huict pieds au milieu de la rue, alloit le duc de Bourbon, nepveu dudict duc de Bourgoingne, et lequel duc de Bourbon avoit espousé la sœur du roy; et estoit icelluy duc de Bourbon merveilleusement richement accoustré en bon poinct.

Et au costé sénestre dudict duc de Bourbon, à l'aultre lez de la rue, alloit le comte de Charrollois, fils du duc de Bourgoingne, lequel s'y monstra gentil compagnon, et sy que plus on ne potroit.

Et après eulx, environ le ject d'une pierre, alloit le duc de Clefves, moult richement habillié, d'ung mantel vestu, où estoient à ung costé ses armes brodées, et estoit l'aultre moitié chargiée de perles et pierres précieuses; et estoit une moult riche chose.

Et après icelluy duc, le seigneur de Montpensier, oncle du duc de Bourbon, et aultres seigneurs, barons, chevalliers et escuyers, alloient sans nombre, jusques au nombre, comme on disoit, de douze mille chevaulx ou plus....

---
1. Almônière, c.-à-d. aumônière, bourse.
2. Effets.
3. Il s'agit ici de la salade du duc, qu'il faisait porter par un page, comme le roi faisait porter son heaume par Floquet.

PLANCHE LX.

L'archevêque de Reims.

(Fol. 48 du manuscrit.)

Planche LX.

L'archevêque de Reims.

(Fol. 48 du manuscrit.)

Première légende : *Les pers de France* (cursive du quinzième siècle). — Elle est placée à la droite de l'archevêque de Reims décrit ci-dessous.

On nommait autrefois *pairs* les vassaux immédiats du seigneur qui, se trouvant égaux (ou *pairs*) dans l'ordre hiérarchique, formaient la seule cour de justice apte à connaître du crime commis par l'un d'eux. Dans l'origine, le roi de France avait à ce titre douze pairs, ses vassaux immédiats. Six étaient laïcs et six ecclésiastiques.

On va trouver ici, avec des costumes du quinzième siècle, la représentation des pairs telle qu'elle était réglée au début de l'institution. A partir de 1268, cette douzaine va s'augmentant, mais les anciennes pairies laïques ne sont pour ainsi dire plus représentées par des titulaires. Cependant, leurs noms ne sont pas supprimés. Aux jours de Sacre, on les fait représenter soit par les pairs nouveaux, soit même par des princes étrangers. Nous le voyons par un curieux extrait de Du Cange (manuscrit 4541, fol. 72, Arsenal), que nous avons reproduit dans le texte de la planche LXIX.

Cet éclaircissement était nécessaire pour expliquer ici la présence de pairs qui n'existaient plus de fait.

Deuxième légende : *L'archevêque de Rains duc* (gothique du quinzième siècle).

Costume : Heaume orné d'émeraudes, sans cimier, comme ceux de tous les pairs. Mitre rouge, ornée de perles et d'émeraudes, portée par un blond chérubin, à robe et ailes lilas. Bannière, cotte et housse aux armes de l'archevêché : azur à la croix d'argent, accompagnée de quatre fleurs de lis d'or. Cette croix est de gueules dans des armoriaux postérieurs en date. Un armorial manuscrit du quinzième siècle (bibl. Mazarine) mentionne aussi la croix d'argent « avec une petite croix de gueules sur la pointe ». Doublures d'hermines. — Cheval gris foncé.

Histoire : L'archevêque de Reims montait volontiers à cheval. La chronique de Jean de Saint-Remy le montre faisant son entrée dans Arras, en 1435, « révéremment et richement monté et adourné, accompagnié de vaillants nobles hommes et clercs au nombre de quinze et soixante (75) chevaux ». Il était alors chancelier de France. On sait que de droit il était légat du Saint-Siège, primat de la Gaule belgique, premier duc et pair du royaume. Sa suprématie ecclésiastique s'étendait sur onze évêques dont quatre avaient également la pairie (Laon, Châlons, Beauvais et Noyon). A la cérémonie du Sacre, c'était lui qui avait le privilège de « faire le Sacre », c'est-à-dire de consacrer le Roi qui prêtait, entre ses mains, sur les Évangiles, le serment de défendre l'Église. Après avoir béni l'épée, il la ceignait au Roi, puis la détachait aussitôt, tirant la lame du fourreau qu'il plaçait sur l'autel, et la remettant au Roi, qui la présentait, pointe en l'air, à l'autel, en fléchissant les genoux. Elle était aussitôt remise au grand sénéchal.

Faisant ensuite l'onction de la Sainte Ampoule, l'archevêque passait l'anneau au doigt du monarque, plaçait le sceptre dans la main droite, la main de justice dans la main gauche, bénissait la bannière, et, en dernier lieu, la couronne placée et maintenue sur la tête royale par tous les pairs laïques. Ce n'était pas tout encore. L'archevêque de Reims conduisait le roi au trône, et, ôtant sa mitre (sans doute pour faciliter son action), l'embrassait en criant :

Vivat rex in æternum !
(Vive le roi éternellement !)

PLANCHE LXI.

L'évêque de Langres.

(Fol. 48 v. du manuscrit.)

Planche LXI.

L'évêque de Langres.

(Fol. 48 v. du manuscrit.)

Légende : *Levesque de Lengres duc* (gothique du quinzième siècle).

Costume : Bacinet à mésail pointu. La visière relevée laisse voir le profil du visage. Mitre comme à la planche LX. Cotte et housse aux armes de l'évêché : azur fleurdelisé d'or au sautoir de gueules. L'étoffe du sautoir est damassée. Bannière d'azur plein, mais les fleurs de lis et le sautoir ont été sans doute oubliés.

Doublures d'hermines. — Cheval bai brun.

Pas d'éperons, ainsi que les autres pairs ecclésiastiques.

Histoire : Il portait au Sacre le sceptre du Roi, et par rang de préséance (bien qu'il soit ici le second) ne marchait que le troisième des pairs ecclésiastiques.

Au Sacre, il ne siégeait qu'après l'évêque de Beauvais. Nous avons vu que vers la fin de la cérémonie, l'archevêque de Reims poussait le premier cri de *Vive le Roi éternellement!* après l'avoir embrassé sur son trône. « Tous les autres évesques le baisoient semblablement », si nous en jugeons par la relation du Sacre de Charles VIII. (Godefroy, *Cérémonial*, t. Ier, p. 205.)

Langres fut érigée en duché-pairie l'an 1179, à la suite de la cession de la ville à l'évêque Gautier par le duc de Bourgogne Hugues III, qui était son neveu. L'évêque y gagna le titre de troisième pair ecclésiastique, avec le privilège de prendre le pas au sacre des rois sur son métropolitain, l'archevêque de Lyon.

C'est pourquoi sans doute un armorial manuscrit du quinzième siècle (1288, manuscrit Mazarine) lui donne le titre d'*archevesque*.

PLANCHE LXII.

L'évêque de Laon.

(Fol. 49 du manuscrit.)

PLANCHE LXII.

L'évêque de Laon.

(Fol. 49 du manuscrit.)

LÉGENDE : *Levesque de Laon duc* (gothique du quinzième siècle).

COSTUME : Salade et bavière ornées d'émeraudes. Mitre portée par un chérubin, comme à la planche précédente. Cotte, housse et bannière aux armes de l'évêché : azur fleurdelisé or à une croix pleine argent chargée d'une crosse épiscopale de gueules posée en pal. — Doublures d'hermines.

Cheval gris foncé. — Nous avons ajouté à l'étrivière l'étrier oublié.

HISTOIRE : Fondé par saint Remy, évêque de Reims, l'évêché de Laon devait être appelé un des premiers aux honneurs de la pairie ; elle date du douzième siècle.

Au Sacre, l'évêque de Laon marchait le second des pairs ecclésiastiques, et portait la Sainte Ampoule. Avant la cérémonie, il allait processionnellement accompagné de l'évêque de Beauvais, tous deux ayant les Saintes Reliques pendues au col, chercher le Roi qu'il ramenait à la cathédrale de Reims et qu'il présentait à l'archevêque.

Le poète anonyme du quinzième siècle cité par le *Cérémonial* de Godefroy, n'a point oublié l'évêque de Laon. Voici les quatre premiers vers du huitain qui le concerne ; il va sans dire que le dernier est là pour les besoins de la rime :

> Moy, evesque de Laon et duc,
> De la Saincte ampoule porter,
> Au sacre du Roy, suis tenu ;
> De ce ne m'en puis deporter.

PLANCHE LXIII.

L'évêque de Beauvais.

(Fol. 49 v. du manuscrit.)

Planche LXIII.

L'évêque de Beauvais.

(Fol. 49 v. du manuscrit.)

Légende : *Levesque de Beauvais conte* (gothique du quinzième siècle).

Costume : Bacinet à mésail pointu, orné de pierreries. La mitre rouge, brodée et parée de pierreries, est portée comme aux planches qui précèdent. Cotte d'armes, housse de cheval et bannière aux armes de l'évêché : d'or à la croix de gueules cantonnée de quatre clés adossées de même. Dès le dix-septième siècle, la forme de ces clés n'est plus conservée dans les recueils de blasons, et perd son caractère ancien.
Doublures d'hermines. — Cheval gris pommelé.

Histoire : Au Sacre, l'évêque de Beauvais allait avec l'évêque de Laon chercher le Roi pour l'amener à la cathédrale de Reims ; il était de plus chargé de porter sa cotte d'armes, comme le dit notre poëte du quinzième siècle :

Moy conte évesque de Beauvais,
Sa cotte d'armes, pour mestier[1],
Au sacre du Roy, par beaux tais[2]
A celuy jour je dois porter.

On a dit ensuite *son manteau*, ce qui revient au même, car il avait un peu la forme d'une chape. À en juger par un passage de la relation du couronnement de Charles VIII (Godefroy, *Cérémonial*, t. Ier, p. 193), cette cotte ou chape était d'un bleu changeant (tour à tour jaune, roux et bleu), rappelant la couleur hyacinthe, semé de fleurs de lis d'or. Elle était reportée à l'abbaye de Saint-Denis après la cérémonie du couronnement.

Quand un des pairs ecclésiastiques manquait, il était remplacé par un autre évêque. Ainsi, au sacre de Charles VIII, en 1480, voyons-nous l'évêque de Beauvais remplacé par celui d'Amiens.

1. C'est-à-dire : Selon le devoir de ma charge.
2. C'est-à-dire : De belle façon.

PLANCHE LXIV.

L'évêque de Noyon.

(Fol. 50 du manuscrit.)

Planche LXIV.

L'évêque de Noyon.

(Fol. 50 du manuscrit.)

Légende : *Levesque de Noyon conte* (gothique du quinzième siècle).

Costume : Bacinet à mésail pointu. La mitre rouge, brodée et ornée de pierreries, est portée, comme précédemment, par un chérubin blond, à ailes et à robe lilas.
Cotte d'armes, housse de cheval et bannière aux armes de l'évêché : azur fleurdelisé or à deux crosses adossées d'argent, posées en pal.
Doublures d'hermines. — Cheval bai brun.

Histoire : L'érection de cet évêché en pairie remonte à 1160, quatorze ans après sa disjonction de l'évêché de Tournay, qui avait un même directeur depuis saint Médard (532). C'est le souvenir de cette réunion qu'évoque dans l'écu la juxtaposition des deux crosses. Au Sacre, la mission de l'évêque de Noyon était ainsi définie par le rimeur naïf que nous avons déjà cité :

> Moy, comte evesque de Noyon,
> Au sacre du Roy, par droiture [1]
> Porter je doy, par action [2],
> Devant luy la belle ceinture.
> C'est pour mon notable figure.
>
> (Vers sur le sacre de Charles VIII, 1484.
> Godefroy, *Cérémonial*, t. 1er, p. 222.)

Cette ceinture était par le fait le ceinturon d'épée. On l'appelait aussi le baudrier royal.

---

1. Selon mon droit.
2. Mon action, mon rôle, consiste a porter.

PLANCHE LXV.

L'évêque de Châlons.

(Fol. 50 v. du manuscrit.)

Planche LXV.

L'évêque de Châlons.

(Fol. 50 v. du manuscrit.)

Légende : *Levesque de Chaalons conte* (gothique du quinzième siècle. Lettres rouges).

Costume : Heaume et mitre comme à la planche LX. Cotte, housse et bannière aux armes de l'évêché : azur fleurdelisé or à la croix pleine de gueules (sur d'autres armoriaux, la croix est d'argent et cantonnée de quatre fleurs de lis d'or). L'étoffe de la croix est damassée. — Doublures d'hermines.
Cheval gris pommelé.

L'évêque de Châlons était, par rang de préséance, le quatrième des pairs ecclésiastiques. Nous avons vu que l'archevêque de Reims passait l'anneau au doigt du Roi. Mais c'étair son collègue de Châlons qui le portait, comme l'atteste le poème cité par Godefroy dans son *Cérémonial* :

> Moy qui suis conte de Chalon
> Et évesque, c'est mon droit fait
> Au sacre du Roy (c'est raison) ;
> Au Roy je porte son signet.

PLANCHE LXVI.

Le duc de Bourgogne.

(Fol. 51 du manuscrit.)

Planche LXVI.

Le duc de Bourgogne.

(Fol. 51 du manuscrit.)

Légende : *Le duc de Bourgoingne* (gothique du quinzième siècle).

Costume : Bacinet à mésail pointu, sommé d'une émeraude. Cotte, housse et bannière aux armes de Bourgogne-ancien: bandé d'or et d'azur à la bordure de gueules. — Doublures vertes. — Cheval bai brun.
C'est à dater de 1361 qu'un fils de France devenu duc de Bourgogne laissa l'écu bandé d'azur et d'or, pour prendre les fleurs de lis. D'après le héraut d'armes Charolais, l'ancienne Bourgogne avait eu plus d'un autre blason. En 414, c'était un lion d'or sur gueules; en 490, une vivre d'azur sur argent; en 500, un chat de sable couronné d'azur sur champ d'or. En 600, la vivre d'azur reparaissait, ayalant cette fois un lion de gueules sur champ d'or (4150, manuscrit Arsenal). Nous ne faisons que citer, bien entendu. Affirmer serait périlleux.

On remarquera la différence de ce costume avec celui du même duc de Bourgogne paraissant comme chef de l'ordre de la Toison d'or (planche I). Elle tendrait à prouver que le costume du pair conservait les couleurs qu'avaient ses armes au moment où la pairie avait été instituée.

Histoire : Le duc de Bourgogne marchait le premier comme doyen des pairs laïques de France. Au sacre, il portait, ôtait et replaçait sur un coussin la couronne placée par l'archevêque de Reims sur la tête du Roi. C'est encore lui qui attachait les éperons aux bottines fleurdelisées, mais les ôtait aussitôt, afin que les bottines rentrassent avec les autres insignes sous la garde de l'abbaye de Saint-Denis. Il paraît aussi avoir eu le privilège de ceindre au Roi l'épée, que les plus anciens textes attribuent à l'archevêque de Reims. Nous en trouvons trace dans cette poésie du quinzième siècle déjà cité :

Alloz qui estis le duc de Bourgongne,
Et doyen des Pers en armes[1],
C'est ma souveraine besongne
Au notable sacre du Roy
Que de porter, sans nul desaroy[2],
Sa couronne puissante et riche.
Son corps ceindre luy doy
Et son porter[3]. C'est mon service.

Au sacre de Louis XI, le duc de Bourgogne est le doyen des pairs, et le seul des anciens pairs laïques qui soit resté debout. Les autres sont représentés par mandataires, bien que leurs duchés n'aient plus de titulaires. C'est le duc de Bourgogne qui arme le roi chevalier.

A ses cris de guerre déjà cités planche I, il convient d'ajouter celui de *Chastillon au noble duc!* cité par le Livre de Berri.

1. En bon ordre, c'est-à-dire par rang de préséance.
2. Sans nul désordre.
3. Et je lui dois jurer foi et hommage.

PLANCHE LXVII.

Le duc d'Aquitaine.

(Fol. 51 v. du manuscrit.)

Planche LXVII.

Le duc d'Aquitaine.

(Fol. 51 v. du manuscrit.)

Légende : *Le duc daquitaine* (gothique du quinzième siècle).

Costume : Salade à crête dentée, entourée d'un turban de bandes bleues, blanches et pourpres alternées. Le heaume avait pour cimier un léopard. Cotte, housse et bannière aux armes du duché : de gueules au léopard d'or (armé et lampassé d'azur, ajoutent des armoriaux du même temps). Ce léopard fut donné, dit-on, par la Couronne d'Angleterre, qui posséda longtemps la province, et qui a trois léopards dans ses armes. D'autres héraldistes veulent qu'elle l'ait emprunté à l'Aquitaine, et qu'elle ait pris les deux autres à la Normandie.
Doublures vertes. — Cheval bai brun.
Le turban qui entoure le casque peut passer pour un témoignage des anciennes luttes contre les Sarrasins d'Espagne qui, de 718 à 759, descendirent continuellement des Pyrénées pour envahir la France. En 721, le duc d'Aquitaine Eudes les battit près de Toulouse ; il les défit de nouveau en 725, cette fois sans avoir pu les empêcher de monter jusqu'à Sens. En 732, il était obligé d'appeler Charles Martel à son secours. En 735, il mourait peu après avoir repoussé une invasion nouvelle.

Histoire : « Aquitaine que l'on dit Guyenne », écrivait un héraldiste du dix-septième siècle. Mais, dans les temps anciens, l'Aquitaine représentait un territoire beaucoup plus considérable, puisque, sous le duc Eudes, au huitième siècle, elle s'étendait des Pyrénées au Rhône et à la Loire.

Après avoir été deux fois royaume, l'Aquitaine redevint duché en 877, et duché-pairie en novembre 1259, lorsque saint Louis s'avisa de la céder sous cette condition au roi d'Angleterre. Il aliénait du même coup le Périgord, le Quercy et la Saintonge. Confisquée en 1292, rendue en 1303, abandonnée en toute souveraineté par le traité de Brétigny (1360), confisquée une seconde fois dix ans après, l'Aquitaine ne devait toutefois être tout à fait revenue à la France qu'en 1453, après la bataille de Castillon. Elle n'eut plus de ducs, sauf dans la courte période de 1465 à 1474.

Au couronnement des ducs d'Aquitaine, les cérémonies rappelaient celles qui étaient observées pour le Roi, et l'église-cathédrale de Limoges remplaçait la cathédrale de Reims. (Voyez Godefroy, *Cérémonial*, t. Ier, p. 605.) La couronne ducale était un simple cercle d'or (*circulus aureus*).
Le duc d'Aquitaine s'appelait indifféremment duc de Guyenne, et portait au Sacre une des bannières royales : la première carrée, disent les uns ; la seconde, disent les autres.

De ce dernier avis est la description rimée du Sacre que nous avons citée déjà :

*Moy qui suis le duc de Guyenne
Porte la bannière seconde
Au sacre du Roy. C'est enseigne
A mon service. Je m'y fonde.*

Le cri de guerre du duc était : *Saint Georges au puissant duc!* mais le nom du saint ne donne pas à penser qu'il ait été antérieur à la domination anglaise.

PLANCHE LXVIII.

Le duc de Normandie.

(Fol. 52 du manuscrit.)

Planche LXVIII.

Le duc de Normandie.

(Fol. 52 du manuscrit.)

Légende : *le duc de Normandie* (gothique du quinzième siècle).

Costume : Heaume sans cimier, sommé par une émeraude. Cotte d'armes, housse de cheval et bannière aux armes du duché : de gueules à deux léopards d'or (armés et lampassés d'azur, selon les autres armoriaux). — Doublures vertes.

Cheval bai cerise.

Histoire : Le texte rimé qui fait porter au duc d'Aquitaine la seconde bannière royale pendant la cérémonie du Sacre, place la première entre les mains du duc de Normandie :

Moy qui suis duc de Normandie
Au sacre du Roy, par manière
Je porte, quoi que nul en die,
Au Roy la première Bannière.

Toutefois, nous avons vu que les avis sont différents, et l'ordre observé ici dans les figures tendrait à prouver le contraire.

Dès 936, nous voyons le duc Guillaume *Longue-épée* assister au couronnement de Louis d'Outre-mer. Bien que, depuis 1204, la Normandie n'ait plus eu un duc héréditaire, il était toujours représenté dans la basilique de Reims. Au sacre de Louis XIII, en 1610, c'est-à-dire bien longtemps après la disparition de ceux qu'on appelait les anciens pairs laïques, nous voyons appeler par le chancelier, dès que l'archevêque de Reims avait mis le sceptre en main du Roi : « Monsieur N... *qui servez pour le duc de Normandie, présentez-vous à cet acte !* » On procédait au même appel quand il fallait poser et déposer la couronne placée sur la tête du Roi. On disait : « *Luy est ostée la Couronne par le Sieur pair laïc représentant le duc de Normandie.* » De même pour les ducs de Bourgogne et d'Aquitaine, ainsi que pour les comtes de Toulouse, de Flandre et de Champagne. Les étiquettes étaient donc maintenues comme le sont ici les figures équestres. C'était un acte de présence symbolique, pour ainsi dire.

Les cérémonies du couronnement des anciens ducs de Normandie sont relatées par Godefroy (*Cérémonial*, tome Ier, p. 602); elles paraissent imitées de celles de Reims. Il avait lieu à Rouen ; la couronne était « un cercle ducal fleuronné de roses d'or ».

Le duc de Normandie ne figure ici que comme pair ; on le retrouvera comme duc à la planche LXXVI.

PLANCHE LXIX.

Le comte de Flandre.

(Fol. 52 v. du manuscrit.)

Planche LXIX.

Le comte de Flandre.

(Fol. 52 v. du manuscrit.)

Légende : *le conte de Flandres* (gothique du quinzième siècle).

Costume : Heaume sans cimier et sans couronne comme celui des autres pairs qui assistaient pourtant couronnés au Sacre du Roi. Notre planche LXXXII complète cette lacune.

Cotte d'armes, housse et bannière aux armes de Flandre : d'or au lion de sable armé et lampassé de gueules, denté d'argent. D'où le cri de guerre comtal : *Flandre au lion !* — On trouvera quelques détails sur les armes de Flandre à la planche LXXXII, où le comte reparaît comme suzerain.

Doublures rouges. — Cheval gris.

Histoire : Au Sacre de Charles VIII, en 1484, le comte de Flandre (en même temps duc de Bourgogne) demeurait le seul titulaire des anciens pairs. Et encore s'était-il fait représenter par Louis de Bourbon, comte dauphin d'Auvergne. C'était le duc d'Orléans qui représentait le duc de Bourgogne ; le duc de Normandie était représenté par le duc d'Alençon ; le comte de Champagne par Philippe de Savoie, comte de Bresse ; le comte de Toulouse, par François de Bourbon, comte de Vendôme. Quant au duc d'Aquitaine, c'était Pierre de Bourbon, comte de Clermont et de la Marche, qui en tenait lieu, et il y gagna d'être fait duc pour rester à hauteur de son mandat.

Notre poète du xve siècle ne manque point de faire parler ainsi le comte de Flandre :

Moy qui suis de Flandres le comte
C'est mon droit de porter l'espée
Au Sacre du Roy....

Un extrait copié par Du Cange montre qu'il en était déjà de même un siècle auparavant :

« Au couronnement du Roy Charles cinquième, en may 1364, de tous les pairs séculiers on n'y trouva que Louis, comte de Flandres, qu'on dit y avoir porté l'espée royale, et Philipes le Hardi, frère du Roy, auquel au mois de septembre auparavant le duché de Bourgogne avoit esté donné... avec titre du premier pair de France, lequel, en cette qualité, portoit la couronne du Roy. Cependant, au lieu du duc de Guyenne, Louis, duc d'Anjou, portoit la première banière quarrée ; Venceslaus, duc de Brabant, son oncle, au lieu du duc de Normandie, la seconde (bannière) ; — Robert duc de Nevers, en la place du comte de Tholose, portoit les esperons, — et le duc de Loraine, au lieu du comte de Champagne, la royale banière ou Enseigne de guerre. »

PLANCHE LXX.

Le comte de Champagne.

(Fol. 53 du manuscrit.)

Planche LXX.

Le comte de Champagne.

(Fol. 53 du manuscrit.)

Légende : *le conte de Champaigne* (gothique du quinzième siècle).

Costume : Quand le comte portait le heaume, son cimier couronné était surmonté d'un buste de roi maure (d'autres disent « la teste d'un ancien roi, chauve à grande barbe »). Il est ici coiffé d'un chapeau de Montauban. L'ouverture ménagée dans la visière donne à penser qu'elle pouvait se rabattre.

Cotte d'armes, housse de cheval et bannière aux armes de Champagne : d'azur à la bande d'argent côtoyée de deux doubles cotices potencées et contre-potencées d'or. Dans quelques armoriaux, les parties potencées sont sur champ d'azur et non d'argent. Il paraît que le heaume n'avait pas de lambrequins proprement dits, car Vulson de la Colombière dit à ce propos : « Le mantelet, qui est tout entier à l'entour du casque, contentera la curiosité de ceux qui désireront de sçavoir comme ils estoient faicts anciennement. » On voit souvent sur les sceaux anciens ces mantelets droits et coupés carrément comme des voiles, qui retombaient sans dépasser les épaules.

Doublures rouges. — Cheval noir.

Histoire : La Champagne était une province fort étendue, car elle joignait à la Champagne proprement dite, une partie de la Brie et des Ardennes. D'abord gouvernée par des ducs, elle n'eut plus que des comtes à dater du neuvième siècle et se trouvait réunie à la couronne de France en 1361.

Le cri de guerre des comtes de Champagne était : *Passavant ! Passavant li meillor !* (qui équivalait à *Laisse passer avant le meilleur !!*) *Passe* (sic) *avant au noble comte !* C'était d'abord le cri de guerre des comtes de Chartres, qui l'auraient apporté en devenant comtes de Champagne. Le cri de *Passemer*, dont parlent certains héraldistes, doit être considéré comme une erreur.

Les fonctions du comté de Champagne au couronnement des rois de France étaient précisées par ces vieux vers :

Moy qui suis conte de Champaigne,
Au sacre du Roy pour ma part,
Je emporte la soue enseigne
Du Roy, qui est un estendart.

Quel était cet étendard, et en quoi différait-il des bannières portées par deux autres pairs ? Au moyen âge, on confondait souvent les deux mots. Nous en trouvons la preuve dans ce récit des obsèques de Charles VIII qu'a laissé le chroniqueur Jehan Aubrion, bourgeois de Metz. De chaque côté de l'effigie royale, mannequin à figure peinte et revêtu des habits royaux, « estoient portées deux ensseignes ou guidons en fasson d'atandars, moult richement ornés et figurés. Et auprès estoit portée la banière de France en drap de soye, toute semée de fleurs de lis d'or. »

Sans nous laisser arrêter par la confusion des mots, nous croyons que l'étendard, appelé plus haut *bannière*, était de forme oblongue, et que la forme carrée était réservée aux deux bannières, car il est parlé, dans plusieurs textes, de la première bannière carrée du roi.

PLANCHE LXXI.

Le comte de Toulouse.

(Fol. 53 v. du manuscrit.)

Planche LXXI.

Le comte de Toulouse.

(Fol. 53 v. du manuscrit.)

Légende : *le conte de Toulouse* (gothique du quinzième siècle).

Costume : Casque à la sarrasine avec turban de bandes bleues, blanches et pourpres alternées. Pour cimier, une longue banderole d'azur attachée à une pointe de fer, et portant en lettres d'or cette légende : *sy bien vaint*, qui nous paraît l'équivalent du latin : *sic bene vincit*. De cette banderole avec légende, on ne semble pas avoir conservé trace dans l'histoire toulousaine. Si c'est une fantaisie de l'enlumineur, il faut avouer qu'elle n'est pas dans ses habitudes, car il ne cherche jamais à particulariser de la sorte. On attribue généralement, comme cimier, au comte de Toulouse un mouton naissant d'argent dans un vol banneret de gueules.

Cotte d'armes, housse de cheval et bannière aux armes du comté : de gueules à la croix cléchée, vidée et pommetée d'or.

Doublures violet clair. — Cheval bai brun.

Le turban du casque était évidemment comme celui du duc d'Aquitaine, un souvenir des anciennes invasions sarrasines, qui conquirent un moment Narbonne et Carcassonne. En 721, il fallut une bataille heureuse pour sauver la ville même de Toulouse.

Histoire : Créé par Charlemagne en 778, et compris d'abord dans le royaume d'Aquitaine, le comté de Toulouse, fait avec les débris de l'ancien royaume visigoth, devenu duché, puis royaume franc (630), était un des six grands fiefs de la couronne ; il comprenait les comtés de Quercy, d'Albi, de Carcassonne, de Nîmes, de Béziers, de Foix, et jusqu'à 846, les Marches d'Espagne. Le marquisat de Provence (on appelait ainsi sa partie septentrionale) avait même été ajouté, en 1125, au comté de Toulouse ; il fut perdu par le comte Raymond VI pendant la guerre des Albigeois. Le mariage d'une fille du comte Raymond VII avec le frère de saint Louis, Alphonse de Poitiers, amena pour la seconde fois la réunion du comté à la France en 1271.

Le comte de Toulouse marchait le quatrième des pairs laïques. Son comté et celui de Champagne se trouvant entre les mains du roi de France, leurs titulaires n'existaient plus au quinzième siècle. Une trentaine de pairies nouvelles avaient été créées de 1268 à 1400, mais cela n'empêchait point un poète du temps de le faire parler ainsi :

*Moy qui suis comte (et per de France)
De Toulouse par droit nommé,
Au Sacre du Roy, en substance
Son serviteur suis renommé,
Portant ces esperons dorez.*

Les éperons étaient effectivement dorés, et leurs molettes avaient la forme d'une boule.

Toutefois ce n'était pas lui qui faisait le simulacre de les ajuster aux bottines d'azur, comme nous l'avons vu à la planche du duc de Bourgogne.

PLANCHE LXXII.

Écus de France [1].

(Fol. 54 du manuscrit.)

PLANCHE LXXII.

Écus de France[1].

(Fol. 54 du manuscrit.)

1er rang. Le roy de France. . . . France.
Le daufin . . . . Dauphin.
Le duc d'Orlens . . . . Orléans.
Le duc d'Angou . . . . Anjou.
Le duc de Berry . . . . Berri.

2e rang. Le duc de Borgonne . . . Bourgogne.
Le duc de Borbon. . . . Bourbon.
Le duc d'Allanson . . . Alençon.
Le comte de Eu. . . .

Écu postérieur à 1352, date de la prise de possession du comté par Jean d'Artois.

Le conte d'Artoes. . . . Artois.

3e rang. Le conte Dennevers. . . Nevers.
Le conte d'Ertenps . . . Étampes.

Cet écu écartelé de Bourgogne date du temps où ses princes avaient mis la main sur le comté. 1416 à 1434.

Comte d'Évereux . . . . Évreux.

Écu de Bourgogne, postérieur à l'an 1384, date de la prise de possession de Philippe le Hardi, au nom de sa femme Marguerite de Flandre.

Le conte de la Marche. .

Écu postérieur à l'an 1374, date de la prise de possession du comté, par le comte de Vendôme. (V. ci-dessous.)

Le conte de Vandomme. Vendôme.

Cet écu écartelé de La Marche aux 1 et 4, parait être celui de Jean de Bourbon, comte de la Marche et, par sa femme, comte de Vendôme, de 1374 à 1393. — Écartelé aux 2 et 3 de gueules au chef d'argent sur le Livre de Berri.

4e rang. Mons. de Labret . . . . Albret.

On écrivait aussi *Lebreth*. — Charles d'Albret, connétable de France, avait péri à la journée d'Azincourt, 1415.

Le comte de Dammartin . Dammartin (Seine-et-Marne).
Mons. de Monmorcy . . . Montmorency.

Seize alérions sur d'autres armoriaux.

4e rang. Jehan de Biaumont . . . Beaumont-sur-Oise.

Lion à queue fourchue couronné et armé d'or.

Le alloio dannoy . . . . Le Gallois d'Aunoy.

Le Gallois d'Aunoy figure comme bachelier sur l'armorial de France (5930, manuscr. Bibliothèque nationale), avec la mention : *de gueulles à un chef d'or à ung escuchon de Montmorency*. Malgré les lacunes de l'écusson et la transposition des émaux, on doit reconnaître ici Le Gallois d'Aunoy. Il fut fait chevalier en 1428. Son grand-père Philippe, maître d'hôtel de Charles V, était de Montmorency par sa mère, et avait ajouté son écu aux armes d'Aunoy.

5e rang. Mons. de Nantollet . . . Nantouillet.

Un Renaud de Nantouillet, chevalier, en 1348 (Clairembault).

Mons. de Villier . . . . Villiers l'Ile-Adam.
Le vycomte de Melun
Mons. de Mitey (*sic*). . . Mitry.

Mitry sur un armorial manuscrit de 1406 (Bibl. nat.). L'écusson accompagnant la croix semble être celui de Dammartin. Sur le *Livre de Berri*, des Mitry (de la Marche de France) ont le même écu sans franc quartier, avec seize molettes de gueules au lieu de merlettes.

Mes. Morel sengnur (*sic*) de Viller Messire Morehier, seigneur de Villers.

Donné par le *Livre de Berri* comme écu des Morehiers (pays chartrain). Un autre armorial du quinzième siècle (34920 manuscr. Bibl. nat.) dit qu'il est celui de Messire Simon Mohier. Mohier et Morehier doivent être un même nom. Un armorial postérieur (dix-septième siècle, manuscr. bibl. Maz. 1857) donne sept coquelets à la place des six coquilles, et le nom de Simon Morhier, grand maître d'hôtel. Ce Morhier fut aussi prévôt de Paris, 1431-1436.

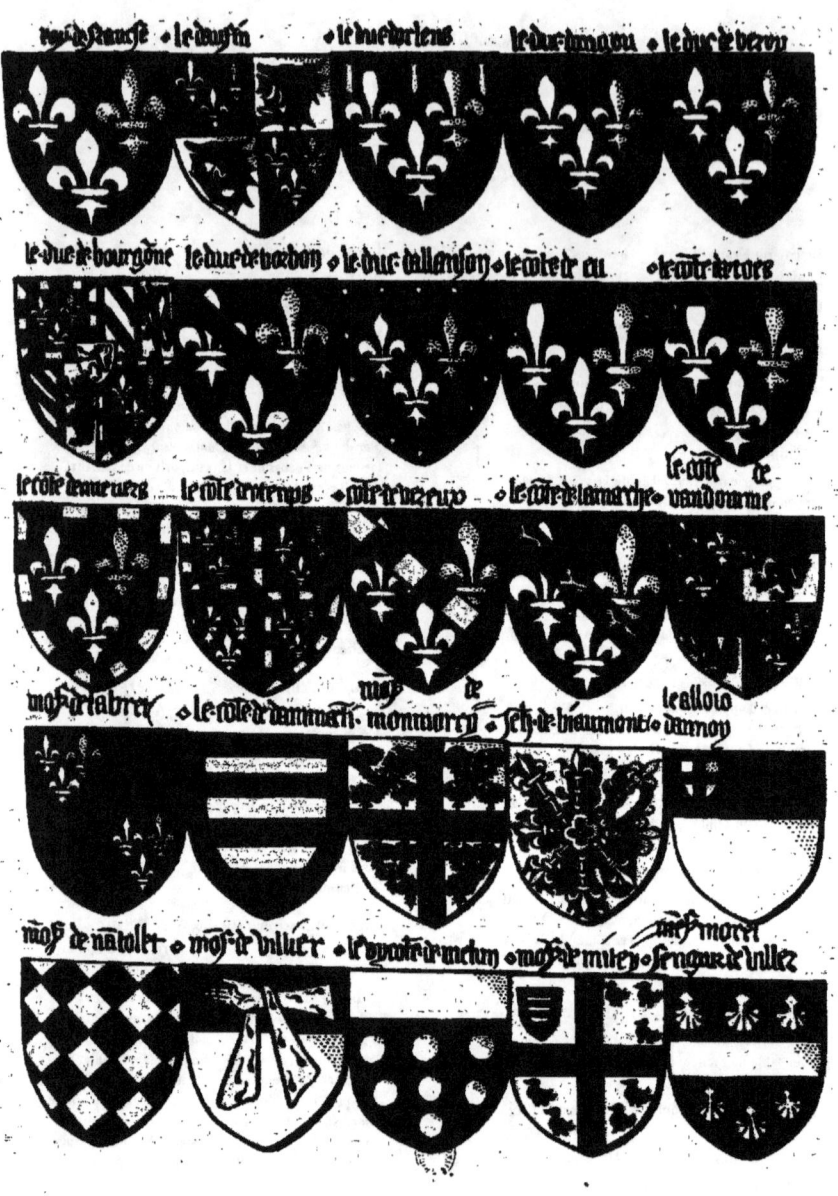

PLANCHE LXXIII.

Écus de France[2].

(Fol. 54 v. du manuscrit.)

Planche LXXIII.
Écus de France [2].

(Fol. 54 v. du manuscrit.)

1er rang. Mons. de Nantouillet . . . Nantouillet.

Hors un seul (V. pl. 72, 5e rang), tous les Nantouillet de l'Invent. de Clairembault portent ce franc canton.

Mons. de Rouel . . . . Rosnel.

Un Hugues de Rosnel, chevalier en 1356, porte un lambel sur le sautoir, sans doute à titre d'aîné (Clairembault).

Mes. Guill. le Boutillier . . . Le Bouteiller.

Un Guillaume le Bouteiller de Senlis sénéchal d'Angoulême en 1385. — Il y a deux fasces d'argent sur le tout dans le Livre de Berri.

Mons. d'Orgemont . . . .

Pierre d'Orgemont, chancelier en France en 1373. Son fils Pierre, président des Comptes, mort en 1409.

Mons. de Chambely . . . Chambly.

Écu de Guillaume de Chambly, chevalier en 1352 (Clairembault).

2e rang. Mons. de Chanevierez . . Chenevières.

Dans le Livre de Berri, champ de sable fleurdelisé or. Dans le recueil de Clairembault, Pierre Choisel, sire de Chennevières, enquêteur au bailliage d'Amiens (1303), est le seul du nom qui porte le sautoir, mais il est cantonné de quatre fleurs de lis.

Mons. de Thignonville . . Tignonville.

Dans l'Invent. de Clairembault, il y a un Louis de Tignonville, chevalier (1382). — Sur un armorial du quinzième siècle, on lit : Guillaume de Thignonville; c'était le nom d'un prévôt de Paris (1403).

Mes. Ector de Charters . . Hector de Chartres.

Ancienne maison du Beauvoisis. Un Hector de Chartres, sieur d'Onsenbray, fut tué en 1415 avec ses fils, à la bataille d'Azincourt; un autre Hector de Chartres, frère de l'archevêque de Reims, mourut en 1418. — Le *Livre de Berri* donne cet écu sous le nom *Le comte de Chartres*.

Mons. d'Auniax . . . . D'Auniaux, d'Auuel.

Une dame d'Auneau fut célèbre en 1418, pour avoir mieux aimé perdre tous ses biens que prêter serment de fidélité au roi d'Angleterre. Elle devint dame d'honneur de la Reine. — Le *Livre de Berri* donne un écu du sire d'Aunel (d'or à cinq cotices de gueules) qui se rapproche de celui-ci.

Mes. Phlipot de Jauy . . . Philippot de Jouy.

Une fasce et six merlettes sur d'autres armor.

3e rang. Pierre de Passy . . . . . Pacy.

Trois coquelets au lieu de coquilles dans les armoriaux moins anciens.

3e rang. Le vicomte de Tranblay . Tremblay.

Des étoiles, au lieu de merlettes, dans le livre de Berri. — Il fut tué en 1415 à la bataille d'Azincourt.

Mons. de S. Cler . . . . Saint-Clerc.

Sur un autre armorial, on lit : Coquari de Nédoncel, sieur de Saint-Cler.

Mons. de Nery . . . . . Nery.

Pierre de Nery sur les anciens armoriaux.

Mons. de Rony . . . . . Rosny.

Jehan de Maurussin, ou de Rony (armorial du quinzième siècle). — C'est Mauvoisin de Rosny.

4e rang. Mons. de Bruères . . . Bruyères.

De l'Ile-de-France.

Mons. de Iamial (sic) . . L'amiral de

Renaud de Trie, maître des arbalétriers et amiral de France. 1394-97.

Mons. le vid. de Charters . Le vidame de Chartres.

Neuf merlettes, 4, 2 et 3, dans l'armorial 5930 (Bibl. nat.).

Mons. Henge de Villaines . . Le Bègue de Villaines.

Pierre de Villaines dit le Bègue, comte de Ribadec, chambellan du Roi. 1387 (Clairembault).

Philipot de Jully . . . . Phelipot de Jully.

Il était valet tranchant du Roi (1405). Son sceau se trouve dans l'Invent. (Clairembault).

5e rang. Mes. Jullien des Essars . . Des Essars.
Mes. de Trie.

Guillaume de Trie (sur un armorial manuscrit de 1406). Tous les Trie de l'Invent. (Clairembault) ont la bande componée ou chargée.

Mons. de Pumpone . . . Pompone.

Un Jean de Pompone, panetier du roi, en 1355, mais son chef est chargé d'un écusson à dextre.

Mes. Chopin de Chantemelle . . Chantemerle.

La bande est chargée de cinq coquilles (*Livre de Berri*). Cette famille compte, au quatorzième siècle, des échansons, maîtres d'hôtel et valets tranchants du Roi (collection Clairembault).

Montagut . . . . . Montagu près Poissy.

On lit cette note sur l'armorial du quinzième siècle, 34920 (Bibliothèque nationale, manuscrit) : *Le grand maître Montaigu, nommé George.* C'est Jean de Montaigu, secrétaire de Charles V, grand maître de France, décapité en 1409.

PLANCHES LXXIV et LXXV.

Écus de France[3].

(Fol. 55 du manuscrit.)

Le duc de Bourgogne.

(Fol. 57 v. du manuscrit.)

Planche LXXIV.

1er rang. Mons. d'Amont . . . . . Aumont.

Un seigneur d'Aumont périt, en 1415, à la journée d'Azincourt. — Les armoriaux du temps ne s'accordent pas sur le nombre des merlettes. Elles sont ici au nombre de neuf : six en chef, trois en pointe. — Dans l'Inventaire des sceaux de Clairembault, il y a sept merlettes en chef. — Le *Livre de Berri* donne quatre merlettes en pointe. — Dans l'armorial manuscrit du quinzième siècle (34920, Bibliothèque nationale), quatre merlettes en chef. — Dans un autre armorial (18651, manuscr. fr., Bibliothèque nationale), quatre en chef et deux en pointe seulement. — Le nombre total des merlettes a fini par se maintenir à sept sur l'écu des Aumont de Villequier.

Sauvage des Boves . . . . Des Boves.

Dans le *Livre de Berri*, la bande fuselée est tout argent.

Mes. Hustin le Baveus . . Garencières.

C'est l'écu des Garencières. Il est porté tel sur les copies de Du Cange (Garenciers), et sur l'armorial manuscrit 34930 (Bibliothèque nationale). Un armorial manuscrit de 1406 (14356, manuscrit fr., Bibliothèque nationale) porte, au lieu de Hustin, le nom de Guy de Garencières dit le Baveus.

Mons. d'Einville . . . . Oinville.

Doinville sur un armorial manuscrit de 1406. — C'est l'écu de Pierre d'Oinville, chevalier, capitaine de Gallardon en 1378 (Clairembault).

1er rang. Mons. des Essars . . . . Des Essarts.

Écu porté par Pierre des Essarts, prévôt de Paris, surintendant des finances, décapité en 1413.

2e rang. Mons. de la Rivière . . . . De la Rivière.

Écu porté en 1365 par un Jean de la Rivière, chambellan du Roi.

Mons. de Gournay . . . . Gournay.

Écu porté par un Guillaume de Gournay, chevalier, 1385-95.

Mons. de la Grange . . . . De la Grange.

En 1433, un seigneur de la Grange était capitaine de Provins.

Mes. Prunequin . . . . Prunelé.

C'est l'écu de la maison de Prunelé, qui porte encore de gueules à six annelets d'or (3, 2 et 1), moins le cygne qui distingue sans doute ici l'écu d'un puiné. Le nom de Prunequin doit être considéré comme un dérivé familier de Prunelle, car on écrivait Prunelle au quatorzième siècle (V. Clairembault). — Dans le *Livre de Berri*, Prunelé se retrouve au nom d'Harbaut, avec sept annelets et non six.

Mons. de Pressy . . . . Précy.

C'est, dans Clairembault, l'écu de Philippe de Précy, sénéchal, gouverneur des frontières de Flandre, 1317.

Planche LXXV.

Légende : *Le duc de Bourgoingne* (gothique du quinzième siècle).

Planche ne différant de la planche LXVI que par le cimier, qui représente un grand-duc au naturel, perché sur un tortil de deux bandes bleue et jaune alternées. Aussi n'avons-nous reproduit que cette partie. — Lambrequins bleus. — Doublure rouge.

Ce grand-duc paraît comme cimier : 1° dans l'écu de Bourgogne qui figure sur un drapeau de la Cavalcade de Maximilien (Bibl. nat., Estampes); 2° sur le cimier d'Antoine, bâtard de Bourgogne, seigneur de Beure, fait prisonnier à la bataille de Nancy.

Toutefois, les armoriaux donnent d'ordinaire au duc pour cimier « une teste et col d'autruche d'argent couronnée d'or, tenant à son bec un fer de cheval de mesme, et deux plumes du mesme oiseau, portans l'une à droite et l'autre à gauche ». Pourtant, ajoute Vulson de la Colombière, le cimier ordinaire de ces princes « estoit la double fleur de lis d'or, pour ce qu'ils estoient issus de la maison de France ». C'est en effet ainsi qu'apparaissent les cimiers fleurdelisés de Philippe le Bon et du comte de Charolais dans la suite des chevaliers de la Toison d'or. Quant à cette tête d'autruche, on peut en avoir idée par celles du roi de Hongrie et du roi de Sicile (pl. 102 et 103). Elle semble postérieure à la mention du *Livre de Berri* qui dit : « Le duc de Bourgogne a sur son timbre ung oiseau qui s'appelle un duc. »

Pl. LXXIV.

Pl. LXXV.

PLANCHE LXXVI.

Le duc de Normandie.

(Fol. 64 du manuscrit.)

Planche LXXVI.

Le duc de Normandie.

(Fol. 64 du manuscrit.)

Légende : *Le duc de Normendie* (gothique du quinzième siècle).

Costume : Heaume à lambrequins de gueules, ayant pour cimier un chapeau de gueules fourré d'hermines, sommé d'un léopard d'or armé et lampassé d'azur. Cotte et housse aux armes de Normandie : de gueules à deux léopards d'or, armés et lampassés d'azur. — Doublures d'hermines. — Cheval blanc. (La couleur des doublures est autre sur la figure LXVIII qui représente le duc comme pair.)

Histoire : Portion de l'ancienne Neustrie, cédée comme duché héréditaire à des envahisseurs scandinaves, vis-à-vis desquels la monarchie carlovingienne se trouvait impuissante, la Normandie attestait, par son seul nom, l'origine de ses nouveaux maîtres. Comme disait, au onzième siècle, le poème de *Rou* :

Man, en angleiz et en norciz (scandinave),
Senefie *home* en franceiz.
Justex (rapprochez) *north* (Nord) et *man*
Ensemble; dites donc *Normanth*.
Ço (cela) est *hom de north* en roman (langue romane).

Lorsque l'humeur conquérante de ses ducs leur valut ensuite la couronne d'Angleterre, le duché devint une sorte d'apanage réservé à leurs fils aînés qui se comportent souvent en ennemis. (La sombre histoire de Robert Courteheuse en donne une idée.) Confisqué et réuni en 1304 au domaine royal de France, il ne s'en détache plus que momentanément comme lors du retour offensif qui en fit une province anglaise de 1415 à 1449. Le duc figure donc ici, à titre symbolique, comme le duc d'Aquitaine, le comte de Toulouse et le comte de Champagne.

On croit que ses deux léopards, joints au léopard d'Aquitaine, sont ceux qui figurent sur l'écu royal d'Angleterre.

L'ancien cri des ducs de Normandie était : *Diex aye! Dam Diex aye!* (Dieu aide! Seigneur Dieu aide!) On criait aussi *Rouul* (sic) *au vaillant duc!*

PLANCHE LXXVII.

Écus de Normandie[1].

(Fol. 64 v. du manuscrit.)

PLANCHE LXXVII.

Écus de Normandie[1].

(Fol. 64 v. du manuscrit.)

LÉGENDES DU MANUSCRIT.	VARIANTES.

1ᵉʳ rang. Duc Allanson . . . . . Alençon.
  Le comté d'Alençon était duché depuis 1404.

La conté d'Eu . . . . . Comté d'Eu.
  Érigé en pairie en 1458 pour Charles d'Artois.

Le vyconte de Biamont . . . Beaumont-le-Vicomte (Sarthe).
  Vicomté du Maine, passée en 1371 dans la maison d'Alençon.

Le comte de Harcourt . . . Harcourt (Eure).
  Sans doute Jehan de Harcourt, comte d'Harcourt et d'Aumale, vicomte de Châtellerault (fin du quatorzième siècle).

Jehan de Harcourt . . . . Id.

2ᵉ rang. Guillaume de Harcourt . . Id.
  Rouland? de Harcourt . . Id.
  Robert de Harcourt . . . Id.
  Robert de Harcourt . . . Id.
    Sans doute Robert de Harcourt VI, tué à Azincourt en 1415, il était le dernier des Harcourt, seigneurs de Beaumesnil. Il portait de gueules à deux fasces d'hermines. Sur ces six écus, le dernier est le seul qui ait deux fasces d'hermines, comme dans le *Livre de Berri*. Le seul Harcourt qui porte des fasces (diminuées) d'or est cité comme étant de la Marche de France.

Robert de Betran .
  Sur d'autres armoriaux, le lion est armé et lampassé d'argent, et le nom est *des Bertrans*. — Robert des Bertrans V, baron de Briquebec, maréchal de France en 1325, mourut vers 1348. — Sa postérité a fini dans ses enfants.

3ᵉ rang. Guillaume Bertran .
  Évêque de Bayeux, puis de Beauvais en 1329, frère du maréchal.

Guillaume Bertran le jone .
  Sans doute Guillaume, fils du maréchal, mort en 1351.

Jehan de Brucourt .
  Un chevalier Jehan de Brucourt est au nombre de ceux auxquels le roi Jean pardonne après l'affaire de Rouen (1360). Sur d'autres armoriaux, 25 fleurs de lis.

3ᵉ rang. Robert de Brucourt . .
  Un Robert de Brucourt figure en 1387 sur le compte du trésorier des guerres.

Jehan de Tilly . . . . Tilly (Eure).
  Jehan II de Tilly, seigneur de Luzarches, mort en 1300. — La fleur de lis rouge de son écu avait dû récompenser des services militaires, car elle inspira la devise : *Nostro sanguine tinctum*.

4ᵉ rang. Jehan de Tilly le jone (jeune). Id.
  Jehan III de Tilly, fils aîné du précédent, fait chevalier en 1313, par Philippe le Bel.

Jehan de Semmartin . . . Saint-Martin.
  Il y avait des Saint-Martin issus de la maison de Malet.

Jehan de Semmartin le jone (jeune) . . . . Id.

Jehan de Proyaus . . . . Préaux, près Darnetal (S.-Inf.).
  Prayeus sur d'autres armoriaux, où l'aigle est membrée et becquée d'azur. — Maison éteinte en 1317, et tombée dans celle de Ferrières.

Robert de Praiaug . . . Id.

5ᵉ rang. Guillaume Martel . . . Martel.
  Armes parlantes. Il y avait quatre familles de ce nom en Normandie. Celle-ci avait la seigneurie de Bacqueville. — Guillaume Martel, garde de l'Oriflamme, fut tué à la bataille d'Azincourt (1415).

Jehan Martel . . . . Id.
  Jean Martel, chevalier normand, fut tué en 1403 dans une descente en Angleterre.

Rogier Bacon . . . . Le Molay (Calv.).
  Sur d'autres armoriaux, à cinq fleurs d'aubépine en sautoir, et non six. — Il y avait une châtellenie de Molley-Bacon, près Bayeux.

Robert Bacon . . . . . Id.

Guillaume de Courcy . . Courcy (Calv.).
  Guillaume de Courcy III servait en 1371 sous Du Guesclin. Fait capitaine de la ville de Paris après 1401. Tué à Azincourt en 1415.

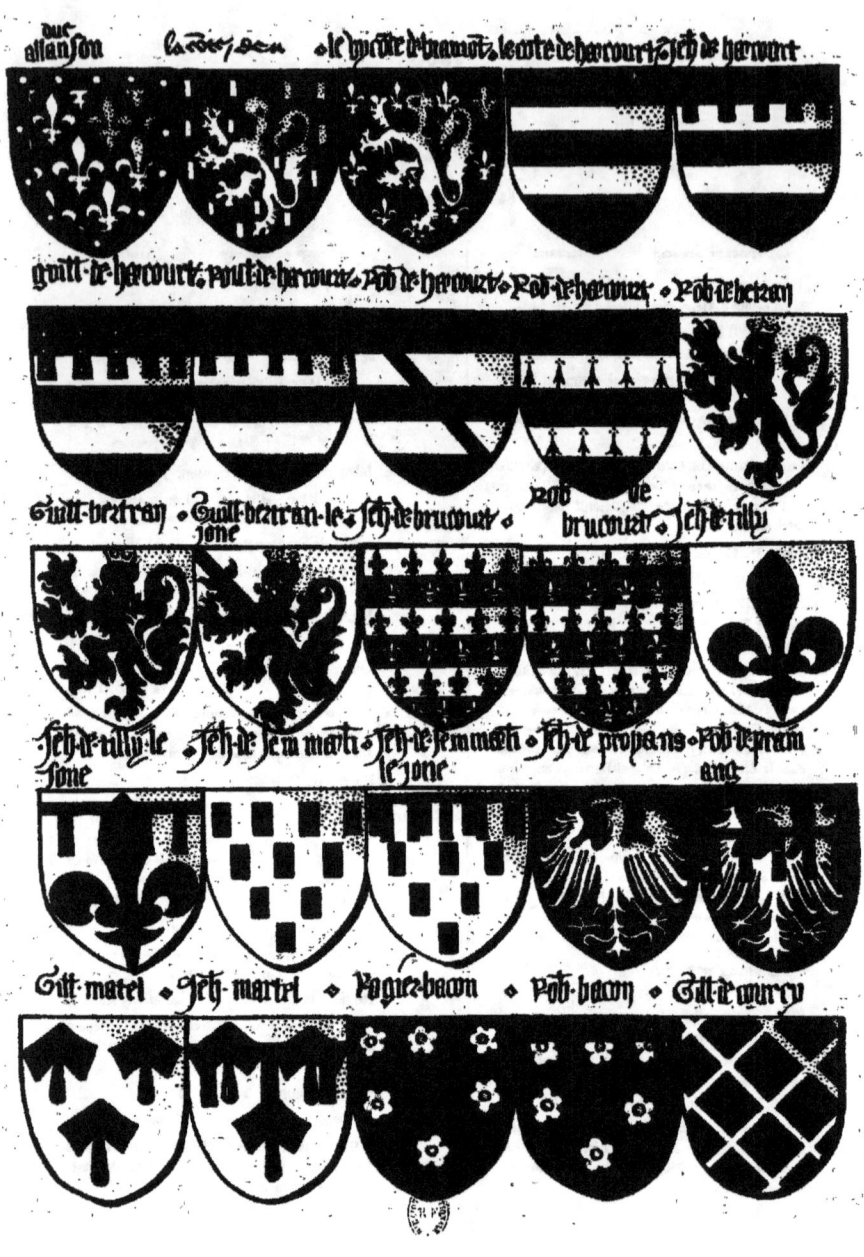

PLANCHE LXXVIII.

Écus de Normandie[2].

(Fol. 65 du manuscrit.)

Planche LXXVIII.

Écus de Normandie[2].

(Fol. 65 du manuscrit.)

LÉGENDES DU MANUSCRIT.	VARIANTES.
1er rang. Michu de Courcy	Courcy (Calv^{os}).

Le prénom de Michel n'existant point dans la généalogie de cette famille, j'incline à voir ici, par suite d'une erreur de copiste, Richard, fils de Guillaume III. Il servit pour le roi de France et se trouvait en 1424 prisonnier en Angleterre.

| Robert d'Einsval | Esneval (S.-Inf.). |

C'est Robert d'Esneval, 1456 (Inventaire des sceaux, collection Clairembault). — Le *Livre de Berri* porte Areneval. — La baronnie d'Esneval, à laquelle était attachée la qualité de vidame de Normandie, passa au quinzième siècle dans la maison de Dreux, puis dans celles de Prunelé et de Tornebu.

| Jehan d'Eineval | Id. |
| Jehan de Paennel | Paynel. |

(V. ci-après Fouques Panel.)

| Guillaume Pannel. | Id. |

Guillaume Paynel de Briqueville, bachelier (armorial de 1406, manuscrit 5930, Bibliothèque nationale). — Son fils Jacques épousa en 1463 une Bacqueville.

| 2e rang. Olivi(e)r Panel | Id. |
| Fouques Panel | Id. |

Tous les Paynel normands de la collection Clairembault et d'autres armoriaux anciens portent d'or à deux fasces d'azur, accompagné de merlettes de gueules. Quelques-uns écartellent d'un lion. La Chesnaye Desbois dit que plusieurs branches de ce nom établies en Angleterre avaient changé d'armes et pris deux léopards. Dans les titres cités par lui à leur sujet ne figure qu'une date, celle de 1187. Un chevalier Guillaume Paynel aurait été en 1066 de l'expédition de Guillaume le Conquérant. Les comtes de Huntley étaient des Paynel.

| Jehan Mallet | |

De la fin du treizième à la fin du quatorzième siècle, cinq chefs de la branche aînée de Malet portent ce prénom. Ils sont tous sires de Graville. L'un d'eux, Jean IV, fut grand maître des arbalétriers et défendit Montargis en 1426. — La seigneurie de Graville (Seine-Inférieure), qui était depuis le douzième siècle dans la maison, passa au seizième dans celle de Vendôme.

| Guillaume Mallet | |

Seigneur de Plannes, dit un ancien armorial. Un Guillaume eut en effet cette seigneurie par alliance. Il vivait dans la première moitié du quatorzième siècle.

Robert Mallet	
3e rang. ...livir (Olivier) Mallet	
Tomas Mallet	
Robert d'Estouteville	Estouteville (S.-Inf.).

Sans doute Robert V, mort en 1395. Il avait épousé une fille du maréchal Ch. de Montmorency (1351). — Lion armé, lampassé et accolé d'or (armorial de 1406, Bibliothèque nationale, 5930, manuscrit). — Le collier manque ici. Il n'est pas mentionné non plus par La Chesnaye Desbois.

LÉGENDES DU MANUSCRIT.	VARIANTES.
3e rang. Nicolais Malemains	

Mains de gueules sur champ d'or dans le livre de Berri. L'armorial de 1406 (manuscrit 5930, Bibliothèque nationale) dit « de gueules à trois mains d'or ». — Il y avait en Bretagne des Malemains alliés aux Du Guesclin (quatorzième siècle). — Ces Mallemains étaient seigneurs de Sacey (Manche).

| Henry de Ferrires | Ferrières (S.-Inf.). |

Chevalier, capitaine du Pont-de-l'Arche en 1377. — Dans le *Livre de Berri*, fers à cheval de sable sur champ d'or. Cette variante est reproduite par les armoriaux anglais qui donnent aussi un champ d'argent.

4e rang. Pirres (Pierre) de Ferires	Id.
Collin de Ferrires	Id.
Le chamberlanck (chambellan) de Tankerville	Tancarville (Seine-Inférieure).

Sur d'autres armoriaux, de gueules à un écusson d'argent à la bordure d'angennes d'or, qui ont tantôt six, et tantôt quatre feuilles. Ces angennes deviennent étoiles dans La Chesnaye Desbois. Le grand chambellan Guillaume de Tancarville fut tué en 1415 à la bataille d'Azincourt. Il était de plus grand bouteiller et président à la Chambre des comptes.

| Jehan de Rovray | Rouvray (S.-Inf.). |

Plusieurs quittances de gages pour services de guerres (1351 à 1408) se trouvent dans Clairembault au nom de Jehan de Rouvray, chevalier. Leurs sceaux portent, comme ici, l'écu burelé au lion brochant.

| Tomas Saresin | |

Cette famille de Sarrazin dut être investie de la baronnie de Gacé, si on en juge par la conformité de cet écu avec le suivant.

| 5e rang. Gui de Guacy | |

Ancienne baronnie du pays d'Auge, passée ensuite aux Matignon.

| Guillaume de Vernon | Vernon (Eure). |

Un Jean de Vernon, secrétaire du roi (1370), porte le sautoir cantonné de quatre têtes d'hommes (Clairembault).

| Henri d'Auviler | Auvilliers (S.-I.). |

Sur d'autres armoriaux, sautoir de gueules avec quatre aigles au lieu de quatre merlettes.

| Robert de Tibouville | Thibouville (Eure). |

Sur d'autres armoriaux, d'argent à la fasce de gueules (manuscrit 5930, Bibliothèque nationale), mais Robert de Thibouville, chevalier (1341), a bien la bande dans l'inventaire de Clairembault.

| Robert de Fontema(y) | |

Sur d'autres armoriaux, c'est non une bande mais une fasce de gueules, pleine ou diversement chargée, comme les Fontaines, planche 80. Il y avait en Normandie trois familles de ce nom.

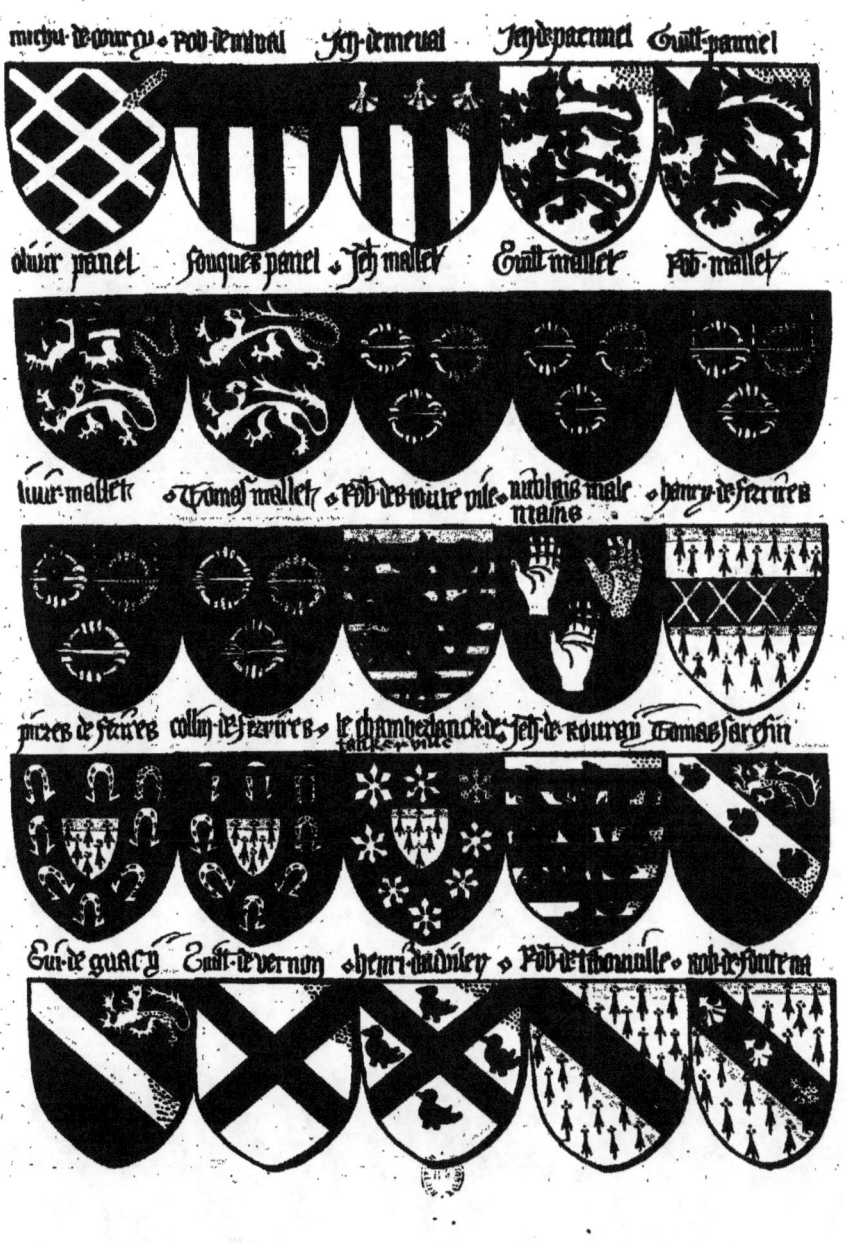

PLANCHE LXXIX.

Écus de Normandie[3].

(Fol. 65 v. du manuscrit.)

PLANCHE LXXIX.

Écus de Normandie[3].

(Fol. 65 v. du manuscrit.)

| LÉGENDES DU MANUSCRIT. | VARIANTES. |

1er rang. Le s. de Neufborch . . . Neubourg (Eure)

Le Neufbourc-Viépont sur le *Livre de Berri*. — Sur d'autres armoriaux, coticé or et azur.

Jehan de Clere. . . . . Clères (S.-Inf.).

Sur d'autres armoriaux, d'argent à la fasce d'azur paillée ou chargée de deux lions et d'une aigle à deux têtes au lieu de médaillons fleurdelisés. Au dix-septième siècle, un armorial donne simplement la fasce comme étant de sinople. Elle est ici diaprée ou paillée or ou paillé sur sinople. Le diapré ou paillé représente en blason une broderie sur étoffe. — Un Jehan de Clere fut panetier de Charles VI.

Jehan de Clere le jone (jeune) . . . . . Id.
Jehan de Tornebu. . . . Tournebu (Calv.)
Gui de Tornbu . . . . . Id.

2e rang. Guill(aume) de Tornbu. Id.
Jehan de S. Denis. . . . Saint-Denis-sur-Sarthon (Orne)

Th. Payniel . . . . .

Se rattache aux Payniel de la planche LXXVIII. Dans Clairembault, certains Payniel ont un lion.

Jehan de Bigon. . . . .

Bigot et Bigos sur d'autres armoriaux, avec trois fasces de gueules. — Les armes des Bigos de Normandie sont autres sur le *Livre de Berri* qui attribue aux Vignay les deux fasces et les merlettes de gueules sur argent.

Jehan Bigon le jone (jeune).

3e rang. Jehan de la Ferté . . . La Ferté-Fresnel (Orne)

Jean II, baron de la Ferté-Fresnel, fut maréchal de Normandie en 1362. Son fils Jean III, vicomte de Fauguernon, baron de Neufbourg, fut maréchal de France, mais il écartelait de Meulan, à cause de sa mère. — L'aigle des La Ferté était becquée et onglée d'azur, dit La Chesnaye Desbois.

Le s. de la Potire. . . . La Poterie (S.-I.).
Jehan de Quenoville. . . Canouville (Id.).

Les Canouville ont trois molettes et non trois étoiles sur d'autres armoriaux.

| LÉGENDES DU MANUSCRIT. | VARIANTES. |

3e rang. B. Raou(l) Tesson . . . .

Cet écu est au nom de Toisson dans l'Inventaire de Clairembault. D'autres armoriaux donnent « les fasces d'azur diaprées chacune de trois médaillons d'or; celui du milieu chargé d'un lionceau; les deux autres chargés d'une aiglette. Les fasces d'argent sont chargées de 12 moucheture de sable (5, 3 et 4) ».

Guillaume Tesson. . . .

4e rang. Rechrt (Richard) de Villiers.
Rob(ert) de Tiville . . . Theuville (S.-I.).

Thiéville, dans l'Inventaire de Clairembault.

Guil(laume) Charbonel . . Carbonnel.

Carbonneul, dans le *Livre de Berri*, avec trois traits ondulés d'argent sur le tout.

De la maison de Carbonnel sont issues celles de Canisy, Mauloé et Du Hommel. Dans l'Inventaire des sceaux de la collection Clairembault, un écu semblable est dit de Carbonnel-Canisy. Sur d'autres armoriaux, on lui donne des besans herminés.

Richart Charbonel . . . Id.

Le plus souvent, on charge de trois besans l'écu de Carbonnel, mais dans la collection Clairembault, l'écu des Carbonnel-Sourdeval est chargé de trois quintefeuilles, comme celui-ci de trois molettes.

Jehan de Monfor . . Montfort-s.-Rille (Eure)?

5e rang. Olivi(e)r de Monfor. Id.

Un comté de Montfort en Normandie fut donné par Louis XI en 1476.

Nicollaus de Seine . . . . Senneville?(S.-I.)

Sur d'autres armoriaux : De Seule, De Senne.

Pi(er)re de Corcy. . . . Courcy?(Manche)

Ne semble point pouvoir se rattacher aux Courcy des planches LXXVII et LXXVIII.

Guillaume de Villiers . .

Fascé argent et azur sur le *Livre de Berri*.

Il y avait en Normandie des Villiers d'O, mais l'écu est autre, tandis que celui-ci a quelque analogie avec celui d'Harcourt. Or, la seigneurie du Hommet a été aux Harcourt, et notre écu se trouve reproduit sur un armorial du quinzième siècle (5930, manuscrit, Bibliothèque nat.), avec le nom de Du Hommet. Serait-ce un Villiers du Hommet?

Jehan de Donville. . . . Donville?(Eure).

PLANCHE LXXX.

Écus de Normandie[4].

(Fol. 66 du manuscrit.)

Planche LXXX.

Écus de Normandie[4].

(Fol. 66 du manuscrit.)

LÉGENDES DU MANUSCRIT.	VARIANTES.
1er rang. Foucaut dou Mole.	Le Mesle-sur-Sarthe? (Orne)

Sur un armorial du quinzième siècle, copié par Du Cange : « Foucaus du Mesle. De gueules à trois rayes d'argent. » Notre écu a trois quintefeuilles. Leur forme exceptionnellement lancéolée est d'ailleurs un motif de doute. Ce Foucaut, dit aussi *Fouques du Merle*, fut maréchal de France en 1302.

Rogi(e)r de Otot	Hautot (S.-Inf.).

Sur d'autres armoriaux les aiglettes sont de sable. — Sur le *Livre de Berri* et l'armorial manuscrit de 1406, *Hotot* et *Hautot*.

Rob(ert de Otot)	Id.
Rob(ert) de Otot	Id.
Guill(aume) de Bourgianville?	Bourgeauville? (Calvados).

— Paraît issu de la maison de Hotot, comme les deux suivants.

2e rang. Rob(ert) de Danou	Aunou (Orne).

Sur d'autres armoriaux, *Daunouf* avec trois aiglettes de gueules, serrées et becquées d'azur.

Rooul de Chamont.	Chaumont (Orne)?

Trois aiglettes seulement, sur d'autres armoriaux.

Jehan de Blainville.	Blainville (Calv.).

Un Jehan de Mauquenchy de Blainville, maréchal de France, mourut en 1391.

Robert Disson	Esson (Calvados)

Sur d'autres armoriaux, *Desson*.

Guill(aume) de St-Bry	St-Brice? (Manche).
3e rang. Le s. d'Ivery.	Ivry (Eure).

Sur le *Livre de Berri*, champ d'or.

Jehan de la Champaingne.	La Campague, (Eure).

Un des défenseurs du Mont-Saint-Michel en 1423. — La Campagne était un territoire de la Normandie. Ses villes étaient Évreux et Breteuil.

LÉGENDES DU MANUSCRIT.	VARIANTES.
3e rang. Jefroy de la Champaingne.	Id.

Champaigne, *Campagne* sur d'autres armoriaux. — Ils semblent de la maison des Mallesmains. (V. l'écu suivant.)

Mallemain.	

Mains d'or sur un armorial de 1406. (V. planche LXXVIII, 3e rang.)

Haubert Daman?	

Damant sur une copie de Du Cange ; *Damans* sur d'autres armoriaux.

4e rang. Jehan de Lindebuef.	Lindebœuf (S.-I.)

Issu des Martel, ce qui explique ses trois maillets. (V. planche LXXVII, 5e rang.)

Renaut de Linde(bœuf).	Id.
Jehan de Fontaines	
Guill(aume) de Fontaines	

Les Fontaines semblent être de même maison que les Fontenay. (Voyez au bas de la page 184.)

Jehan de Gre(n)gal	Grangues? (Calv.)

Sur d'autres armoriaux, *Grengues*, avec bande estaminée d'or.

Rob(ert) de Saqueville	Sacquenville (Eure)

Sur d'autres armoriaux, aigle membrée et becquée d'azur.

Guill(aume) de Saqueville.	Id.
Pier(r)e de Saqueville	Id.
Rob(ert) de Saqueville.	Id.
Richart de Corconne?	

Cet écu qui n'est pas commun est exactement celui de Boskhaven, vicomte de Falmouth, au *British Compendium* de 1769.

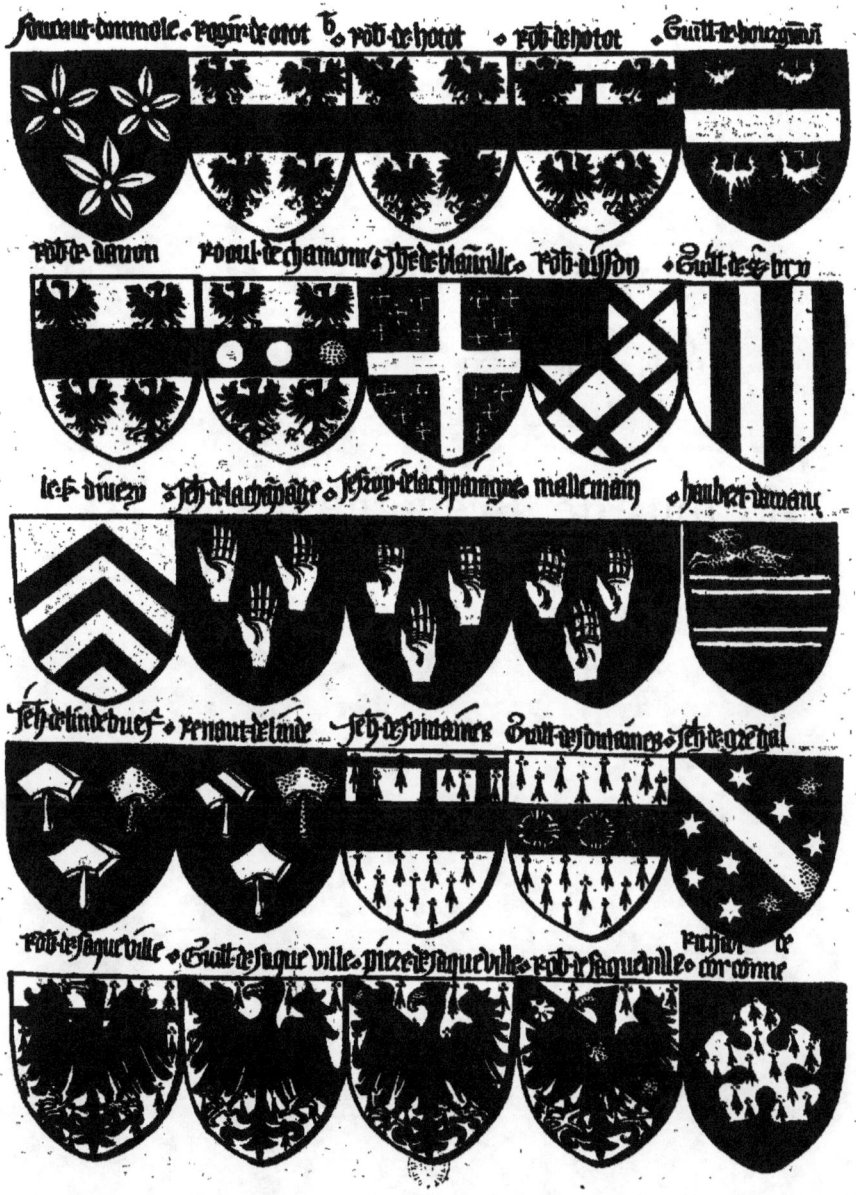

PLANCHE LXXXI.

Le duc de Bretagne.

(Fol. 69 du manuscrit.)

Planche LXXXI.

Le duc de Bretagne.

(Fol. 69 du manuscrit.)

Légende : *le duc de Bretagne* (gothique du quinzième siècle).

Costume : Heaume couronné d'un tortil d'azur ayant pour cimier un cygne d'argent becqué de gueules. Dans l'effigie du *Livre des Tournois* du roi René, le heaume est couvert d'un bonnet d'écarlate fourré d'hermines et a pour cimier un lion d'or levant la patte dextre entre deux cornes d'hermines. Lambrequins d'argent. Cotte et housse aux armes de Bretagne qui sont un champ d'hermines. — Doublures rouges. — Cheval blanc.

Histoire : Diverses sont les opinions sur les premières armes de Bretagne. On veut qu'elles aient été de trois ou treize couronnes d'or sur azur, ou de neuf macles d'or sur gueules, comme celles de Rohan, ou de trois gerbes d'or sur azur, comme celles de Penthièvre. Le fameux roi Artus y aurait renoncé parce que la Sainte-Vierge, invoquée par lui dans un combat, aurait jeté sur son bouclier un pan de son manteau d'hermines. Ceci ferait remonter le changement d'écu au sixième siècle. Notre figure est contemporaine des ducs François Ier, Pierre II, Arthur III et François II, qui se succédèrent rapidement au milieu du quinzième siècle. Arthur ne régna pas plus d'un an. Lorsqu'il était comte de Richemont, il rendit de grands services à la France, dont il fut le connétable en 1425. C'est lui qui gagna sur les Anglais la bataille de Formigny qui en délivra définitivement la Normandie. L'hermine, qui caractérise l'écu de Bretagne, distinguait aussi un ordre de chevalerie, dit de l'Hermine, institué en 1381 par le duc Jean IV. Son insigne fut d'abord un collier d'or chargé d'hermines avec la devise *A ma vie*, qui était d'ailleurs celle des ducs. Leur cri de guerre était *Saint-Malo au riche duc*. Autrefois, la Bretagne était toujours figurée sous la forme d'une hermine enchaînée, tenant entre ses dents un rouleau sur lequel on lisait : *A ma vie*, trois mots qui affirmaient avec la chaîne son attachement à la maison ducale.

Plus tard, le collier de l'ordre fut d'épis d'argent, avec hermine pendant sur la poitrine.

En 1506, la ville de Morlaix ne crut pouvoir mieux fêter la venue de sa souveraine Anne de Bretagne qu'en la priant d'accepter un petit modèle de navire en or enrichi de pierreries avec une hermine apprivoisée, blanche comme neige, et portant aussi au col un collier de pierres précieuses. L'hermine ayant été du premier saut se nicher dans le sein de la Reine, celle-ci en conçut quelque peur, mais le sire de Rohan sut lui rendre courage, en disant avec galanterie : « Madame, que craignez-vous ? Ce sont vos armes. »

PLANCHE LXXXII.

Le comte de Flandre.

(Fol. 70 v. du manuscrit.)

PLANCHE LXXXII.

Le comte de Flandre.

(Fol. 70 v. du manuscrit.)

LÉGENDE : *Le comte de Flandres* (gothique du quinzième siècle). Voyez la page 168 et la planche LXIX.

COSTUME : Heaume à mésail pointu couronné d'or. Pour cimier, un lion naissant de sable lampassé de gueules, dans un vol d'or. Ce vol rappelait sans doute l'aigle portant un lion qui est figuré sur les sceaux et contresceaux de Flandre au quatorzième siècle. — Lambrequins noirs. — Cotte d'armes et housse aux armes de Flandre : d'or au lion rampant de sable, armé et lampassé de gueules, denté d'argent. — Doublures rouges. — Cheval blanc.

HISTOIRE : Les premiers comtes de Flandre portaient gironné or et azur de dix pièces à l'écusson de gueules sur le tout. C'était, disait la légende, l'écu de l'infidèle Phinart que Lideric de Harlebeck, nommé par Charlemagne grand forestier de Flandre, avait voulu garder comme un souvenir de victoire, car il « avait occis le tyran Phinart en champ clos devant le bon roi Dagobert ». Excité par l'exemple de Lideric, Philippe d'Alsace, comte en 1168, aurait à son tour pris « l'écu d'or au lion de sable *moufflé de gris* » d'un illustre vaincu, Nobilion, roi d'Albanie, qu'il avait également occis en Syrie, pour dégager son cousin le roi de Jérusalem.

Le plus certain, c'est qu'à la date de cet armorial, il n'y avait plus d'autre comte de Flandre que le duc de Bourgogne.

Érigé depuis 863, comprenant avec les villes de Lille, Gand, Bruges, Ypres, une grande partie de la Belgique actuelle, son comté était passé en 1369 à la maison de Bourgogne par le mariage de Marguerite III de Flandre, veuve de Philippe de Rouvre, avec le duc Philippe le Hardi, ce qui fit dire plus tard à Philippe le Bon qu'il était pair deux fois.

PLANCHE LXXXIII.

Écus de Flandre [1].

(Fol. 71 du manuscrit.)

PLANCHE LXXXIII.

Écus de Flandre[1]

(Fol. 71 du manuscrit.)

LÉGENDES DU MANUSCRIT.	VARIANTES.
1er rang. Mons. de Grutusse	Groothuys (Belgique).

Le sieur de la Gruthuse était en 1417 à l'armée du duc de Bourgogne. Dans d'autres armoriaux, d'or à croix de sable (1 et 4) et d'argent au sautoir de gueules (2 et 3).

Dichmude . . . . Dixmude (Id.).

Henri de Dixmude était en 1417 à l'armée du duc de Bourgogne.

Hallewin . . . . Halluin (Nord).

Seigneurie érigée au seizième siècle en duché-pairie. Ce doit être Jean d'Halluin, seigneur de Piennes, qui mena le deuil aux obsèques du comte de Flandre en 1383, et mourut en 1440. Nous retrouvons ses trois fils planche LXXXIV.

Maldeghem . . . . . . Maldegem (Belgique).

Achsele . . . . Axel (Hollande).

Ancienne baronnie de Flandre. — Sur d'autres armoriaux, de gueules au chevron d'or.

2e rang. Escornay . . . . . Escornaix (Belgique).

Gyestelle . . . . Ghistelles (Id.).

A cette seigneurie, était attaché le titre de chambellan héréditaire de Flandre.

Cominnes . . . . . . Comines, près Menin (Id.).

Voir, pour sa représentation héraldique complète, la planche VIII.

Haffkerke . . . . . . Haverskerque (Nord).

Lichtervelde . . . . . Lichtervelde (Belgique).

3e rang. Bolleor . . . . . . Boulaere (Id.).

Une des quatre beeries de Flandre. — Michel de Boulers était connétable de Flandre au xve siècle.

Ghavere . . . . Gavere (Id.).

Écu de Jehan de Gavre. D'autres Gavre ont porté de gueules à trois lions d'argent. Plus anciennement, les seigneurs de Gavre portaient, dit Carpentier, d'or au double trescheur, comme les d'Escornaix.

3e rang. Ontescote . . . . . Hondschoote (Nord).

Semble de la maison d'Iseghem. Voyez 5e rang.

Rench-Vliette . . . . . Vliet? (Belg.).

Sotenghen . . . . . . Sotteghem (Belgique).

A porté d'azur billeté d'or jusqu'à Gérard d'Enghien, qui substitua ses armes en devenant seigneur de Sotteghem.

4e rang. Le sr de Stenusse . . Steenhuysen (Id.)

Un lion passant a été esquissé sur le tout, mais le croquis n'a pas été peint. — En 1419, Monstrelet appelait le seigneur de Steenhuse « souverain de Flandre ».

Mess. Josse de Halvin . . Halluin (Nord).

Il porte d'Uytkerke sur le tout de l'écu.

Mess. Roland d'Utkerke . Uytkerke (Belg.).

Il fut banni de Gand en 1436. Voyez planche 5, pour sa représentation héraldique complète.

Mess. Ghillen de Hallevin . Halluin (Nord).

Ghistain d'Halluin, armé chevalier en 1421 par le duc de Bourgogne. — Porte de Grutuse sur le tout de l'écu.

Mess. Jehan d'Utkerke . . Uytkerke (Belg.).

Capitaine de Nieuport en 1438.

5e rang. Mess. Collart de Comines. Comines (Id.).

Voir au 2e rang et pl. LXXXVI, 3e rang. — Il fut fait chevalier par le duc de Bourgogne en 1421.

Mess. Gherard d'Escornay. Escornaix. (Id.).

Gherard d'Escornay vivait en 1436. — L'écusson placé sur les quartiers 2 et 4, qui sont de Praet (V. pl. LXXXIV, 2e rang), est à peine visible. Il paraît burelé argent et azur, avec lion de gueules sur le tout Praet.

Mess. Jehan Vilain . . . .

Fait chevalier en 1421 par le duc de Bourgogne. Sa force dans le maniement de la hache d'armes est citée par Monstrelet.

Mons. d'Iseghem . . . . . Iseghem (Belg.).

Mess. Aderian Vilain . . . . . .

Peut être Audrieu Vilain, qui fut armé chevalier avec Jean Vilain, en 1421, par le duc de Bourgogne?

PLANCHE LXXXIV.

Écus de Flandre[2].

(Fol. 71 v. du manuscrit.)

Planche LXXXIV.

Écus de Flandre[2].

(Fol. 71 v. du manuscrit.)

LÉGENDES DU MANUSCRIT.	VARIANTES.

1ᵉʳ rang. ..de..s...ere..........

Légende presque effacée, ainsi que les deux suivantes. — Cet écu est donné sous le nom d'Estanlevin, par l'armorial manuscrit 1857. Bibliothèque Mazarine.

..de Vavry........ Wavrin (Nord).

Le cri de cette maison était *Moins que le pas!* — Elle avait la charge de sénéchal de Flandre à titre héréditaire.

Mons. de Mamines . . Cysoing (Nord)?

Inscription mise après coup mal à propos; elle est à reporter sur le dernier écu de cette première rangée. — D'après un armorial copié par Du Cange, cet écu serait de Cisoing : bandé or et azur de six pièces.

Sʳ de Robais..... Roubaix (Nord).

Pour la représentation héraldique complète de ce personnage, voir planche IV.

Sans nom........ Mamines.

C'est l'écu de Mamines. — Pour la représentation héraldique complète, voir planche XV.

2ᵉ rang. Mons. de Praet.....

Ancienne baronnie, la seigneurie de Praet passa à Louis de Male, comte de Flandre, ce qui explique le franc quartier au lion de Flandre. Le champ chevronné est de Ghistelle.

Ouelle......... Oultre (Belg.)?
Jehan de Oulle.... Id.

Oultre?... Un Jehan d'Oultre était châtelain d'Ypres à la fin du quatorzième siècle.

Rogyer de Oulle.... Id.
Mons. de Grachat..... Gracht (Id.).

Sur un armorial du quinzième siècle copié par Du Cange, c'est le seigneur des Fossés, dit Graecht. Des Fossés ou van der Gracht étaient le même nom.

3ᵉ rang. Vau(tier) de Hallewin . . Halluin (Nord).
Percheval de Hallewin . . Id.
Josse de Hallewin .... Id.

Ces trois écus sont des fils de Jean (pl. LXXXIII, 1ᵉʳ rang). — Un Josse d'Halluin assista comme grand-bailli de Flandre au sacre de Reims en 1461. — Perceval était fils de Josse.

3ᵉ rang. Ector Vilain.........

Voyez planche LXXXIII, 5ᵉ rang, les écus des puînés de cette famille.

Sans nom.........

Réservé sans doute à un puîné des Vilain.

4ᵉ rang. Mes. Gh(erard)y de Gistelle. Ghistelles(Belg.)

Gérard de Ghistelle fut capitaine de Courtrai en 1436. (Voyez planche LXXXIII, 2ᵉ rang.)

Ector de Vorout..... Voorhout (Id.).

Au franc quartier de Flandre. — Un Hector de Voorhout était à l'armée du duc de Bourgogne en 1447.

Sans nom........

Ébauche commencée et arrêtée au franc quartier de Flandre.

Jan van Drinckkem.... Dringham (Nord).

L'écu porte une quintefeuille si ces van Drincklem sont les Vaedringhem de l'Inventaire de Clairembault. — Dans les alliances citées par le Pʳ Anselme, il est question d'une Marguerite de Flandres-Drinkam, d'un Simon de Drinkam, seigneur de Bambeke (Bambecque, Nord).

Equlbeke........ Esquelbecq (Id.).

Écu en blanc.

5ᵉ rang. ..edekerke...... Liedekerke(Belg.)

La pointe de l'ś restée seule à gauche pourrait faire lire Liedekerke. Les Liedekerke portaient de gueules à trois lions d'or.

Louis de Balguwel... Bailleul (Id.).
Philippy de Lonpré. . Longpré (Id.).

Un Philippe de Longpré vivait en 1437.

Philippy de Hafcker... Haverskerque (Nord).

V. planche LXXXIII, 2ᵉ rang.

Louis del Vuhre........

Semble se rattacher au nom de Vueren qu'on rencontre dans les textes du quinzième siècle.

PLANCHE LXXXV.

Écus de Flandre[3].

(Fol. 72 du manuscrit.)

Planche LXXXV.

Écus de Flandre[3].

(Fol. 72 du manuscrit.)

LÉGENDES DU MANUSCRIT.	VARIANTES.
1ᵉʳ rang. Le s. de Lanoy.	Lannoy (Nord).
Mes. Hue de Lannoy	Id.

Pour sa représentation héraldique complète, voyez planche VII.

Mons. Ghelgebert (Gilbert) de Lanoy . . . . . . Id.

Pour sa représentation héraldique complète, voyez planche XI.

Le Beghe de Lanoy . . . Id.

Voyez page 30.

Mons. d'Aine. . . . .

On trouve un Eustache Dayne en 1414 dans les textes du quinzième siècle.

2ᵉ rang. Mons. de Rokeghem . . . Rekegem (Belg.).

L'écu semble se rattacher à l'écu d'Escornaix.

Oestkerke. . . . . Oostkerke (Belg.).
Mons. de la Cappelle . . Cappelle (Id.).

Sur d'autres armoriaux : *Van der Cappelle*.

Mes. Philippe de la Cappele . . . . . . Id.

Avec l'écusson d'Axel sur le tout. (V. planche LXXXIII, 1ᵉʳ rang.)

Mons. Jehan Po,ielle . . . .

Le catalogue des *Sceaux de Flandre* de Demay donne un écu chargé d'une croix comme étant des seigneurs de Potielle (quinzième siècle). — Celui-ci semble se rattacher à Maldeghem pour les 1 et 4, et à Dixmude pour les 2 et 3 (pl. LXXXIII, 1ᵉʳ rang).

3ᵉ rang. Mes. de Morkerke. . . Moerkerke (Belg.).

Un seigneur de Mercquerque fut au sacre de Reims en 1461, mais son écu était chargé de 3 coquilles seulement (Armorial copié par Du Cange).

LÉGENDES DU MANUSCRIT.	VARIANTES.
3ᵉ rang. Mes. Jehan Wretton	Virton (Belg.) ?

Avec l'écusson de Rench Vliette sur le tout. (V. planche LXXXIII.) Écrit Verton et Vereton dans les textes du quinzième siècle.

Louich Wireton . . . . . Id.

Comme le précédent, avec cette différence que l'écusson est placé plus haut.

Mons. de Mulem . . . . Mullem (Id.).
Mes. Philippy de Mulem . Id.

4ᵉ rang. Mes. Baudin de Vos . . . .

Baudouin de Vos était grand-bailli de Gand en 1444.

Jehan de Vos . . . . . Id.

Jehan de Vos était capitaine de Gand en 1452. Son écusson rappelle celui de Praet (pl. LXXXIV, 2ᵉ rang).

Sans nom . . . . Gracht (Belg.).

Cet écu, avec les cinq suivants, semble être de la maison de Gracht. (V. pl. LXXXIV, 2ᵉ rang.)

Sans nom . . . . Gracht (Id.).

L'écusson est à peine visible.

Sans nom . . . . Gracht (Id.).

5ᵉ rang. Idem . . . . Id.
Idem . . . . Id.
Idem . . . . Id.
Mons. le bordogne dalous . Aloux (Id.) ?

Écu en blanc ainsi que le suivant. Il y a des Alours et des Janssen cités dans les textes flamands (1426-1436), mais il serait difficile d'affirmer qu'il s'agit d'eux.

Jehan Son. . . . .

Jehan Son comme Janssen veut dire fils de Jean. (Voir plus haut.)

PLANCHE LXXXVI.

Écus de Flandre [4].

(Fol. 72 v. du manuscrit.)

Planche LXXXVI.

Écus de Flandre[4].

(Fol. 72 v. du manuscrit.)

LÉGENDES DU MANUSCRIT.	VARIANTES.
1ᵉʳ rang. Le s. de las Ch(a)mbre...	La Chambre (Belgique).
Mes. Philippy de la Chambre.........	Id.
Mons. d'Aucgherel...	Écu non peint.
Jehan d'Aucgherel...	Idem.
Mes. Gherardy de Stennut.........	Steenhuyse (Belg.).
2ᵉ rang. Mons. de Sanberghe...	Isenberghe (Id.)?
Weinsselin de Sanberghe.	Id.
Mons. de Marke...	La Marck (Prusse).
Nyvelle.........	Nevele ou Nivelles (Belg.)?
Arnot d'Escornay...	Escornaix (Id.).

Voyez planche LXXXIII, 2ᵉ rang.

3ᵉ rang. ...aque de Ducgelle... Dugelle.

Écu écartelé de Ghistelles aux 1 et 4, avec un écusson de Craon-Flandre sur le tout. — Un Jacques de Dugelle fut mis à mort par les Brugeois révoltés contre le duc de Bourgogne.

Jehan de Comine........	Comines (Id.).

Fait chevalier de la Toison d'or en 1429. (V. planche LXXXIII, 2ᵉ et 5ᵉ rang.)

Jehan de Mamines........

V. planche LXXXIV, 1ᵉʳ rang.

Jehan de Beverngem...	Baeveghem (Id.)?
Gera(r)t de Mamines...	

La fleur de lis est chargée d'un écusson qui peut être celui de Ghistelle, car il est trop petit pour qu'on ait pu ici berminer le chevron.

LÉGENDES DU MANUSCRIT.	VARIANTES.
4ᵉ rang. ...er de Hasse.........	

Écu en blanc avec une ébauche commencée de franc quartier au lion.

Jehan de Poucques...	Poucques (Belg.).

La baronnie de Poucques était une des anciennes bannières de Flandre. Un Jean de Pouques, chevalier, fut capitaine d'Audenarde en 1387.

Philippy d'Erpe...	Erpe (Id.).
Josse d'Erpe...	
Jan de Berges...	Bergh (Id.).

Cette maison avait la seigneurie de Walhain. Sur d'autres armoriaux, elle porte d'or au lion de gueules.

5ᵉ rang. ...s de Berges...	Id.
Écu sans nom.........	Moerbeke (Id.).

Semble être celui de Morbecque, bien qu'il n'ait pas plus de six croisettes sur un armorial copié par Du Cange, et que sur d'autres armoriaux, il n'ait pas de croisettes du tout. Cette seigneurie était des anciennes bannières de Flandre. C'est un Denis de Morbecque qui fit, à la bataille de Poitiers, le roi Jean prisonnier.

Jehan de Nieukerke...	Nieuwerkerken (Belgique).

Écu non peint.

Jaque Scak

Olivier de la Marche cite un Jacques Schaeck en 1438.

Lionnel Belle.........

François Belle, avoué d'Ypres en 1300, portait déjà les cloches, mêmes armes parlantes.

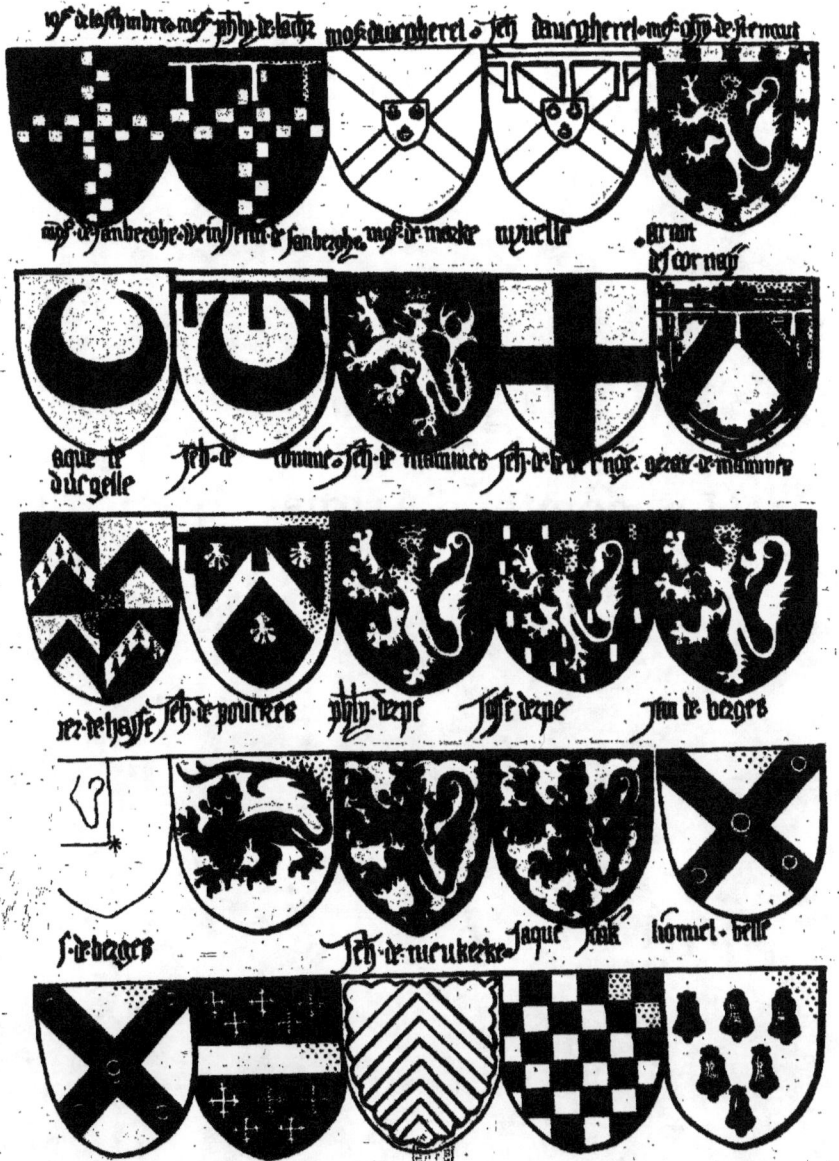

PLANCHE LXXXVII.

Le comte d'Artois.

(Fol. 73 v. du manuscrit.)

Planche LXXXVII.

Le comte d'Artois.

(Folio 78 v. du manuscrit.)

Légende : *Le conte d'Artois* (gothique du quinzième siècle).

Costume : Heaume ayant pour cimier un paon d'argent dans un vol d'or. Lambrequins d'or. — Cotte et housse aux armes d'Artois : semé de France au lambel de gueules de trois pendants chargé de neuf châteaux d'or.
Doublure d'hermines. — Cheval blanc.
On voit dans les neuf châteaux du lambel, une allusion aux neuf châtellenies ou bailliages de l'Artois. On veut aussi que le lambel ait eu dans l'origine quatre pendants, et qu'il ait été pris en premier lieu par Robert, frère de saint Louis, pour rappeler les armes de sa mère Blanche de Castille. L'ancien cri de guerre d'Artois : *Montjoye le comte au blanc esprevier*, donne à penser que le cimier fut d'abord un épervier. On voit par notre figure que l'épervier aurait été remplacé de bonne heure par un paon. Toutefois on n'en retrouve qu'une bien faible trace dans les descriptions qui donnent généralement au cimier du comte d'Artois « une fleur de lis d'or, chaque feuille sommée d'une plume de paon au naturel ». On se rappelle le vœu de Robert d'Artois, condamné deux fois par le Parlement, ne pouvant obtenir d'être mis en possession de l'Artois, et jurant de se venger sur le paon servi à un banquet donné par Édouard III, roi d'Angleterre. Il convient d'ajouter qu'aux repas solennels c'était sur le paon, considéré comme plat d'honneur, que les chevaliers faisaient habituellement leurs vœux de prouesses.

Histoire : L'Artois, qui était à la Bourgogne depuis 1384, n'avait point de comtes à la date de cet armorial.
Comté héréditaire créé par Charles le Chauve, puis donné en apanage au frère de saint Louis, l'Artois avait été érigé en comté-pairie depuis 1297, c'est-à-dire à une date bien antérieure à l'exécution de notre figure, mais l'auteur n'a donné que les douze pairs de première fondation.

PLANCHE LXXXVIII.

Écus d'Artois [1].

(Fol. 74 du manuscrit.)

Planche LXXXVIII.

Écus d'Artois[1].

(Fol. 74 du manuscrit.)

LÉGENDES DU MANUSCRIT.	VARIANTES.
1er rang. Comte de S. Pol	Saint-Pol (Pas-de-Calais).
Comte de Bolloinge	Boulogne (Id.).
Comte de Gynnes	Guines (Id.).

Écu en blanc quadrillé à la pointe sèche pour préparer le dessin du champ qui était vairé et contrevairé or et azur.

Cte de Fokebergge	Fauquembergue (P.-de-Calais).
Le s. de Fosseus	Fosseux (Id.).

Sur d'autres armoriaux, trois jumelles d'or. Mais elles sont bien d'argent dans Berri, et sur l'écu du sire de Fosseux, dit le Borgne, capitaine d'Amiens en 1434. (*Les Clabault*, par A. Janvier, Amiens, 1889, p. 38.)

2e rang. Le s. de Cryky	Créquy (Id.).

Pour la figure héraldique complète, voyez planche XIX.

Le s. d'Ausy	Auxy (Id.).

Philippe d'Auxi, seigneur de Dampierres, tué à Azincourt en 1415.

Le s. de Habbart	Habarcq (Id.).

Sur d'autres armoriaux, fascé d'or et d'azur de huit pièces.

Le s. de Basantin	Bazentin (Somme).

Sur le *Livre de Berri*, six fleurs de lis seulement.

Le s. de Renty	Renty (Pas-de-Calais).
3e rang. Le s. de Brymeu	Brimeux (Id.).

Pour la figure héraldique, voyez planche XVI.

Le s. de la Vieville	La Viéville (Somme).

Sur d'autres armoriaux, les trois anneaux sont mi-gueules et azur, ou posés sur les fasces d'or, 2 et 1.

Le s. de Noielle	Noyelles (Pas-de-Calais).

Pour la figure héraldique complète, voyez planche XXVI.

LÉGENDES DU MANUSCRIT.	VARIANTES.
3e rang. Le s. de Mailly	Mailly (Somme).

Mailly de l'Orssignol, dans Haudicquer.

Le s. d'Autuille	Authuile (Somme).

Dans Haudicquer, Mailly d'Authuille porte d'or à trois maillets d'azur.

4e rang. Le s. de Monsy	Monchy (Pas-de-Calais).
Le s. de Humière	Humières (Id.).
Le s. de Wancourt	Wancourt (Id.).
Le s. de Beaufort	Beaufort (Id.).
Le s. de Fontain	Fontaine (Id.).

Dans Berri, d'or à cinq tournelles de sable.

5e rang. Le s. de Neufville	Neuville (Id.).

Écu non figuré. Il était or fretté de gueules, au quartier de gueules et au lambel d'azur. (Extrait d'un armorial du xve siècle copié par Du Cange.)

Mes. Robert Fretel	

Idem. Un Robert Fretel, de 1361, porte trois chevrons. (Collection Clairembault.) Un Robert Fretel de 1306 porte l'écu fretté. (Demay, *Sceaux d'Artois*.)

Le s. de Heuchin	Heuchin (Pas-de-Calais).

Idem. Écu d'argent semé de billettes de sable au lion de sable armé, lampassé, couronné d'or. (Extrait d'un armorial du quinzième siècle, copié par Du Cange.) Dans Berri, Huchin (sic) écartelé : aux 1 et 4, d'argent à trois fleurs de lis de gueules, pied coupé; aux 2 et 3, d'argent billeté de sable, au lion de sable.

Mons. de Rabedane, Rabodenguez	Rabodanges.

Un Robert de Rabodanges servait comme écuyer en 1386 dans la guerre de Picardie (Clairembault). — Écu écartelé aux 1 et 4 de Rabodanges ; au 2 de Renty. — Sur un autre armorial du dix-septième siècle, Rabondenquelle porte d'or à la croix ancrée de gueules. En 1422 et 1426, il y eut des Rabodinghe, baillis de Saint-Omer.

Mons. de Rame	Ramecourt (Pas-de-Calais)?

Semble de la maison de Heuchin. Voir plus haut.

PLANCHE LXXXIX.

Écus d'Artois[2].

(Fol. 76 du manuscrit.)

Planche LXXXIX.

Écus d'Artois[2].

(Fol. 76 du manuscrit.)

LÉGENDES DU MANUSCRIT.	VARIANTES.

1er rang. Helye. . . . . Heilly (Somme).

Le seigneur d'Heilly fut tué en 1415 en combattant à Azincourt. Jacques d'Heilly fut tué quinze ans après, près de Roye.

Mons. Mally. . . . . . Mailly (Id.).

Mailly-Conty, puîné. (Armorial du quinzième siècle copié par Du Cange. Déjà donné pl. LXXXVIII, 3e rang.)

Mons. de Warenguez. . . Varennes (Id.).
Mons. de Longeval. . . . Longueval (Id.).

Messire de Longueval était en 1417 à l'armée du duc de Bourgogne; Capitaine de Soissons en 1418.

Mons. de Reu. . . . . . . Rubempré (Id.).

Ant. de Rubempré fut fait chevalier en 1423, à l'armée bourguignonne.

2e rang. Mons. de Moy. . . . . Mouy (Oise).

Mouy cadet, selon le *Hérault Picard*, avec champ de gueules fretté or.

Mons. de Dours. . . . Dour? (P.-de-Calais).

Dans Berri, c'est Cresèques. Un sceau de Dours dans l'Inventaire de Clairembault, mais les armes sont autres.

Mons. d'Obigny. . . . Aubigny (Somme).

Jehan d'Obigny était en 1417 à l'armée du duc de Bourgogne.

Mons. de Mailly. . . . Mailly (Id.).

Mailly aîné. « Les maillets verts étaient les droites armes. » (Du Cange.)

Mons. d'Autuil. . . . . Authuile (Id.).

Sans doute un aîné. V. la pl. LXXXVIII, 3e rang. — Jehan d'Authuille fut tué à Azincourt en 1415.

3e rang. Mons. de ... (Sans nom). . . Autheux (Id.).

Sur l'armorial manuscrit de Charolais, c'est l'écu de Des Austeux. Il n'a que deux bandes dans les *Sceaux d'Artois*, publiés par Demay.

Mons. de Jumelles. . . . Jumel (Somme).

Jumelles sur l'armorial de Charolais. *Jumelets*, près Amiens, sur l'armorial manuscrit, 1857, Mazarine.

3e rang. Écu sans nom . . . . Mouy (Oise).

Sur d'autres armoriaux, *Mouy puîné*. Ce devait être le second de la famille, si on se reporte au premier écu du 2e rang.

Écu sans nom . . . . Vadencourt (Somme).

Sur d'autres armoriaux *Wadencourt*.

Mons. de Montonviller. . Montonvillers (Id.).

4e rang. Mons. de Monssures. . . Monsures (Id.).
Mons. d'Aveluies . . . . . Aveluy.

D'Auclieu, près Amiens (armorial manuscrit, 1857, Mazarine). Mais le lion à bordure festonnée est bien d'Aveluy dans Clairembault.

Mons. de Hangait. . . . Hangard (Id.).

Hangart sur un armorial copié par Du Cange, *Hangard* dans Clairembault.

Écu sans nom . . . .

L'écusson du franc quartier semble être de Crèvecœur. — Dans Clairembault, deux chevaliers De Voisins portent six merlettes en orle au franc canton d'hermines.

Écu sans nom . . . . Maucourt (Id.).

De Maucourt (armorial manuscrit, 1857, Mazarine).

5e rang. Écu sans nom . . . . Fouilloy (Id.).

Frelay, sur le *Livre de Berri*. Foulloy sur un armorial copié par Du Cange. — Il y a deux sceaux de Fouilloy conformes à cet écu dans la collection Clairembault, les lions sont couronnés dans l'un et non couronnés dans l'autre.

Mons. de Maissières. . . Mézières (Somme).
Mons. de Myraumont. . Miraumont (Id.).
Mes. Gis de Houcourt. . Haucourt (Pas-de-Calais).
Mons. de Ve. . . . . . Vers (Somme).

De Vere, dit l'armorial de Charolais (manuscrit Arsenal), qui met la fleur de lis sur le tout.

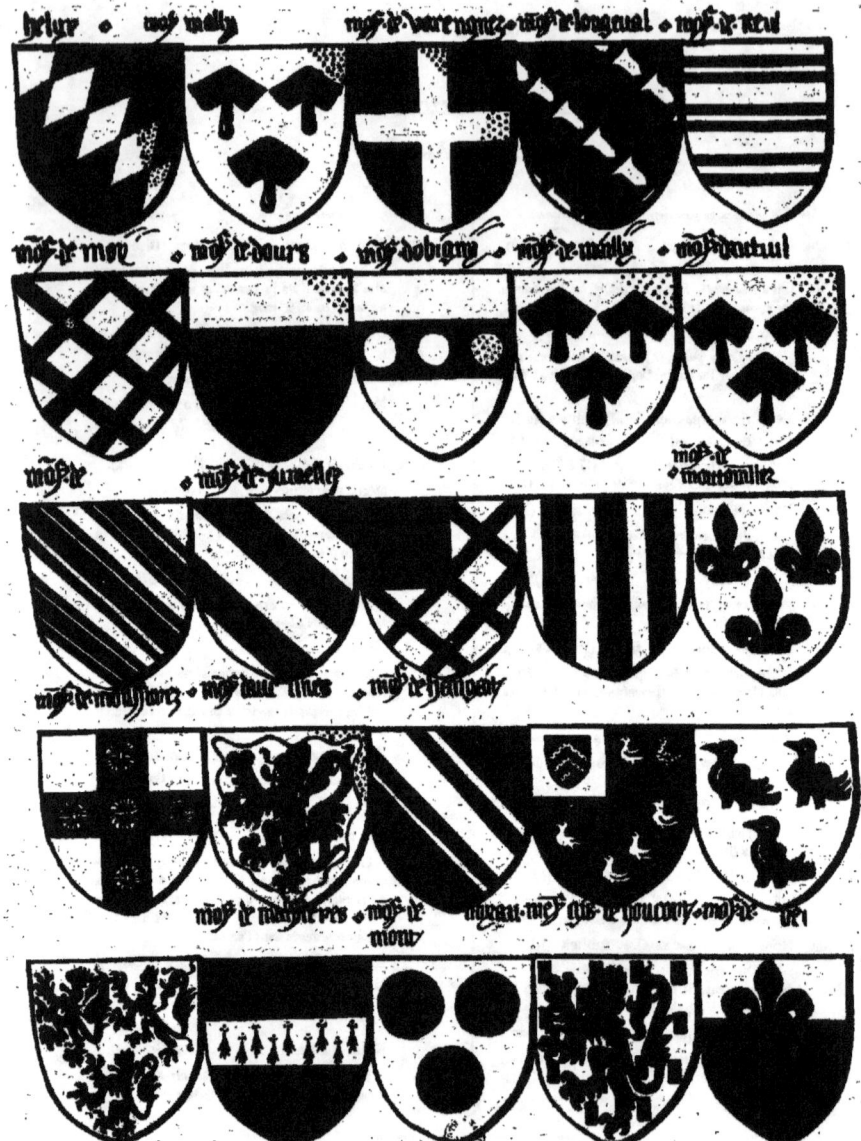

PLANCHE XC.

Écus d'Artois[3].

(Fol. 76 v. du manuscrit.)

Planche XC.

Écus d'Artois[3].

(Fol. 76 v. du manuscrit.)

LÉGENDES DU MANUSCRIT.	VARIANTES.

1er rang....oreul......Moreuil (Som^{me}).

Sur d'autres armoriaux, le champ fleurdelisé est chargé d'un lion naissant d'or ou d'argent. Il en est de même sur tous les sceaux de la collection Clairembault.

Mons. de Maircourt. . . Méricourt (Id.).

Un Jean de Méricourt, chevalier, était à l'armée, dans Arras, en 1385 (Clairembault).

Mons. d'Erdanvielle ? . . . .

Écu écartelé aux 1 et 4 de Rollancourt; aux 2 et 3 de Longueval.

Mons. de Monchy. . . . Monchy (Id.).

Monchy-Cayeux.

Philippe de Sancourt. . . Soyecourt (Id.).

Au dix-septième siècle on prononçait encore Saucourt pour Soyecourt. — C'est de cette maison que sont issus les Mouy.

2e rang....d'Aub...c........

Semble être d'un aîné de Fouilloy. (Voyez planche LXXXIX, 5e rang.).

Hammelet. . . . . . . Hamelet (Id.).
Mons. de Donmarc . . . Domart (Id.).

Trois molettes au lieu de merlettes sur un armorial copié par Du Cange. — Écu d'Aumont sur le *Livre de Berri.*

Bussus . . . . Bussus (Som^{me}).

Sur un armorial du dix-septième siècle, les coquilles sont remplacées par des coquelets.

Mons. de Betisy (*Bessy*, biffé). . . . . . . Béthisy (Oise).

Jean de Béthisy, chevalier, était à l'armée, dans Abbeville, 1380 (Clairembault).

3e rang....onsy . . . .

La première lettre a disparu. Les autres sont exactement celles de Monsy, pl. LXXXVIII, 4e rang. Mais les armes sont autres. C'est le même écu que celui de *Chastelain de Beauvais,* et il figure dans le *Livre de Berri* sous le titre : *Ceulx de Bovès.*

Troulart de Maucreu. . . . .

Pierre de Maucreux, dit Troullart, était capitaine de la tour de Pont-Saint-Maxence en 1404, et bailli de Senlis en 1417.

Mons. de Mouy. . . . . Mouy (Somme).
(*Lesar,* biffé) De Muin . . Demuin (Id.).

C'est presque le même écu que celui de Vers. (V. planche LXXXIX, 5e rang.)

Waregines. . . . . . . Wargnies (Id.).

4e rang. . . . astel . . . . . . Castel (Id.).

Antone (Antoine) de Fressencourt. . . . . . Fressencourt (Aisne).

Simencourt . . . . . . Simencourt (Pas-de-Calais).

Le Hausoye . . . . . . La Houssoye (Somme).

Mes. de Rivery. . . . . Rivery (Id.).

5^e rang. . . nkere, . . . ncre. . . Ancre, aujourd'hui Albert (Somme).

Florent d'Ancre, chevalier, chambellan du duc de Bourgogne, en 1412.

Bosincourt . . . . . . Bouzincourt (Id.).

Bertangle . . . . Bertangle (Id.).
Molencort . . . . . . Morlancourt (Id.).
Quierieu . . . . Querrieux (Id.).

Querieu dans un armorial copié par Du Cange, où le lion est sur le tout. Queru dans le *Livre de Berri.*

PLANCHE XCI.

Écus d'Artois[4].

(Fol. 77 du manuscrit.)

PLANCHE XCI.

Écus d'Artois[4].

(Fol. 77 du manuscrit.)

LÉGENDES DU MANUSCRIT.	VARIANTES.
1ᵉʳ rang. Mons. de Magremont.	.

Charles de Longueval, seigneur de Maigrémont, vivait en 1395. C'était un puîné de Longueval. (V. planche LXXXIX, 1ᵉʳ rang.)

Wauviller . . . . . . Vauvillers (Somᵐᵉ).

Sans doute une famille issue de Longueval. (V. planche LXXXIX, 1ᵉʳ rang.)

Basantin . . . . . . Bazentin (Id.).

Écu donné pour la seconde fois. (V. pl. LXXXVIII, 2ᵉ rang.)

Mons. de Belleforiers (*nom oublié* sur le fac-similé). . Belleforière.

La maison de Belleforière était puissante en Artois. Ses membres furent conseillers et chambellans des ducs de Bourgogne au quinzième siècle. — C'est sans doute le seigneur cité ici que la chronique anonyme de Charles VI fait figurer, en 1417, à l'armée du duc de Bourgogne, sous le nom de Belleforière.

Mons. de Fay . . . . Fay (Somme).

Fayon-Sanglers, sur un armorial copié par Du Cange. Rouge et Charles du Fay furent faits chevaliers devant Dieppe en 1443.

2ᵉ rang. . . . Glisy . . . . . . Glisy (Somme).

Mes. Morelet du Bos. . . . .

Sur le *Livre de Berri*, l'écu des Du Bos est billeté d'or ; le lion, armé et lampassé de sable.

Mons. de Riquebourg . . Ricquebourt (Oise).

2ᵉ rang. Bertranmecourt. . . . Bertrancourt (Somme).

Écu sans nom . . . . . Senarpont (Id.).

C'est l'écu de Monchy. Voyez planche LXXXVIII.

3ᵉ rang. Fossart de Moriamont. . Morilmont (Belgique) ?

Sisoy. . . . . . . Sissy (Aisne) ?

Forennanp. . . . . Fouencamps (Somme).

Folencamp sur d'autres armoriaux. — Même écu, sauf trois molettes au lieu d'un lambel, dans le Catalogue des sceaux d'Artois, par Demay, au nom de Fouencamps.

Mons. de Chelles . . . Chelles (Oise) ?

Sur le *Livre de Berri*, c'est l'écu de Chasteler.

Mons. d'Auffemon. . . . Offémont, château (Somme).

Un Jean de Nesle, sire d'Offémont, en 1385, porte cet écu dans l'Inventaire de Clairembault. — Après avoir joué un rôle actif dans les guerres du commencement du quinzième siècle, il périt avec son fils sur le champ de bataille d'Azincourt.

4ᵉ rang. Mons. d'Epineuse . . . Épineuse (Id.).

Sur le *Livre de Berri*, champ d'or ; mais il est d'hermines dans les armoriaux postérieurs.

Mons. de Hangies. . . . Hangest (Id.).

L'écu de Hangest est dit habituellement « d'argent à la croix de gueules chargée de cinq coquilles d'or. »

mos de magremont · Wauviller · basantin · mos de fay

· mos morelet dubos · mos de pourbone · bertaumecourt

iossart lemoriamont · NSoy · sorenannp · mos de chelles · mos duse mon

mos de spinense · mos de hangies

PLANCHE XCII.

Le roi d'Angleterre.

(Fol. 78 du manuscrit.)

Planche XCII.

Le roi d'Angleterre.

(Fol. 78 du manuscrit.)

Légende : *Le roy d'Angleterre* (gothique du quinzième siècle).

Costume : Heaume ayant pour cimier un léopard couronné d'or, lampassé de gueules, assis sur un chapeau de gueules fourré d'hermines. Lambrequins de gueules. Ils étaient doublés d'hermines, dit Vulson de la Colombière. — Cotte d'armes et housse de cheval aux armes d'Angleterre : écartelé aux 1 et 4 d'azur fleurdelisé or; aux 2 et 3 de gueules à trois léopards d'or, l'un sur l'autre. Ils sont généralement armés et lampassés d'azur sur les armoriaux, et il devrait en être de même pour le lion du cimier. C'était ce qu'au quinzième siècle on appelait « les armes de France et d'Angleterre ». En décrivant les obsèques d'Édouard III, Monselet dit que le deuxième cheval de l'attelage les portait ainsi peintes sur son collier, telles que les portait le roi en son vivant. Sur le collier du premier cheval étaient peintes « les anciennes armes d'Angleterre seulement ».

Doublures d'hermines. — Cheval blanc.

Les héraldistes anglais donnent à leur léopard le nom de *lion passant*. A la vérité, le léopard héraldique ne diffère du lion que parce qu'il présente toujours la tête de face. Une autre différence est à noter, c'est que l'extrémité ou *floquet* de la queue du lion doit être tourné en dedans, tandis que le *floquet* du léopard est tourné en dehors. Cet animal symbolisait l'audace unie à la force. Le chroniqueur Mathieu Paris rapporte que l'empereur Frédéric II, après avoir épousé en 1235, à Worms, une sœur d'Henri III d'Angleterre, ne trouva rien de mieux à lui envoyer que trois léopards vivants, *in signum regalis clypei in quo tres leopardi transeuntes figurantur*.

Deux de ces léopards représenteraient, dit-on, l'écu de la Normandie; le troisième serait l'écu de la Guyenne. On aurait ainsi voulu conserver le souvenir de l'ancienne patrie et de la province conquise. De même, les fleurs de lis représentaient les prétentions à la couronne de France.

Si on se reporte en même temps par la pensée aux devises : *Honni soit qui mal y pense, Dieu et mon droit*, on constate le caractère exclusivement français d'un ensemble que viennent compléter beaucoup de devises bien connues : *Foy pour devoir* (Somerset); *En la rose je fleuris* (Richmond); *Ayme loyaulté* (Bolton); *Pour y parvenir* (Rutland); *Loyauté m'oblige* (Lancastre); *Maintiens le droit* (Chandos); *Dieu défend le droit* (Marlborough); *Ung je serviray* (Ponis); *En Dieu est tout* (Rockingham); *Prest d'accomplir* (Shrewsbury); *Loyalté n'a honte* (Lincoln); *Faire sans dire* (Ilchester); *Nous maintiendrons* (Berkshire); *A ma puissance* (Stamford); *Je ne cherche que ung* (Northampton); *Dieu avec* (Berckley); *Tout bien ou rien* (Gainsborough); *Je me fie en Dieu* (Plymouth); *Un Dieu, un Roy* (Holderness); *Dieu défend le droit* (Spencer); *Gardet la foy* (Powlet); *Malgré l'envie* (Ferrers); *En Dieu est tout* (Strafford); *De bon vouloir servir le Roy* (Tankerville); *Foy en tout* (Sussex); *Espérance en Dieu* (Northumberland); *Je n'oublieray jamais* (Bristol); *Au bon Droit* (Egremont); *Le bon temps viendra* (Harcourt); *Le Roy et le Estat* (Ashburnham); *Loyal devoir* (Granville); *Suivez raison* (Montagu); *Vigueur du dessus* (Jadcaster); *En suivant la vérité* (Lymington); *J'ay bonne cause* (Weymouth); *Bonne et belle assez* (Fauconberg); *Jour de ma vie* (La Wai); *Je le tiens* (Audley); *Pensés a bien* (Wentworth); *Je n'oublieray jamais* (Hervey); *Au plaisir for de Dieu* (Edgcumbe); *Ung Dieu, un Roy* (Lyttleton); *Loyal je seray durant ma vie* (Stourton); *Anglais, craignez honte !* (Portland).

La devise *Dieu et mon droit* aurait été prise par Richard Cœur-de-Lion après un combat heureux livré à Philippe-Auguste sous les murs de Gisors. Celle d'*Honi soit qui mal y pense* date de la fondation de l'ordre de la Jarretière, par Édouard III (1329). *Honi* est une forme ancienne du mot. On a commencé par écrire *huni*, au douzième siècle; toutefois, la forme *honni* est la plus employée dès le siècle suivant.

PLANCHE XCIII.

Écus d'Angleterre [1].

(Fol. 78 v. du manuscrit.)

Planche XCIII.

Écus d'Angleterre[1].

(Fol. 78 v. du manuscrit.)

LÉGENDES DU MANUSCRIT.	VARIANTES.

1ᵉʳ rang. .....s. s............ Duc de Glocester

Thomas de Woodstock, chevalier de la Jarretière sous Richard II, comte de Buckingham, puis duc de Glocester. Le nom écrit ci-dessus doit être *duc de Glocester*.

........he ...... Comte de March.

Roger Mortimer, comte de March, fait chevalier de la Jarretière par Édouard III. Le nom écrit ci-dessus doit être le *comte de Marche*.

Le comte de Kieck. . . . Keek.
Le comte de Hontiton. . . Huntingdon.

Guiscard d'Angoulême, sous Édouard III, et John Holland, sous Richard II, furent comtes d'Huntingdon. Ce dernier devint duc d'Exeter.

Le comte de Marscha. . . Marshal.

John Mowbray, comte Marshal, fait chevalier de la Jarretière par Henri V.

2ᵉ rang. ...te Darby. . . . . . Comte Derby.

Henry de Lancastre, comte de Derby sous Richard II, puis roi sous le nom d'Henri IV.

Le comte de Salsbry . . Salisbury.
Le comte d'Arondel. . . Arundel.

Dans les autres armoriaux, de gueules au lion d'or. — Les comtes d'Arundel étaient des Fitz-Alan.

Le comte de Westmerlant. Westmoreland.

Ralph Nevil, comte de Westmoreland, fait chevalier de la Jarretière par Henri IV (1326-1377).

Le comte de Baidolf. . Bardolph.

Will. Phelip, fait lord Bardolph sous Henri V.

3ᵉ rang. ...te de Waerwyck. . . Warwick.

Thomas Beauchamp, comte de Warwick, fait chevalier de la Jarretière par Édouard III, ou Richard Beauchamp, promu par Henri V.

Le comte de Northamerlant. Northumberland

Sous Henri VI, John Nevil devint lord Montagu, puis comte de Northumberland. Le lion des 1 et 4 est de Northumberland, les trois brochets des 2 et 3 (armes parlantes) sont de Lucy; ils ont été remplacés ensuite par deux luths. Sous Édouard IV, Henri Piercy fut comte de Northumberland.

3ᵉ rang. Le comte de Deveneshie. Devonshire.

Edward Courtney, comte de Devonshire sous Henri VII. Ses armes sont bien celles des Courtenay. (Voyez celles de Devonshire, p. 224.)

Le comte de Stafford. . Strafford.

Hugh Stafford, comte de Stafford sous Édouard III.

Le conthe Oxyet. . . . . Oxford.

Richard Vere, comte d'Oxford sous Henri V.

4ᵉ rang. .... de Grey . . . . . Grey.

John Grey, fait chevalier de la Jarretière par Édouard III; ou Richard Grey, promu par Richard II; sur d'autres armoriaux, l'écu est fascé or et azur.

Le s. de Gryffin. . . . . Riffyn.

Grey de Riffyn.

Le s. de Berkle. . . . . Berkeley.
Le s. de Charteton . . . Charlton.

Edward Charlton, devenu lord Powis, fait chevalier de la Jarretière par Henri IV.

Le s. de Lerbinnet . . . Burnel?

Brunell, sur un armorial du quinzième siècle, copié par Du Cange, avec le sautoir engrêlé de sable aux 2 et 3, et sans bordure aux 1 et 4. — Un Hugh Burnel fut fait chevalier de la Jarretière par Henri IV.

5ᵉ rang. .... le Morlay. . . . . Morley.

Thomas Morley, fait chevalier de la Jarretière par Henri IV.

Le s. de Santonge. . . . Lestrange.

D'*Estinge* sur le *Livre de Berri*; *Lestrange* sur un armorial du quinzième siècle, copié par Du Cange, avec lions armés et lampassés d'azur.

Le s. de Cliffort. . . . . Clifford.

Sir Lewis Clifford, fait chevalier de la Jarretière par Richard II, ou lord John Clifford, promu par Henri V.

Le s. d'Escalles. . . . . Scales.

Lord Thomas Scales, fait chevalier de la Jarretière par Henri VI. — Sept coquilles au lieu de six sur le *Livre de Berri*.

Le s. de des (*sic*) Wet. . . Wells.

Lord Lionel Wells, fait chevalier de la Jarretière par Henri VI.

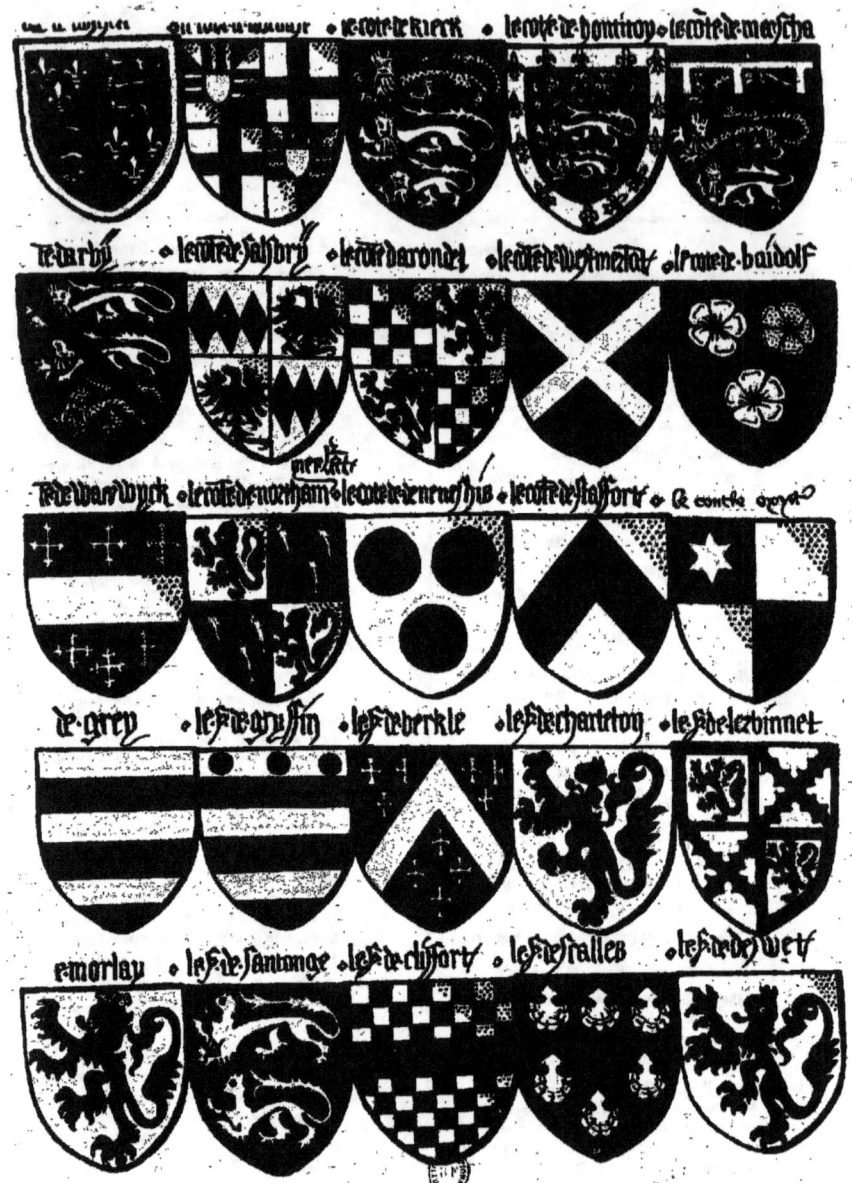

PLANCHE XCIV.

Écus d'Angleterre[3].

(Fol. 79 du manuscrit.)

PLANCHE XCIV.

Écus d'Angleterre[2].

(Fol. 79 du manuscrit.)

LÉGENDES DU MANUSCRIT.	VARIANTES.

1er rang. .... omte de Sufolk . . . Suffolk.

Les 1 et 4 sont de La Pole. Michel de la Pole fut créé comte de Suffolk et fait par Richard II chevalier de la Jarretière.

Le comte de Neville. . . . Nevile.

Ralph Nevile était comte de Westmoreland sous le règne d'Henri IV. La devise latine de Nevile était un jeu de mots : *Ne vile velis.* Sous Henri VI un Richard Nevil fut comte de Warwick.

Le comte de Docsenbore. Oxford.

On a dit ensuite Oxenford, puis Oxford; c'est l'écu de Vere. Richard Vere était comte d'Oxford sous Henri V.

Le comte Pem . . . . . Pembroke.

Écu écartelé de Valence aux 1 et 4; d'Hasting aux 2 et 3. Guillaume de Valence avait été fait comte de Pembroke, au treizième siècle, par Henri III.

Le comte de Anger . . . .

C'est l'écu du duc d'Athol, en Écosse, au *Scots compendium* de 1764.

2e rang. . . te de Beumont . . . . Beaumont.

Le vicomte de Beaumont descendait de Louis VIII, roi de France, d'où son champ fleurdelisé, brisé d'abord d'un bâton componé. John Beaumont, chevalier de la Jarretière, fut fait vicomte par Henri VI.

Le comte de Norantan . . Northampton.

Sous Édouard III, William de Bohun était comte de Northampton.

Le s. de Maorves . . . .

Le s. de Fehus . . . . Fitz-Hugh.

Lord Henri Fitz-Hugh fut fait chevalier de la Jarretière par Henri V.

Le s. de Talbot . . . . . Talbot.

C'est bien l'écu de Talbot. Nous le retrouvons sous le nom de *Catpal* dans un armorial français du dix-septième siècle, où les noms sont plus ou moins altérés, comme presque partout, sans excepter notre recueil. Les Talbot eurent le comté de Shrewsbury.

3e rang. De Fywater . . . . . Fitz-Walter.

Le s. de Lyle . . . . . Lisle.

De l'Yle, avec la fasce de sable accompagnée de deux chevrons qui se retrouve ici, d'après un armorial du quinzième siècle, copié par Du Cange. Hors les trois croisettes, c'est l'écu de Walpole, comte d'Oxford, au *Compendium* de 1769.

Sire Jehan Fastol . . . . Falstaffe.

Sir John Falstaffe, nommé chevalier de la Jarretière par Henri V, 1413-1422. Un autre Falstaffe (pl. XCVIII) porte, aux 1 et 4, la bande de sable chargée de trois coquilles d'argent.

3e rang. Le s. de la Ware . . . La Warre.

La Warde, sans croisettes, d'après un armorial du quinzième siècle, copié par Du Cange.

Le s. de Deinkou . . . . D'Eincourt.

D'Anicourt, avec six billettes, sur un armorial du dix-septième siècle.

4e rang. . . . Cobbem . . . . . Cobham.

Un Reynold Cobham de Scarborough fut fait chevalier de la Jarretière par Édouard III.

Le sr de Spenzyr . . . . Spencer.

Despenser, avec la bande sur le tout, dans le *Livre de Berri.* Cette bande est d'azur dans d'autres armoriaux.

Le sr de Soutse . . . . Souche.

La Souche, dans un armorial du quinzième siècle, copié par Du Cange. Un autre La Souche se trouve pl. XCV.

Le sr de Wylougby . . . . Willoughby.

Robert Willoughby, chevalier de la Jarretière sous Henri V; ou William, promu sous Richard II. — La croix est d'or sur le *Livre de Berri.*

Le s. de Hongerf . . . . Hungerford.

Un Walter Hungerford, chevalier de la Jarretière sous Henri V. — Sur d'autres armoriaux, les tourteaux sont de gueules.

5e rang . . . . Dersy . . . . . Darcy.

Lord Thomas Darcy fut fait chevalier de la Jarretière par Henri VIII. Les trois quintefeuilles des quartiers 1 et 4 furent ensuite remplacées par trois étoiles, et les croisettes furent au nombre de dix, comme nous le voyons par l'écu de Darcy, comte d'Holderness. (*English Compendium,* 1769.)

Le s. de Graby . . . . . Ferrers de Groby

Maclés d'or sur d'autres armoriaux, et même six merlettes d'or sur un armorial du dix-septième siècle. — Ferrers de Groby, sur un armorial du quinzième siècle, copié par Du Cange.

Le s. de Rochevelde . . . Rothresfeld.

Guy de Rotherfede, sur la copie de Du Cange.

Le sr de s. Johan . . . .

Saint-Jean d'Ary, *idem,* avec trois molettes percées d'azur. — Trois étoiles d'argent sur un armorial du dix-septième siècle, avec le nom de saint Jean. — Le vicomte Saint John, au *Compendium* de 1769, porte deux molettes d'or avec un croissant.

Le s. de Hilton . . . . . Hylton.

PLANCHE XCV.

Écus d'Angleterre[3].

(Folio 79 v. du manuscrit.)

PLANCHE XCV.

Écus d'Angleterre[3].

(Fol. 79 v. du manuscrit.)

LÉGENDES DU MANUSCRIT.	VARIANTES.
1er rang. ...s. de Pe..es	

Un armorial anglais du quinzième siècle, copié par Du Cange, donne sous le nom de *Pringhe* un écu fascé or et sinople. Un armorial du seizième siècle donne *Peumes*, mais l'écu est fascé or et azur. Il est vrai que l'azur et le sinople paraissent encore confondus pour l'écu suivant.

Le s. de Persy . . . . . Percy.

Sur d'autres armoriaux, Percy porte d'or au lion d'azur et non de sinople, sans fleur de lis.

Robert Canole . . . . . Robert Knolles.

Robert Knolles, grand sénéchal de Guyenne, mort en 1406.

Le s. de Kamers . . . . Camois.

Camus sur le *Livre de Berri*. — *Camoys* sur l'armorial copié par Du Cange. Lord Thomas Camois fut fait chevalier de la Jarretière par Henri V.

Le s. de Grestoc . . . . Greystock.

Baron de Gray Nol, sur l'armorial copié par Du Cange. Les trois cercles qui chargent le tout, sont, dans le *Livre de Berri*, trois *couronnes* de feuillage de gueules, et ailleurs trois *fermaux* ou trois *chapels* ou *chapelets* de gueules. — *Chapel*, *chapelet* et *couronne* désignent évidemment une même coiffure ouverte, en anglais *chaplet*. Une couronne fleurie s'appelait autrefois *chapel de fleurs*.

2e rang. ... de Forneval . . . Furnival.

C'est le sautoir des Nevile.

Le s. de Luvel . . . . . Lovel.

Lord John Lovel fut fait chevalier de la Jarretière par Henri IV.

Le s. Datry . . . . . Dacres.

D'Aire, sur le *Livre de Berri*. Au *Compendium* de 1769, c'est l'écu du comte d'Albemarle.

Le s. de Harington . . . Harrington.

Sur d'autres armoriaux, écu de sable fretté d'argent.

Le s. de Crombwel . . . Cromwell.

Aux 1 et 4 de Cromwell, aux 2 et 3 de Tatsall.

3e rang. ... de Clinton . . . . Clinton.

Le champ fut ensuite chargé de six croisettes, et les molettes du chef furent d'or, comme on le voit par l'écu de Clinton, comte de Lincoln, en 1769.

Le s. de Ferres (*Ferase* bifé). Ferrers.

Lord Ferrers de Chartley, qui était un Devereux, fut fait chevalier de la Jarretière.

3e rang. Le s. de s. Hamant . . . St-Amand.

Le s. de Cobain . . . . Cobham.

Lord Reynold Cobham fut fait chevalier de la Jarretière par Édouard III.

Le s. de Somerset . . . . Somuerset.

John Beaufort, comte de Somerset et marquis de Dorset, fut fait chevalier de la Jarretière par Henri IV.

4e rang. ... de Bouseres . . . . Bourchier.

Bousede, sur la copie de Du Cange. Quatre bougettes (sacs de cuir agencés et accouplés) sont des armes parlantes. Voyez Bourchyr, Bouzyr, p. 220.

Le s. de Wanwilton . . . Grey of Wilton.

Grey de Wiston, sur un ancien armorial copié par Du Cange. — Ce doit être Wilton, et *wan* est ici pour *van* (*of*).

Lestrop . . . . . . Scroop.

Le Scrop, comte de Wiltshire, *idem*[1].

Le s. de Soule . . . . Zouche.

Hugues la Zouche, avec huit besans seulement, *idem*.

Le s. de Caninghe? . . . .

Reynald Eningham, *idem*.

5e rang. ... de l'Ile.

Gérard le Liler, *idem*, avec le léopard couronné d'or, armé et lampassé d'azur. — De Lille, sur le *Livre de Berri*. Un John Lisle fut créé le 9e chevalier de la Jarretière.

Le s. d'Astelle . . . . . Astley.

Le s. de Maule . . . . . Maule?

De Maule, sur l'armorial copié par Du Cange. Il est à remarquer que cet écu porte des armes semblables à celles du prince de Ligne et que ces armes étaient communes à la maison belge de Maulde.

Le s. de Pulimley . . . . Lumley.

Raul Lumley, *idem*. — Limelee, sur le *Livre de Berri*, avec des papegais de gueules, mais ils sont bien de sinople au *Compendium* de 1769 sur l'écu de Lumley, comte de Scarborough.

Le s. de Lestrop . . . . Scroop.

Richard Le Scrop, *idem*.

---

1. Ce commencement de lambel est sans doute une continuation fautive du voisin.

PLANCHE XCVI.

Écus d'Angleterre[4].

(Fol. 80 du manuscrit.)

PLANCHE XCVI.

Écus d'Angleterre[4].

(Fol. 80 du manuscrit.)

LÉGENDES DU MANUSCRIT.	VARIANTES.
1ᵉʳ rang. ... s. de Say	Say.

Seul titre bien lisible dans le 1ᵉʳ rang. Les quatre autres sont rognés et frustes.

Le s. de D...oie .... Dudley.

Baron de Dudley, sur un armorial du quinzième siècle copié par Du Cange.

Le s. de Blau...... Strange.

Strange de Blokom, idem. — Sous Henri VII, George Stanley portait le titre de lord Strange.

Le s. de Hasting .... Hastings.

Rauf Hastyng, idem.

Le s. de ......

Rappelle l'écu de Talbot.

2ᵉ rang. ... de Ginney. .... Gidney?

Le s. de Warin. .... Fitz-Warrin.

Fitz-Waren, sur un armorial du quinzième siècle copié par Du Cange.

Le s. de Montagu. Montacute, cᵗᵉ de Salisbury.

Bordure de sable sur d'autres armoriaux.

Le s. de Buhn .... Bohun.

Rauf Bahune, sur l'armorial copié par Du Cange, avec champ de gueules.

Le s. de Symo...... Fitz Symond.

3ᵉ rang. ... de Bonne ....

Robert le Bonne, sur la copie de Du Cange.

Le s. de Hugem. .... Hegham.

Le s. de Redman .... Redman.

Le s. de West .... West.

3ᵉ rang. Le s. de Haret. .... Harcourt.

Haretot, sur l'armorial copié par Du Cange. C'est l'écu fascé des Hartcourt (planche LXXVII).

4ᵉ rang. ... e Erpingem. .... Erpingham.

Sous doute Thomas Erpingham, chevalier de grand renom, dit Monstrelet, et grand maître d'hôtel du roi.

Le (s.) de Blont .... Blount.

John Blount, sur l'armorial copié par Du Cange, porte un fascé ondé or et sable.

Le s. de Modeht. .... Mauduit?

Baron de Naudit, sur l'armorial copié par Du Cange.

Le s. de Buton. .... Burton.

Burson, idem.

Le s. de Calve ....

Calveley, idem, avec trois vaches au lieu de trois chevaux.

5ᵉ rang. ... e Grif. ...... Greef?

Greef, idem, avec trois coquilles et non trois têtes. (On retrouve ici les trois têtes des La Pole et la fasce vivrée des West, au *Compendium* de 1769.)

Le s. de Bourchyr. .... Bourchier.

W. *Bourchier, idem.* (Voyez Bousères, page 218.)

Le s. de Hastink. .... Hastings.

Cette manche de gueules distinguait les Hastings de Burgavenny. La manche de sable du 1ᵉʳ rang (écu 4) était de la branche de Hugues de Hastings.

Le s. de Bouzyr. .... Bourchier.

Le s. de Watelo. .... Waterton.

PLANCHE XCVII.

Écus d'Angleterre[3].

(Fol. 80 v. du manuscrit.)

Planche XCVII.

Écus d'Angleterre⁽⁵⁾.

(Fol. 80 v. du manuscrit.)

LÉGENDES DU MANUSCRIT.	VARIANTES.
1er rang. . .s. de Hertinc.	Harting.
Le s. de Pa. . .es. . . .	Peebles ?
Le s. de Stenteles. . . .	. . . .
Écartelé aux 1 et 4 de l'île de Man; aux 2 et 3 de Murray.	
Le s. de Harinton. . .	Harrington.
Le s. de Canservill . . .	Cantewell ?
2e rang. . . .mpeper.	Culper ?
Thomas Culper, écuyer, avec 5 merlettes en chef et le chevron de sable, d'après un armorial du quinzième siècle, copié par Du Cange.	
Zully.	Sully.
A. de Sully, écuyer, *idem*.	
Varlets	
Gérard Ufflecke, *idem*, avec champ d'or aux 1 et 4.	
Clavering	Clavering.
Lougen.	
Neal Longe, *idem*.	
3e rang. Metan.	Matham.
Thomas de Metham, *idem*.	
Ogle.	
Robert Ogle, *idem*.	
Flede.	
Vill. de Fleté, *idem*.	
Reines	
Thom. Reynes, *idem*.	

LÉGENDES DU MANUSCRIT.	VARIANTES.
3e rang. Basset	Basset.
Nicolas Basset, *idem*.	
4e rang. . . .sset	Basset.
John Basset, *idem*.	
Coustal.	Tunstall.
Nicol Toustall, *idem*.	
Zhylney.	Shilney.
Hugh Shilney, *idem*.	
Kyryel	Kyriell.
Sur d'autres armoriaux, champ d'or. — Un Thomas Kyriell, chevalier de la Jarretière sous Henri VI.	
Bare.	Barrée.
Th. Barrée, écuyer, dans l'armorial du quinzième siècle, copié par Du Cange.	
5e rang. . . .hington	Martington.
Thomas Marthington, écuyer, *idem*.	
Warbylton	Warvickton.
Warvikton, *idem*.	
Blount.	Blount.
Thom. Blount, écuyer, *idem*.	
Rouchelif.	Rouelif ?
John Rochef, écuyer, *idem*.	
Beverlee	Beverley.
Ric. de Beverlee, écuyer, *idem*, avec rose feuillée de sinople.	

PLANCHE XCVIII.

Écus d'Angleterre[6].

(Fol. 81 du manuscrit.)

PLANCHE XCVIII.

Écus d'Angleterre[6].

(Fol. 81 du manuscrit.)

LÉGENDES DU MANUSCRIT.	VARIANTES.
1ᵉʳ rang. ... de Karn.	Carne?
Le s. de Coron.	Corton?
Le s. de Rous.	Roos.
Jehan d'Aron.	Arundel.

John d'Arundell, écuyer, d'après un armorial du quinzième siècle copié par Du Cange.

| Le s. de Co...... | Courtney. |
| 2ᵉ rang. ...yeol. | Fitz-Vacol. |

Thomas Fitz Vacol, *idem*.

| Wythoingtot. | Wittington. |

Gérard Wytrington, *idem*, avec le bâton sur le tout.

| Eninghem. | Enyngham. |

Adam Enyngham, *idem*, avec bâton sur le tout.

| Waryn. | Fitz Warrin. |

Foulques Fitz Waryn, *idem*.

| Fastolfer. | Falstaff. |
| 3ᵉ rang. Denyr. | Cuyr. |

Raul de Cuyr, écuyer, *idem*.

| Hou. | Hoo. |

Hoo, *idem*.

Ratclief.	Ratclif, Radcliff.
Clifton.	Clifton.
Stauwel.	Stawell?

LÉGENDES DU MANUSCRIT.	VARIANTES.
4ᵉ rang. Tochet.	Cochet.

Rauf Cochet, sur la copie de Du Cange.

| Vernom. | Vernon. |

Rauf Vernon, *idem*.

| Hamlyn. | Hamelin. |

John Amelyn, écuyer, *idem*. Dans le *Livre de Berri*, les annelets de gueules sont sur champ d'or.

| Irby. | Irby. |

John de Irby, *idem*.

| Vernon. | Vernon. |

Ricard de Wernon, *idem*.

| 5ᵉ rang. Corbes. | Corbet. |

John Corbet.

| Fyles. | Corbet. |

Robert Corbet, fils de John, sur la copie de Du Cange. Le lambel annonce en effet un fils aîné.

| Boys. | Boys. |

Roger Boys, *idem*, avec annelet d'or.

| Wentwater. | Erkenwater. |

John d'Erkentwater, *idem*.

| Zyrkiby. | Kirkeby. |

Ricard de Kirkeby, *idem*.

PLANCHE XCIX.

Écus d'Angleterre [7].

(Fol. 81 v. du manuscrit.)

Planche XCIX.

Écus d'Angleterre[7].

(Fol. 81 v. du manuscrit.)

LÉGENDES DU MANUSCRIT.	VARIANTES.
1ᵉʳ rang	Nevile.

Neville, d'après l'armorial anglais du quinzième siècle, copié par Du Cange. (V. la pl. XCIV, écu 2.)

. . . . Udford.
Henry de Udford, *idem*.
Rauf . . . . St-Léger.
Rauf Saint-Liger, *idem*.
. . . . . intin . . . . . . Saint-Quintin.
William Saint-Quinctin, *idem*.
Basset . . . . Basset.
William Basset, *idem*.

2ᵉ rang . . . y . el . . uroy . . . . . .
R. Zouche . . . . La Zouche.

Ricard La Zouche, d'après l'armorial copié par Du Cange, avec cette différence qu'il porte 10 besans au lieu de 13, et le canton d'hermines au lieu du chef. Le Z se confond avec le trait délié de l'R, ce qui fait deux lettres en une.

Haringten . . . . Harington.
John Haryngthon, *idem*.
Zarbygen . . . .
Ricard Starburgh, *idem*.

LÉGENDES DU MANUSCRIT.	VARIANTES.
2ᵉ rang. Colehull	

Colshull, d'après l'armorial anglais du quinzième siècle, copié par Du Cange.

3ᵉ rang . . . isable . . . . . . Toustall.
Marmeduk Toustall, *idem*, avec la bande sur le tout.
Cay . . . . Caly.
William Caly, *idem*, avec trois étoiles sur la bande.
Dakviler . . . .
Sakeville, *idem*, avec bande de vair sur le tout.
Zelekobde . . . .
M. Saltkesde, *idem*.
Liosome . . . . Lysonne.
John Lysonne, *idem*.

4ᵉ rang . . . yk . . . . Leyk.
Andrew Leyk, *idem*.
Zepbene . . . . Sepdene.
Sepdene, *idem*.

PLANCHE C.

Le roi de Castille.

(Fol. 82 du manuscrit.)

Planche C.

Le roi de Castille.

(Fol. 82 du manuscrit.)

Légende : *Roy de Castille* (cursive du quinzième siècle), *le roy de Castille* (majuscules du seizième siècle).

Costume : Heaume couronné avec un château d'or pour cimier. Sur ce château, un lion naissant de pourpre couronné et armé d'or, lampassé d'azur. Sur d'autres armoriaux, le lion tient à la patte dextre une épée d'argent croisée et pommetée d'or; à la senestre, un bouclier de gueules, et quelquefois un monde ou globe terrestre d'or. — Lambrequins de gueules.
Cotte d'armes et housse de cheval aux armes, écartelées aux 1 et 4, de gueules au château de trois tours à trois créneaux d'or, fermé d'azur et maçonné de sable, qui est Castille (les portes sont de sable et non d'azur, sur quelques armoriaux); — aux 2 et 3, d'argent au lion de pourpre qui est Léon. Ce pourpre qui est noirâtre n'est pas de la nuance ordinairement connue, elle justifierait l'opinion des héraldistes qui voient dans le pourpre un mélange des couleurs habituellement employées.
Doublures blanches. — Cheval blanc.

Histoire : D'abord soumise à des comtes souverains, la Castille fut réunie en 1028 au royaume de Navarre duquel elle fut détachée pour constituer un autre royaume en faveur de Ferdinand, fils de Sanche le Grand, qui se fit couronner roi de Léon en 1033, et réunit ainsi les deux contrées. En 1157, les fils d'Alphonse VIII se les partagent de nouveau, et il faut la mort du roi de Léon, en 1230, pour que les couronnes de Castille et de Léon se réunissent de nouveau sur une seule tête. C'est pourquoi la cotte et la housse du roi de Castille portent un double blason.
La légende a voulu que le lion de Léon ait été l'insigne des rois Goths, conquérants de l'Espagne, ou bien encore qu'il soit une corruption du latin *Legio*, en souvenir de la légion romaine cantonnée d'abord en ce pays. Nous ne citons cette dernière conjecture que pour montrer à quelles extrémités on peut se porter en matière étymologique.
Le plus simple est de voir des armes parlantes dans le lion (*leo*) de Léon comme dans la grenade de Grenade, dans le calice de Galice, dans le castel de Castille. Je sais que sur ce dernier point les étymologistes ont voulu encore trouver mieux. Ils ont cru voir dans le château à trois tours l'image de la tente de l'émir Mohamed el Nasz, prise après la bataille des Naves de Tolosa, en 1212, par Alphonse le Noble. Mais cette tente nous la retrouvons déjà sur l'écu de Navarre, comme conquise à la même bataille, sur le même émir, par Sanche le Fort. Il est certain que la Castille et l'Aragon contribuèrent aussi à cette victoire, mais il ne saurait y avoir double emploi. La Castille a déjà bien assez de sa propre gloire.

PLANCHE CI.

Le roi de Norwège.

(Fol. 87 du manuscrit.)

PLANCHE CI.

Le roi de Norwège.

(Fol. 55 du manuscrit.)

LÉGENDE : *Le roy de Norregaie* (gothique du quinzième siècle). On lit en bas de page : *roy de Noerweghe* (cursive de la fin du quinzième siècle).

COSTUME : Heaume ayant pour cimier un haut bonnet d'or retroussé d'hermines, accoté de deux haches d'armes de fer peintes au naturel (le manche et le tranchant sont d'une seule pièce), et sommé par une queue de paon plantée dans une boule couronnée d'or. Sur le *Livre du héraut d'armes de Gelre*, édité par M. V. Bouton, on voit qu'un siècle précédent, le cimier était un lion peint sur une sorte de haute crête de gueules étoilée à cinq pointes, terminées chacune par une sommité de plume de paon. Les lambrequins sont violets, tandis qu'ils sont d'hermines sur notre planche.

Cotte d'armes et housse de cheval aux armes de Norwège : de gueules au lion d'or, armé et lampassé d'azur, tenant une hache d'armes d'argent (le manche et le tranchant sont d'une seule pièce). Sur d'autres armoriaux, le lion est couronné, armé et lampassé d'or; la hache est à double tranchant, et elle est emmanchée d'or. Au dix-septième siècle, Vulson de la Colombière appelait cette hache *hache danoise*, et lui donnait un tranchant à taillant ondulé en forme d'accolade.

Doublures d'hermines. Cheval blanc.

Donnée isolément ainsi, l'effigie du roi de Norwège semblerait antérieure à l'an 1389 qui vit ce royaume réuni au Danemark et à la Suède sous le sceptre de Marguerite de Waldemar. Mais nous avons déjà vu que notre recueil ne tient pas compte des changements politiques. Une fois reconnue, chaque royauté y reste escortée par ses attributs héraldiques qu'un pouvoir nouveau peut s'attribuer sans les dénaturer jamais. Les souverains peuvent changer, leur représentation symbolique reste immuable.

PLANCHE CII.

Le roi de Hongrie.
(Fol. 92 du manuscrit.)

PLANCHE CII.

Le roi de Hongrie.

(Fol. 92 du manuscrit.)

Légendes : *Honguerye* et *Roy de Ongherie* (cursive du quinzième siècle).

Costume : Heaume couronné ayant pour cimier une autruche naissant d'argent, tenant au bec un fer de cheval de sable, dans un vol de deux plumes d'argent. On retrouve cette autruche comme cimier du roi de Sicile, duc de Lorraine.

Lambrequins d'argent. — Cotte et housse aux armes de Hongrie : Fascé d'argent et de gueules de huit pièces. L'étoffe des fasces de gueules est damassée.

Doublures bleues. — Les jambes du cheval n'ont pas été figurées.

La tradition veut qu'en l'an 1000, saint Étienne, premier roi de Hongrie, ait porté d'argent à la croix patriarcale de gueules sur une motte à trois coupeaux de sinople, en signe de reconnaissance pour le pape Sylvestre II. Quand la Hongrie prit un fascé d'argent et de gueules de huit pièces (d'autres mettent six), on vit dans les quatre fasces d'argent une allusion à quatre rivières de Hongrie (Danube, Drave, Nisse et Save). Toutefois, des armoriaux comme le *Wappenbuch* ont réuni les deux blasons en un seul, mi-parti. Le P. Ménestrier le décrit de même, mais la croix patriarcale d'argent sort d'une couronne d'or posée sur une terrasse de sinople, et le champ est d'azur.

Histoire : Ancienne Dacie, ancienne Pannonie, puis envahie par les Huns d'Attila (leur nom se retrouve en tête du vieux mot *Hunguerie*), par les Avares et par les Madgyars, la Hongrie finit en l'an 1000 par constituer un tout homogène avec Étienne Iᵉʳ. Les sentiments chrétiens de ce prince lui valurent, avec le titre de roi, la consécration du pape Sylvestre II.

La couronne donnée alors par le pontife paraît encore dans les sacres. Posée au quatorzième siècle sur la tête de Robert, comte d'Anjou, elle fut un moment reconnue par la Dalmatie, par la Croatie et par toutes les principautés danubiennes. Son fils, Louis Iᵉʳ, porta en même temps la couronne de Pologne, et fut maître de la Galicie. Ces jours glorieux se retrouvèrent encore au quinzième siècle avec Jean Hunyade et Mathias Corvin. Mais les succès de la Turquie avaient bien changé la situation lorsque la royauté de Bohême et de Hongrie se trouva réunie sur la tête du roi Louis II, beau-frère de Charles-Quint, tué dans le combat de Mohacz, en 1526. Faut-il voir une espérance de relèvement dans sa devise *Sola spes mea*, qui accompagnait un diadème impérial placé entre deux couronnes royales accompagnées de six étoiles? Au-dessus était figurée une troisième couronne avec huit étoiles, qui en surmontait encore une quatrième, celle-là faite de laurier, et coupée par un arc-en-ciel. Ce malheureux prince fut tué en combattant les Turcs dans des marais où son cheval l'avait embourbé. On ne put retrouver son corps que deux mois après.

Le roi de Bohême.

(Fol. 97 du manuscrit. — *Figure inachevée non reproduite.*)

Au folio 97 du manuscrit se trouve une figure à moitié dessinée et peinte. Les légendes *Bahengne* (cursive du quinzième siècle) et *le roy de Bohême* (seizième siècle) montrent qu'elle représentait le roi de Bohême. Son heaume couronné a pour timbre un vol de sable. Sur le rouge de sa cotte et de sa housse on a laissé en blanc la place d'un lion à queue nouée et passée en sautoir.

On sait qu'à la fin du douzième siècle, l'empereur Henri IV avait fait de la Bohême un royaume électif. Il avait reconnu à ses habitants, en cas de vacance, le droit d'élire un roi suivant leurs anciennes coutumes ; ils ne pouvaient de même, être cités à d'autre tribunal que les leurs, et tout appel à une autre justice était annulé de plein droit. La jouissance de leurs mines, de leurs péages, le droit de recevoir des juifs et de battre monnaie, leur étaient également garantis.

Sans aucune contestation, le roi de Bohême devait avoir le pas, en Allemagne, sur tous les autres souverains. Il marchait seul derrière l'empereur dans les circonstances solennelles, et, quand celui-ci se mettait à table, le roi, qui était archi-échanson de l'Empire, devait se présenter à cheval avec une coupe ou gobelet plein de vin et pesant 12 marcs d'argent. Après être descendu et avoir posé la coupe sur la table impériale, il allait s'asseoir à la table particulière qui lui était réservée.

PLANCHE CIII.

Le duc de Lorraine.

(Fol. 100 du manuscrit.)

PLANCHE CIII.

Le duc de Lorraine.

(Fol. 100 du manuscrit.)

Légende : *Le roy de Sesille* (gothique du quinzième siècle).

Notre titre ne se conforme point à la légende, parce que, même en Lorraine, le roi René fut appelé surtout roi de Sicile. Nous pourrions l'attester en citant les textes contemporains des vieux chroniqueurs. Au moyen âge, le titre le plus élevé primait sans doute les autres. C'est ainsi que dans le comté de Provence on a gardé le souvenir non du comte, mais du *roi René*. A la vérité, il n'y aurait en rien d'étonnant qu'un roi de Sicile figurât ici. Mais l'absence de tous les autres princes d'Italie montre bien que l'auteur eut en vue le duc de Lorraine; il devait le donner comme il a donné ses voisins de Champagne, de Bourgogne et des pays Rhénans.

Costume : Heaume couronné ayant pour cimier une autruche naissant d'argent, tenant au bec un fer de cheval de sable, entre deux plumes d'argent. C'est un ancien cimier des ducs de Bourgogne (v. pl. 75); c'était aussi le cimier du roi de Hongrie, et on se l'explique par ce fait que la maison d'Anjou fut, de 1308 à 1386, sur le trône de Hongrie. Les armes hongroises vont se retrouver au quartier 1 de l'écu. Les ducs de Lorraine ont eu pour cimier une aigle couronnée et colletée d'un chapelet d'or à double croix pendant. Les supports furent de même deux aigles colletées de chapelets d'or auxquels pendait la double croix de Lorraine avec la devise : *Dévot luy suis*. On rapporte que la devise de Godefroy de Bouillon après la prise de Jérusalem aurait été : *Casus ne, Deus ne?*

Cotte et housse aux armes écartelées: 1° d'un fascé d'argent et de gueules (Hongrie) ; 2° d'azur fleurdelisé d'or au lambel de gueules (Anjou-Sicile) ; 3° d'argent à la croix potencée d'or cantonnée de quatre croisettes de même (Jérusalem); 4° d'azur fleurdelisé d'or à la bordure de gueules (Anjou); 5° d'azur à deux bars adossés d'or, le champ semé de croix recroisettées au pied fiché de même (Bar); 6° d'or à la bande de gueules chargée de trois alérions d'argent (Lorraine).

Van den Berch, héraut d'armes des provinces du Rhin en 1677, affirmait que la croix potencée et les croisettes de Jérusalem n'étaient qu'une déformation des deux premières lettres de Hiérusalem (l'I brochant sur la barre de l'H). La légende dit aussi que les trois alérions de la bande de Lorraine conservent la mémoire d'un coup de flèche de Godefroi de Bouillon qui aurait percé trois oiseaux à la fois au siège de Jérusalem.

Doublures violet clair. — Cheval blanc.

Histoire : Le titre de roi de Sicile daterait notre figure de l'an 1434 au plus tôt. En effet, les six quartiers décrits ci-dessus ne peuvent avoir été pris que par René, duc d'Anjou en 1417, duc de Bar en 1430, duc de Lorraine en 1431, roi de Naples, Sicile et Jérusalem en 1434; il descendait de Charles-Robert, roi de Hongrie en 1308. Il n'y manque que le quartier d'Aragon pris par le roi René à cause de sa mère l'infante Yolande, sous la tutelle de laquelle il commença de régner. Je dois ajouter que dans les armes figurées jusqu'ici, l'écu de Lorraine ou d'Aragon est placé sur le tout. Quant au nombre des quartiers, il est variable.

On connaît les revers qui ne cessèrent d'éprouver la personne et la famille de ce souverain, trop ami des arts et des lettres pour se maintenir à cette rude époque de luttes incessantes. Le surnom, toujours populaire, de *bon roi René* devait lui rester dans l'histoire comme un dédommagement de la perte successive de ses nombreuses possessions.

PLANCHE CIV.

Le roi de Portugal.
(Fol. 105 du manuscrit.)

PLANCHE CIV.

Le roi de Portugal.

(Fol. 105 du manuscrit.)

LÉGENDE : *Roy de Portighal* (cursive du quinzième siècle) ; *le Roy de Portugal* (seizième siècle).

COSTUME : Heaume couronné ayant pour cimier un dragon naissant dans un vol d'or. Lambrequins d'argent. — Cotte et housses aux armes de Portugal : d'argent à cinq écussons d'azur posés en croix, chacun chargé de cinq besans d'argent mis en sautoir ; à la bordure de gueules chargée de châteaux d'or et de demi-fleurs de lis de sinople.
Doublures vertes. — Cheval noir.

HISTOIRE : On dit le plus souvent que la bordure porte sept châteaux, trois en chef ; mais les fleurs de lis ne se retrouvent point sur les armoriaux postérieurs en date, et même sur d'autres armoriaux du quinzième siècle (1288, ms. Bibl. Mazarine). Elles sont là en mémoire de l'ordre de chevalerie d'Aviz, ordre fondé en 1146, réorganisé par Alphonse Ier en 1162, et ainsi nommé en 1181 parce que la ville d'Aviz venait de lui être cédée. Il fut réuni à l'ordre de Calatrava, après avoir puissamment contribué à la réduction des Maures. La croix d'Aviz était fleurdelisée de sinople, comme nous le voyons ici. Quant aux châteaux accompagnant les fleurs de lis, on a dit qu'ils rappelaient l'union d'Alphonse III avec une princesse de Castille ; ils dateraient alors de 1248 au plus tôt.

Les cinq écussons disposés en croix et chargés chacun de cinq besans d'or perpétuent le souvenir de la victoire de Campo-Ourique, gagnée sur cinq rois maures par le fondateur de la monarchie portugaise, Alphonse Ier, comte de Portugal, fils d'Henri de Bourgogne et arrière-petit-fils de Hugues Capet, proclamé roi sur le champ de bataille. On sait que les besans ou sous d'or de l'Orient représentaient en langue héraldique les dépouilles des Infidèles. — Cette tradition est rappelée sur un coin de la page de notre manuscrit par une inscription latine du seizième siècle que nous reproduisons telle quelle : *Alphonsi I, regis filii, in scuto cœruleo S. minora scuta atque 30 numi. obs. devictos R. uno prælio.* En lisant *cærulea* au lieu de *cæruleo*, *sex* au lieu de *S.*, *nummi* au lieu de *numi*, *obstant* au lieu de *obs.*, *reges* au lieu de *R.*, on pourrait traduire ainsi : *Dans l'écu d'Alphonse I, fils de roi, six écussons d'azur et trente besans rappellent les rois vaincus dans un seul combat.* Cette variante de six écussons au lieu de cinq, se retrouve dans la *Science des armoiries* de Palliot ; le titre de *fils de roi* donné à Alphonse Ier, fait sans doute allusion à son aïeul Hugues Capet.

Afin de ne rien omettre, citons encore trois variantes bien moins probables sur le sens des écussons. Pour les uns, ils représentent les drapeaux pris à Ourique. Pour les autres, ils rappellent les cinq plaies de Jésus-Christ, et les besans seraient les trente deniers de Judas (il faudrait, en ce dernier cas, six écussons). Pour d'autres enfin, les cinq écussons rappellent cinq blessures reçues par Alphonse Ier, toujours à la même bataille. Cité par le pape auquel les Portugais s'étaient plaints d'impôts excessifs, il lui aurait suffi de montrer ses cinq cicatrices pour obtenir gain de cause.

PLANCHE CV.

Le roi d'Aragon.

(Fol. 108 du manuscrit.)

Planche CV.

Le roi d'Aragon.

(Fol. 108 du manuscrit.)

Légendes : *Aragon, roy d'Aragoun* (cursive du quinzième siècle); *le roy d'Aragon* (minuscules du seizième siècle).

Costume : Heaume couronné, à lambrequins bleus ornés d'une croix pattée d'argent, ayant pour cimier un dragon naissant dans un vol d'or. Cotte et housse aux armes d'Aragon : d'or à quatre pals de gueules. Doublure bleue. — Cheval noir.

Plus tard, le dragon du cimier tint une lance d'or avec bannière d'argent à la croix de gueules. La tradition voulait que cette bannière représentât les anciennes armes de Navarre, prises par Dom Pèdre Ier (1094) dans un combat où saint Georges lui était apparu dans la mêlée, tenant un bouclier d'argent à croix de gueules. Auparavant, l'écu d'Aragon portait, dit-on, un chêne pour rappeler les vastes forêts du pays. Les historiens espagnols disent aussi que ce même Dom Pèdre coupa, dans un seul combat, livré en 1100, la tête de quatre rois Maures. De là viennent, ajoutent-ils, les quatre têtes noires des armoiries d'Aragon, — têtes manquant ici comme la bannière. Notre figure n'a que les pals rouges sur or, et, à leur sujet, reparaissent les légendes.

Ces quatre pals viendraient de Raymond Bérenger, comte de Barcelone, qui gouverna l'Aragon de 1137 à 1162, et dont l'aïeul, Geoffroi le Velu, blessé dans un combat livré aux Normands, aurait paru couvert de sang devant l'empereur Charles le Chauve. Comme il ne lui avait demandé que des armes pour toute récompense de sa vaillante conduite, l'empereur aurait répondu en trempant quatre doigts dans le sang qui avait découlé de sa blessure, et en les promenant tout sanglants sur son écu.

Le fait est conté un peu différemment par Vulson de la Colombière dans sa *Science héroïque* (Paris, 1644). Il dit pour Aragon : « d'or à cinq pals de gueules. Il y en a qui n'en mettent que quatre. Ces armes sont depuis le roy Louïs le Bègue qui les donna à Geoffroi ou Vuiffrey (ce qui est le même nom), comte de Barcelone. Sa Majesté ayant sceu que ce comte avoit fait des merveilles de sa personne en la bataille qu'il gagna sur les Normans, et que ses blessures le retenoient en la tente, elle y fut le trouver. Et ayant esté requise de lui donner des armes, elle trempa le bout de sa main dans le sang des playes du comte, et sur son escu qui estoit d'or, elle traça quatre traits en forme de pals. »

Sans qu'il soit besoin de faire ressortir les divergences de faits et de noms, on peut retenir de ces deux citations que les armes d'Aragon furent à un certain moment celles des comtes de Barcelone. Un de ces comtes put aider en effet Charles le Chauve à combattre les Normands, car celui-ci eut le rare bonheur de les chasser d'Angers vers 862. Toutefois, le comté de Barcelone ne devint héréditaire en faveur de Geoffroi le Velu que vingt-six ans après, en 888. Quant à la tradition des quatre doigts, nous en dirons ce que nous en avons dit déjà. Il y a trop d'écus à pals pour qu'on croie à la trace sanglante des quatre ou cinq doigts de Charles le Chauve ou de Louis le Bègue.

PLANCHE CVI.

Le roi de Navarre.

(Fol. 115 du manuscrit.)

Planche CVI.

Le roi de Navarre.

(Fol. 115 du manuscrit.)

Légende : *Roy de Navarre* (gothique du quinzième siècle).

Costume : Heaume couronné d'or. Au quatorzième siècle, le *Livre de Gelre*, publié par M. V. Bonton, lui donne pour cimier une couronne d'hermines avec plumail de plumes de paon, et lambrequin aux armes.

Cotte d'armes et housse de cheval aux armes de Navarre qui sont parties : — *au premier*, écartelé aux 1 et 4, de gueules à la chaîne d'or rangée selon toutes les partitions de l'écu, et en double orle, avec émeraude posée en cœur (Navarre) ; aux 2 et 3, d'azur fleurdelisé d'or à la bande componée d'argent et de gueules (Évreux). — *Au deuxième*, écartelé en sautoir aux 1 et 4, d'or à quatre pals de gueules (Aragon) ; au 2, de gueules au château d'or (Castille) ; au 3, d'argent au lion de pourpre couronné d'or (Léon).

Doublures violacées. — Cheval bai brun.

Histoire : Les chaînes de Navarre furent prises, dit-on, par le roi Sanche le Fort en mémoire de la victoire qu'il remporta sur l'émir Mahomet le Vert ou el Nasr, le 16 juillet 1212, aux Naves-de-Tolose, avec l'aide des armées alliées de Castille et d'Aragon. Le camp des Sarrasins était entouré de chaînes de fer qu'il rapporta comme trophées, et qu'on voyait au dix-septième siècle dans plusieurs églises de Navarre. Ainsi, on les aurait employées pour forger une grille intérieure de la cathédrale de Pampelune. M. Germond de Lavigne en parle dans sa description de la chapelle de la Santa-Cruz : « La grille qui la ferme, ajoute-t-il, est un vénérable souvenir de l'histoire belliqueuse de la Navarre, et se rattache à la glorieuse origine historique de l'*orle* de chaînes qui entoure l'écu des armes de Navarre. Dom Sanche avait conservé ces chaînes comme trophée de victoire. Des fragments se retrouvent encore dans la cathédrale de Tudela, à Roncevaux, et dans la salle de la Députation provinciale à Pampelune ; la plus grande quantité fut reforgée pour construire les grilles de la chapelle de la Santa-Cruz. Ce fait est rappelé par une inscription latine placée sur un panneau, à l'entrée de la chapelle. »

Dom Édouard du Coëtlosquet a bien voulu relever pour nous les quatre vers de cette inscription :

Cingere quæ cernis crucifixum ferrea vincla,
Barbaricæ gentis funere tapta, manent.
Sanctius exuvias discerptas vindice ferro
Huc, illuc, sparsit stemata frusta, pius[1].

« Je copie textuellement, nous écrit-il, ces distiques, d'après lesquels les chaînes de Las Navas de Tolosa devaient, primitivement au moins, entourer le crucifix de la chapelle. Le mot *Sanctius* doit s'entendre du roi Sanche ; le mot *stemata* devrait être écrit *stemmata*. »

D'après Madoz, auteur d'un dictionnaire géographique de l'Espagne, l'église actuelle de Roncevaux fut fondée par le roi Sanche le Fort ; ses cendres ainsi que celles de sa femme D. Clemencia sont renfermées dans une urne de jaspe, dans le presbyterium, du côté de l'Évangile ; leurs bustes se trouvent au-dessus de l'urne et à leurs côtés pendent deux fragments des chaînes fameuses. D'autres familles navarraises avaient orné de même leurs écus pour rappeler la part prise à cette bataille. Ces chaînes, mal représentées ensuite, ont été prises pour un rais d'escarboucle pommeté d'or.

J'ai cru devoir entrer dans ces détails, parce qu'un héraldiste de 1677, P. du Val, dans son *Blason en plusieurs tables* (page 139), avance que les chaînes n'existaient point soixante années auparavant. Les cérémonies du couronnement des rois de Navarre avaient conservé la tradition antique. En 1429, leur roi Jean II et sa femme sont encore élevés sur un bouclier soutenu par les députés du royaume, et montrés ainsi au peuple, après avoir juré de respecter ses droits, dans la cathédrale de Pampelune.

---

1. Ces chaînes de fer que tu vois autour du crucifix furent enlevées aux Barbaresques ; elles demeurent ici en témoignage de leur extermination. Ici et ailleurs, la piété de Sanche a réparti, comme des pièces honorables, les dépouilles conquises et brisées par son glaive vengeur.

PLANCHE CVII.

Le roi de Pologne.

(Fol. 119 du manuscrit.)

Planche CVII.

Le roi de Pologne.

(Fol. 119 du manuscrit.)

Légendes : *Pollainne, Poulenne* (cursive du quinzième siècle), *le roy de Pologne* (majuscules du seizième siècle).

Costume : Heaume à lambrequins rouges, ayant pour cimier une aigle éployée d'argent, couronnée, becquée et membrée d'or, liée sous les ailes d'un ruban fleuronné de même. — Cotte et housses aux armes de Pologne qui sont de gueules à l'aigle d'argent semblable à celle du cimier.

Doublures vertes. — Cheval blanc. La sangle du cheval est apparente sous la selle, dans l'entre-bâillement de la housse.

La tradition veut que le roi Lech ait trouvé une aire d'aigles lorsqu'il bâtit la plus ancienne ville de Pologne, nommée Gnesne (en polonais *gniezno* : nid). D'où l'aigle d'argent de ses armes. Le roi Sigismond, mort en 1545, fit frapper des médailles à l'aigle avec ce rappel mythologique : *Jovi sacer*. Lorsque Henri III fit son entrée à Paris comme roi de Pologne, on connaissait si peu ses armes nouvelles, que Favyn, dans son *Théâtre d'honneur*, publié en 1620, dit : « Les peintres ignorans, à la vue de hérauts plus ignorans qu'iceulx, blasonnèrent les armes de Pologne d'argent et de sable, au lieu qu'elles sont de gueules à l'aigle d'argent. »

Histoire : Ancienne terre des Sarmates et des Sclaves, la Pologne, qui avait plus de deux cents lieues carrées avant le partage de 1772, était au moyen âge encore plus vaste, puisqu'elle allait de la Silésie à l'Ukraine. Élu par la noblesse, soumis aux lois qu'elle seule avait le droit de préparer, le roi n'était que son délégué.

Entre deux élections, l'archevêque de Gnesne, primat du royaume, remplaçait le souverain. L'élection se faisait à l'unanimité des voix de la noblesse réunie à cheval sur une grande place entourée d'un fossé, à laquelle on accédait par trois portes réservées : la première, aux électeurs de la Grande Pologne ; la seconde, aux électeurs de la Petite ; et la troisième à ceux de la Lithuanie. À cheval aussi, se tenaient certaines diètes ou assemblées générales de la nation. Le cheval jouait enfin son rôle aux obsèques des rois comme à leur élection. Un cavalier armé entrait dans l'église, galopant jusqu'au catafalque sur lequel il brisait le sceptre du défunt au son des trompettes et des timbales. Cinq autres cavaliers venaient ensuite briser, à tour de rôle, la couronne, le globe, le cimeterre, les javelots et la lance.

Les basiliques polonaises étaient d'ailleurs familiarisées avec le bruit des armes, et jusqu'au dix-huitième siècle leurs fidèles tiraient le sabre pendant la lecture de l'Évangile, afin de mieux montrer qu'ils étaient prêts à verser leur sang et celui des autres pour la défense de la foi.

Pages 85 et 86, j'ai reproduit la lettre que M. le Bon Oscar de Watteville a bien voulu m'adresser sur les caractères principaux du blason polonais. De la même source, viennent les détails qui suivent ; ils visent exclusivement les *herb* ou tribus aristocratiques que notre manuscrit cite d'une façon irrégulière, et forment un précieux complément des indications que j'avais pu recueillir pages 246 à 250, en m'aidant d'autres armoriaux imprimés et manuscrits postérieurs en date à celui-ci, qui est le plus ancien connu. J'ai dit dans l'Introduction comment il devait avoir été dressé sur les indications d'une ambassade Polonaise, envoyée à Arras, en 1434.

INDICATION RECTIFIÉE DES HERB POLONAIS

CITÉS PAR LES PLANCHES CVII A CX

Au point de vue de la science héraldique, la Pologne est un des deux ou trois pays qui ont conservé la forme primitive de la Tribu (*the tribal form*, disent les Anglais). Cent cinquante à deux cents blasons constituent les armes de cinq

à six mille familles nobles de l'ancienne Pologne. Les brisures n'étant qu'une exception, les écartelures n'étant pas admises, les familles portaient à l'infini les armes primitives. De plus, les anoblis, les gentilshommes étrangers ne pouvaient entrer dans la noblesse polonaise qu'après *adoption* par une famille noble, et par le fait de cette adoption ils prenaient de droit les armes de la famille adoptante.

Ces familles diverses, portant toutes les mêmes armes, forment une sorte de clan, ce qu'en polonais on appelle un HERB (armoirie), mot qui, comme presque toutes les locutions héraldiques de la Pologne, vient de l'allemand [1]. De *Herb* vient *Herbars* (armorial), et le meilleur traité que je connaisse sur la matière est l'*Armorial polonais* de Niesiecki (10 vol. in-8°, Leipzig, 1839-1846. — Herborz Polski K. Niesieckiego), qui donne le nom et les armes de tous les Herb et les noms de toutes les familles qui composent ces Herb. Et ce n'est pas peu de chose : ainsi le Herb Jastrzębiec (ou des Accipitrins, nom tiré de l'épervier qui leur sert de cimier) compte 292 familles ; le Herb Rolia (n° 16 du ms.) compte 66 familles ; le Herb Roch, 29, etc., etc.

D'autre part, et de cette constitution même résulte que des familles de même nom portent des armes différentes suivant le Herb dont elles font partie. Ainsi pour les familles portant le nom d'*Ostrowski*, on en trouve :

une en Galicie portant les armes du Herb . . . Topor.
— Pologne — — . . . Gryf.
— » — — . . . Nalencz.
— Prusse [2] — — . . . Grzymala.
— » — — . . . Korab.
— » — — . . . Meczuja.
— » — — . . . Rawicz.
— » — — . . . Rogala.

Deux observations encore avant d'aborder l'identification.

Le nom des Herb est tantôt en polonais, tantôt en latin, tantôt dans les deux langues.

Les Herb tirent presque toujours leurs noms du meuble principal de l'écu ; quelquefois du cimier.

Enfin le ms. de l'Arsenal 4790, dans les noms qu'il donne, indique tantôt le nom du Herb, tantôt le nom d'une famille appartenant au Herb. Dans l'énumération ci-dessous, je donnerai toujours et uniquement le nom du Herb.

N° 1. Duché de Masovie [3].
2. Woiwodie de Kalisien (Palatinus sive Voyewodestz).
3. — de Leopolien.
4. Herb Boiicza.
5. — Antiquus equus ou Starykon.
6. — Rawa.
7. — Roscza ou Rosza.
8. — Nalencz ou Nalanez (quelques auteurs croient que le linge figuré sur l'écu, sous la forme tordue d'une ceinture, est la toile qui ceignait les reins de N.-S. J.-C.)
9. — Odrowasch.

---
1. *Erben*, acquérir, hériter.
2. Duché de Posen principalement.
3. Manuscrit 4790 de l'Arsenal, p 120.

N° 10. Herb Sulyma. Dans le ms 1114 bibl. de l'Arsenal (*stemmata Poloniæ*) l'aigle est sur champ d'or et les trois pierres sont d'argent.
11. — Topor (V. n° 59, Oxa ou Oksa).
12. — Kosllarog, ou Giellicha, ou Jelita. Dans le ms. 1114, les 3 lances sont d'or. Les Zamoiski sont de ce Herb.
13. — Nyesobia. (Ms. 1114 : coupé de gueules sur or à la flèche d'argent empennée de sable.)
14. — Écartelé aux 1 et 4 du Herb Strzegonia.
15. — » Il doit y avoir ici une erreur, il existe un Herb en Pologne portant un taureau. Celui de Ciolek (dont est Poniatowski) porte d'argent au taureau de gueules. C'est ce que donne le ms. 1114.
16. — Rolia.
17. — Porcarii ou Swinki. Dans le 1114, la manche est d'azur sans boutons.
18. — Dombrowa.
19. — Lodzia.
20. — Strzegonia.
21. — » Doit être une répétition imparfaite du n° 3 (Leopolien).
22. — Woiwodie de Dobrinen. Dans le 1114, le champ est de gueules.
23. — de Cujavie (ms. 1114 : parti d'or à l'aigle couronnée de gueules et d'or au lion couronné de sable et lampassé de gueules).
24. Herb Lyeliwa.
25. — Acervorum (le meuble est le hangar appelé *Brog* en polonais, destiné à abriter la moisson).
26. — Zadora.
27. — Cygnorum.
28. — Griffus ou Swiewoda (le Woiwodie de Belzew les mêmes armes, à la réserve du griffon qui est couronné).
29. — Traby ou Tromby. Les Radzywill écartellent de Traby par suite d'adoption lors de la réunion de la Lithuanie à la Pologne (le ms. 1114 donne d'argent à 3 cornets de sable, virolés et enguichés d'or).
30. — ?
31. — Korab ou Korabite (ms. 1114 : mêmes armes avec une voile d'argent).
32. — Godzamba (ms. 1114 : arbre feuillé de sinople ; tronc naturel).
33. — ?
34. — Rogalia ou Czaborii (ms. 1114 : parti d'argent à la corne de cerf de gueules, et de gueules à la corne de taureau de sable).
35. — Dolanga.
36. — Bijlini.
37. — Powalia ou Ogonczijk.
38. — Habedank ou Abdank.
39. — Praegina (ms. 1114) avec l'épée au naturel. Ou Ostoya, mais alors l'épée et les croissants sont d'or.

N° 40. Herb Drija (au ms 1114 : de gueules à 3 pierres posées en bande).
41. — Srzeniawa.
42. — ?
43. — Pomian (l'épée sur la tête du *Zembron* (*bos urus*) a la pointe en bas dans le ms. 1114).
44. — Mandrosthkij.
45. — ?
46. — Nowina (ms. 1114 : d'azur au fer à cheval d'argent, les bouts en haut, accompagné entre ses branches d'une croix d'argent).
47. — Orlija (ms. 1114 : d'argent à l'aigle de gueules armée d'or, étoile d'or).
48. — ?
49. — Prawditarum ou Prawdzic (ms. 1114 : de gueules au lion d'or issant d'un mur crénelé du même).
50. — ?

N° 51. Herb Grimala.
52. — ?
53. — Doliwa (ms. 1114 : champ d'azur).
54. — ?
55. — »
56. — »
57. — »
58. — »
59. — »
60. — Polukozija.
61. — Janiina (ms. 1114 : l'écu en abîme est de pourpre).
62. — Korcznck.
63. — ?
64. — Roc ou Pirzchala (ms. 1114 : d'argent au roc d'échiquier de sable).
65. — Oxa (semblable à Topor, v. n° 11).

PLANCHE CVIII.

Écus de Pologne [1].

(Fol. 119 du manuscrit.)

PLANCHE CVIII.

Écus de Pologne.[1]

(Fol. 119 du manuscrit.)

Voir les pages 85 et 86, 243 et 244. Lettres de M. le baron de Watteville.

LÉGENDES DU MANUSCRIT.

1ᵉʳ rang. Le duc de Masowe.

Variantes : Massaw, Masovie. — Sur d'autres armoriaux, tête d'aigle contournée ; l'aigle est armée d'or, et porte quelquefois un demi-cercle tréflé d'or sur les ailes.

La grande Polaine.

Var. *Kalisiensis terra.* Le vrai nom est *Kalisien.* — Duc de Gnesna, d'après le ms. de Charolois. Dans un armorial du seizième siècle, la couronne repose entre les cornes qui ne la traversent point, et qui sont au naturel. L'anneau est de fer.

Sans nom.

Léopolien. — Duc de Léopolie (Charolois). Armes parlantes (*leo*). Lion lampassé de rouge dans un armorial du seizième siècle.

Idem.

Var. Boiincza. — Sur d'autres armoriaux, la double croix est plantée sur un tertre de sinople.

2ᵉ rang. Le s. de Meowed.

Var. Nastiałka. — Sur d'autres armoriaux, écu sans bordure. Le cheval est cabré, ne porte pas une sorte de sangle, mais une sorte de housse de sable. Cependant on le retrouve avec cette sangle dans l'écu de Zybiiłka (Silésie) au *Wappenbuch.*

Le s. de Placotnu.

Var. Rava, Rawa. — Cette famille était originaire de Bohême. Sur d'autres armorieux, la femme est couronnée d'or, non debout, mais assise sur l'ours. Les mêmes armes sont attribuées, au dix-septième siècle, aux Dembinski et aux Sobieski.

Sans nom.

C'est l'écu des Rosza ou Rossa. (La rose semble arme parlante.)

Le s. de Samochuly.

Var. Samotulski, Nalecz, Nalencz.

3ᵉ rang. Le s. de Czerozny.

Var. Odrovas, Odrowasch. — Au *Wappenbuch,* le même écu est commun aux von Lassota, von Buchten et von Bilitsch (Silésie).

Le s. de Tapow.

Var. Topor, Starza. — Au *Wappenbuch,* c'est l'écu de Probelwitz et de Trzinsky (Silésie).

3ᵉ rang. Le s. de Bolesla.

Var. Kosłorog, Koliarogi ou Jelita, Kosliarogii ou Giellicha, avec des lances à hampe d'or et à fer d'argent.

4ᵉ rang. Le s. de Capiensse.

Var. Famille de Kepinsky.

Sans nom.

Écu écartelé de Strzegonia ou Strzegomia, aux 1 et 4.

Idem.

Un armorial du seizième siècle (ms. Arsenal) donne cet écu à la famille « *Taurorum, ex Almanid orta* ». Le taureau est de gueules sur champ d'argent, ce qui est plus vraisemblable que notre taureau d'azur sur gueules, contraire aux règles du blason.

Les de Rolisse.

Var. Rolia, Rola. — Sur d'autres armoriaux, les trois socs de charrue sont au naturel et la quintefeuille est d'or.

5ᵉ rang. Mess. Sceyinkin.

Var. Swinki. — Sur d'autres armoriaux du seizième siècle, champ de gueules et manches d'azur sans boutons. Hure au naturel. — Dans le *Wappenbuch,* cet écu se retrouve au nom de von Danewitz (Silésie), avec cette différence que le champ est d'argent.

Coszeglow.

Cette flèche à double croix se retrouve, sur d'autres armoriaux, portée par les familles Dombrowa, Bzura, Murza, Niessobia.

Lodza.

Var. Loza, Lodzia. — Dans d'autres armoriaux, on voit un mât sur le navire. Se retrouve au *Wappenbuch,* sur l'écu de Grotowsky (Silésie).

Sans légende.

Les armoriaux du seizième siècle donnent cet écu à la famille Strzegonia ou Strzegomia.

le duc de masouwe · la grnde polame

le sir meolwed · le sir placornu · le sir samochuly

le sir czuzuy · le sir aporow · le sir tupow · le sir bolesta

le sir capnensse · le sir kolyse

mes sreuukin · rozeglow · lodza

PLANCHE CIX.

Écus de Pologne[2].

(Fol. 120 du manuscrit.)

PLANCHE CIX.

Écus de Pologne[2]

(Fol. 120 du manuscrit.)

LÉGENDES DU MANUSCRIT.

1er rang. Sans nom.

C'est l'écu de Lewart, sur les anciens armoriaux de Pologne. Armes parlantes (*lœw*). Il semble inachevé.

Le s. de Lanstrove.

Var. Dobrzinen, *Dobrinensis terra*. — Sur un armorial du seizième siècle, tête de vieillard à barbe blanche, avec cornes au naturel passant dans la couronne, et robe d'azur montant jusqu'à la barbe blanche ainsi que les cheveux longs.

Sans nom.

Les écus de la *Lanciensis* ou *Lanciciensis*, et de la *Siradiensis terra*, sont partis de même, mais les couleurs sont différentes. — Selon Charolois, c'est « le P. de Siradie ». Au *Wappenbuch*, les von Burckhaus, de Silésie, semblent avoir le même écu.

Le s. de Lywy.

Sur d'autres armoriaux polonais, Leliwa, Lieliwa, Lyeliwa, avec étoile à six rais seulement. De même au *Wappenbuch*, où l'écu se retrouve au nom de von Demritz (Silésie).

2e rang. Le s. de Haska.

Var. Brog ou Leszic, famille des *Acervorum*. — Les colonnes qui soutiennent la toiture du hangar sont d'argent sur d'autres armoriaux.

Le marécal de Polaine.

Var. Zador, Zadora.

Le s. de Swambek.

Var. Famille des *Cignorum* ou *Cingnorum*, ou Labe, ce qui est la même chose, le cygne s'appelant *labek* en polonais. Cet écu se retrouve au *Wappenbuch* de 1605 sous le nom de von Schwamiberg (montagne du cygne), ce qui donne à penser qu'il s'agit ici d'un nom allemand polonisé.

Le s. de Grifon.

Nom francisé ; armes parlantes. — **Var.** Griffus ou Szwiewoda, Swieboda. Dans l'armorial de Charolois, c'est l'écu du Palatin de Belzie. Au *Wappenbuch*, c'est celui d'Odorsky (Silésie).

3e rang. Le s. de Respsza.

Var. Famille des Trabi ou Trabii. — Champ d'argent et huchets garnis d'or sur d'autres armoriaux.

LÉGENDES DU MANUSCRIT.

3e rang. Le s. de Savech.

Le s. de Korabyo.

Var. Korab, *Familia Korabyorum*, Corabite. Sur d'autres armoriaux, mât à voile d'argent.

Le s. de Godzambo.

Var. Godzamba, Godziemba. — Sur d'autres armoriaux, cinq branches au lieu de trois, avec feuillage de sinople.

4e rang. Sans nom.

Même écu que celui des Pobog, Pobodze, moins la bordure.

Mylenosky.

Var. Famille de Rogala, Rogalia ou Czabori. — Se retrouve au *Wappenbuch* comme écu des von Wentzky (Silésie).

Sans légende.

Dolanga porte un écu semblable, mais sans bordure, avec la pointe de flèche en bas.

Bylinb.

Var. Bilini, Bylina ou Byliny. — Sur d'autres armoriaux, ce n'est pas une croix à pied fiché, mais une poignée de glaive brisé, avec champ d'azur.

5e rang. Ogonow.

Var. Ogonczyk, Powalia. — C'est une flèche posée sur un bois d'arc d'or dans les autres armoriaux du seizième siècle.

Hebdank.

Var. Habdank, Habdanck. Famille des Szyrokomlia.

Moszczyez.

Var. Modrzeiewski, Famille Ostoia. — Croissants d'or sur un armorial du seizième siècle. — Au *Wappenbuch*, c'est l'écu de Schemonsky (Silésie).

Drya.

Var. Dria, Driia. — Sur d'autres armoriaux, la bande est une barre chargée de trois diamants d'or, à monture de sable.

PLANCHE CX.

Écus de Pologne[3].

(Fol. 120 du manuscrit.)

PLANCHE CX.

Écus de Pologne [3].

(Fol. 120 du manuscrit.)

LÉGENDES DU MANUSCRIT.

1er rang. Petermon Cirrolb.

Var. Srzeniavo, Srzeniawa. — La bande ondée représente un fleuve ; la croix est d'or dans un armorial du seizième siècle. Cet écu se retrouve au *Wappenbuch*, sous les noms de Dobschütz et de Gottschalkowski (Silésie).

Scolt.

Au *Wappenbuch*, c'est l'écu de Karnitsky (Silésie), mais l'échiqueté est gueules et argent.

Pomyanow.

Var. Pomian. — Sur des armoriaux du seizième siècle, cornes de sable, pas d'anneau, et glaive avec pointe en bas. Il y est dit, de plus, qu'un membre de cette famille de Pomian ayant commis un fratricide, le roi Vladislas II imposa le glaive et retira l'anneau. Cependant, on voit ici les deux.

Mandoustky.

Var. Mandrosthki, Mandrostki. — Un armorial du seizième siècle détache la flèche du bois d'arc avec lequel elle fait ici corps, et sur lequel elle repose seulement. Ce bois d'arc est d'or dans l'armorial précité.

2e rang. Szeligy.

Var. Szeliga. — Sur un armorial du seizième siècle, croix d'or issant d'un croissant d'or.

Navinna.

Sur d'autres armoriaux : Novina, Nowina, avec champ d'azur. De même au *Wappenbuch*, où cet écu se retrouve sous le nom de Sobitschowsker (Silésie). Le fer à cheval sous la croix y est plus précisé.

Sans nom.

Paraît être l'écu des Orlia ou Orliia. — Sur un armorial du seizième siècle, aigle de gueules, membrée d'argent et serrée d'or, sur champ d'argent.

LÉGENDES DU MANUSCRIT.

2e rang. Jehan de Nowaczerce.

3e rang. Nicolay de Kyuyky.

Des *Prawditarum*. — Mur maçonné au naturel sur d'autres armoriaux.

Sans nom.

L'écu des Globok est le seul qui rappelle celui-ci sur les armoriaux du seizième siècle, et encore ne s'y trouve-t-il que la tête du poisson.

Idem.

Écu de Grimala ou Grzimala, avec cette différence que les tours sont au naturel sur champ d'or. Les Potuliski, Gosliski, Grudzinski usaient de semblables armoiries.

Idem.

4e rang. Idem.

Écu des Doliva ou Doliwa. Cité par le P. Ménétrier dans sa *Méthode du blason*. Lyon, 1780.

Idem.
Nycolaus de Sceymbliald.
Nicolaus de Hor.

5e rang. Jehan Rasperolla?

Sans nom.

Écu de Korzbok ou Korczbok. — On le retrouve au *Wappenbuch*, au nom de la famille von Seidlitz (Silésie).

Idem.

L'écu de Zaramba rappelle celui-ci, mais les couleurs sont autres, à part le lion de sable. De plus, le mur est crénelé, et il n'y a que trois losanges.

PLANCHE CXI.

Écus de Pologne[4].

(Fol. 121 du manuscrit.)

Planche CXI.

Écus de Pologne[4].

(Fol. 121 du manuscrit.)

Dans ces cinq écus, le champ est de gueules et les pièces sont d'argent.

LÉGENDES DU MANUSCRIT.

1ᵉʳ rang. Martin de Wroczymhow.

C'est une tête d'âne gris au naturel. — Un Martin Wrocimowski, qui peut être celui-ci, vécut de 1409 à 1475 ; il était garde de la bannière de Cracovie. Mais alors il ne porte pas l'écu de son herb : Pulkozic ou Polvkozia ou Polukoziia. Au *Wappenbuch*, cet écu est celui de von Pritzelwitz (Silésie).

Sans nom.

Écu des Janiina, Janik, Wiezbieta, etc.

Idem.

Ces hamaides se retrouvent sur l'écu de la famille Branicki.

LÉGENDES DU MANUSCRIT.

1ᵉʳ rang. Sans nom.

2ᵉ rang. Idem.

Dans d'autres armoriaux, roc d'échiquier de sable sur argent ; il est ici d'argent sur gueules. C'est l'écu de Roch (armes parlantes) ou Pirzchala.

Idem.

Au-dessous, on lit *Oksza* (écriture du seizième siècle). C'est bien l'écu des Oxa ou Ocksza, avec cette différence que le manche de la hache est d'or sur d'autres armoriaux.

(A la suite, un facétieux du dix-septième siècle a grossièrement ébauché un blason sur lequel il a écrit : « Mons' de la Goutte. »)

PLANCHE CXII.

Le roi de Suède.

(Fol. 121 v. du manuscrit.)

Planche CXII.

Le roi de Suède.

(Fol. 121 v. du manuscrit.)

Légende : *Suède* (cursive du quinzième siècle).

Costume : Heaume à lambrequins d'or, ayant pour cimier deux bras élevés d'hermines, sortant de larges manches d'or fourrées d'hermines, les mains au naturel se rapprochant pour soutenir une couronne d'or avec diadème de plumes.

Cotte d'armes et housse de cheval aux armes de Suède : trois couronnes d'or sur champ d'azur. Selon certains héraldistes, ces trois couronnes rappelaient l'union de Calmar qui, de 1389 à 1523, établit un seul gouvernement pour la Suède, la Norwège et le Danemark. Selon d'autres, elles représentaient les trois nations auxquelles commandaient les anciens rois du pays : Suède, Gothie et Vandalie. La Gothie se trouvait au midi de la Suède, et ses îles, dont l'une a gardé le nom de Gothland, firent d'abord donner à la Baltique le nom de mer Gothique. De là partirent les peuplades conquérantes qui firent trembler l'Empire romain, poussèrent jusqu'à Rome et Constantinople, commandèrent un instant de la Baltique à la mer Noire, comme au sud des Gaules et au nord de l'Espagne. La Vandalie était située sur la côte septentrionale, de l'autre côté de la Baltique; elle fut le berceau d'autres envahisseurs restés non moins fameux. Le nom d'Andalousie (*Vandalusia*) semble être seul resté aujourd'hui pour nous rappeler que les Vandales allèrent jusqu'à l'extrême sud de l'Espagne.

Mentionnons enfin, pour la curiosité du fait, une troisième hypothèse au sujet des trois couronnes de Suède. Notre héraldiste Vulson de la Colombière (le président de Boissieu) s'appuie sur l'historien Paul-Émile pour y retrouver « les armes des anciens Gaulois ». Mais en supposant que la science du blason leur ait été connue, la forme même de ces couronnes serait une autre cause d'invraisemblance.

Pl. CXII.

PLANCHE CXIII.

Le roi d'Écosse.

(Fol. 130 du manuscrit.)

Planche CXIII.

Le roi d'Écosse.

(Fol. 130 du manuscrit.)

Légende : *Le roy d'Écosse* (majuscules du seizième siècle). On remarque dans le voisinage deux devises, l'une anglaise : *Indefens* (in defense) qui se traduirait mot à mot : *pour la défense ;* — et l'autre latine, que devait conserver la maison de Stuart : *Me nemo impune lacesset* (personne ne me provoquera impunément). Le *Scots Compendium* de 1764 met : *Nemo me impune lacessit* (personne ne m'a impunément provoqué), ce qui donne un sens un peu différent.

Ces devises n'empêchaient pas les souverains d'en prendre d'autres à l'occasion. Ainsi Jacques V, mort en 1524, qui semble presque contemporain de cette miniature, avait pris pour emblème une baleine conduite par un petit poisson, avec ces deux mots : *Urget majora*.

Cette miniature est la seule qui soit du seizième siècle. C'est très certainement un travail de la Renaissance. C'est aussi la seule enluminure qui ne soit pas faite à la gouache ; elle a moins de caractère que les autres planches dont la facture est plus grossière, mais elle l'emporte de beaucoup par sa correcte élégance.

Costume : Heaume couronné d'or. Ses fleurons ont ceci de particulier qu'ils sont ciselés en forme de plumes, un peu comme la couronne qui figure sur les armes du prince de Galles. Il n'en est point question dans le *Scots Compendium*, qui ne parle que de fleurs de lis et de croix pattées ou fleuronnées.

Pour cimier, un lion couronné d'or tenant une épée de fer. Cotte d'armes et housse de cheval aux armes d'Écosse : d'or au lion de gueules enfermé dans un double trescheur fleuronné et contrefleuronné de même. Dans les anciens armoriaux, ce lion est armé et lampassé d'azur. — Doublures vertes.

Demi-bottes jaunes à éperons d'argent. La braconnière ou jupon de fer semble faite de longues lames métalliques juxtaposées verticalement.

Troussequin de selle en cuir rouge. — Cheval blanc.

L'Écosse n'avait autrefois qu'un lion dans ses armes. Son roi Alexandre III, allié de saint Louis, aurait voulu lui donner un signe d'amitié en encadrant ce lion d'un trescheur fleurdelisé. Ce trescheur fut doublé, en 1371, par Robert Stuart, lorsqu'il renouvela l'alliance de son pays avec la France, sous Charles V. On retrouve la même addition sympathique sur un certain nombre d'écus écossais des planches 114 et 115 : Bouchany, Moray, Orkenay, Seton, Ross, Gordon, Dunbar.

Je dois ajouter que la tradition du trescheur fleurdelisé porte, en Écosse, une date plus reculée. Le *Scots Compendium* de 1764 la fait remonter au roi Achaius (ou Anchaius), contemporain de Charlemagne ; il aurait voulu montrer ainsi que les fleurs de lis de France (bien moins anciennes, comme on sait) étaient sous la garde du lion d'Écosse. Le nombre des devises françaises est relativement moins considérable en Écosse qu'en Angleterre. Au dix-huitième siècle, voici toutes celles que j'ai pu relever : « En la rose je fleuris (Lennox) ; — Jamais arrière (Douglas) ; — Ne oublie (Montrose) ; — Si je puis (Radcliffe) ; — Toujours prest (Hyndford) ; — Avance ! (Portmore) ; — Tout jour (Finlater) ; — Garde bien ! (Montgomery) ; — Je pense plus (Mar) ; — Sans peur (Sutherland) ; — Si je puis (Livingston) ; — Tâche sans tache (Northesk) ; — Grâce me guide (Forbes) — La fortune passe tout (Rollo) ; — Je suis prest (Lovat). — Dans les écus qui suivent, je ne puis retrouver plus de trois de ces devises.

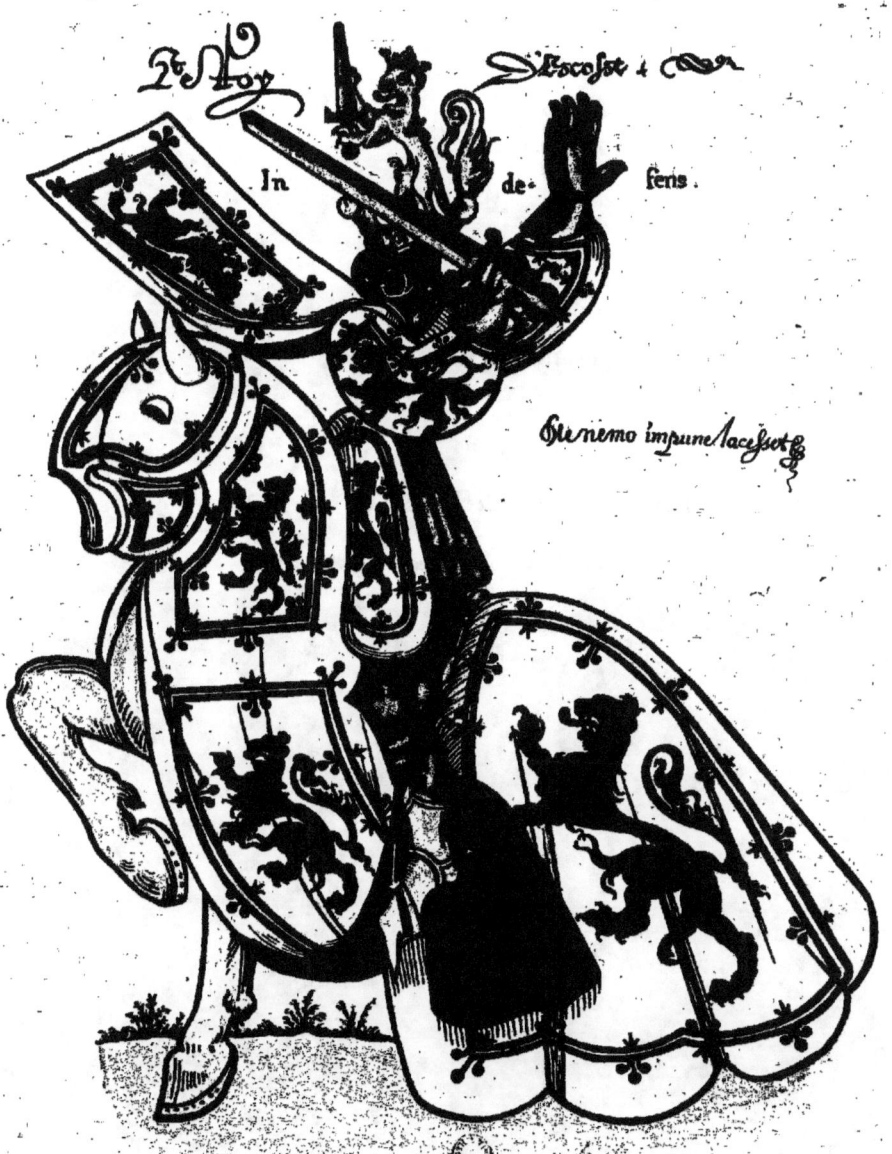

PLANCHE CXIV.

Écus d'Écosse[1].

(Fol. 130 v. du manuscrit.)

Planche CXIV.

Écus d'Écosse[1].

(Fol. 130 v. du manuscrit.)

LÉGENDES DU MANUSCRIT.	VARIANTES.

1er rang. Duc de Touraine...e conte de Dou... . . . . . Duc de Touraine, Le Cte de Douglas.

Archibald, Cte de Douglas, fut fait duc de Touraine par le roi Charles VII de France qu'il était venu secourir avec un corps écossais. On lui doit la victoire de Baugé, remportée sur les Anglais en 1421.

Le duc de Albenye . . Albany.

Robert Stuart le jeune fut le premier duc d'Albany. 1402.

Le conte d'Anghenus . . Angus.

Archibald Douglas fut créé comte d'Angus, en 1389, par Robert III. — Sur notre manuscrit, on a joint à l'écu la devise : *Jamais arrière* (écriture du dix-septième siècle).

Le conte de la Marsce . . March.

2e rang. Le conte de Anendal . . Annandale.

Le père du roi Robert Ier était un Robert Bruce, Cte d'Annandale.

Le conte de Carkik . . . Carrick.

C'est un Cte de Carrick, Robert Bruce, qui se fit reconnaître comme roi d'Écosse en 1306.

Le conte de Bouchany . . Buchan.

Un Erskine fut créé comte de Buchan par Jacques III en 1469. Jacques, Cte de Buchquhanie, ambassadeur d'Écosse en France. 1473. — Sur notre manuscrit, la devise est : *Juge nocht* (Judge nought) (écriture du dix-septième siècle).

Le Stouwart d'Escosse . . Le sénéchal d'Écosse.

Armes de la maison de Stuart. Son chef, nommé Walter, prit vers 1080 le nom des fonctions de stewart ou sénéchal que lui avait données le roi Malcolm III.

3e rang. Le conte de Goriach . . . . . .

Cet écu se retrouve dans celui de W. Keith, fait comte Marshal en 1455. — Sur notre manuscrit on a dessiné au seizième siècle une main qui montre du doigt une couronne avec la devise : *Tibi soli*, et au dessous : *Dud Schaw* (écriture du seizième siècle).

3e rang. Le comte de Linax . . . Lennox.

Le comte de Moray . . . Murray.

Devise : *Salus per Christum* (écriture du seizième siècle). — Les losanges furent ensuite pommetés, et on ajouta *Redemptorem* à *Christum*.

Le comte d'Orkenay . . . Orkney.

Devise : *Sic fuit, est et erit* (écriture du seizième siècle). — Au dix-huitième siècle, la devise était changée en *Trough*. — Sur d'autres armoriaux, les 1 et 4 sont d'azur et non de sinople. Les 2 et 3 sont de Sinclair.

4e rang. Le s. d'Arghil . . . . . Argyll.

Devise : *byd my Tyme* (écriture du dix-septième siècle). — Écu antérieur à la nomination de Lord Campbel comme comte d'Argyll qui est de 1457.

Le s. de Crichton . . . . . Crighton.

Devise : *God send grace* (écriture du seizième siècle). — Dans les armoriaux postérieurs, le lion n'est point couronné. — Les Crighton furent créés au dix-septième siècle vicomtes d'Air et comtes de Dumfries.

Le s. de Edemenston . . Edmonston.

Le s. de Setonne . . . . Seton.

Devise : *Zit ford ward* (écriture du seizième siècle). — Les Seton furent créés comtes de Winten en 1600.

5e rang. Le s. de Calandar . . . Callender.

Callendar en Irlande, sur un armorial du dix-septième siècle. — Les Callender s'allièrent dès le quatorzième siècle aux Levingston qui devinrent comtes de Callender en 1641, dans le comté de Stirling.

Le s. de Perston . . . . Preston.

Le s. de Hirsson . . . . . .

Le hérisson semble ici arme parlante.

Hallisndre Narn . . . . Alexandre Nairn.

Sous Jacques II, Alexandre Nairn était contrôleur des comptes du royaume d'Écosse. — Sur des armoriaux postérieurs, les émaux sont transposés et la couronne est de feuillage.

PLANCHE CXV.

Écus d'Écosse[2].

(Fol. 131 du manuscrit.)

Planche CXV.

Écus d'Écosse [2].

(Fol. 131 du manuscrit.)

LÉGENDES DU MANUSCRIT.	VARIANTES.

1er rang. Le conte de Mer . . . . Le comte de Mar.

Devise : *Je pense plus* (écriture du dix-septième siècle). — L'érection du comté de Mar remonte au règne de Jacques II (1430).

Le conte de Stratheran . . Strathern.

Le comte de Crafford . . . Crawford.

Devise : *Induir furth* (écriture du dix-septième siècle). Aujourd'hui : *Indure furth*. — L'érection du comté de Crawford est de l'an 1399. — Les 1 et 4 de l'écu sont de Lindsay ; les 2 et 3, d'Abernetty.

Le conte de Rôs . . . . Ross.

La nef des 1 et 4 porte une aigle d'azur.

2e rang. Le conte Miatecht. . . Menteith.

On lit sous l'écu : *Ry' de reasone* (écriture du seizième siècle).

Le conte de Catins . . . Caithness.

Le conte Douglais. . . . Douglas.

L'érection du comté de Douglas est de 1357. — Mais s'il faut en croire un armorial du quinzième siècle copié par Du Cange, cet écu serait celui de Douglas, créé comte de Morton en 1456. — Sur les armoriaux postérieurs, le cœur est couronné ; les étoiles sont des molettes.

Le conte de Feif . . . . Fife.

Ce titre aurait cessé d'être porté vers 1424. Les comtes de Fife avaient le privilège de couronner le roi et de commander l'avant-garde en campagne. Moins le double trescheur, leur écu porte les armes d'Écosse.

3e rang. .. e vyconte d'Angus. Le vicomte d'Angus.

Ce léopard de gueules sur champ d'argent est celui des Ogilvy, issus d'un frère du Cte d'Angus, qui furent shérifs d'Angus au quinzième siècle. L'aigle de sable est de Ramsay.

Le marchal d'Escosse. Le maréchal d'Écosse.

Blason des Keith, comtes Marshal, maréchaux d'Écosse à titre héréditaire dès le onzième siècle.

3e rang. Le conestable d'Escosse . Le connétable d'Écosse.

Devise : *Serva jugum*. — On lit ensuite : *3 clypei rubentes fortitid insigni* (écriture du seizième siècle). — Ce dernier passage, ne pouvant s'appliquer qu'à des écus de gueules, fait supposer une transposition sur notre manuscrit, car les autres armoriaux donnent aussi trois écus de gueules sur champ d'argent. Ils auraient été donnés à un Hay pour récompenser la valeur qu'il avait montrée avec ses deux fils dans une bataille livrée aux Danois à la fin du dixième siècle. — La charge de connétable fut, à titre héréditaire, occupée par les Hay, comtes d'Errol, depuis 1315.

Le s. de Gordon . . . . Gordon.

Cet écu semble antérieur à la nomination d'un Gordon comme comte en 1449. Il est de Gordon aux 2 et 3 ; — au-dessus de l'écu, on lit : *Bidand* (écriture du seizième siècle).

4e rang. Cumnalde? . . . .

L'écu des Dundonald a un chevron comme celui-ci, mais il est de gueules sur champ d'argent.

Patry de Dombar . . . . Dunbar.

Le s. d'Irlton

Le s. Dalket . . . . . . Dalkeith.

5e rang. Le s. de Sterlin. . . . . Stirling.

Jehan Forster . . . . . Forrester.

Jehan ou John Forrester fut envoyé en 1423 pour traiter de la délivrance du roi Jacques Ier.

Le s. de Corstorfen . . . Costorphin.

Même famille que le précédent. — Les Forrester possédaient depuis 1376 la baronnie de Costorphin.

Heryng. . . . . Herring.

Le lion et les quintefeuilles des 1 et 4 semblent se rapprocher de l'écu 3 de la planche CXVI. Premier rang. — Au quatorzième siècle, il y avait des Herring d'Edmonston alliés aux Somervil. (Voyez *Halles*, planche CXVI.)

Pl. CXV.

le conte de mer	le conte de strathern	le conte de crafford	le conte de ros
le conte murechy	le conte de catnes	le conte douglas	le conte de fyf
e li conte dangus	le marchal descosse	le conestable descosse	le s. de gordon
Cumnele	petzy de lobar	le s. de dulton	le s. dalket
le s. de sterlin	Jeh. forster	le s. de corstorfen	hezing

PLANCHE CXVI.

Écus d'Écosse[3].

(Fol. 131 v. du manuscrit.)

PLANCHE CXVI.

Écus d'Écosse [3].

(Fol. 131 v. du manuscrit.)

LÉGENDES DU MANUSCRIT.	VARIANTES.

1er rang. Le s. de Il. . . . .

Devise : *Ent poser* (écriture du seizième siècle).
— Ce n'est ni la devise ni l'écu de Lisle, du *Scotch Compendium* où le Cte de l'Isle (Ila) est un Campbel dont l'écu *porte une nef de sable sur champ d'argent*.

L'arsevesque S. Andris. . L'archevêque de St-André.

St-André était la ville universitaire de l'Écosse.

Le s. de Halles. . . . Halis?

Cet écu semble se retrouver dans les quartiers 1 et 4 de Herring (pl. CXV). Un Adam de Halis fut ambassadeur d'Écosse en 1438.

Le s. de Harchin . . . . Erskine.

On lit ensuite : *S. th. Eriskein of gogar Kny*^t (écriture du seizième siècle).

2e rang. Sire Villame Cranstown . . Cranstoun.

Sans doute William Cranstown, capitaine de la garde de Jacques VI. Le croissant n'est point dans les armoriaux postérieurs en date.

Vilyame Maxwel . . . . Maxwell.

Lord de Maxwel sur un armorial du dix-septième siècle. — Robert Maxwell fut créé lord en 1457, et l'un de ses descendants fut fait comte de Nithsdale en 1681. Le sautoir de son écu fut ensuite chargé en cœur d'un hérisson.

Le s. de Sommerville . . Somervil.

Devise : *Feir god in luif* (Fear God in life) [écriture du seizième siècle]. — Sur d'autres armoriaux, sept croisettes au lieu de six.

2e rang. La Water . . . .

Laweder sur d'autres armoriaux.

3e rang. Sans nom . . . .

Un armorial anglais du quinzième siècle, copié par Du Cange, donne le nom de Liddall avec l'écu de gueules à la bande d'argent, mais elle est chargée de trois molettes de sable.

Sans nom . . . .

Sans nom . . . .

Vers la fin du seizième siècle, on a écrit sous cet écu : le *s. de Glamis*, avec cette devise : *In te, Domine, speravi*.

Sans nom . . . .

4e rang. Le s. de Grem . . . . . Graham.

Sur les anciens titres, le nom de cette famille s'écrivait réellement *Grame* ou *Greme*. Notre écu est antérieur à l'année où lord William Graham fut créé comte de Montrose (1503).

Sans nom . . . .

Le s. de Dahouse . . . . Dalhousie.

Les Ramsay de Dalhousie furent faits plus tard barons, puis comtes de Dalhousie. — Leur aigle a les ailes liées de gueules sur les autres armoriaux.

Le b. de Douglais . . . . Douglas.

Aux 1 et 4, de Douglas avec la brisure de bâtardise. Aux 2 et 3, de Marshal.

5e rang. Le s. de Nediasvale . . . .

La suite des planches de l'*Armorial de l'Europe* s'arrête au folio 131 (verso).

Sur le folio 132, on ne voit que deux écus dessinés à la plume vers la fin du seizième siècle.

Le premier écu est écartelé : aux 1 et 4, d'une fasce accompagnée de trois macles, deux et une, qui rappelle l'écu de l'archevêque de Saint-André ; aux 2 et 3, d'un chevron de sable, chargé en pointe d'une tête de loutre. Au-dessous de l'écu, on lit : *Béthune de Balfour*. Ce Balfour devint Lord Burleigh en 1607.

Le second écu est sans nom ; il porte un sautoir cantonné de quatre étoiles, avec la devise : *Superata tellus sydera donat*.

TABLE HÉRALDIQUE

DES

ÉCUS, HOUSSES ET COTTES D'ARMES

Dans les renvois qui suivent, le NUMÉRO *indique la* PLANCHE; *la* LETTRE *indique la* RANGÉE D'ÉCUS *à laquelle on doit se reporter dans cette planche.* — *Exemple : Une demi-aigle, 40 c (planche XXXX, rangée 3).*

AIGLE.

UNE DEMI-AIGLE, 40 c, 109 a.
UNE AIGLE, 2, 30, 40 a, 51 c, 77 d, 79 c, 98 b, 108 a, 115 c, 116 d.
— au *bâton en bande* brochant, 80 e.
— au *bâton en bande* brochant chargé d'un croissant à dextre, 80 e.
UNE AIGLE chargée en cœur croissant, 40 a, 47.
UNE AIGLE SUR CHAMP D'HERMINES à la *bande* brochant chargée de trois coquilles, 80 e.
— au *lambel* de quatre pendants, 80 e.
— au *lambel* de cinq pendants, 77 d.
UNE AIGLE ISSANT sur un chef, 108 c.
UNE AIGLE SOMMANT LE MAT D'UNE NEF, *accompagnée* d'un double trécheur, 115 a.
UNE AIGLE COURONNÉE, 35, 40 a, 107.
UNE AIGLE ÉCHIQUETÉE, 40 c.
UNE AIGLE ÉPLOYÉE *chargée* de deux croissants, 20.
UNE AIGLE SANS TÊTE *surmontée* d'une étoile, 110 b.
TROIS AIGLES, 6, 10.
TROIS AIGLES *accompagnées* d'un lion naissant, 16.

AIGLETTE.

TROIS AIGLETTES, 85 a, 88 c.
QUATRE AIGLETTES, deux en chef et deux en pointe *accompagnant* une fasce, 80 a, 80 b.
— une fasce au *lambel*, 80 b.
— une fasce au *bâton en bande* brochant, 80 d.
— une fasce chargée de trois besants, 80 b.
— *cantonnant* une croix, 73 c; — une croix engrêlée, 116 c.
DIX-HUIT AIGLETTES *cantonnant* une croix, 72 d.

ALÉRION.

TROIS ALÉRIONS *chargeant* une bande, 103.

ANCRE.

UNE ANCRE, 41 a.

ANE.

UN RENCONTRE D'ANE, 111 a.

ANGEMME.

HUIT ANGEMMES EN ORLE *accompagnant* un écusson d'hermines en abîme, 78 d.

ANNEAU.

Voyez *Chapel.*

ANNELET.

UN ANNELET *chargeant* en chef une bande, sur le tout d'un fascé au franc-quartier, 98 e.
DEUX ANNELETS, l'un dans l'autre, en cœur d'un sautoir, 99 a.
TROIS ANNELETS sur les deux premières pièces d'un fascé de six pièces, 88 c.
TROIS ANNELETS *chargeant* une bande, 73 d; — la première pièce d'un fascé de six pièces, 96 e.
CINQ ANNELETS *chargeant* un sautoir, 86 d, 86 e.
SIX ANNELETS (3 et 3), 98 d.
SIX ANNELETS EN ORLE *accompagnant* un cygne, 74 b.

ANNILLE.

TROIS ANNILLES. Voyez *Chaise.*

ARMORIAL.

ARBRE.

Voyez *Branche*, *Chicot*.
Un arbre déraciné à trois branches, 109 e.

ARC.

Un arc, 45 a.
Un arc sans corde encoché de sa flèche, 108 c, 108 d, 108 e, 109 e, 110 a, 110 b.
— sous une croix, 110 b.

ARÊTE.

Voyez *Squelette*.

AUTRUCHE.

Trois autruches (2 et 1) accompagnant un croissant en chef, 116 b.

BADELAIRE.

Deux badelaires à fourreaux et ceinturons, en bande, l'un sur l'autre, sur un échiquier, 3.

BANC DE JUSTICE.

Un banc de justice, 44 e.

BANDE.

Une bande, 6, 29, 42 b, 43 d, 44 d, 46 e, 53 b, 73 e, 73 e, 74 b, 79 a, 94 d, 95 d, 95 e, 96 d, 97 b, 98 a, 98 b, 98 c, 99 c.
Une bande accompagnée de six couronnes en bande, 40 c.
— de six croisettes, 115 a.
— en chef et à sénestre d'une étoile, 116 e.
— de neuf étoiles, 80 d.
— de trois croissants tournés en pointe, 45 c.
— d'un lion passant en chef et à sénestre, 78 c.
— de six merlettes en orle, 73 c, 97 b.
— d'une molette en chef et à sénestre, 79 a.
Une bande brochant sur un billeté, 79 b, 114 c.
Une bande chargée de trois aiglettes, 103.
— d'un annelet en chef, 98 c.
— de trois annelets, 73 d.
— de trois coquilles, 73 c, 90 b, 98 b.
— de trois coquilles sur champ d'hermines, 83 c.
— de trois coquilles et accompagnée d'un lion passant en chef et à sénestre, 78 d.
— de trois coquilles, brochant sur un champ d'hermines à l'aigle, 80 e.
— de trois croisettes récroisetées, brochant sur un écartelé de plains, 94 c.
— d'un croissant en chef et accompagnée d'une bordure engrêlée, 98 c.
— d'un enté ondé, 99 d.
— de trois losanges, 109 c.
— Une bande chargée de trois étoiles, 116 c.
— de trois fermaux, 115 e.
— de trois fers de cheval, 42 d.
— d'un lion entre deux roses, 115 c.
— de deux lions, 40 b.
— de trois lionceaux, 85 d.
— de trois lionceaux, brochant sur trois fleurs de lys, 72 c.
— de trois macles, 115 d.
— de trois molettes côtoyées de deux cotices et accompagnée de six lions en orle, 94 b.
— de trois roses, 110 d.
— de trois vols, 94 a.
Une bande côtoyée de deux cotices, 79 b, 89 d.
Une bande componée, 72 c, 73 c.
— sur un semé de fleurs de lys, 106¹.
Une bande échiquetée, 41 c.
Une bande engrêlée, 97 d.
— brochant sur un écu au chef, 99 d.
Une bande ondée alézée sommée à dextre par une croisette, 110 a.
Une bande d'hermines, 98 c.
Deux bandes côtoyées de deux cotices potencées contre-potencées, 70.
Trois bandes, 98 c.
Trois bandes côtoyées de deux cotices, 89 c.
Trois bandes de vair, 89 a, 90 a.

BANDÉ.

Un bandé chargeant une fasce, 44 c.
Un bandé de six pièces, 53 e, 84 a, 89 c, 90 d.
— à la bordure, 1, 28, 66, 75, 83 d.
— à la bordure besantée, 96 d.
Un bandé de six pièces arrondi, 44 e.
Un bandé de six pièces chargé de six croissants (3, 2 et 1), 45 e.
— chargé d'un pal, 41 a.
Un bandé de vair et de plain de six pièces, 90 c.
— de six pièces au lambel, 91 d.
— de six pièces sous un chef, 91 a.
Un bandé de huit pièces, 40 c.
Un bandé de neuf pièces, 74 a.
Un bandé de dix pièces, 53 d.
Un bandé de onze pièces, 73 b.

BAR.

Voyez *Poisson*.
Un bar accompagnant en chef une fasce, 48 b.
Deux bars adossés, 40 b.
Deux bars brochant sur un semé de croisettes recroisetées au pied fiché, 85 b, 103.

---

1. Le Père Ménestrier lui donne la désignation de cotice, et elle est en effet moins large que la bande proprement dite. J'ai néanmoins maintenu la dénomination généralement reçue.

Deux bars brochant sur un semé de croisettes recroisetées au pied fiché, à l'écusson en cœur chargé d'un chevron, 85 b.
— sur un semé de trèfles, 91 c.

BARRE.

Une barre chargeant le 1 d'un tranché, 110 d.

BARRÉ.

Un barré de cinq pièces au 1 d'un parti, 41 e.
Un barré de six pièces au 1 d'un parti, 42 d.

BATON.

Un baton en bande brochant sur un champ d'hermines à l'aigle, 80 e.
— sur un écu au chef, 95 b, 99 b.
— sur trois croissants, 52 d.
— sur une croix ancrée, 79 c.
— sur une fasce accompagnée de quatre aiglettes, deux en chef, deux en pointe, 80 a.
— sur deux fasces, 77 b.
— sur un fascé de six pièces, 94 c, 95 a.
— sur trois fleurs de lys, 72 b.
— sur trois léopards l'un sur l'autre, 93 b.
— sur un lion, 115 a.
— sur un lion couronné, 77 c; — sur un lion couronné à queue fourchée, 27.
— sur deux lions, 78 d.
Un baton en bande chargé d'un croissant en chef et à dextre, brochant sur un champ d'hermines à l'aigle, 80 e.
— croisant un baton en barre dans deux chevrons enlacés sous un chef, 99 a, 99 c.
Un baton en barre brochant sur un cœur au chef chargé de trois étoiles, 116 c.
— croisant un baton en bande dans deux chevrons enlacés sous un chef, 99 a, 99 c.

BÉLIER.

Un bélier, 44 b.
— accompagnant en chef, à dextre, deux jumelles, 80 c.

BESANT.

Trois besants accompagnant en chef deux fasces, 94 d.
Trois besants en bande départissant un tranché, 44 b.
Trois besants (2 et 1), brochant sur un écu au chef, 79 d.
Trois besants chargeant un chef, 95 a.
— un chef surmonté un fretté, 95 c.
— une fasce, 89 b.
— une fasce accompagnée de quatre aiglettes (2 et 2), 80 b.

DES ÉCUS, HOUSSES ET COTTES D'ARMES.

Trois besants *chargeant* la première pièce d'un fascé de six pièces, 93 *d*.
— chaque pendant d'un lambel de cinq pendants accompagnant deux fasces, 77 *b*.
Cinq besants en sautoir *chargeant* cinq écussons en croix à la bordure chatelée et fleurdelisée, 104.
Sept besants (3, 3 et 1) sous un *chef*, 72 *e*.
Huit besants (3, 3 et 2) sous un *chef*, 22.
Onze besants en orle *accompagnant* un douzième besant en abime, 54 *d*.
Douze besants *chargeant* une bordure accompagnant un semé de fleurs de lys, 77 *a*.
Treize besants *surmontés* d'un chef d'hermines, 99 *b*.
Quatorze besants *chargeant* une bordure accompagnant trois fleurs de lys, 72 *b*.
Seize besants, 95 *d*.
Dix-huit besants (5, 4, 4, 3 et 2) accompagnant une fasce, 52 *a*.
Un semé de besants au franc-quartier d'hermines, 94 *d*.
— en *bordure*, 96 *d*.

BIÈVRE.

Voyez *Castor*.

BILLETÉ.

Un billeté à la *bande* brochant, 79 *b*, 114 *e*.
Un billeté au *léopard* brochant, 54 *b*.
— au *lion* brochant, 48 *e*, 77 *a*, 96 *b*.

BILLETTE.

Six billettes (3, 2 et 1) au *lambel* de quatre pendants, 79 *e*.
Sept billettes *accompagnant* une fasce vivrée, quatre en chef et trois en pointe, 94 *c*.
Sept billettes *chargeant* un fascé, 84 *e*.
Huit billettes *accompagnant* une fasce, 96 *e*.
Dix billettes (4, 3, 2 et 1), 77 *d*.
— au *lambel* de cinq pendants, 77 *d*.

BLAIREAU.

Un blaireau, 44 *c*.

BŒUF.

Un bœuf passant, 108 *d*.
Un rencontre de bœuf, 40 *e*.
Un rencontre de bœuf bouclé et couronné *chargeant* un échiqueté, 108 *a*.
— à l'*épée* brochant entre ses cornes, 110 *a*.

BOITE.

Dix-huit boites sous un chef, 42 *b*.
— armorial.

BORDURE.

Une bordure *accompagnant* un bandé de six pièces, 1, 28, 60, 75, 83 *d*.
— un cheval, 108 *b*.
— un chevron, 8, 10.
— un chevron accompagné de trois coquilles (2 et 1) au lambel de trois pendants, 86 *c*.
— un écartelé de trois fleurs de lys et trois léopards, 93 *a*.
— un écusson en abime, 97 *c*.
— un fascé de six pièces, 72 *d*, 72 *e*.
— trois fleurs de lys, 72 *e*.
— trois fleurs de lys au pied coupé, 88 *e*.
— un semé de fleurs de lys, 103.
— trois fusées en fasce, 96 *b*.
— un lion, 41 *b*, 91 *b*.
— trois quintefeuilles, 24.
Une bordure *chargée* de châteaux et de fleurs de lys au pied coupé accompagnant cinq écussons en croix chargés de cinq besants en sautoir, 104.
— de douze étoiles, accompagnant un lion, 86 *a*.
— de huit quintefeuilles, accompagnant un lion, 114 *a*.
Une bordure besantée *accompagnant* un bandé de six pièces, 96 *d*.
— un écartelé de plains, 97 *e*.
— trois fleurs de lys, 72 *b*.
— un semé de fleurs de lys, 77 *a*.
Une bordure componée *accompagnant* trois fleurs de lys, 72 *b*, 72 *c*.
— un semé de fleurs de lys, 1, 28.
Une bordure engrêlée *accompagnant* une bande chargée en chef d'un croissant, 98 *c*.
— quatre chevrons, 86 *e*.
— un écartelé aux 1 et 4, d'un fuselé en bande; au 2, de trois aiglettes; au 3, d'un émanché, 85 *a*.
— trois fleurs de lys, 72 *a*.
— un lion, 91 *c*, 94 *b*, 96 *a*.
— un lion couronné, 83 *c*, 86 *d*.
— un lion couronné au lambel, 86 *d*.
— trois lions couronnés, 7, 85 *a*.
— trois lions couronnés, à l'écusson burelé en cœur, 85 *a*.
— trois lions couronnés au lambel, 11, 85 *a*.
— un palé de neuf pièces, 48 *c*.
Une bordure festonnée *accompagnant* un lion, 89 *d*.
Une bordure fleurdelysée *accompagnant* trois léopards, 93 *a*.

BORDURE ONDÉE.

Voyez *Bordure festonnée*.

BOUCLÉ.

Voyez *Rencontre*.

BOUGETTE.

Voyez *Bouse*.

BOUSE (seau).

Trois bouses, 98 *a*.
Quatre bouses *cantonnant* une croix, 96 *e*.
— une croix engrêlée, 95 *d*, 96 *e*.

BOUTEROLLE.

Trois bouterolles, 42 *c*.
— sous un *chef*, 48 *c*.

BRANCHE.

Une branche fleurie de trois fleurs, 45 *c*.

BRAS.

Un bras revêtu d'une manche à neuf boutons, la main saisissant les défenses d'une hure, 108 *c*.
Deux bras levés en pal, mains gantées et appaumées, 110 *e*.

BUFFLE.

Voyez *Bœuf*.

BURELÉ.

Un burelé, 90 *e*.
— *chargeant* un écusson sur le tout, 85 *a*.
Un burelé, à trois *chapels*, 95 *a*.
— au *lion* brochant, 78 *c*, 78 *d*, 84 *b*.
— à trois *lions* brochant, 48 *d*.
— à l'*orle* de huit merlettes, 94 *a*.

CALEÇON.

Un caleçon, 54 *d*.

CASTOR.

Un castor, 42 *d*.

CHAINE.

Chaines de Navarre, 106.

CHAISE.

Trois chaises à l'antique, 51 *a*[1].
— *chargées* d'un lambel, 51 *d*.

---

[1]. Je relève cette dénomination dans la *N. Méthode* du P. Ménestrier (Lyon, 1780). Les chaises seraient alors ici des tabourets à quatre pieds vus de plan, qui ne ressemblent point d'ailleurs à la planche du P. Ménestrier. M. le baron de Watteville croit que le P. Ménestrier a pris pour des chaises ce qui était en Allemagne des *antiles* ou fers de moulin. Il a constaté de plus que les Van Montfoort de Gueldre portaient sur leurs armes trois fers de moulin, et l'écu de notre planche 51 est le même que celui des Montfoort de Gueldre.

CHAMPAGNE.

Une champagne *accompagnant* deux chicots, 43 d.
— un émanché, 41 b, 46 e.
— un stirier issant, 42 a.

CHAPEL.

Un chapel bordé à cordons houppés relevés en sautoir, 40 b.
Trois chapels (chapeaux en forme d'anneaux ou de couronnes) sur un burelé, 95 a.

CHAT.

Un chat, 54 e.

CHÂTEAU.

Un château, 96 d, 100, 106, 110 e.
Un châtelé fleurdelysé *chargeant* une bordure accompagnant cinq écussons en croix chargés de cinq besants en sautoir, 104.

CHEF.

Un chef, 4, 22, 41 a; 41 e, 42 b, 73 e, 84 a, 84 e, 89 b, 96 b, 99 c, 99 d.
Un chef à la *bande* engrêlée brochant sur le tout de l'écu, 99 d.
Un chef au *bâton* en bande brochant sur le tout, 95 b, 99 b.
Un chef *chargé* d'une aigle issant surmontant trois pierres précieuses, 108 c.
— de deux besants, surmontant un besant en pointe, 79 d.
— de trois besants, 95 a.
— de trois besants surmontant un fretté, 95 e.
— de trois coquilles, 116 d.
— de trois coquilles, surmontant trois pals de vair, 73 c.
— de trois coquilles surmontant un palé, 78 a.
— d'un écusson à dextro à la croix, 72 d.
— de deux étoiles surmontant un champ d'hermines, 115 e.
— de deux étoiles, 79 d, 94 e.
— de deux étoiles surmontant une étoile en pointe, 79 d.
— de trois étoiles surmontant un cœur, 114 a, 115 b, 116 d.
— d'une fleur de lys, 90 c.
— d'une fleur de lys issant, 89 e.
— d'un lion issant, 90 d, 90 e.
— d'un lion issant, surmontant quatre losanges (3 et 1), 110 c.
— de trois losanges, 43 c.
— d'une merlette à dextre, 54 e.
— de trois merlettes, 74 b.
— de deux molettes, 95 c, 115 d.
— de trois pals, 41 d, 84 b.
— d'un stirier issant, 42 a.

Un chef au *dextrochère* revêtu d'hermines, 13, 72 e.
Un chef au *lambel*, 48 d, 91 c.
Un chef au *lion* brochant, 90 d.
Un chef *surmontant* un bandé de six pièces, 91 b.
— sept besants (3, 3 et 1), 72 e.
— dix-huit boltes, 42 b.
— trois bouterolles, 48 e.
— deux chevrons enlacés aux bâtons mis en bande et en barre, 99 a, 99 c.
— trois chévrons enlacés, 96 c.
— un échiqueté, 99 b.
— un champ d'hermines, 4, 84 a.
— trois jumelles, 94 e.
— un losangé, 74 b.
— trois pals de vair, 88 a.
— un palé de six pièces, 78 a.
— un parti, 44 a.
— un sautoir, 114 a.

Un chef *denché chargé* de trois étoiles surmontant un cœur, 114 c.
Un chef *émanché* de deux pointes et deux demies, 45 b.
Un chef d'hermines, 83 b.
Un chef d'hermines *surmontant* treize besants, 99 b.
— un échiqueté, 95 b.
— trois lions, 90 c.
Un chef palé, 41 d, 115 c.
Un chef vairé au *chevron* brochant, 99 a.

CHÊNE.

Une feuille de chêne, 41 e.

CHENILLE?

Deux chenilles, 44 e.

CHEVAL.

Un cheval *accompagné* d'une bordure, 108 b.
Un cheval gai, 51 e.
Trois chevaux passant *accompagnant* une fasce (2 et 1), 96 d.

CHÈVRE.

Une chèvre issant, 46 d, 46 e.

CHEVREAU?

Un chevreau, 40 d, 40 e.

CHEVRON.

Un chevron, 43 d, 44 b, 44 c, 48 d, 83 a, 85 b, 86 c, 93 c, 96 e, 114 b.
Un chevron *accompagné* de neuf croisettes pattées, 93 d.
— de trois mouchetures d'hermines, 98 d.
— de trois feuilles de houx, 99 b.
— de trois huchets, 115 e.

Un chevron *accompagné* de trois losanges herminées et pommetées, 96 e.
— de trois merlettes, 84 b, 85 e, 90 b.
— de six merlettes, trois en chef et trois en pointe, 97 b.
— de trois merlettes au lambel de trois pendants, 85 d, 85 e.
— de neuf merlettes, 74 a.
Un chevron à la *bordure*, 8, 10.
— à la *bordure*, accompagné de trois coquilles (2 et 1), 83 b.
— à la *bordure*, accompagné de trois coquilles et chargé en chef d'un écusson au bâton mis en bande brochant, 83 c.
— à la *bordure*, accompagné de trois coquilles (2 et 1) au lambel, 86 c.
Un chevron *brochant* sur un fascé de six pièces, 40 d.
— sur un double trécheur, 83 b, 83 e, 115 d.
— sur un double trécheur, au lambel, 86 b.
— sur une montagne de cinq coupeaux, 46 c.
Un chevron *chargé* d'une coquille au sommet et accompagné de trois merlettes, 85 e.
— d'un écusson au sommet, chargé d'un lion, 85 d.
— d'une étoile au sommet, accompagné de trois merlettes, 85 d.
— de trois étoiles à rayons enflammés, 95 c.
— de trois lions, 94 d.
— d'une rose au sommet et de deux lions affrontés, 116 a.
— de trois roses, 85 d, 95 a.
Un chevron sous un *chef* vairé, 99 a.
Un chevron à l'*émanché* brochant, 96 e.
Un chevron d'hermine, 83 b, 84 d, 86 c.
— *accompagné* d'un écusson en chef à sénestre, 83 e.
— au *franc-quartier* chargé d'un lion, accompagné d'un écusson à sénestre, chargé d'un lion sur un burelé, 84 b.
Un chevron parti, 43 d.
Deux chevrons, 115 a.
Deux chevrons, l'un en chef, l'autre en pointe, *accompagnant* une fasce, 94 d.
Deux chevrons au *franc-quartier*, 97 d.
— au *franc-quartier* chargé d'une molette, 97 e.
Deux chevrons engrêlés, 116 d.
Deux chevrons enlacés sous un chef, aux bâtons mis en bande et en barre, 99 a, 99 c.
Deux chevrons renversés *surmontés* d'une croisette pattée, 109 c.
Trois chevrons, 23, 74 a, 80 c.
— un franc-canton accompagnant six merlettes en orle, 85 d.
Trois chevrons *enlacés* sous un chef, 96 c.
Quatre chevrons *accompagnés* d'une bordure engrêlée, 86 c.

CHEVRONNÉ.

Un chevronné de six pièces, 57.
Un chevronné de douze pièces, 51 a.
Un chevronné chargé d'un lambel, 51 b.

CHICOT.

Un chicot enflammé, 46 b.
Un chicot en bande, 43 b.
Deux chicots, 43 d.

CLEF.

Quatre clefs cantonnant une croix, 63.

CLOCHE.

Six cloches (3, 2 et 1), 86 e.

COLONNE[1].

Trois colonnes (2 et 1), 51 e, 52 a, 54 a.

CŒUR.

Un cœur sous un chef chargé de trois étoiles, 114 a, 114 b, 115 b.
— chargé de trois étoiles au bâton en barre brochant sur le tout, 116 d.
— denché chargé de trois étoiles, 114 a.
Trois cœurs, 53 b, 53 c.

CONTRE-ÉCARTELÉ.

Contre-écartelé : 1 et 4, les chaînes de Navarre; 2 et 3, semé de fleurs de lys au bâton mis en bande componé, 106.

CONTREFASCÉ.

Un contrefascé de quatre pièces dans un tiercé, à l'écusson en abîme sur le tout, 93 a.

CONTRÉMANCHÉ.

Un contrémanché de deux pièces, 96 b.
— d'hermines et de plein, 98 b.

CONTREPOINTÉ.

Un contrepointé de deux pointes renversées avec un asénestré et un adextré, de l'un en l'autre, 93 a.

COQUILLE.

Trois coquilles (2 et 1), 73 a, 95 b.
Trois coquilles accompagnant un chevron, 8.
Trois coquilles en bande[2], 42 b.
Trois coquilles chargeant une bande, 90 b.

---

1. Les armes parlantes de Zuylen (Zuyle : colonne) ne sont pas très reconnaissables parce qu'on a réduit petit à petit la colonne à son chapiteau et à son soubassement, l'un et l'autre assez déformés. (Voyez la planche 52 a.)
2. Sur les armoriaux plus modernes, ces coquilles de Nydeck ne montrent que le creux, et sont dites cannets.

ARMORIAL.

Trois coquilles chargeant une bande accompagnée d'un lion en chef et à sénestre, 78 d.
— une bande sur champ d'hermines, 78 c, 78 e, 83 c.
— un chef, 116 d.
— un chef surmontant un palé, 78 a.
— un écusson au cœur d'un sautoir, 86 a.
— d'un sautoir au lambel, 86 a.
Cinq coquilles chargeant une croix, 5, 83 d, 90 c.
— une croix au lambel, 83 d.
— un sautoir, 85 c.
Six coquilles (3, 2 et 1), 85 c.
Six coquilles accompagnant une fasce, trois en chef et trois en pointe, 72 e.
Six coquilles en orle, 93 c.
Neuf coquilles en orle accompagnant deux cotices, 79 d.

CORNE.

Deux cornes sortant d'un coupeau, 45 c.
Buste d'homme barbu, cornu et couronné, 109 a.

CORNE DE BUFFLE.

Une corne de buffle, 109 d.

CORNE DE CERF.

Une corne de cerf, 109 d.

COTICE.

Deux cotices côtoyant une bande, 79 b, 89 d.
— une bande chargée de trois molettes et accompagnée de six lions en orle, 94 b.
Deux cotices séparant neuf coquilles en orle, 79 d.
Deux cotices potencées et contre-potencées côtoyant une bande, 70.
Six cotices côtoyant trois bandes, 89 c.
Voyez Bande componée, 106.

COTICÉ.

Un coticé, 79 a.

COUPÉ.

Un coupé, 40 c, 42 b.
Un coupé : au 1, un bastillé cousu au lion issant; au 2, un plain, 110 c.
— au 1, un cygne issant; au 2, un émanché de trois pièces, 46 c.
— au 1, une demi-roue; au 2, une demi-roue. De l'une en l'autre, 110 d.
— au 1, un écartelé de quatre lions; au 2, un plain, 51 c.
— au 1, un écartelé de quatre lions; au 2, trois merlettes (2 et 1), 54 c.
— au 1, un lion issant; au 2, un fascé, 41 a.

COUPEAU.

Un coupeau à deux cornes, 45 c.
Deux coupeaux à la pointe, 43 c.

Cinq coupeaux, 45 e.
Cinq coupeaux au lion, 108 a.

COURONNE.

Voyez Chapel.
Une couronne au loup naissant, 41 c.
— enfilée d'un fer de lance en bande, 45 d.
Trois couronnes (2 et 1), 112.
— accompagnant une fasce échiquetée, 115 a.
Six couronnes accompagnant une bande, 40 c.

CRANCELIN.

Un crancelin brochant sur un fascé de huit pièces, 34.

CRÉQUIER.

Un créquier, 19, 88 b.

CROISETTE.

Une croisette sommant à dextre une bande ondée alezée, 110 a.
Une croisette pattée sommant deux chevrons renversés joints, 109 e.
— sommant un fer de cheval à la bordure, 109 d.
— à la bordure et à la flèche en pal, 109 d.
Trois croisettes recroisetées chargeant une bande brochant sur un écartelé de plains, 94 b.
Trois croisettes recroisetées au pied fiché chargeant une fasce accompagnée de trois macles, 116 a.
Une croisette pattée au pied fiché surmontant deux croissants adossés, 109 e.
— surmontant trois fers de cheval adossés, 109 d.
Quatre croisettes cantonnant une croix potencée, 103.
Six croisettes recroisetées au pied fiché accompagnant une bande, 115 a.
Six croisettes recroisetées, trois en chef et trois en pointe, accompagnant une fasce, 93 c.
Six croisettes recroisetées au pied fiché en orle accompagnant trois étoiles, 116 b.
Huit croisettes recroisetées en orle, accompagnant une rose, 97 a.
Neuf croisettes pattées accompagnant un chevron, 93 c.
Dix croisettes recroisetées, dont cinq au pied fiché accompagnant une fasce, 86 c.
Quatorze croisettes recroisetées (5, 5, 4 et 4) cantonnant une croix, 80 b.
Quinze croisettes recroisetées dans un gironné, 83 c.

268 TABLE HÉRALDIQUE

Un semé de croisettes recroisetées au pied fiché à deux bars adossés, 85 b, 103.
— à deux bars adossés, à l'écusson en cœur chargé d'un chevron, 85 b.
— à trois roses brochant (2 et 1), 94 e.

CROISSANT.

Un croissant, 41 d, 86 b.
Un croissant accompagné de trois autruches (2 et 1), 116 b.
Un croissant chargeant une aigle, 47.
— en chef une bande, 98 e.
— chargeant en chef, à dextre, un bâton mis en bande brochant sur une aigle et un champ d'hermines, 80 e.
Un croissant au lambel, 86 b.
Un croissant surmonté d'une étoile, 109 a.
Un croissant échiqueté chargeant une aigle, 40 a.
Deux croissants adossés, 43 e, 109 e.
Trois croissants, 51 b, 51 e, 52 b, 74 a, 85 b, 114 d.
Trois croissants accompagnant une fasce, deux en chef et un en pointe, 52 c, 97 e.
— accompagnés d'un double trécheur fleuronné, 114 d.
— au filet en bande brochant, 52 d.
Trois croissants, le premier chargé d'une étoile, 51 b.
Trois croissants renversés accompagnant une fasce, 45 e.
Six croissants (posés 3, 2 et 1) accompagnant deux fasces, 45 e.

CROIX.

Une croix, 31, 33, 48 d, 53 d, 79 e, 83 a, 85 b, 86 b, 89 a, 91 d, 93 d, 96 e.
Une croix accompagnée de douze merlettes en orle, 53 b, 83 a.
Une croix brochant sur un semé de fleurs de lys, 60, 65.
Une croix cantonnée de dix-huit alérions, 72 d.
— de quatre bouses, 96 e.
— de quatre clés, 63.
— de quatorze croisettes (5, 5, 4 et 4) recroisetées, 80 b.
— au 1 d'un écusson burelé à la bordure; au 2, de trois merlettes; aux 3 et 4, de deux merlettes, 72 e.
Une croix chargeant un écusson sur un chef à dextre, 72 d.
— un double trécheur, 85 b.
Une croix chargée de cinq coquilles, 5, 83 d, 90 e.
— de cinq coquilles au lambel brochant, 83 d.
— d'une crosse, 62.
— de cinq fermaux, 89 d.
Une croix surmontant un arc sans corde, 110 b.

Une croix ancrée, 53 d, 79 d, 88 e, 94 d.
Une croix ancrée au bâton en bande brochant, 79 e.
— chargeant un franc-quartier, 98 e.
Une croix archiépiscopale, 108 a.
Une croix denchée, 94 d.
Une croix échiquetée, 86 a.
— au lambel de trois pendants, 86 a.
Une croix engrêlée, 83 e, 85 c, 98 c, 114 c.
— cantonnée de quatre aiglettes, 116 c.
— cantonnée de quatre bouses, 95 d, 96 e.
Une croix fleuronnée, 73 d.
Une croix pattée sur papelonné, 41 e.
Une croix pattée chargeant une fasce, 45 a.
Une croix potencée cantonnée de quatre croisettes, 103.
Une croix en sautoir. — Voyez Sautoir.
Une croix vidée, cléchée et pommettée, 71.

CROSSE.

Une crosse chargeant une croix, 62.
Deux crosses adossées brochant sur un semé de fleurs de lys, 64.

CYGNE.

Un cygne, 109 b.
— dans un orle de six annelets, 74 b.
Un cygne issant, 46 e.

DAUPHIN.

Un dauphin, 72 a.

DÉ.

Un dé, 41 e.

DEXTROCHÈRE.

Un dextrochère à fanon revêtu d'hermines, 13, 72 e.

DIAMANT.

Voyez Pierre précieuse.

DIAPRÉ.

Un diapré en fasce, 79 e.
Un diapré fascé d'hermines, 79 e.

DOLOIRE.

Une doloire, 111 b.
Trois doloires, les deux en chef adossées, 14, 88 b, 88 e.

DRAGON.

Un dragon ailé, 42 b.

ÉCARTELÉ.

Voyez Plain, Contre-écartelé.
Écartelé : 1 et 4, une aigle éployée ; 2 et 3, une fasce, 20.

Écartelé : 1 et 4, trois aiglettes ; 2 et 3, une bande, 6.
— 1 et 4, une bande ; 2 et 3, un fretté, 94 d ; — 2 et 3, une pointe renversée, 96 d ; — 2 et 3, un vairé, 99 e.
— 1 et 4, une bande accompagnée de six merlettes ; 2 et 3, une fasce chargée de trois fleurs de lys, 97 b.
— 1 et 4, une bande chargée de trois coquilles ; 2 et 3, un plain, 98 b.
— 1 et 4, une bande chargée de trois lionceaux ; 2 et 3, un chevron chargé de trois roses, 85 d ; — Idem et, en cœur, un écusson burelé au lion chargé, à l'épaule, d'une fleur de lys, 85 d.
— 1 et 4, une bande chargée de deux roses et d'un lion ; 2 et 3, un hermine au chef chargé de deux étoiles, 115 e.
— 1 et 4, trois bouses ; 2 et 3, deux jumelles, 98 a.
— 1 et 4, un château ; 2 et 3, un burelé, 96 d ; — 2 et 3, un lion, 73 d ; — 2 et 3, un lion couronné, 100.
— 1 et 4, un chef au bâton mis en bande brochant sur le tout ; 2 et 3, un échiqueté au chef d'hermines, 95 b.
— 1, un chevreau ; 2, une licorne ; 3, un rencontre de bœuf ; 4, un coupé de plains, 40 e.
— 1 et 4, un chevron accompagné de six merlettes ; 2 et 3, une bande engrêlée, 97 b.
— 1 et 4, un chevron brochant sur double trécheur fleuronné ; 2 et 3, un chevron d'hermines à l'écusson plain en chef à senestre, 83 e.
— 1 et 4, un chevron à l'émanché brochant ; 2 et 3, un fascé à trois annelets brochant sur la première pièce, 96 e.
— 1 et 4, un chevron d'hermines ; 2 et 3, un chevron. Sur le tout, un écusson écartelé d'un losangé et d'un lion, 86 e.
— 1 et 4, un chevronné au lambel ; 2 et 3, une fasce au sautoir échiqueté brochant, 54 b.
— 1 et 4, un cœur sur champ d'hermines, au chef chargé de trois étoiles ; 2 et 3, trois étoiles, 114 b.
— 1 et 4, trois coquilles en bande ; 2 et 3, un dragon ailé, 42 b.
— 1 et 4, un coupé d'un lion issant et d'un plain ; 2 et 3, un chevron, 96 e.
— 1 et 4, trois croissants ; 2 et 3, une fasce, 51 b.
— 1, trois croissants, le premier chargé d'une étoile ; 2 et 3, une fasce ; 4, trois croissants, 51 b.
— 1 et 4, une croix ; 2 et 3, un fascé ; le tout sous un sautoir chargé de cinq étoiles, 85 b.
— 1 et 4, une croix cantonnée de quatre bouses ; 2 et 3, un chevron, 96 e.
— 1 et 4, une croix ancrée ; 2, trois doloires ; 3, un fuselé en bande, 88 e.

ÉCARTELÉ : 1 et 4, *une croix engrêlée*; 2 et 3, un bandé, 98 *c*.
— 1 et 4, *une croix denchée*; 2 et 3, une croix ancrée, 94 *d*.
— 1 et 4, *une croix engrêlée cantonnée de quatre bouses*; 2 et 3, *un billeté à la fasce brochant*, 96 *c*.
— 1 et 4, *trois doloires, les deux en chef adossées*; au 2 et 3, trois fasces, 14.
— 1 et 4, *un échiqueté*; 2 et 3, un lion, 93 *b*; — 2 et 3, *six annelets* (3 et 3), 98 *d*.
— 1 et 4, *un écusson en abîme à la bordure*; 2 et 3, une fasce accompagnée de trois croissants, 97 *e*.
— 1, *une étoile*; aux 2, 3 et 4, un plain, 93 *e*, 94 *a*.
— 1 et 4, *trois étoiles*; aux 2 et 3, *deux* fasces, 40 *c*.
— 1 et 4, *une fasce*; 2 et 3, trois fasces chargées de neuf croisettes (4, 3 et 2), 52 *b*; — 2 et 3, un échiqueté à deux badelaires brochant, 3; — 2 et 3, une fasce déjointe, 40 *d*.
— 1 et 4, *une fasce accompagnée de trois têtes de léopard*; 2 et 3, une bande chargée de trois vols, 94 *a*.
— 1 et 4, *une fasce chargée de trois gerbes*; 2 et 3, un fretté, 98 *d*.
— 1 et 4, *deux fasces entées*; 2 et 3, un lion brochant sur un semé de fleurs de lys, 95 *b*.
— 1 et 4, *trois fasces ondées*; 2 et 3, trois jumelles, 9.
— 1 et 4, *un fascé de six pièces*; 2 et 3, fascé sur champ d'hermines au sautoir brochant, 54 *c*.
— 1 et 4, *un fascé de dix pièces, à huit et sept merlettes en orle*; 2 et 3, une manche mal taillée, 94 *a*.
— 1 et 4, *un fer de flèche*; 2 et 3, une fasce, 108 *d*.
— 1 et 4, *trois fleurs de lys*; 2 et 3, un dauphin, 73 *a*.
— 1, *trois fleurs de lys*, 2, un cœur au chef chargé de trois étoiles; 3, un lion couronné; 4, un sautoir sous un chef, 114 *a*.
— 1 et 4, *trois fleurs de lys*; 2 et 3, un plain, 72 *c*.
— 1 et 4, *trois fleurs de lys à la bande brochante, chargée de trois Ronceaux*; 2 et 3, un chef au lion brochant sur le tout, 72 *c*.
— 1 et 4, *trois fleurs de lys*; 2 et 3, trois léopards à la bordure accompagnant le tout, 93 *a*.
— 1 et 4, *trois fleurs de lys à la bordure componée*; 2 et 3, parti d'un bandé à la bordure et d'un lion à queue fourchée en sautoir. Sur le tout un écusson chargé d'un lion, 72 *b*; — 2 et 3, trois fleurs de lys au lambel à trois pendants chacun chargé de trois châteaux, 72 *c*.

ÉCARTELÉ : 1 et 4, *un semé de fleurs de lys*; 2 et 3, trois léopards, l'un sur l'autre, 92.
— 1 et 4, *un semé de fleurs de lys à la bordure componée*; 2, parti d'un bandé de six pièces à la bordure et d'un lion; 3, parti d'un bandé de six pièces à la bordure et d'un lion couronné à queue fourchée en sautoir, à l'écusson sur le tout chargé d'un lion, 1;
— *Idem* au lambel de trois pendants, 28.
— 1 et 4, *un fretté*; 2 et 3, un gironné, 97 *a*.
— 1 et 4, *un fretté*; 2 et 3, un lion, 94 *b*.
— 1 et 4, *un fretté sous un chef*; 2 et 3, une fasce sur un fascé enté, 94 *b*.
— 1 et 4, *un fuselé en bande*; 2, trois aiglettes; 3, un émanché de trois pièces et deux demies, sur le tout, à la bordure engrêlée, 85 *a*.
— 1 et 4, *un fuselé en fasce*; 2 et 3, une aigle, 93 *b*.
— 1 et 4, *une guivre*; 2 et 3, une ancre, 41 *a*.
— 1 et 4, *trois houssettes armées et cantonnées jointes en cœur*; 2 et 3, un émanché de trois pièces pommettées, 97 *a*.
— 1 et 4, *deux huchets enguichés adossés*; 2 et 3, une fasce chargée d'une rose, 43 *c*.
— 1 et 4, *un joug de bœuf*; 2 et 3, un tiercé, 41 *d*.
— 1 et 4, *un léopard*; 2 et 3, une aigle, 115 *c*.
— 1 et 4, *une licorne*; 2 et 3, parti d'échiqueté et de plain, 41 *a*.
— 1, 2, 3 et 4, *un lion*, 54 *c*.
— 1, 2, 3 et 4, *un lion* (lignes d'écartèlement omises sur le ms.), 51 *c*.
— 1, 2, 3 et 4, *un lion au lambel*, 51 *a*.
— 1 et 4, *un lion*; — 2 et 3, un cœur sous un chef denché chargé de trois étoiles, 114 *a*; — 2 et 3, une fasce échiquetée au lambel de cinq pendants, 114 *a*; — 2 et 3, un fretté, 98 *a*; — 2 et 3, un lion couronné à queue fourchée. A l'écusson chevronné sur le tout, 57; — 2 et 3, un parti d'une demi-aigle et d'un fascé de huit pièces, 40 *c*; — 2 et 3, trois poissons (2 et 1), 93 *c*.
— 1 et 4, *un lion à la bordure*; 2 et 3, un sautoir engrêlé, 93 *d*.
— 1 et 4, *un lion dans un double trécheur fleuronné*; 2 et 3, trois gerbes, 114 *b*.
— 2 et 3, trois hures, 115 *c*.
— 1 et 4, *un lion à tête d'homme barbu*; 2 et 3, une grenouille, 43 *c*.
— 1 et 4, *un lion couronné*; 2 et 3, trois fasces entées, 51 *b*.
— 1 et 4, *un losangé*; 2 et 3, un lion, 86 *c*.
— 1 et 4, *trois maillets*; 2 et 3, un bandé de vair et de plain de six pièces, 90 *a*.
— 1 et 4, *une nef dans un double trécheur fleuronné*; 2 et 3, une croix engrêlée, 114 *c*.

ÉCARTELÉ : 1 et 4, *une nef au mât sommé par une aigle dans un double trécheur fleuronné*; 2 et 3, trois lions (2 et 1), 115 *a*.
— 1 et 4, *trois pals ondés*; 2 et 3, un bandé de six pièces à la bordure besantée, 96 *d*.
— 1 et 4, *un parti de plains*; 2 et 3, un chevron sur un fascé, 40 *d*.
— 1 et 4, *un parti de plains sous un chef*; 2 et 3, un fer de flèche, 44 *a*.
— 1 et 4, *deux pattes d'ours adossées*; 2 et 3, trois... 46 *d*.
— 1, 2, 3 et 4, *un plain*. Voyez **Plains** (Écartelé de).
— 1 et 4, *un plain*; 2 et 3, un chevron accompagné de trois mouchetures d'hermine (2 et 1), 98 *d*.
— aux 1 et 4, *trois quintefeuilles*; aux 2 et 3, un vairé à l'écusson en cœur chargé de trois écussons, 17.
— 1 et 4, *trois roses* (2 et 1) *sur un semé de croisettes recroisetées au pied fiché*; 2 et 3, trois jumelles sous un chef, 94 *c*.
— 1 et 4, *un sautoir*; 2 et 3, une croix, 83 *a*.
— 1 et 4, *un tiercé* (1, contre-pointé de deux pointes renversées accompagnées d'un plain sénestré, et d'un plain adextré, de l'un en l'autre, 2, un contre-fascé de quatre pièces; 3, parti de plains. Sur le tout, un écusson en abîme); 2 et 3, une croix, 93 *a*.
— aux 1 et 4, *une tour*; aux 2 et 3, un lion, 73 *d*.

ÉCARTELÉ PARTI.

ÉCARTELÉ PARTI : 1, *un fascé de huit pièces*; 2, semé de fleurs de lys au lambel; 3, une croix potencée cantonnée de quatre croisettes; 4, semé de fleurs de lys à la bordure; 5, deux bars adossés sur un semé de croisettes recroisetées au pied fiché; 6, une bande chargée de trois alérions, 103.

ÉCARTELÉ EN SAUTOIR.

ÉCARTELÉ EN SAUTOIR : 1 et 4, *un palé* de dix pièces; au 2, un château; au 3, un lion, 105.
UN ÉCARTELÉ DE PLAINS EN SAUTOIR, 46 *d*. Voyez CONTRÉCARTELÉ.

ÉCHIQUETÉ.

UN ÉCHIQUETÉ, 18, 41 *a*, 45 *d*, 86 *c*, 88 *a*, 88 *b*, 93 *b*, 98 *d*, 110 *c*.
— à *deux badelaires* brochant, 3.
— à *la bande d'hermines* brochant, 98 *c*.
— *sous un chef*, 99 *b*.
— *sous un chef* d'hermines, 99 *b*.
— à *la fasce* brochant, 93 *c*.
— *au franc-quartier*, 97 *c*.
— *au franc-quartier* d'hermines, 97 *c*.
— *au rencontre de bœuf* bouclé et couronné, 103 *a*.

ÉCHIQUIER.

Un échiquier? 110 c.

ÉCUSSON.

Un écusson accompagnant en chef et à sénestre un chevron d'hermines, 83 e.
Un écusson chargé de trois écussons, 17.
— d'une fasce, et porté à la gueule par un léopard, 54 d.
— d'un sautoir brochant sur une fasce en champ d'hermines, accompagnant, en chef et à dextre, un écu au chef, 83 e;
— Idem au lambel brochant, 83 e.
Un écusson burelé chargé d'un lion accompagnant à sénestre un chevron d'hermines, au franc-quartier chargé d'un lion, 84 b.
Écusson en abîme ou en cœur, 74 b, 83 e, 84 a, 111 a.
— accompagné de huit merlettes en orle, 96 d.
— au bâton en bande brochant, sur un écu à l'écusson en abîme, 83 e.
— à la bordure, 97 c.
— chargeant un gironné de dix pièces, 79 e.
Écusson en abîme chargé de sept billettes sur un fascé, 84 e.
— d'un chevron brochant sur une fleur de lys à l'épaule d'un lion, 86 e.
— de trois chevrons au franc-quartier dextre accomp. six merlettes en orle, 89 d.
— de trois coquilles brochant sur un sautoir, 86 a.
— Idem au lambel de trois pendants, 86 a.
— d'une croix chargée de cinq coquilles, 83 d.
— d'une croix ancrée, 58 d.
— d'une croix engrêlée, 85 c.
— d'un écartelé : aux 1 et 4, un losangé; aux 2 et 3, un lion, 86 c.
— d'un sautoir, 83 d.
Écusson en abîme ou en cœur sur champ d'hermines, 91 d.
Un écusson d'hermines en abîme, accompagné de huit angemmes, 78 d.
— accompagné de huit fers de cheval en orle, 78 d.
Un écusson sur le tout, chargé d'un chevronné, 57.
— de trois écussons, 17.
— d'un lion, 1, 85 d.
— d'un lion fleurdelisé à l'épaule, 85 d.
Trois écussons, 115 c.
— chargeant un écusson sur le tout d'un écartelé de trois quintefeuilles et d'un vairé, 17.
Cinq écussons en croix à la bordure châtelée et fleurdelisée, chargés de cinq besants en sautoir, 104.

ÉMANCHÉ.

Un émanché (coupant l'écu) de deux pièces et demie, surmontant une champagne, 46 c.
— de deux pièces et deux demies, 45 b.
— de trois pièces à pointes pommettées, 97 a.
Un émanché (tranchant l'écu) de cinq pièces, 46 e.
Un émanché (en taillé enté) de deux pièces et demie, 46 a.
Un émanché (partissant verticalement l'écu) d'une pièce et demie surmontant une champagne, 41 b.
— de deux pièces et demie au 2 d'un parti, 44 a.
— de deux pièces et demie, 46 a.
— de deux pièces et demie au 1, et de trois pièces et demie au 4 d'un écartelé, 96 e.
— de trois pièces et deux demies, à bordure engrêlée, 85 a.
— de six pièces, 54 d.
Voyez CONTREMANCHÉ.

ÉPÉE.

Une épée en barre la pointe en haut brochant entre les cornes d'un rencontre de bœuf, 110 a.
Deux épées en sautoir la pointe en bas, 54 b.

ÉPI.

Trois épis (2 et 1), 73 a.

ESCARBOUCLE.

Voyez Rais.

ÉTOILE.

Une étoile, 54 e, 52 b, 52 e.
Une étoile accompagnant en chef et à dextre une fasce, 54 a.
— Idem un fretté, 89 b.
Une étoile accompagnant en chef et à sénestre une bande, 116 v.
Une étoile chargeant le sommet d'un chevron, 85 d; — le 2 d'un tranché, 110 d; — le 1 d'un écartelé de plains, 93 c, 94 a.
Une étoile sous un chef, 79 d.
Une étoile surmontant un croissant, 109 a.
Deux étoiles en bande, 84 s.
Deux étoiles chargeant un chef, 79 d, 94 e, 115 c.
Trois étoiles (2 et 1), 40 c, 44 d, 79 c, 114 b.
Trois étoiles accompagnées d'un orle de six croisettes recroisetées au pied fiché, 116 b.
Trois étoiles chargeant une bande, 116 c.
Trois étoiles chargeant un chef surmontant un cœur, 114 a, 114 b.
Trois étoiles chargeant un chef denché surmontant un cœur, 114 a.
Trois étoiles sous un chef, 41 e.
Trois étoiles a rayons enflammés chargeant un chevron, 95 c.
Cinq étoiles chargeant un sautoir sur une fasce, 85 b.
Neuf étoiles accompagnant une bande, 80 d.
Douze étoiles chargeant la bordure d'un écu au lion, 86 a.

FANON.

Voyez Dextrochère.

FASCE.

Une fasce, 3, 20, 39, 40 a, 40 d, 40 e, 42 c, 46 b, 48 a, 48 e, 51 b, 52 b, 52 c, 53 b, 54 a, 54 d, 83 b, 84 e, 88 a, 88 d, 90 c, 108 d.
Une fasce accompagnée de trois aiglettes, deux en chef et une en pointe, 51 c.
— de quatre aiglettes, deux en chef et deux en pointe, 40 a, 80 b.
— de quatre aiglettes, deux en chef et deux en pointe, au lambel, 80 a.
— de quatre aiglettes (2 et 2) au bâton mis en bande brochant, 80 a.
— d'un bar, 48 b.
— de dix-huit bésants, neuf en chef et neuf en pointe, 52 a.
— de huit billettes, 96 e.
— de trois chevaux (2 et 1), 96 d.
— de six coquilles, trois en chef et trois en pointe, 72 e.
— de six croisettes recroisetées, trois en chef, trois en pointe, 93 c.
— de dix croisettes recroisetées, cinq au pied fiché en chef et cinq sans pied fiché en pointe, 86 c.
— de trois croissants, deux en chef et un en pointe, 52 c, 97 c.
— d'une étoile en chef et à dextre, 54 a.
— de trois fers de cheval (2 et 1), 48 b.
— de trois mouchetures d'hermines, deux en chef, une en pointe, 53 c.
— d'un huchet en chef à dextre, 48 b.
— d'un lion issant, 48 a.
— de trois lions, deux en chef et un en pointe, 48 a.
— de trois merlettes en chef, 48 a.
— d'une molette en chef et à dextre, 54 a, 54 b.
— de trois papegaux, 95 c.
— d'une tête de More en chef et à dextre, 48 b.
— de trois têtes de lion, deux en chef et une en pointe, 53 c.
— d'un tourteau en chef et à dextre, 48 c.
— de trois tourteaux, 48 b.
Une fasce au bâton en bande brochant et accompagnée de quatre aiglettes, 80 a.
Une fasce brochant sur un échiqueté, 93 c.

DES ÉCUS, HOUSSES ET COTTES D'ARMES.

Une fasce brochant sur un enté, 94 b.
— sur un lion, 46 b.
Une fasce chargeant un parti, 42 a.
Une fasce chargée de trois besants, 89 b.
— de trois besants, et accompagnée de quatre aiglettes, deux en chef et deux en pointe, 80 b.
— d'une croix pattée, 45 a.
— de trois fermaux, 80 d.
— de trois gerbes, 98 d.
— d'un lion passant, 90 e.
— d'une rose, 43 b.
Une fasce au lambel, 54 a.
— au lambel sur champ d'hermines, 80 d.
Une fasce à la porte ouverte brochant, 40 b.
— au sautoir brochant, 54 c.
— au sautoir échiqueté brochant, 51 b, 52 a.
Une fasce abaissée aux lambels de quatre et cinq pendants, 48 e.
Une fasce bandée de six pièces, 44 e.
Une fasce déjointe au milieu, chaque moitié s'y touchant par l'angle, l'une levée, l'autre abaissée, 40 d.
Une fasce denchée sous une tour en chef à dextre, 54 e.
Une fasce diaprée accompagnée d'un lion passant à dextre, 79 a.
— chargée de trois fleurs de lys, 79 a.
Une fasce échiquetée, 114 a, 114 b, 115 a.
— accompagnée de trois couronnes (deux et une), 115 a.
— au lambel de cinq pendants, 115 b.
Une fasce aux 1 et 2 d'un parti. De l'une en l'autre, 46 a.
— avec une tête d'homme au 1, 46 c.
Une fasce frettée, 48 b, 53 a.
— sur champ d'hermines, 78 c.
Une fasce d'hermines, 89 c.
Une fasce paillée. Voyez Une fasce diaprée.
Une fasce vivrée, 41 b, 46 c.
— accompagnée de sept billettes (4 et 3), 94 e.
Une fasce vivrée sous trois têtes de léopard en chef, 96 e.
Deux fasces, 40 e, 43 d, 73 b, 73 c, 77 a, 79 b, 94 e, 96 c.
Deux fasces accompagnées de trois besants ou trois tourteaux en chef, 94 d.
— de trois merlettes en chef, 79 b.
— de sept merlettes (3, 3 et 1), 73 d.
— de huit merlettes (3, 2 et 3), 73 b.
Deux fasces au bâton en bande brochant, 77 b.
Deux fasces chargées de trois losanges, 53 c.
Deux fasces au franc-quartier, 98 e, 99 b.
— au franc-quartier, brochant, à la bande chargée en chef d'un annelet, 98 e.
— au franc-quartier chargé d'une croix ancrée, 98 e.
— au franc-quartier chargé d'une quintefeuille, 98 e.

Deux fasces au lambel, 98 e.
— de cinq pendants brochant, 77 a, 77 b.
Deux fasces bretessées, 52 e.
Deux fasces entées, 95 b.
Deux fasces fuselées l'une sur l'autre de quatre et cinq pièces, 52 b.
Deux fasces d'hermines, 77 b.
Deux fasces ondées accompagnées de trois losanges, 54 e.
Trois fasces, 14.
Trois fasces chargeant un palé de six pièces, 97 d.
Trois fasces chargées de neuf petits sautoirs (4, 3 et 2), 51 a, 52 b.
Trois fasces ondées, 9.

FASCÉ.

Un fascé chargé de sept billettes sur un écusson en cœur, 84 c.
Un fascé de quatre pièces, 41 a, 44 d.
Un fascé de six pièces, 40 d, 52 a, 79 c, 88 b, 93, 97 d.
— au bâton en bande brochant, 94 c, 95 a.
— à la bordure, 72 d, 72 e.
Un fascé de six pièces, la première pièce chargée de trois annelets, 96 e.
Un fascé de six pièces chargé de trois annelets brochant sur les deux premières pièces, 88 c.
— la première pièce chargée de trois besants, 93 b.
— chargé d'un semé de fleurs de lys de l'un en l'autre, 77 c.
— idem au lambel de cinq pendants, 77 c.
Un fascé de six pièces au chevron brochant, 40 d.
— à l'écusson chargé d'une croix engrêlée, 85 c.
— au franc-canton d'hermines, 97 d.
— au lambel, 53 e.
Un fascé d'un diapré et d'hermines de six pièces au lambel de cinq pendants, 79 c.
Un fascé d'hermines et de plain de six pièces, 97 d.
Un fascé de huit pièces, 40 c, 102, 103.
— au crancelin brochant, 34.
— au sautoir brochant, 83 a.
— au sautoir brochant chargé de cinq étoiles, 85 b.
Voyez Contre-fascé.

FASCÉ ENTÉ.

Un fascé enté de six pièces, 51 c, 97 c.
Un fascé enté à la fasce brochant, 94 b.

FAUCILLE.

Deux faucilles affrontées, 43 a.

FAUX.

Trois fers de faux cantonnés mouvant d'une rose, 108 d.

FEMME.

Une femme échevelée aux bras levés, chargeant un ours, 108 b.

FER DE CHEVAL.

Un fer de cheval, 45 d, 45 e.
Un fer de cheval à la bordure, surmonté d'une croisette pattée, 109 d.
— d'une croisette pattée surmontant une flèche en pal pointe en haut, 109 d.
Trois fers de cheval accompagnant une bande, 42 d.
— une fasce, 48 e.
— surmontés en chef d'une croisette pattée au pied fiché, 109 d.
Huit fers de cheval en orle accompagnant un écusson d'hermines en abîme, 78 d.
— au lambel accompagnant un écusson d'hermines en abîme, 78 c.

FER DE FLÈCHE.

Un fer de flèche, 44 a.
— surmontant un arc sans corde, 108 c, 108 d, 108 e, 109 e, 110 a, 110 b.

FER DE FOURCHE.

Un fer de fourche, 44 c.

FER (DÉCOUPOIR) DE GANTIER.

Un fer de gantier, 43 a.

FER DE LANCE.

Un fer de lance sortant d'une couronne, 45 d. — Voyez Lance.

FER DE MOULIN.

Trois fers a moulin (2 et 1), 51 a. Voyez Chaise (note).
— chargés d'un lambel, 51 a.

FERMAIL.

Trois fermaux, 78 b, 78 c.
— chargeant une bande, 115 e.
— une fasce sur champ d'hermines, 80 d.
Trois fermaux au lambel, 78 b.
— au lambel de trois pendants chargés chacun de trois besants, 78 c.
— au lambel de trois pendants chargés chacun de trois châteaux, 78 b.
Cinq fermaux chargeant une croix, 89 d.

FEUILLE.

Voyez Chêne, Houx.

FILET.

Un filet en bande brochant sur trois maillets, 80 d.
Un filet en barre brochant sur un lion, 27.

FLAMMES.

Trois flammes renversées mouvant du chef, 46 c.
Voyez Étoile, 95 c.

FLÈCHE.

Voyez Fer, Arc.
Une flèche traversant la gueule d'un tigre issant, 110 d.

FLEUR D'AUBÉPINE.

Cinq fleurs d'aubépine, 77 e.
— au lambel de quatre pendants, 77 e.
Voyez Branche, Quintefeuille.

FLEUR DE LYS.

Une fleur de lys, 77 c, 97 c.
Une fleur de lys chargeant un chef, 90 c.
— l'épaule d'un lion, 15, 84 a, 85 d.
— d'un lion sur une billette, 86 c.
— d'un lion couronné, 86 c.
Une fleur de lys chargée d'un écusson au chevron brochant sur l'épaule d'un lion, 86 c.
Une fleur de lys au lambel, 77 d.
Une fleur de lys au pied coupé chargeant un chef, 89 c.
Trois fleurs de lys, 53 c, 59, 72 a, 72 d, 93, 114 a.
— à la bordure, 72 e.
— à la bordure besantée, 72 b.
— à la bordure componée, 72 b, 72 c.
— à la bordure engrêlée, 72 a.
Trois fleurs de lys chargeant une fasce diaprée, 79 a.
Trois fleurs de lys au lambel, 72 e.
— à la bande chargée de trois lions brochant, 72 c.
— au bâton en bande brochant, 72 b.
Trois fleurs de lys au pied coupé (2 et 1), 89 c.
— au pied coupé (2 et 1) à la bordure, 88 c.
— au pied coupé (2 et 1) et remplacé par trois têtes de léopard, 96 c.
Cinq fleurs de lys au pied coupé chargeant une bordure châtelée et fleurdelisée accompagnant cinq écussons en croix chargés de cinq besants en sautoir, 104.
Six fleurs de lys en orle, 54 e.
Treize fleurs de lys chargeant une hordure accompagnant trois léopards, 93 a.
Un semé de fleurs de lys, 73 c, 88 c, 90 a, 91 a, 92.
Un semé de fleurs de lys à la bande componée brochant, 106.
— à la bordure, 103.
— à la bordure besantée, 77.
— à la bordure componée, 1, 28.
— à la croix brochant, 60, 65.
— à la croix chargée d'une crosse brochant, 62.

Un semé de fleurs de lys aux deux crosses adossées brochant, 64.
Un semé de fleurs de lys chargeant un fascé de six pièces, 77 e.
— au lambel, 103.
— au lambel chaque pendant chargé de trois châteaux, 87.
— au lion brochant, 77 a, 94 b, 95 b.
— au sautoir brochant, 61.

FOURCHE.

Voyez Fer.

FRANC-CANTON.

Voyez Franc quartier.

FRANC-QUARTIER.

Un franc-quartier, 43 e.
Un franc-quartier accompagnant deux chevrons, 97 d.
— deux fasces, 99 b.
Un franc-quartier accompagnant un échiqueté, 97 e.
— deux fascés, 98 e, 99 b.
— deux fascés au lambel brochant, 98 c.
— deux fasces à la bande brochant chargée en chef d'un annelet, 98 e.
— un fretté, 80 b, 89 c, 97 e, 98 c.
— un champ d'hermines, 99 a.
— trois pals de vair, 90 d.
Un franc-quartier chargé d'une croix ancrée, accompagnant deux fascés, 98 e.
— d'un écartelé aux 1 et 4, d'un château; aux 2 et 3, d'un lion; accompagnant trois lions, 73 d.
— d'un écusson burelé à la bordure, 72 e.
— de trois fasces entées accompagnant un palé, 97 c.
— d'un griffon accompagnant un point de huit pointes renversées, 97 d.
— d'un lion, 84 d.
— d'un lion, brochant sur un chevron d'hermines à écusson en chef, à senestre, chargé d'un lion brochant sur un burelé, 84 b.
— d'une molette, accompagnant deux chevrons, 97 a.
— d'une quintefeuille, 98 e.
Un franc-quartier d'hermines, accompagnant un semis de besants, 94 d.
— deux chevrons, 97 d.
— un échiqueté, 97 c.
— un palé de six pièces, 97 d.

FRETTÉ.

Un fretté, 77 e, 78 a, 79 d, 84 e, 88 d, 90 b, 90 e, 91 e, 94 b, 94 d, 95 b, 97 a, 98 a, 98 d.
Un fretté chargé d'une étoile en chef et à dextre, 89 b.
Un fretté sous un chef, 94 b.
— chargé de trois besants, 95 c.
Un fretté au franc-quartier, 80 b, 89 c, 97 c, 98 d.
— au lambel de cinq pendants, 90 a.

FUSÉE.

Trois fusées chargeant une bande, 109 c.
Trois fusées (2 et 1) dans un double trécheur fleuronné, 114 c.
Trois fusées en bande, 41 e.
Trois fusées en fasce, 93 b.
— à la bordure, 96 b.
Six fusées en bande, 74 a.

FUSELÉ.

Un fuselé, 36, 38, 85 a, 88 c, 89 a, 91 b, 91 c.

GANTIER.

Voyez Fer.

GERBE.

Une gerbe, 48 c.
Trois gerbes, 114 b.
— chargeant une fasce, 98 d.

GIRONNÉ.

Un gironné de huit pièces, 97 a, 114 d.
Un gironné de dix pièces chargé en cœur d'un écusson plein, 79 e.
Un gironné de croisettes et de plains de dix pièces, 83 c.

GONFANON.

Un gonfanon, 40 d.

GRENOUILLE.

Une grenouille, 43 c.

GRIFFON.

Un griffon, 45 b, 45 c, 109 b, 116 b.

GRUE.

Une grue, 42 a, 44 d.

GUIVRE OU VIVRE.

Une guivre, 41 a.

HACHE D'ARMES.

Une hache emmanchée, 108 c.
Une hache tenue par un lion, 101.
Voyez Doloire.

HAMAIDE.

Trois hamaides, 111 a.

HANAP.

Un hanap tenu par un lion, 45 b.

HANGAR.

Un hangar au toit supporté par quatre poteaux, 109 b.

HARPIE.

Une harpie, 44 c.

DES ÉCUS, HOUSSES ET COTTES D'ARMES.

HÉRISSON.
Trois hérissons passant, 114 e.

HERMINE.
Une moucheture d'hermine *chargeant* un losange, 96 e.
Trois mouchetures d'hermine (2 et 1), *accompagnant* une fasce 53 e.
— un chevron, 98 d.
Dix mouchetures d'hermine *chargeant* un chef, 83 b.
D'hermines, 40 e, 78 e, 81.
D'hermines a l'aigle, à la *bande* chargée de trois coquilles brochant, 80 e.
— au *bâton mis en bande* brochant, 80 e.
— au *bâton mis en bande* avec un croissant en chef brochant, 80 e.
— au *lambel* de quatre pendants, 80 e.
D'hermines a la bande, 78 e.
— à la bande chargée de trois coquilles, 78 e, 83.
D'hermines sous un *chef* chargé de deux étoiles, 115 e.
— chargé d'une merlette à sénestre, 54 e.
D'hermines à l'*écusson* en abîme, 91 e.
— à l'*émanché* (horizontal) de deux pièces, 98 e.
— à la *fasce*, au *sautoir* brochant, 54 e, 83 e.
— à la *fasce fretée*, 78 e.
— à deux *fasces*, 77 e.
— à trois *fasces diaprées*, 79 e.
— à trois *fasces* diaprées au lambel de cinq pendants, 79 e.
D'hermines au franc-quartier, 98 a.
— au *lambel* de trois pendants brochant sur une bande, 83 e.
D'hermines en bande, 98 c.

HOUSETTES.
Trois housettes armées, éperonnées et cantonnées, jointes en cœur, 97 a.

HOUX.
Trois feuilles de houx *accompagnant* un chevron, 99 b.

HUCHET.
Un huchet *accompagnant* en chef à dextre une fasce, 48 b.
Un huchet enguiché, 43 b.
Deux huchets enguichés, 43 c, 45 e.
Trois huchets (2 et 1) *accompagnant* un chevron, 115 e.
Trois huchets enguichés, 109 e, 115 e.

HURE.
Une hure au bras vêtu d'une manche à neuf boutons, la main saisissant les défenses, 108 e.
Trois hures, 115 c.

JOUG DE BŒUF.
Un joug de bœuf, 41 d.

JUMELLE.
Deux jumelles, 98 a.
— *accompagnées* d'un bélier passant à dextre en chef, 80 e.
Trois jumelles, 9, 26, 88 a, 88 c, 88 d, 89 a.
— sous un *chef*, 94 e.

LAMBEL.
Un lambel de trois pendants accompagnant les armes de Bourgogne, 28.
Un lambel de trois pendants *accompagnant* une bande sur champ d'hermines, 83 e.
— un chef, 48 d, 91 c.
— un chef chargé à dextre d'un écusson au sautoir brochant sur une fasce en champ d'hermines, 83 e.
— un chevron brochant sur un double trécheur, 86 b.
— un chevron accompagné de trois merlettes, 85 d, 85 e.
— un chevron accompagné de trois coquilles, à la bordure, 86 c.
— six coquilles, 85 c.
— un croissant, 86 b.
— une croix chargée de cinq coquilles, 83 d.
— une croix échiquetée, 86 a.
— un écartelé d'un lion aux 1, 2, 3 et 4, 51 a.
— une fasce, 54 a, 80 d.
— deux fasces au franc-quartier, 98 e.
— trois fermaux, 78 b.
— un semé de fleurs de lys, 103.
— trois jumelles, 26.
— trois léopards, 93 a.
— un lion couronné à queue fourchée, 12.
— un lion couronné à la bordure engrêlée, 86 d.
— trois lions couronnés, 84 e, 90 b.
— trois lions couronnés à la bordure engrêlée, 11, 85 a.
— trois maillets, 77 e.
— trois mains appaumées, 80 c.
— trois marteaux, 49.
— un sautoir chargé en cœur d'un écusson à trois coquilles (2 et 1), 86 e.
— trois tourteaux, 98 a.
Un lambel de trois pendants *chargés* chacun de trois besants, 78 c.
— *chargés* chacun de trois châteaux accompagnant trois fermaux, 78 c.
— de trois châteaux, accompagnant trois fleurs de lys, 72 b, 72 e.
— de trois châteaux, accompagnant un semé de fleurs de lys, 87.
Un lambel de quatre pendants, 48 e.
Un lambel de quatre pendants *accompagnant* six billettes (3, 2 et 1), 79 e.

Un lambel de quatre pendants *accompagnant* deux lions passant l'un sur l'autre, 78 b.
— *accompagnant* six roses (3, 2 et 1), 77 e.
Un lambel de cinq pendants, 48 e.
— *accompagnant* une aigle, 77 d, 80 e.
— dix billettes (4, 3, 2 et 1), 77 d.
— une fasce échiquetée, 114 a, 115 b.
— deux fasces, 77 a.
— un fascé, 77 d, 95 d.
— un fascé d'hermines et de diapré, 79 c.
— un fascé semé de fleurs de lys, 77 c.
— un fretté, 90 a.
Un lambel de cinq pendants, chacun chargé de trois besants, brochant sur deux fasces, 77 b.

LANCE. (Voyez Fer.)
Trois lances dont deux en sautoir et la troisième en pal, le fer en bas, 108 c.
Trois fers de lance en bande, 109 c.

LÉOPARD.
Un léopard, 54 a, 67, 115 c.
— brochant sur un billeté, 54 b.
Un léopard portant un écusson a la fasce, 54 d.
Un léopard couronné rampant, 42 e, 43 a, 110 b.
Deux léopards, l'un sur l'autre 68, 76.
Deux léopards couronnés, l'un sur l'autre, 76.
Trois léopards, l'un sur l'autre, 40 a, 92, 93 a.
— au *bâton mis en bande*, 93 b.
— à la bordure, 93 a.
— à la bordure fleurdelisée, 93 e.
— au *lambel* de trois pendants, 93 a.
Trois têtes de léopard (2 et 1), *accompagnant* une fasce, 94 a.
— en chef une fasce vivrée, 96 e.
Trois têtes de léopard renversées surmontées de trois fleurs de lys au pied coupé, 96 e.

LICORNE.
Une licorne, 40 d, 41 a.
Trois têtes de licorne accolées, 114 e.

LIÈVRE.
Un lièvre, 42 a.

LINGE.
Un linge tortillé en ceinture, 108 b.

LION.
Un demi-lion, 109 a.
Un lion, 1, 25, 42 e, 37, 40 b, 40 c, 45 a, 48 e, 49, 51 a, 51 b, 52 b, 53 b, 57, 69, 73 d, 79 b, 82, 85 d, 86 c, 90 d, 91 b, 93 b, 93 d, 93 e, 94 b, 95 a, 97 a, 98 a, 109 a, 114 a, 114 b, 115 b, 116 c.

Un lion a dextre accompagnant un demi-vol à serre, 44 e.
Un lion au 1 dans un parti, avec un échiqueté au 2, 45 d.
Un lion accompagné d'un double trécheur fleuronné et contrefleuronné, 113, 115 c, 115 d.
Un lion à la bande brochant, 115 a.
— au bâton en bande brochant, 115 a.
Un lion à la bordure, 41 b, 91 b, 93 d.
— à la bordure chargée de douze étoiles, 86 a.
— à la bordure chargée de huit quintefeuilles, 114 a.
Un lion à la bordure engrêlée, 91 c, 94 b, 96 a.
— festonnée ou ondée, 89 d.
Un lion brochant sur un billeté, 48 e, 77 a, 89 e, 96 b.
— sur un burelé, 78 c, 78 d.
— sur un chef, 72 c, 90 d.
— sur un semé de croisettes recroisetées au pied fiché, 94 e.
— sur un semé de fleurs de lys, 77 a, 94 b, 95 b.
Un lion chargé à l'épaule d'une fleur de lys, 15, 84 a, 85 d.
— d'une fleur de lys chargée d'un écusson au chevron, 86 a.
— d'une fleur de lys brochant sur un billeté, 86 c.
— d'une roue, 51 c.
Un lion à la fasce brochant, 46 b.
Un lion burelé, 55.
Un lion à cinq coupeaux, 108 a.
Un lion au lambel, 52 b.
— au rais d'escarboucle fleuronné brochant, 72 d.
— au double trécheur fleuronné et contrefleuronné, 114 b.
Un lion enchaîné, 44 b.
Un lion tenant une hache d'armes, 101.
Un lion issant en cœur accompagné de trois aiglettes, 16.
Un lion issant chargeant un chef, 90 d, 90 e.
— le 1 d'un coupé, 41 a, 110 c.
Un lion naissant accompagnant en chef une fasce, 48 a.
Un lion passant, 86 d, 95 e.
— accompagnant en chef et à sénestre une bande, 78 e.
— accompagnant en chef et à sénestre une bande chargée de cinq coquilles, 78 d.
— en chef et à dextre une fasce, 79 a.
Un lion passant chargeant une fasce, 90 e.
Un lion tenant un hanap, 46 b.
Un lion a tête d'homme barbu, 43 c.
Un lion vairé, 95 d.
Un lion a queue fourchée et passée en sautoir, 53 c, 58, 115 e.
Un lion couronné, 1, 48 a, 51 b, 57, 77 b, 77 c, 93 c, 100, 106, 114 a, 115 d.

Un lion couronné au bâton en bande brochant 77, b.
— à la bordure engrêlée, 85 c, 86 d.
— à la bordure engrêlée au lambel, 86 d.
— brochant sur un burelé, 56.
Un lion couronné chargé d'une fleur de lys à l'épaule, 86 c.
Un lion couronné a queue fourchée passée en sautoir, 50, 86 b.
— au bâton mis en bande, 27.
— au lambel, 12.
Un lion couronné tranché, 43 a.
Deux lions accompagnant une bande, 40 b.
Deux lions affrontés, 58.
— chargeant un chevron à la rose, 116 a.
Deux lions passant, l'un sur l'autre, 78 a, 93 e, 96 a.
— au bâton en bande brochant, 78 a.
— au lambel de quatre pendants, 78 b.
Deux lions couronnés passant, l'un sur l'autre, 78 b.
Trois lions (2 et 1), 89 e, 98 a, 115 a.
Trois lions accompagnant une bande, 48 a.
— un écusson en abîme à la croix chargée de cinq croix, 83 d.
— un écusson en abîme chargé d'un sautoir, 83 d.
— chargeant un chevron, 94 d.
Trois lions sous un chef d'hermines, 90 e.
Trois lions au franc-quartier écartelé, aux 1 et 4, d'un lion; aux 2 et 3, d'un château, 73 d.
Trois lions sur un burelé, 48 d.
Trois lions couronnés (2 et 1), 83 d, 84 c, 85 a.
Trois lions à la bordure engrêlée, 7, 85 a.
— à la bordure engrêlée à l'écusson burelé en cœur, 85 a.
— à la bordure engrêlée au lambel brochant, 11, 85 a.
— à l'écusson en abîme chargé de sept billettes sur un fascé, 84 c.
— au lambel, 84 c, 90 b.
Six lions en orle accompagnant une bande coticée chargée de trois molettes, 94 b.
Une tête de lion vomissant des flammes, 109 b.
Trois têtes de lion accompagnant une fasce, deux en chef et une en pointe, 53 c.

LIONCEAU.

Un lionceau chargeant un losange, 21.
Un lionceau issant en abîme accompagnant trois aigles, 16.
Trois lionceaux chargeant une bande, 85 d.
— une bande brochant sur trois fleurs de lys, 72 a.

LOSANGE.

Un losange (?) échiqueté, 110 c.
Trois losanges (2 et 1), 44 a.
— accompagnant deux fasces ondées, 54 e.

Trois losanges en bande, 111 a.
Trois losanges (2 et 1) sous un chef chargé d'un lion issant, 110 c.
Trois losanges herminés et pommettés accompagnant un chevron, 96 e.
Dix losanges, le 1 chargé d'un lionceau, 21.

LOSANGÉ.

Un losangé, 42 c, 72 c, 86 a.
— sous un chef, 74 b.
— au franc-canton, 73 c.
Un sautoir losangé, 53 e.

LOUP.

Un loup bâillonné, 41 d.
Une loup lampassé (?) issant d'une couronne, 41 c.

MACLES.

Trois macles, deux en chef et une en pointe, accompagnant une fasce chargée de trois croisettes recroisetées au pied fiché, 116 a.
Trois macles chargeant une bande, 115 d.
Six macles (3, 2 et 1), 73 b, 94 c.

MAILLET.

Un maillet, 43 b.
Trois maillets, 77 c, 80 d, 88 c, 88 d, 89 a, 89 b, 90 a, 91 b.
— au lambel, 77 e.
— au filet mis en bande, 80 d.

MAIN.

Trois mains appaumées, 78 c, 80 c.
— au lambel, 80 c.

MANCHE MALTAILLÉE.

Une manche maltaillée, 94 a, 96 a, 96 e.

MARTEAU.

Trois marteaux, 49.

MASSE D'ARMES.

Deux masses d'armes en sautoir, 44 e.

MERLETTE.

Une merlette chargeant à dextre un chef, 54 c.
— chargeant en cœur un sautoir, 95 b.
Trois merlettes (2 et 1), 89 d.
— accompagnant un chevron, 84 b, 85 c, 90 b.
— un chevron chargé d'une coquille, 85 e.
— un chevron chargé d'un écusson chargé d'un lion, 85 d.
— un chevron chargé d'une étoile, 85 b.
— un chevron au lambel de trois pendants, 85 d, 85 a.
— accompagnant en pointe un écartelé de quatre lions, 54 e.

TROIS MERLETTES *accompagnant* en chef une fasce, 48 *a*.
— une fasce frettée, 48 *b*.
— en chef deux fasces, 79 *b*.
TROIS MERLETTES *chargeant* un chef, 74 *b*.
QUATRE MERLETTES *cantonnant* un sautoir, 78 *c*.
SIX MERLETTES *accompagnant* un chevron, 97 *b*.
SIX MERLETTES EN ORLE *accompagnant* une bande, 73 *c*, 97 *b*.
SIX MERLETTES au *franc-quartier* chargé d'un écusson à trois chevrons, 89 *d*.
SEPT MERLETTES *accompagnant* deux fasces, 73 *d*.
SEPT MERLETTES EN ORLE au *franc-quartier*, 53 *c*.
HUIT MERLETTES EN ORLE *accompagnant* un burelé, 94 *a*.
— un écusson en abîme, 96 *d*.
NEUF MERLETTES *accompagnant* un chevron, 74 *a*.
DOUZE MERLETTES EN ORLE *accompagnant* une croix, 53 *b*, 83 *a*.

MOLETTE.

UNE MOLETTE *accompagnant* en chef et à dextre une fasce, 54 *a*, 54 *b*.
— en chef et à senestre une bande, 79 *b*.
DEUX MOLETTES *chargeant* un chef, 95 *c*, 115 *d*.
TROIS MOLETTES *chargeant* une bande coticée accompagnée de six lions en orle, 94 *b*.

MONT.

Voyez *Coupeaux*.
UN MONT A CINQ COUPEAUX, 45 *a*; — chargé d'un chevron, 46 *c*.

MORE.

UNE TÊTE DE MORE *accompagnant* en chef à dextre une fasce, 48 *b*.

MUR.

UN MUR crénelé, 41 *c*, 45 *b*.
UN MUR crénelé en arche, 45 *b*.

NEF.

UNE NEF sans mât, 108 *c*.
UNE NEF mâtée, 109 *c*, 114 *c*.
UNE NEF au mât sommé par une aigle, 115 *a*.
UNE NEF à voile, ou mât sommé par une banderole, 116 *a*.
UNE NEF à la voile d'hermines chargée en cœur d'une rose, 115 *b*.

OISEAU.

UN OISEAU, 46 *c*.

ORLE.

UN ORLE ROND, 41 *d*.
— *brochant* sur un tranché, 42 *c*.
UN ORLE ROND *parti*, *chargé* de quatre roses. De l'un en l'autre, 114 *c*.

OURS.

UN OURS DEBOUT, muselé et enchaîné, 41 *c*.
UN OURS ISSANT, 44 *c*.
UN OURS PASSANT chargé d'une femme échevelée, 108 *b*.
DEUX PATTES D'OURS, 46 *d*.

PAL.

UN PAL, 116 *a*.
UN PAL *accosté* de six roses, 41 *c*.
— *brochant* sur un bandé, 41 *a*.
TROIS PALS, 89 *c*.
— *chargeant* un chef surmontant un plein, 41 *c*, 84 *b*.
TROIS PALS ONDÉS, 96 *d*.
TROIS PALS DE VAIR sous un *chef*, 88 *a*.
— sous un *chef* chargé de trois coquilles, 73 *c*.
TROIS PALS DE VAIR au *franc-quartier*, 99 *d*.

PALÉ.

UN PALÉ, 105.
UN PALÉ DE QUATRE PIÈCES, 40 *a*, 46 *a*.
UN PALÉ DE SIX PIÈCES, 80 *b*, 96 *b*, 114 *c*, 116 *d*.
— sous un *chef*, 78 *a*.
— sous un *chef* chargé de trois coquilles, 78 *a*.
— à trois *fasces* brochant, 97 *d*.
— au *franc-quartier* d'hermines, 97 *d*.
UN PALÉ DE SEPT PIÈCES, 154 *d*.
UN PALÉ DE HUIT PIÈCES au *franc-quartier* chargé de trois fasces entées, 97 *c*.
— à la *bordure* engrêlée, 97 *c*.
UN PALÉ DE NEUF PIÈCES, 48 *c*.
UN PALÉ DE DIX PIÈCES aux 1 et 4 d'un écartelé en sautoir, ayant au 2 un château, au 3 un lion couronné, 106.

PAPEGAI.

TROIS PAPEGAUX (2 et 1) *accompagnant* une fasce, 95 *c*.

PAPELONNÉ.

UN PAPELONNÉ à la *croix* pattée, 41 *c*.

PARTI.

UN PARTI : au 1, *une demi-aigle*; au 2, un fascé de huit pièces, 40 *c*.
— au 1, *une barre*; au 2, une bande. De l'une en l'autre, 42 *c*.
— au 1, *un barré*; au 2 un plain, 41 *c*, 42 *d*.
— au 1, *un coupé*; au 2, un plain, 42 *b*.
— au 1, *un chef*; au 2, un fer de flèche, 44 *a*.

UN PARTI : au 1, *un coupé*; un plain, 42 *b*.
— au 1, *un écartelé* de fretté et de gironné; au 2, trois tourteaux, 97 *a*.
— au 1, *un échiqueté*; au 2, un plain, 41 *a*.
— 1 et 2, *un émanché de deux pièces*. De l'une en l'autre, 96 *b*.
— au 1, *une fasce*; au 2, un plain, 44 *a*.
— au 1, *un fascé*; au 2, un plain, 41 *b*.
— 1 et 2, *une fasce*. De l'un en l'autre, 46 *a*.
— au 1, *trois léopards*; au 2, *une fasce*, 40 *c*.
— au 1, *un demi-lion*; au 2, une demi-aigle, 109 *a*.
— au 1, *un lion*; au 2, un échiqueté, 45 *d*.
— au 1, *un lion*; au 2, un lion à queue fourchée en sautoir, 58.
— à *l'orle rond parti*, chargé de quatre roses. De l'un en l'autre, 114 *c*.
— au 1, *un palé de quatre pièces*; au 2, une aigle, 40 *a*.
— au 1, *un plain*; au 2, un émanché, 44 *a*.
— au 1, *un plain*; au 2, une fasce, 42 *c*.
— au 1, *une tête d'homme barbu* à chaperon à plume; au 2, une fasce, 46 *c*.
— aux 1 et 2, *un plain*; 40 *d*, 42 *b*, 43 *a*, 43 *c*, 93 *a*.
UN PARTI au *chef*, 44 *a*.
— à *deux cornes* sortant d'un coupeau brochant, 45 *c*.
— à la *fasce* brochant, 42 *a*.
PARTI DE DEUX, COUPÉ DE UN : au 1, *un fascé de huit pièces*; au 2, semé de fleurs de lys, au lambel; au 3, *une croix potencée* cantonnée de quatre croisettes; au 4, un semé de fleurs de lys, à la bordure; au 5, un semé de croisettes recroisetées au pied fiché, à deux bars adossés brochant; au 6, une bande chargée de trois alérions, 103.

PATTE.

Voyez *Serre*.
DEUX PATTES D'OURS, 46 *d*.

PELLE.

TROIS PELLES? 49.

PILE.

Voyez *Pointe*.

PLAIN.

UN ÉCARTELÉ DE PLAINS, 73 *a*, 96 *a*, 97 *b*, 98 *c*.
UN ÉCARTELÉ DE PLAINS à la *bande* chargée de trois aiglettes, 97 *c*.
— à la *bande* chargée de trois croisettes recroisetées brochant sur le tout, 94 *c*.
— au *bâton en bande* brochant, 97 *b*.
— à la *bordure* besantée, 97 *c*.
UN ÉCARTELÉ DE PLAINS EN SAUTOIR, 46 *d*.
UN PARTI DE PLAINS, 40 *d*, 42 *b*, 43 *a*, 43 *c*, 93 *a*.
UN TRANCHÉ DE PLAINS, 42 *c*, 43 *c*.

PIERRE PRÉCIEUSE

Trois pierres précieuses sous un *chef* chargé d'une aigle issant, 108 *c*.

POÊLE A SEL[1].

Trois poêles a sel *accompagnant* une fasce (2 et 1), 53 *d*.
— à l'écusson en abîme chargé d'une croix ancrée, 53 *d*.

POINTE.

Une pointe mouvant de deux coupeaux, 43 *c*.
Une pointe *chargée* d'un demi-vol, 40 *d*
Une pointe ployée, 45 *b*.
Une pointe renversée, 96 *d*.
— *adextrée* d'un plain, 93 *a*.
— ployée, 46 *c*.
— *sénestrée* d'un plain, 93 *a*.
Trois pointes appointées, 43 *c*.

POINTÉ.

Voyez Contrepointé.
Pointé de trois pointes en barre, 43 *c*.
Pointé de huit pointes renversées, 97 *d*.

POISSON.

Voyez Bar.
Un poisson en bande, 110 *c*.
Un squelette de poisson, 42 *c*.
Trois poissons passant, l'un sur l'autre, 110 *c*.
Trois poissons en pal (2 et 1), 53 *a*, 93 *c*.

POMMETÉ.

Trois losanges herminés et pommetés, 96 *c*.
Un emanché de trois pièces pommetés, 97 *a*.

PORTE.

Une porte crénelée, 110 *c*.
— hersée et crénelée, 45 *d*.
— ouverte à deux battants, 46 *d*.
— ouverte à deux battants sur un coupeau et brochant sur une fasce, 40 *b*.

QUINTEFEUILLE.

Une quintefeuille d'hermines, 95 *c*.
Une quintefeuille d'hermines non percée, 80 *c*.
Trois quintefeuilles, 16, 80 *a*.
— à la *bordure*, 24.
Quatre quintefeuilles *cantonnant* un sautoir, 114 *c*.
Huit quintefeuilles *chargeant* une bordure accompagnant un lion, 114 *a*.

---

1. Attribut des seigneurs saulniers d'Allemagne, possédant des domaines appelés Salzkammergut (Rietstap).

RAIS D'ESCARBOUCLE.

Un rais d'escarboucle fleuronné *brochant* sur un lion, 72 *d*.

RENARD.

Un renard, 45 *b*.

RENCONTRE.

Voyez Ane, Bœuf.

ROC D'ÉCHIQUIER.

Un roc d'échiquier, 111 *b*.

ROSE.

Une rose, 108 *b*.
Une rose au sommet d'un chevron, accolée de deux lions affrontés, 116 *a*.
— en cœur dans un orle de huit croisettes recroisettées, 97 *a*.
Une rose chargeant une fasce, 48 *c*.
Une rose à trois fers de faux mouvant, 108 *c*.
Une rose écartelée, 97 *c*.
Deux roses *accompagnant* un lion et chargeant une bande, 115 *c*.
Trois roses, deux en chef et une en pointe, 44 *b*, 93 *b*.
Trois roses *chargeant* une bande, 110 *d*.
— sur un semé de croisettes recroisettées au pied fiché, 94 *b*.
Trois roses *chargeant* un chevron, 85 *d*, 95 *a*.
Quatre roses parties *chargeant* un orle rond parti. De l'un en l'autre, 114 *c*.
Six roses (3, 2 et 1), 77 *c*.
Six roses au *lambel*, 77 *c*.
Six roses *accostant* un pal, 41 *e*.

ROUE.

Une roue, 32, 51 *d*.
— sur un coupé, de l'un en l'autre, 110 *d*.
— *chargeant* l'épaule d'un lion, 51 *c*.
Deux jantes à deux rais adossées, 43 *c*.
Deux jantes sans rais adossées, 43 *b*.

ROUE DE MOULIN.

Une roue de moulin, 45 *c*.
Deux demi-roues de moulin adossées, 44 *d*, 45 *c*.

SANGLIER.

Voyez Hure.
Un sanglier, 42 *d*, 43 *d*.

SAUTOIR.

Un sautoir, 73 *a*, 73 *b*, 78 *c*, 79 *c*, 83 *a*, 83 *d*, 90 *b*, 93 *b*, 94 *a*, 116 *b*.
Un sautoir *brochant* sur un burelé, 53 *a*.
— sur un fascé de huit pièces, 83 *a*.

Un sautoir *brochant* sur une fasce, 54 *c*.
— sur une fasce en champ d'hermines, 83 *c*.
Un sautoir *cantonné* de quatre merlettes, 78 *c*.
— de quatre quintefeuilles, 114 *c*.
Un sautoir *chargé* en cœur d'un annelet, 99 *a*.
Un sautoir *chargé* de cinq annelets, 86 *d*, 86 *c*.
— de cinq coquilles, 85 *c*.
Un sautoir *chargé* en cœur d'un écusson portant trois coquilles, 86 *a*.
— *Idem* au lambel de trois pendants, 86 *a*.
Un sautoir *chargé* de cinq étoiles, 85 *b*.
Un sautoir *chargé* en cœur d'une merlette, 95 *b*.
Un sautoir sous un *chef*, 114 *a*.
Un sautoir échiqueté brochant sur une fasce, 51 *b*, 52 *a*.
Un sautoir engrêlé, 48 *d*, 49, 93 *d*.
— *brochant* sur un semé de fleurs de lys, 61.
— au *franc-quartier* chargé d'un lion, 84 *d*.
Un sautoir losangé, 53 *c*.
Un sautoir de vair, 84 *c*.
Trois petits sautoirs alezés, 51 *a*, 52 *c*, 53 *a*.
Neuf petits sautoirs alezés (4, 3 et 2) *chargeant* trois fasces, 51 *a*, 52 *b*.

SCIE.

Un fer de scie en bande, 42 *d*.

SEAU.

Voyez Bouse.

SERRE.

Une serre au demi-vol, 44 *c*.
Deux serres en sautoir, 45 *d*.

STIRIER[1].

Un stirier jetant feu, 40 *a*, 40 *c*, 42 *a*.
Un stirier issant *surmontant* une champagne, 42 *a*.
— *issant* au 1 d'un taillé, 43 *c*.

TAILLÉ.

Un taillé : au 1, un *stirier issant* ; au 2, un plain, 43 *d*.

---

1. A la dénomination de griffon sans ailes j'ai préféré celle de stirier qui était employée autrefois, et désigne mieux cet animal chimérique. Le stirier tenait à la fois du taureau, du griffon et de la panthère, il est presque toujours représenté jetant du feu par les oreilles, la gueule et les naseaux; son nom allemand Steyr montre que la Styrie avait pris des armes parlantes en le faisant figurer sur son écu.

TÊTE D'HOMME.

Voyez More.
UNE TÊTE D'HOMME barbu de profil, à chaperon, au 1 dans un parti, 46 c.
— sur un corps de lion, 43 c.
UNE TÊTE D'HOMME barbu, de face, cornu et couronné, 109 a.

TÊTE DE MORE.

UNE TÊTE DE MORE accompagnant en chef à dextre une fasce, 48 b.

TIERCÉ.

UN TIERCÉ en fasce, 41 d, 46 a.
UN TIERCÉ : au 1, un contrepointé de deux pointes renversées accompagnées d'un asénestré et d'un adextré, de l'un en l'autre; au 2, un contrefascé de quatre pièces; au 3, un parti de plains. Sur le tout, un écusson en abîme, 93 a.
UN TIERCÉ EN BANDE, 46 b.

TIGRE.

UN TIGRE ISSANT, la tête traversée par une flèche, 110 d.

TOUR.

UNE TOUR à dextre accompagnant une fasce, 54 c.
Voyez Château, Porte.

TOURNELLE.

CINQ TOURNELLES (2, 2 et 1), 90 e.

TOURTEAU.

UN TOURTEAU accompagnant à dextre une fasce, 48 c.
TROIS TOURTEAUX, 88 a, 89 e, 93 c, 97 a.
TROIS TOURTEAUX accompagnant une fasce, 48 b.
TROIS TOURTEAUX au lambel, 98 a.

TRANCHÉ.

UN TRANCHÉ DE PLAINS, 42 c, 43 a.
UN TRANCHÉ : au 1, une barre; au 2, une étoile, 110 d.
UN TRANCHÉ : au 1, deux fasces; au 2, un lion, 40 c.
UN TRANCHÉ départi par trois besants, 44 b.
UN TRANCHÉ ENTÉ, 46 a.
UN TRANCHÉ à l'orle rond, 42 c.

TRÉCHEUR.

UN DOUBLE TRÉCHEUR FLEURONNÉ ET CONTREFLEURONNÉ accompagnant un chevron, 83 b, 83 e, 115 d.
— une croix, 85 b.
— trois croissants, 114 c.
— une fasce frettée, 53 a.
— trois fusées, 114 c.
— un lion, 113, 114 b, 115 c, 115 d.

UN DOUBLE TRÉCHEUR FLEURONNÉ ET CONTREFLEURONNÉ accompagnant une nef mâtée, 114 c.
— une nef au mât sommé d'une aigle, 115 a.

TRÈFLE.

UN SEMÉ DE TRÈFLES A DEUX BARS ADOSSÉS, 94 c.

VAIRÉ.

UN VAIRÉ, 95 c, 96 d.

VAISSEAU.

Voyez Nef.

VANNET.

Voyez Coquille, 42 b.

VIVRE.

Voyez Guivre, Fasce vivrée.

VOILE.

UNE VOILE DE NEF d'hermines chargée en cœur d'une rose, 116 a.

VOL.

UN DEMI-VOL à la serre, 44 c.
TROIS DEMI-VOLS, le troisième chargeant une pointe, 40 d.
TROIS VOLS, 45 a.
— chargeant une bande, 94 a.

TABLE HÉRALDIQUE DES CIMIERS

Les numéros de renvois sont ceux des planches.

AIGLE chargée en cœur d'un croissant, pointe sur un coussin entouré de plumes de paon, planche 47.
AIGLE couronnée, 107.
AIGLE issant, 3, 10.
AIGLE issant dans un vol, 16, 21, 24.
AIGLE sommant un globe sur une couronne fermée à trois branches, 30.
AUTRUCHE issant entre deux hautes plumes d'autruche, tenant au bec un fer de cheval, 75, 102, 103.

BONNET de forme phrygienne, 38.
Les hachements ou lambrequins dépendent du bonnet donnent à penser que c'est non un cimier, mais la calotte de cuir qui recouvrait le heaume sous le cimier.
BONNET pointu herminé à retroussis et plumail. Voyez More.
BONNET à retroussis d'hermines engrêlé, à pointe pommettée, couronnée et sommée d'une queue de paon, accosté de deux haches d'armes, 101.
BOULE accostée de deux cygnes issant se joignant pour tenir au bec une bague à chaton, 19.
BOULE écartelée, sommée d'un plumail, accostée de deux cornes, 17.
BRAS (Deux) à double manche, la seconde à retroussis d'hermines, soutenant un cœur sanglant, 123.
BRAS (Deux) à double manche, la première herminée et la seconde à retroussis d'hermines, soutenant une couronne d'où sortent des plumes en diadème, 112.

278 TABLE HÉRALDIQUE DES CIMIERS. — TABLE DES ÉCUS SANS LÉGENDES.

Chapeau à aile relevée, doublée d'hermines, surmonté d'un léopard couronné, 76, 92.
Chapeau surmonté d'un lion couronné à queue fourchée en sautoir, 50.
Chat-huant. Voyez Duc.
Château à trois tours, sommé par un lion couronné issant, 100.
Chien. Voyez Lévrier.
Chien issant accolé d'un collier clouté, 9.
Chien issant accolé d'un collier à pointes, 20.
Chien issant dans un vol, 26.
Cœur sanglant dégouttant de sang, soutenu par deux bras revêtus d'une double manche, la seconde à retroussis herminé, 23.
Coq issant, 18.
Cornes (Deux) de buffle accompagnant une boule écartelée à plumail, 17.
Cornes (Deux) de buffle fuselées en bande, accompagnant un lion assis, 36.
Couronne fermée à trois branches et surmontée d'un globe à l'aigle, 30.
Couronne surmontée d'un diadème de plumes et soutenue par deux bras, 112.
Coussin entouré de plumes de paon, sur lequel est peinte une aigle chargée en cœur d'un croissant, 47.
Coussin sur lequel est peint un lion à queue fourchée en sautoir, 58.
Cygne sur un tortil, 84.
Cygne issant dans un vol, 6.
Cygnes (Deux) issant, accompagnant une boule et se joignant pour tenir au bec une bague à chaton, 19.
Dame. Voyez Femme.
Dauphin, poisson, 15.
Devise: sy bien vient, déployée en banderole sur la pointe d'un casque à la sarrasine, 71.
Dragon ailé issant, 104, 105.
Dragon ailé issant d'un cuvel, 12, 27.
Dans les anciens textes, on le représente comme s'y baignant, et le cuvel est qualifié de boing (bain, baignoire).
Duc essorant sur un tortil, 75.
Femme vêtue d'une robe fourrée d'hermines et coiffée d'un chaperon à longue cornette, 18.
Fleur de lys double, 59.
Fleur de lys double, sommée de houppettes, 28.
Fleur de lys sommée de cinq rubis? 1.
Haches d'armes (Deux) accompagnant un bonnet à retroussis engrêlé d'hermines, sommé par une pommette couronnée d'où sort un plumail de plumes de paon, 101.
Housettes (Deux) armées, 4.
Jambières de fer, avec cuissards et genouillères. Voyez Housettes.
Léopard couronné assis sur un chapeau à aile relevée doublée d'hermines, 92.
Léopard couronné, passant sur un chapeau à aile relevée doublée d'hermines, 76.
Lévrier issant, accolé d'un collier clouté à anneau, 5.
Lévrier issant dans un vol, 14.
Licorne issant, 7, 11.
Lion assis entre deux cornes de buffle fuselées, 36.
Lion couronné assis sur un chapeau, 50.
 — sortant d'un château à trois tours, 100.
 — tenant une épée, 113.
Lion issant, 82.
 — dans un vol, 25.
Lion peint sur un coussin entouré de plumes de paon, 58.
Loup issant entouré de flammes, 8.
Maure (Buste de) habillé d'hermines, accolé d'un collier à anneau, coiffé d'un bonnet pointu herminé à retroussis, sommé par un plumail, 2.
Paon dans un vol, 87.
Paon (Queue de) dans un vol, 37.
Paon (Queue de) sortant d'une couronne, 39, 57, 101.
Taureau issant, 22.
Vol accompagnant une aigle, 21.
 — accompagnant un chien, 26.
 — accompagnant un cygne issant, 6.
 — accompagnant un lévrier, 14.
 — accompagnant un lion, 25.
Vol adossé par les pennes à la bande brochant, 29.
Vol herminé accompagnant une aigle issant, 24.
 — accompagnant une queue de paon, 87.

TABLE DES ÉCUS SANS LÉGENDES

Le numéro de renvoi indique la planche; la lettre qui suit indique le rang d'écus (a : premier rang ; b : deuxième rang, etc., etc.). — Ne sont pas compris dans cette table, les écus sans légendes, à légendes mutilées ou illisibles, dont l'attribution a pu être faite.

Aigle d'argent, sans tête, surmontée en chef d'une étoile d'or; champ de gueules, planche 110 b.
Banc de justice d'argent; champ de sable, 44 e.
Bande d'argent chargée de trois angemmes de gueules percées d'or; champ de gueules, 110 d.
Bande d'argent accompagnée en chef à sénestre d'une étoile de même ; champ de gueules, 116 c.
Bande d'azur chargée de trois étoiles d'argent; champ de gueules, 116 c.
Bande de sable ; champ d'or, 44 d.
Bœuf d'azur corné d'or ; champ de gueules, 108 d.
Château à trois tours et à porte crénelée d'or; champ de gueules, 110 c.
Chef d'azur; champ d'or, 84 a.
Chef de gueules au lambel d'or; champ d'argent, 48 d.
Chef d'or au lion de sable issant; champ de gueules, chargé de quatre losanges (3 et 1) de sable, 110 e.

TABLE DES ÉCUS SANS LÉGENDES.

Chef d'or, sur champ de gueules à trois bouterolles d'or (2 et 1), 48 *c*.
Chef palé argent et azur; champ de gueules, 41 *d*.
Chef de sable chargé de trois losanges d'argent; champ d'argent, 43 *e*.
Chevron d'argent, champ de gueules, 48 *d*.
Chevron accompagné de trois merlettes de sable (2 et 1) au lambel, 85 *e*.
— à l'écusson chargé d'un lion chargeant la pointe du chevron, 85 *d*.
— à l'étoile chargeant la pointe du chevron, 85 *d*.
Chevron de gueules sur champ d'argent, 44 *e*.
Chevron d'or sur gueules accompagné de trois feuilles de houx, 99 *b*.
Chevron de sable accompagné de trois merlettes de même (2 et 1); champ d'argent, 85 *e*.
— à la coquille d'or chargeant en pointe le chevron, 85 *e*.
— au lambel, 85 *e*.
Deux chevrons engrêlés de gueules sur champ d'argent, 116 *d*.
Deux croissants adossés, d'argent sur champ d'azur, 48 *d*.
Croix d'argent; champ de gueules, 48 *e*.
Croix engrêlée d'argent; champ de gueules, 48 *d*.
— de gueules; champ d'argent, 49.
Croix engrêlées de sinople cantonnée de quatre aiglettes; champ d'or, 116 *e*.
Croix archiépiscopale d'or; champ d'azur, 108 *e*.
Écartelé : 1 et 4, un fer de flèche (*strahla*) d'argent sur champ de gueules; 2 et 3, une fasce d'argent; champ d'azur, 108 *d*.
Échiqueté argent et azur, 110 *a*.
Échiquier ou losange échiqueté d'argent et de gueules; champ d'azur, 110 *c*.
Trois étoiles d'or (2 et 1); champ de sable, 41 *d*.
Fasce d'argent; champ de sable, 48 *e*.
(Van de Vere, pl. 51 *a*, porte semblables armes.)
Fasce d'or abaissée, accompagnée de deux lambels d'or de neuf pendants (5 et 4); champ d'azur, 48 *e*.
Fasce de sable; champ d'argent, 48 *a*.

Fasce *de sable*, accompagnée de trois fers de cheval (2 et 1) de gueules, 48 *e*.
— d'un huchet de gueules, 48 *b*.
— d'un lion de gueules issant sur le chef, 48 *e*.
— de trois lions de gueules (2 et 1), 48 *a*.
— de trois merlettes de sable en chef, 48 *a*.
— d'un poisson de sable passant en chef, 48 *b*.
Fasce *de sable sur champ d'argent*, accompagnée d'une tête de More de sable, à dextre en chef, 48 *c*.
— d'un tourteau de gueules à dextre en chef, 48 *c*.
— de trois tourteaux de gueules, 48 *b*.
Fasce de sable frettée or, accompagnée en chef de trois merlettes de sable ; champ d'argent, 48 *b*.
Fasce sable et or, 44 *d*.
Fasce sinople et or, au bâton de gueules mis en bande, 95 *a*.
Fer de cheval d'argent surmonté d'une croisette d'argent ; champ de gueules à la bordure d'argent, 109.
Idem à la flèche d'argent en pal, pointe en haut, 109 *a*.
Fer de flèche (*strahla*) d'argent ; champ de gueules, 108 *e*.
Six fleurs de lys d'argent en orle ; champ de gueules, 52 *e*.
Franc-quartier d'argent; champ de sable, 43 *e*.
Héron au naturel ; champ d'or, 44 *d*.
Léopard rampant d'argent tenant à la gueule un écusson de sable à fasce d'argent; champ de gueules, 54 *d*.
Lion d'argent à queue fourchée en sautoir ; champ d'azur, 116 *e*.
Lion d'argent; champ de sable billeté d'argent, 48 *e*.
Lion de gueules; champ d'argent à la bordure engrêlée de sable, 96 *e*.
— Champ d'or, 97 *a*.
Lion d'or sur champ d'azur, 109 *a*.
— à cinq coupeaux d'argent adextrés en pointe, 108 *a*.
Lion de sable ; champ d'argent, 48 *e*.
Lion de sinople; champ d'argent, 49.
Lion couronné de gueules; champ d'argent, 48 *a*.

Lionceau de gueules accompagné d'un demi-vol de sinople, 44 *e*.
Trois lions d'argent (2 et 1) sur un burelé d'or et de gueules, 48 *d*.
— de sable au lambel de gueules; champ d'argent, 90 *b*.

Il est à remarquer que dans le *Livre de Berri*, ces trois lions sont attribués à Du Hamel, tandis que, dans notre Armorial, le sautoir de l'écu voisin portant la légende Hammelet (qui paraît bien près de Du Hamel) est attribué par Berri à d'Auxigny.

Trois marteaux de sable au lambel d'azur ; champ d'argent, 49.
Trois merlettes de gueules; champ d'argent, 89 *d*.
Six merlettes d'or en orle; champ de gueules au franc-canton chargé d'un écusson de gueules à trois chevrons d'or (Crèvecœur), 89 *d*.
Trois pals de gueules; champ d'argent, 89 *c*.
Palé or et gueules, 48 *c*.
— à la bordure engrêlée d'azur, 48 *c*.
Parti : au 1, demi-lion or sur champ de gueules ; au 2, demi-aigle de sable ; champ d'argent, 109 *a*.
— au 1, de sable ; au 2, d'or, 43 *e*.
Trois pelles de gueules; champ d'argent, 49.
Poisson d'argent en bande; champ de gueules, 110 *e*.
Trois poissons d'or (l'un sur l'autre) sur champ de gueules, 110 *e*.
Quintefeuille d'hermines sur champ de gueules, 80 *e*.
Rose d'argent percée d'or sur champ de gueules, 108 *b*.
Deux demi-roues de moulin d'argent sur champ de gueules, 44 *d*.
Sanglier de sable sur champ d'or, 43 *d*.
Tête d'homme barbu au naturel, couronnée et cornée d'or; champ de sable, 109 *a*.
Tranché : 1, barre d'or, sur champ de gueules ; 2, étoile d'or sur champ d'azur, 110 *d*.
Demi-vol de sinople, à la serre d'or, accompagné à dextre d'un lionceau de gueules, 44 *e*.

MAISONS NOBLES OU SOUVERAINES

CITÉES DANS CET ARMORIAL[1]

Les numéros de renvoi indiquent les pages.

Abdank	page 243	Anghenus	258	Atry	218
Abbenbroek, Abenbrouke	134	Angherel	200	Aubegné	208
Abernetty	260	Angleterre (Roi d')	4, 13, 14, 46, 212	Aubigny	206
Acervorum	243, 248	Angou	174	Aubigny	208
Achsel	194	Anguisse	260	Auegherel	200
Aeghemont	128	Angus	260	Auclien	206
Aemstel	130	Anicourt	216	Audley	212
Aine	198	Anjou	174, 234	Auffemont	210
Aire	218	Ankere	208	Aumale	182
Albany, Albenye	258	Annandale	258	Aumont	178, 208
Albemarle	218	Annenberg, Anneperger	118	Auncan, Aunel	176
Albret	174	Annoy	174	Aunoy	174
Alençon	59, 174, 182	Anthoing, Antoing	44	Aunieux, Auniax	176
Alkeith, Alket	260	Antry	218	Aunou, Aunouf	188
Allanson	174, 182	Aquitaine (Duc d')	164, 168	Ausigny. *Voyez Hannelet.*	
Alours, Alous?	198	Aragon, Aragoon, Aragoun (Roi d')	59	Aussy, Ausy	59, 204
Alpehen	128		238, 240	Austoux, Auteux, Autheux (Des)	206
Alsace	108	Arghil, Argyle	258	Authuille	85, 204, 206
Amant	188	Ariano, Arienne	59	Autreven	59
Amelyn	224	Arondel	214, 224	Autriche (Duc d')	106, 108
Amerang	110	Artenburg	108	Autuil, Autuille. *Voyez Authuille.*	
Amiens (Év. d')	156	Artois (Cte d')	174, 202	Auviler, Auvilliers	184
Amont	178	Arundel	214, 224	Auxi, Auxy	59, 204
Amstel	130, 132	Ary	216	Avelnies	206
Anegherel	200	Arze	132	Axel	194, 198
Ancre	208	Ashburnham	212	Ayne	198
Anendal	258	Aspermont	124	Bacon	182
Angau	xix	Assendelft	128	Bacqueville	182
Anger	216	Asteley, Astelle, Astley	218	Baeveghem	200

---

1. Cette table comprend les formes anciennes et nouvelles des noms cités ; elle comprend aussi les noms de *herb* polonais, bien qu'ils s'appliquent à des tribus et non à des personnes. Leurs formes latines s'expliquent par l'usage du latin, répandu jadis en Pologne comme en Hongrie, mais qu'on ne paraît plus regarder comme la vraie langue universelle.

MAISONS NOBLES OU SOUVERAINES CITÉES DANS CET ARMORIAL.

Babengne	xx
Baldolf	214
Bailleul	196
Balfour	262
Balguwel	196
Bambeke	196
Bar (Duc de)	234
Bare, Barra, Barree	232
Basantin, Basentin	204, 210
Basset	222, 226
Bastie (La)	62
Bauffremont	34, 62
Baveus (Le), Bavous	178
Bavière (Duc de)	100
Bazentin	204, 210
Beauchamp (Angl.)	214
Beauffremont	34, 62
Beaufort	204
Beaumont (anglais)	216
Beaumont-le-Vicomte	182
Beaumont-sur-Oise	174
Beaurevoir	24, 62
Beauvais (Châtelain de)	208
Beauvais (Évêque de)	156
Beffroimont, Beffromont	34, 62
Begue, Beghue (Le) de Lannoy	30, 62
Belle	200
Belleforière, Belleforiers	210
Belmont	216
Belzew, Belzis	243, 248
Berckley	212, 214
Berg (Duc de)	140
Berges, Bergh	200
Berghen	140
Berkeley, Berkle	212, 214
Berkshire	212
Berner	110
Berri, Berry	174
Bertangle	208
Bertannhe (Bretagne)	xix
Bertran, Bertrans (Des)	182
Bertrancourt, Bertramnecourt	210
Béthizy, Betisy	208
Béthune	262
Beiran	182
Beuge. Voyez Villaines.	
Beumont	216
Beveringer, Beverling	112
Beverlee, Beverley	222
Beverngen, Beverughem	200
Biamont	182
Bioumont	174
Bigon, Bigos, Bigol	186
Bilini, Bilini	243, 248
Bilitsch	246
Blainville	188
Blanckensteiner, Blankenstainr	110
Blaukom	220
Blokom	220
Blont	220
Blotzen	132
Blount, Blunt	220, 222
Boelner	194
Bohain	62

Bohème (Roi de)	xx, 96
Behun	220
Bolicza, Boincza	243, 246
Bolzer, Bolers	194
Bolesla	244
Bolleor	194
Bolloingne	204
Bolton	212
Bonne	220
Borbon	174
Bordogne?	198
Borgonen, Borgonne	174
Borsele, Borssele	59, 85, 134
Bosincourt	208
Boskhaven	188
Bossche	134
Bussut	208
Boblezeine	132
Bolland, Botlant	134
Bouchain, Bouchany	258
Bouhaing	66
Boulogne	204
Boule	220
Bourbon (Duc de)	146 et s., 174
Bourchier, Bourchyr	218, 220
Bourgianville?	188
Bourgogne (Bâtard de)	59
Bourgogne (Duc de), Bourgoingne	2 61 et s., 147, 148, 162, 168, 174, 178
Bourgogne (M{t} de)	59
Bousede, Bouscheire, Bouseres	218
Bouteiller, Boutillier (Le)	176
Bouwellis	134
Bousincourt	208
Bouzyr	220
Boves	208
Boves (Des)	178
Boys	224
Brabant (Duc de)	102, 168
Bradell	120
Brandebourc, Brandebourg	98
Brandschidt	120
Brandyst	120
Branicki	252
Breda	147
Bredam, Bredamme	134
Brederod, Brederode, Breroe	59, 128
Bretagne, Breteingne (Duc de)	190
Brienne	18
Brimeu	12, 28, 32, 64, 78, 204
Briquebec	182
Briqueville	184
Bristol	212
Brog	248
Bronzvitz, Bronzwick	12, 13, 122
Bruce	258
Brucourt	182
Bruères	176
Bruges	59
Brunell	214
Brunswich, Brunswick (Duc de)	122, 124
Brunswick? (Noblesse de)	124
Bruyères	176
Brymeu. Voyez Brimeu.	

Buchan, Buchquhanie	258
Bucheim	108
Buchten	246
Buckingham	214
Buccheim	108
Buhn	220
Burgavenny	220
Burgau	110
Burleigh	262
Burnel	214
Burssel	134
Burton	220
Bussu, Bussus	208
Buton, Button	220
Bylina, Bylinh, Byliny	248
Caechpeg?	114
Coithness	260
Calandar	258
Calders, Caldes	120
Callender	258
Calonne	46
Calterburg	118
Calveley, Calverley	220
Caly	226
Camois, Camoys	218
Campagne (La)	188
Campbel	262
Camughe	218
Canaples	38, 62
Caninghe?	218
Canisy	186
Canole	218
Canouville	186
Canserville	222
Capienase	246
Cappele, Cappelle (La)	198
Carbonel, Carbonnel	186
Carinthie	108
Carkik	258
Carne	224
Carniole	108
Carricke	258
Costeau	52
Castel (Du)	208
Castelberck, Castelberg	118
Castielle, Castille (Roi de)	228, 240
Catais	260
Cats	134
Coudauwer	116
Cayeux	208
Cesille (Roi de)	234
Chalous, Châlons (Évêque de)	160
Chelon	34
Chambely, Chambly	176
Chambre (La)	200
Chamont	188
Champagne (Cte de)	168, 170
Champaigne (De la)	188
Champlitte	10, 50
Chandos	212
Chanevières	176
Chantemelle, Chantemerle	176
Charbonel, Charbonnel	186
Chargny, Charni	34, 62

ARMORIAL.   72

MAISONS NOBLES OU SOUVERAINES

Charleton, Charlton 214
Charny 34, 62
Charolais 56, 146, 148
Charters 176
Chartley 218
Chartres 176
Chasteler 210
Chasterelle 52
Châtel-sur-Moselle 58
Chaumont 188
Chelles 210
Chenevières, Chennevières . 176
Chenton 218
Chypre (Roi de) . . . . . . XI, XX
Cignorum 248
Cillia, Cilly 108
Ciolek 243
Cirrolb 250
Cisay 210
Cisoing 196
Clatz 134
Clavering 222
Clère, Clères 186
Clèves, Clevez (Duc de) 59, 62, 146, 148
Clifford, Cliffort 214
Clifton 224
Clingen 116
Clinton 218
Clite (La) 16
Cobaim, Cobbem, Cobham 216, 218
Cochet 224
Coinbre 59
Colehul, Colshull 226
Cologne (Archev. de) 90
Colshull 226
Comines, Comimnes, Commines. 16, 146 194, 200
Comminges 59
Connigspergher 118
Conpey 222
Conversan 18
Corabite 248
Corbes, Corbet 224
Corbie, Corbioes, Corbiois . . XXI
Corconne ? 188
Corey 186
Coron 224
Cortenay 224
Corstorfen, Corstorfyn, Corstorphin. 260
Cortgen 134
Corton 224
Coszeglow 246
Coton 224
Couffendov 120
Coulongne (Archev. de) . . . 90
Courcy 186
Courcy 182, 184
Courtejambe 6
Courtenay, Courtney . . . 214, 224
Craffort 260
Crafinge, Cralingen 130
Craneborch 128
Crannenborch 130
Cranston, Cranstown 262

Craon 36, 200
Crawford 260
Créqui, Créquy 38, 62, 204
Cresèques 196, 206
Crevcuer, Crevecœur 46, 146, 280
Crichton, Crighton 258
Crombwel, Cromwell 218
Cronenburg, Cronenburgh . 128, 130
Croy 28, 36, 146, 147
Crunicen 134
Cruningen 134
Cryky 204
Cuimbre, Cuinbre 59
Cujavie 243
Culper 222
Cumnald 260
Cuyr 224
Cygnorum 248
Cysoing 196
Czaborii 243, 248
Czartoryski 86
Czerosny 244
Dahouse 262
Dainville 178
Dalhousie 262
Dalkeith, Dalket 260
Dament 188
Dammartin 10, 174
Danegherel 200
Danou 188
Darby 214
Darcy 216
Darhalt 116
Daufin (Le), Dauphin 174
Dayne 198
Deinkou 216
Deinville 178
Del (Noms précédés de). Voir le nom qui suit cet article.
Demritz 248
Denyr 224
Derby 214
Dersy 216
Des (Noms précédés de). Voir le nom qui suit cet article.
Despencier 216
Desson 188
Deswet 214
Deveneshis 214, 224
Devereux 218
Devonshire 214, 224
Deyncurt 216
Deyr 224
Dichmude 194
Dierstein 108
Diloie 220
Disson 188
Divorde 130
Dixmude 194, 198
Dobrinen, Dobrinensis, Dobrzinen 243, 248
Dobrutsch 250
Docsenbore 216
Dolanga 243, 248
Doliva, Doliwa 244, 250

Dombar 260
Dombrowa 243
Dommarc, Dommart 208
Donboch 134
Donville 186
Dorset 218
Dosse, Dost 112
Douglas 256, 258, 260, 262
Dour 206
Dourdan 59
Dours 206
Doust 130
Dria, Driia 244, 248
Drinckham, Drinckkem, Dringham, Drinkam 196
Drochzes 110, 112
Drongelon 128
Dronghel 128
Druchzaes 118
Drya 248
Du Bos 210
Du Castel 208
Ducgelle 200
Dudley 220
Dugelle 200
Du Merle 188
Duivenvoorde 130
Dunbar 260
Dundonald 260
Ebersdorf, Eberstorf, Eberstorff. 108
Ebs, Ebser 116
Eckardsau 116
Ecker 120
Eckersaw 116
Écluse (L'), ville 48
Écosse (Connétable d') . . . 260
Écosse (Roi d') 256
Écosse (Stouwart d') 258
Écosse (Maréchal d') 260
Edemenston, Edmonton . 258, 260
Edgcumbe 212
Eemskerke 132
Eghemont 128
Egmond, Egmont 128, 140
Egremont 212
Eincourt 216
Eineval, Einsval 184
Einville 178
Elsass, Elzaes 108
Empereur du St-Empire . 88, 90 et s.
Encre 208
Enghien 18, 62
Eninghem, Enyngham . . 218, 224
Epineuse 210
Equlbeke 196
Erck 118
Erdanvielle 208
Erkentwater 224
Erpe 200
Erpingem, Erpingham . . . 220
Errol 260
Erskine, Erskyn 262
Ertemps 174
Escalles 214

CITÉES DANS CET ARMORIAL. 283

Escaudœuvres.	8	
Escornaix, Escornay.	194, 200	
Esneval	184	
Espagne	226	
Espineuse	210	
Espinois, Espinoy	44	
Essars (Des), Essarts.	176, 178	
Essen	xix	
Esson	188	
Estampes.	59	
Estaulevin	196	
Estenasse	194	
Estouteville.	184	
Étampes.	xx, 59, 146, 174	
Eu	174, 182	
Everreux.	174, 218	
Everrinne, Everwyn	134	
Évreux.	174, 240	
Exeter.	214	
Eysinger, Eytzing.	116	
Falkenstein.	98	
Falkenstein (P⁰ de).	118	
Falmouth.	188	
Falstaff	216, 224	
Fart.	108	
Fastol, Fastolfer.	216, 224	
Faucomberg	212	
Fauguernon	186	
Fauquembergt.	204, 212	
Fay, Fayon.	210	
Febus.	216	
Feif.	260	
Ferires	184	
Ferrers, Ferres.	212, 216, 218	
Ferrette	108	
Ferrières, Ferrires	184	
Ferté-Fresnel (La).	186	
Fiennes	147	
Fife.	260	
Finlater	256	
Fitz-Alan	214	
Fitz-Hugues	216	
Fitz-Symond	220	
Fitz-Vacol	224	
Fitz-Walter.	216	
Fitz-Waren, Warin, Waryn.	220, 224	
Flandre (C¹⁰ de).	2, 86, 168, 192	
Flede, Fiets	222	
Floitt	112	
Fokemberge.	204	
Folencamp.	210	
Fontaines.	188, 204	
Fontenay	184	
Fouvent	48	
Forbes	256	
Forenannp.	210	
Forneval.	218	
Forrester, Forster.	260	
Fossart de Moriamont	210	
Fossés (Des).	196	
Fosseus, Fosseux.	204	
Fouencamps	210	
Fouilloy, Foulloy	206	
France, Francse (Roide).	13, 144, 147, 174	
Frelay.	200	
Fresencourt, Fressancourt	206	
Fretel.	204	
Frettie.	116	
Freundsberg	118	
Frisszestorfer	112	
Fromiger.	118	
Fröschel.	114	
Frunspergher.	118	
Frushberg	118	
Frusie.	114	
Fuchs, Fuchsen.	118	
Fürmion.	118	
Furnival.	218	
Fyf, Fyfe.	260	
Fywater	216	
Gacé, Gacy.	184	
Gaesbeke.	128, 147	
Gainsborough.	212	
Galois, Gallois (Le) d'Aunoy	174	
Gandersheim.	114	
Garenchières, Garencières, Garenciers.	178	
Gavre.	194	
Gayernstain.	110	
Gayman	110	
Geyerstein	110	
Geymanner.	110	
Ghasbeke.	128	
Ghavere.	194	
Ghelder, Gheldere.	xix, 142	
Ghistelles.	194, 196, 198, 200	
Gidney, Ginney.	220	
Gieleicha, Gieliicha	243	
Gistelle. *Voyez Ghistelle*.		
Glamis.	262	
Glisy	210	
Globok.	250	
Glocester, Gloseter.	214	
Gnesna, Gnesne.	244, 246	
Godzamba, —sambo, —siemba.	243, 246	
Goldecker, Goldegger.	120	
Gordon	260	
Goriach	258	
Goritz, Gorts.	108	
Gosliski	250	
Goszen, Gotsen.	120	
Gottschalkowski.	250	
Gournay.	178	
Graby.	216	
Grachat	196, 198	
Gracht.	196, 198	
Gradel, Gradelner, Gradener.	112	
Graecht.	196, 198	
Graham, Grame.	262	
Grange (La)	178	
Granville.	212	
Gräser.	114	
Graville.	184	
Gray. *Voir Grey*.		
Greef	220	
Greiffenstein.	118	
Grem	262	
Grengal	188	
Grengues	188
Grosloc	218
Grey	214, 216, 218
Greystock.	218
Griesingen	120
Grif.	220
Griffin.	214
Griffus, Grifon	243, 248
Grigny.	32
Grimala, Grzimala.	244, 250
Groby	216
Groeneveit	130
Grovenvelt	130
Grundziski.	250
Gruhuse (La), Gruthuse, Grutusse.	xxvi, 59, 147, 194
Gryessinge.	120
Gryffin.	214
Gryffonstain.	118
Guacy.	184
Gueldre, Guelle (Duc de).	59, 140, 142
Guevara	59
Guines.	204
Gurst	108
Guynes.	204
Gyestelle.	194
Habaert, Habart, Habbart	204
Habebourg, Habsperg	108
Habdanck, Habdank, Habedank.	243, 248
Habspurg.	118
Hack?	114
Hael, Haeln	118
Haemstede.	128
Hafcker, Hafckerke, Haffkerke.	194, 196
Haimelyn, Hainelyn.	224
Hainaut (C¹⁰ de).	xviii, xix
Hakema	130
Haliburton	258
Halis, Halles.	262
Hallewin, Halluin, Halvin.	194, 196
Hamelet	208
Hamelin, Hamelyn.	224
Hammelet. (C'est l'écu d'Ausigny dans le *Livre de Berri*).	208
Hämstede	128
Hangait	206
Hangard, Hangart.	206
Hangest, Hangies	210
Hannejcherak.	116
Hantes.	42
Harchin	262
Harcourt.	182, 212, 220
Hardyng.	222
Harecourt.	220
Haretot.	220
Harington	226
Harington	218
Harinton.	222
Harlem	132
Harpergher.	116
Harrington.	218, 222
Harting	222
Hartoes	xix, xxi
Harynghton.	226

ARMORIAL. 73

Hazelau	112	Hoyembrouck	10	Korab, Korabite, Korabyo, Korabyrum	243, 248
Haska	248	Hugem	230	Korcsbok, Korzbok	250
Hasso	200	Humbercourt	32, 146	Korcznek, Korczackovie	244
Hassendelf	128	Humière, Humières	59, 204	Kosliarogi, Kozlarog	243, 246
Hasting, Hastings, Hastink	216, 220	Hungerford	216	Krackaw	116
Haubourdin (Bastard de)	15	Huntington	216	Kraigga	112
Haycourt	206	Huntley	184	Krain, Kran	108
Hauser	116	Hylton	216	Kranenberg, Kranenperg	112, 116
Hausoye (Le)	208	Hyndford	256	Kreyer	112
Hautbourdin	54, 61, 147	Iager, Iagher	118	Kyeperg	108
Hautot	188	Idemspuger, Idungspeugen	112	Kythoeck	120
Haveskerke	194, 196	Il, Ila, Ile (L')	216, 218, 262	Kynyky	248
Hay	260	Ilchester	212	Kyryel	222
Hazelaw	112	Ile. *Voyes* Il.		*Le* (Noms précédés de). *Voir* le nom qui suit cet article.	
Hebdank	246	Ile-Adam	26, 174		
Hedichufune	128	Irby	224	Labet	246
Heemskerck	132	Irlton	260	Labret	174
Heemstede	132	Iseghen	194	Lalain, Lalaing, Lallaing. 42, 50, 65, 78, 146	
Heestruut	52	Isenberghe	200	Lamberg, Lamberger, Lamperg	110
Hegham	220	Isenghem	194	Lancastre	212
Heilly, Helye	206	Isle (L')	262	Lanciensis, Lanciensis	248
Heliburton	256	Isle-Adam	70	Longres (Évêque de)	152
Hemsrode	10, 62	Ivery	188	Lannoy, Lanoy. 14, 22, 30, 59, 62, 198	
Hemstede	10	Ivry	188	Lanstrove	236
Henaut, Hennegau	XVIII, XIX	Jadcaster	212	Laon (Évêque de)	154
Herlem	192	Janiima, Janik	244, 252	Lasessequin?	XI
Herpingham	220	Janssen	198	La Ware, La Warre	216
Herring	260, 262	Jastrzebiec	243	La Water, Laweder	262
Herstruut	10	Jauy	176	*Le* (Noms précédés de). *Voir* le nom qui suit cet article.	
Hertenfeldn	118	Jehanson	198		
Hertenvelder	118	Jelita	243, 246	Lebenberg	120
Herline	232	Jérusalem	234	Leilebuer	134
Hervey	212	Jeumont	46	Leliwa	248
Heryng	260	Jöchlinger, Jolincher	110	Lennox	256, 258
Herzeele, Herzeilles	62	Jouvelle	20	Léon (Roi de)	228, 240
Hesse (Landgrave de)	92	Jouy	176	Léopolien	243, 246
Heuchin	204	Juliers, Jullet	140, 142	Lerbinnet?	214
Hilton	216	Jully	176	Lescrop	218
Hirsson	258	Jumel, Jumelets, Jumelles, Jumelles	206	Lestrange	214, 220
Hochenburg	108	Kacl	120	Leszic	248
Hodenpyl	132	Kalisien	243, 246	Levenperger	118
Hoesdaien	128	Kall	120	Levingston	258
Hoesdinne	128	Kamers	218	Lewart	248
Hohenfeldt	114	Kappeler	116	Leyburne	214
Hohenperg	108	Karn, Karnes	224	Leyk	226
Hohenstaufen	104	Karnthen	108	Lichtemperger	118
Hohenveker	114	Karrick	256	Lichtenstain	110
Hohenzollern	98	Kateler? (Jorge)	112	Lichtensteiner	120
Hoiepyl	132	Keek	214	Lichtervelde	192, 194
Holderness	212, 216	Keith	258, 260	Liddall	262
Hollande, Hollant (Cte de)	XVIII	Kepinski	246	Liechtenberg	118
Hommet	186	Kerke	196	Liechtenstein	110, 120
Hondschoot	194	Kerren	108	Liedekerke	196
Hongerford	216	Kettenburg	118	Lieliwa	248
Hongrie (Roi de)	232, 234	Kibourg	108	Liestervelt	132
Hontigton, Hontiton	214	Kieck	214	Ligne	218
Honguerye	232	Kieperg	108	Ligny	12, 24
Hoo	224	Kifouk	130	Lilady	26
Hornes	146	Kintzich	124	Lile, Liler, Lille	216, 218
Hor	248	Kirkeby	224	Limbeurch, Limborch	126
Hotot	188	Klingel	116	Limbourg (Duc de)	126
Hou	224	Knobelsdorf	116	Linax	258
Houcort	206	Knoll, Knolles	218	Lincoln	212
Houssoye (La)	208	Königsberger, Königsperg	118		

Lindeboeuf, Lindebuef 188	Marischall 214	Molley-Bacon 182
Lindsay 260	Marke 200	Mon (Duc des) 140
Linscote, Lintacoten 132	Marlborough 212	Monchy 204, 208, 210
Liosome 226	Marquette 48	Monfort. Voyez Montfort.
Lisle. Voyez Isle.	Marre 256	Monfort (Allem.) 108
Lisle-Adam 26	Marsce (La) 258	Monfort (Holl.) 128
Livingstone 256	Marschal, Marshall . 214, 258, 260, 262	Monfort (Norm.) 186
Lodike 134	Martel 182, 188	Monmorency 174
Lodyck 134	Marthington 222	Monsures, Monsures 206
Lodza, Lodzia? 243, 246	Marizel 114	Monsy 264
Longe, Longen? 222	Marvaie, Marvoie 130	Montagie? 118
Longeval 206	Masincourt 28	Montagu 212, 220
Longpré 196	Masovie, Masowe 243, 246	Montagut (Neufchastel) . . . 38, 77
Longueval 206, 208, 210	Matel. Voyez Martel.	Montagut, Montaigu (France) . . 176
Loupré 196	Matham 222	Montaigu 38, 77
Lorraine (Duc de) . . . 168, 234	Maucourt 206	Montfoort, Montfort (Holl.) . . 128
Lorssignol 85	Maucreu, Maucreux, Maucroix . . 208	Montfort (Allem.) 108
Losenstein, Lossenstein 112	Maudit, Mauduit 220	Montfort (Norm.) 186
Lothier (Duc de) 102	Maulde 218	Montgomery 256
Lougen 222	Maule 218	Montmorency 174
Lovat 256	Mauloé 186	Montpensier 148
Lovell, Lowell 218	Mauquenchy 188	Montrose 256
Löwenberg 118, 120	Maurussin 176	Monts (Duc des) 140
Luchelemborch 138	Mauvoisin 176	Moordrecht 128
Lucy 214	Mayence (Archev. de) 92	Morave, Moravie 108
Lumley 218	Maxwel, Maxwell 262	Moray 258
Luneborch, Lunebourg (Duc de) . 122	Mecklenbourg 98	Morbecq 200
Lusenbourc 138	Meere 132	Mordrech 128
Luvel 218	Meilezdorf 110	Moreheved 216
Luxembourg (Duc de) . 18, 24, 54, 62, 138	Meissau 110	Morehier 174
Lusignan 54	Meitbench 108	Morel de Viller 174
Lutzelburg 138	Melun 44, 174	Morelet du Bos 210
Lyeliwa 243, 248	Menteith 260	Moreuil, Moreul 208
Lyle 216	Meowed 246	Morhier 174
Lymington 212	Mer 250	Morismont, Morimont 210
Lysonne 226	Mercquerque 198	Morkerke 198
Lyttleton 212	Mere 132	Morlancourt 208
Lywy 248	Méricourt 208	Morlay, Morley 214
Maberger 114	Merle (Du) 188	Mortimer 214
Maelstede 134	Mérode 124	Moszezyez 248
Maerschalk 30	Mersz, Merzsee 118	Mothe (La), Motte 36, 62
Magdebourg 108	Metam, Metan, Metham . . . 222	Mountague 220
Magremont 210	Metternich 92	Moutonvillers 206
Mahren 108	Meurs 40, 65	Mouy, Moy 206, 208
Maigremont 210	Meylersdorffer 110	Mowbray 214
Mailly 85, 204, 206	Mézières (Pic.) 206	Muhleim 118
Maircourt 208	Miatecht 260	Muin 208
Maisières, Maizières 206	Mine, Minne 130	Mulem, Mullem (Flandre) . . . 198
Maldeghem 194, 198	Mingoval 12	Mullem (All.) 118
Malemains, Malesmains, Mallemains 184, 188	Miraumont 206	Mulinen 118
	Misnie 136	Murray 258
Mallet 184	Missaw 110	Mylan? (Duc de) XVI
Mally. Voyez Mailly.	Miszinger 112	Mylenosky 248
Malstede 134	Mitry 174	Myraumont 206
Mamines 30, 63, 196, 200	Modiht? 220	Myse 136
Mandoustky, Mandrosthki, Mandrostki 244, 250	Modrzciewski 248	Naaldwiik 128
	Moerbeke 200	Nairn 258
Manpeg, Mansberg? 116	Moerkerke 198	Nalenc, Nalencz, Nalecz, Nalencz . 243, 246
Maortes 216	Moers 40	Nalwic 128
Mar 256, 260	Mohier 174	Nantoilet, Nantouillet, Nantoullet . 174, 176
March 258	Molay-Bacon (Le) 182	Narn 258
March, Marche (La) 214	Mole (Du) 188	Nastialka 246
Marche (La) 174	Molembais, Molembaix . . . 30, 62	Navare, Navarre (Roi de) . 228, 240
Marck (La) 200	Molencort, Molencourt 208	Navina 250

MAISONS NOBLES OU SOUVERAINES

Nom	Page
Nediasvale?	262
Nedertwern	120
Nedon	85
Nefchastel	58
Neidecker	112
Nery	176
Nesle	210
Neubourg, Neufboreh, Neufbourg	186
Neuchâtel, Neufchastel	34, 58, 59
Neufville	204
Neuvil	226
Nevele	200
Nevers	174
Nevil, Nevill, Neville	216, 226
Neydeck, Neydeckh	112
Niederthorn	120
Niewenrode	130
Nieukerke, Nieuwerkerken	200
Niwenro	130
Nivelle	200
Noielle, Noielles	52, 204
Norantan	216
Normandie (Duc de), Normandie	166, 180
Northammerlant	214
Northampton	212, 216
Northesk	256
Northumberland	212, 214
Norvegaie, Norvège, Norweghe (Roi de)	230
Novina, Nowina	244, 250
Nowaczerce	250
Noyelle-Vion, Noyelles, Noyelles-Wion	52, 204
Noyon (Évêque de)	158
Nyesobia	243
Nyvelle	200
Oberheimer, Oberheimer	110
Obigny	206
Ocksza	250, 252
Oesenbore	216
Odoren	108
Odorsky	248
Odrovas, Odrowasch	243, 246
Oestende	134
Oesterhout	130
Oestgeest	132
Oestghet	132
Oestkerke	198
Offemont	210
Ogilvy	260
Ogle	222
Ogonczyk, Ogonow	243, 248
Oinville	178
Oisy	208
Onescha	114
Ongherie	232
Onsembray	176
Ontescote	194
Oosterhout	130
Oostkerke	198
Opporow	244
Orange	78
Orgemont	176
Orkenay, Orkney	258

Nom	Page
Orleans, Orlens (Duc d')	xix, xx, 59
Orlis, Orlia	168, 174
Ortembourg, Ortenburg	244, 250
Ostende	108
Ostevant, Ostervant	134
Ostoia, Ostoya	59
Ostrevant	243, 248
Ostrowski	59
Otot	243
Ouelle, Ouille	188
Oultre?	196
Oxa	196
Oxenford	244, 252
Oxford	214
Oxyet	214, 216
Oysy	214
Pables	208
Pacy	222
Paennel	176
Palatin du Rhin (Cte)	184
Palbes	96, 100
Panel	222
Panhalff, Panhalm	184
Pannel	114
Papeller	184
Pappenheim	116
Pardeel	96
Passeyr, Passeyr	120
Passy	118
Paynel, Payniel	176
Pebles	184, 186
Pecther	222
Peilendorf, Pellendorffer	116
Peller	110
Pembroke	116
Pemin	216
Pennes	218
Percy	218
Perenstorfer	114
Perner	110
Pernstörfer	114
Persing	116
Perston	258
Pery	218
Peyser	112
Pfirt	108
Piercy	214, 218
Pilannen	130
Pirzchala	244, 252
Pittaw	110
Placotau	246
Plannes	184
Platsch	120
Plymouth	212
Pobodze, Pobog	248
Poderoye	132
Poelgeest	128
Poeltendorf	112
Polaine. Voyez Pologne.	
Pole (La)	216, 220
Polheim	108
Pollaine	242
Pollenhaim	108

Nom	Page
Poltheimb	108
Pologne (Grande)	244
Pologne (Maréchal de)	242
Pologne (Roi de)	242
Pollendorff	112
Polukozia, Polvkozia	244, 252
Poméranie	xviii, 48
Pomian	244, 250
Pomponne	176
Pomyanow	250
Poniatowski	243
Ponis	212
Pont-sur-Saône	48
Pontailler, Pontalier, Pontallier	50
Porcaril	243
Poroye	132
Port-sur-Saône	48
Portenau	108
Portland	212
Portmore	256
Portnaw	108
Portugal (Roi de)	xx, 48, 236
Pot	6, 62, 63, 78, 146
Potendorff	110
Poterie (La)	186
Potielle	198
Potinger	116
Potire (La)	186
Pottendorf	110
Potuliski	250
Pouckes, Poucques	200
Powalia, Powaliia	243, 248
Powis	214
Pouiglest	128
Powlet	212
Praet	196, 198
Praitaug	182
Prawdzitarum, Prawdzic	244, 250
Prayeus	182
Préaux	182
Précy	178
Pressy	178
Preston	258
Pringhe	218
Pritzelwitz	252
Probelwitz	246
Proyaus	182
Prugne-au-Pot	6
Prunelé, Prunelle, Prunequin	178, 184
Prusse, Prussen	xviii, xix, 98
Przegina	243
Puchaim	108
Pulimley	218
Pulkozic	250, 252
Pumpone	176
Pusiner	114
Quenoville	186
Quera	208
Querieu, Querrieux	208
Quierieu	208
Quiriel	222
Rabedane	204
Rabodanges, Rabodenguez	204
Radcliffe	224, 256

Rademen, Radmen 220	Rosenberch 132	Schemonski 248
Radzywill 243	Rosendale 128	Scherenham 116
Raepborst 130	Rosenharst, Rosenhatz 116	Schinghen 134
Rains 13	Rosnel 176	Schlondersperg 120
Rame 204	Rosny 176	Schonau 110
Ramsay 260, 262	Rotherfede, Rothresfeld . . . 216	Schwanniberg 248
Raporst 130	Roubois, Roubaix . . . 8, 62, 196	Schweinbock 112, 114, 246
Rappach 112	Rouchelif, Rouclif 222	Scrobesteiner 120
Rasperolla? 248	Rous 224	Schleudersperger 120
Rastenberg 112	Rouvray, Rovrey 184	Scrop, Scrope (Le) 218
Ratclif 224	Roye 59, 146	Sebner 118
Rateler 112	Rubempré 206	Seidlitz 250
Ratelief 224	Ruckendorffer, Rukendorf . . . 110	Seine 186
Ratmandorf, Ratmansdorf . . . 112	Rutland 212	Semmartin 182
Rava, Rawa 243, 246	Ryvery 208	Senne 186
Ravenstein, Ravestain 59	Saarwerden 98	Sepdene 226
Readman, Redman 220	Sacey 184	Sesyle xx
Reibnitz 114	Sachs, Sachsen 114	Seton, Setonne 258
Reiffenstein 118	Sacquenville 188	Seule 186
Reims (Archev. de) 150	Sainjorge 4	Sevenbergen 130
Reina 112	Saint-Amand 218	Sevenberghe 130
Reines 222	Saint-André, Andris (Archev. de) 262	Seventer 130
Rekegem, Rekeghem 198	Saint-Brice 188	Shilney 222
Renchvliette 194	Saint-Bry 188	Shrewsbury 212, 216
Renesse, Renisse 134	Saint-Clair 176	Sicile (Roi de) . . . . xx, 234
Renty 28, 204	Saint-Cler, Saint-Clerc . . . 176	Sickingen 108
Respsza 248	Saint-Denis 186	Silésie (Duc de) 98, 122
Reubempré 206	Saint-George 4	Simencourt 208
Reybenez 114	Saint-Hamant 218	Sinclair 258
Reynes 222	Saint-Johan, Saint-John . . . 216	Sipers xx
Rhodes xvi	Saint-Léger, Saint-Liger . . . 226	Siradie 248
Richmond 212	Saint-Martin 182	Sisay, Sisoy 210
Riffyn 214	Saint-Paul, Saint-Pol . . 18, 147, 204	Sisoing 196
Rigney 10	Saint-Quinctyn 226	Slandersporgher 120
Riqueboure, Riquebourg . . . 210	Sainte-Croix 4	Sobitschowsker 250
Rivery 208	Sainte-Treille 145	Somerset 212, 218
Rivière (La) 196	Sakeville 226	Somervil 262
Robais 196	Salcock, Salkok 226	Sommer 120
Roch 244, 252	Salisbury, Salsbry . . . 214, 220	Sommerville 262
Rochebekle 216	Saltkesde 222	Sotenghen, Sotenghien . . . 194
Rochef 222	Samochuly, Samotulski . . . 246	Souabe (Duc de) 104
Roche (La) 59	Sanberghe 200	Souche 216, 218, 226
Roche-Nolay (La), Roche-Norday,	Santes 14	Soutse 216, 218
Roche-Noulay 6	Santon 214	Soyecourt 208
Rochepot (La) 6	Santhorst 128	Spangen, Spanghen 132
Rockendorffer 110	Sacqueville, Saqueville 188	Sparrenberg, Sparrnberg . . . 120
Rockingham 212	Saresin, Sarrasin 184	Spauer, Spaur 120
Rodenperg 110	Sart de Muin (Le) 208	Speaernperger 120
Roe (Jean de la) 48	Sassen. Voyez Saxen.	Spencer, Spensyr . . . 212, 216
Roerpach 112	Saucourt 208	Spiess, Spitz 118
Roga, Rogala, Rogalia . . 243, 248	Savech 248	Srzeniawa, Srzeniawa . . 244, 250
Rohrbach 112	Savoie, Savoyen (Duc de) . xviii, 168	Stafford, Stafffort 214
Roir 110	Saxe (Duc de), Saxen . . 96, 102	Stahrenberg 108, 112
Rokeghem 198	Say, Saye 220	Stamford 212
Rola, Rolia, Rolisse . . . 243, 246	Scak 200	Stanley 220
Rollancourt 208	Scales, Scailes 214	Starburgh 226
Rollo 256	Scarborough 218	Starykon 243
Rombais 62, 196	Scauwenberch 108	Starza 246
Ronel 176	Scelt? 248	Stauwel, Stauwell 224
Rony 176	Scerenhanner 116	Steenhuyse 194, 200
Roos 224	Seewinkin 246	Stennut. Voyez Steenhuyse . . 200
Roosendael 128	Sceynibliald 248	Stenteles 222
Ros, Ross 260	Schneck 200	Stenusse 194
Rosa, Roseza, Rosza . . 243, 246	Schauenbourg 108	Sterenberghsr 120

MAISONS NOBLES OU SOUVERAINES

Sterenborch	130	Toulouse (Cte de)	168, 172	Vignay	186
Sterlin, Stirling	260	Tour-sur-Marne (La)	36, 62	Viguorry	48
Steyer	108	Touraine (Duc de)	258	Vilain	194, 196
Stochamer, Stockhörner	110	Tournebu	184, 186	Vilanders	120
Storrenperg	112	Tours-sur-Marne	62	Villaines	206
Stourton	212	Toustall	222, 226	Villaines (Le Bouge de)	176
Stouwart	258	Trabi, Trabli, Traby	243, 248	Viller, Villers	174
Strafford	212	Trambley	176	Villers l'Ile-Adam	36, 174
Strange	214, 220	Trauewirter	116	Villerval	14, 22, 62
Stratheran, Strathern	260	Traun	112	Villiers	206
Strzegomia, Strzegonia	243, 246	Trautson	118	Villiers	186
Stuart	256, 258	Traves	18	Villiers l'Ile-Adam	26, 174
Stubenberg, Stubenperg	114	Tremblay	176	Vinteler, Vintler	120
Stumberg	110	Trémouille (La)	20, 62, 64	Virton?	198
Styrie	108	Trèves (Archev. de)	94	Vittelmoerde	130
Styrmarck	108	Tric	176	Vlanders	120
Suède (Roi de)	254	Trimouille (Le)	20, 62	Vliet, Vliette	194, 198
Suffolck, Sufolk	216	Tromusen	118	Voerne	134
Sullen	130	Tronchiennes	62	Volchestorff, Volckensdorf, Volckers-	
Sulley	222	Truchses	112	dorff	108
Sullich	xviii	Trukhmuller	118	Voorhoute	196
Sully	222	Truner	112	Voorne, Vorne	134
Sulyma	243	Trusch	110	Vorout	196
Suntheim	118	Tufel	114	Vos	198
Sussex	212	Tunstall. *Voyez* Toustall		Voux	118
Sutherland	256	Tyroil, Tyrol	108	Vovrin	196
Swambek	248	Udford	226	Voyewodestz	243
Swaven	104	Uflecke	222	Vueren	196
Swievoda	243, 248	Urs	108	Vuhre (Del)	196
Swinbeg	112	Utequerque; Utherke, Utkerke,		Wacker	114
Swinki	243, 246	Uytkerke	10, 62, 194	Waequies (même écu que Ware-	
Symon, Symond (Fitz)	220	Vadencourt	206	gines, dans le *Livre de Berri*)	208
Szeliga, Szeligy	250	Valence (Angl.)	216	Wadencourt	206
Szwiewoda	248	Vandalie	98	Walde	112
Szyrokomlia	248	Van der Cappelle	198	Waldsee	108
Taisson	186	Van der Meere	132	Walhain	200
Talbot	216, 220	Van der Stolpe	xix	Walse	108
Talmay, Talmer	50	Vandrinckkem	196	Wancourt	204
Tamperg	114	Varengnez	206	Wanwilton	218
Tancarville, Tankerville	184, 212	Varennes	206	Warbylton	222
Taunberg	114	Varlets?	222	Warde (La)	132
Tapow	246	Vaulers	xviii	War, Ware (La)	212, 216
Taurorum	246	Vauviller	210	Waregines, Wargnies	208
Ternant	36	Vavry	196	Waren	220
Teruemlen?	130	Veispeiacher	116	Warwick, Warwyck	214
Tesson	186	Velanders	120	Waryn	220, 224
Tettoden	132	Vendôme	174	Wassenaer, Wassenare, Wassenere,	
Teuffel	114	Vere (Angl.)	214	Wassenere	128
Theuville	186	Vere (Holl.)	132	Wateringen, Wateringhen	128
Thiennes	46	Vere (Pic.)	206	Waterton, Wateton	220
Thierstein	108	Vere (La)	59, 134, 146	Wauviller	210
Thibonville	184	Vere (Van de)	134	Waven	130
Thiéville	186	Vergy	34	Wavrin	196
Thiguonville	176	Vergy (Antoine de)	10, 48, 62, 64	Wayn	220
Thois	46	Vergy (Jean de)	48	Wedengys	128
Tholongeon, Thoulonjon	18, 44	Vernenbourg	xxi, 56	Webinger, Wehingher	110
Thuringe	136	Vernom, Vernon (Angl.)	224	Weillemfriaur	110
Tibouville	184	Vernon	184	Weiburghe	132
Tignonville	176	Vers	206	Weispriach	116
Tilly	182	Verton	198	Welfer	118
Tiville	186	Viane, Vianen	128	Well	214
Tepor	243, 246	Vienne (Bourgogne)	4, 34, 62, 63	Welsberg	110
Tornbu, Tornebu	186	Vieuville, Viéville (La)	204	Wentwater	224
Toulongeon	18, 44, 62, 78, 146	Vighenstainer	120	Wentworth	212

Wentzky	248	Wiston	218	Zelekobde	226
Were	132	Wittington	224	Zemchuelt	132
Wernembourg	xxi, 56	Woessenesnere	128	Zenevelt	132
Wernau	224	Woilzestorf	112	Zepbene	226
Wersinig	120	Woinseckemarck	108	Zevander	130
West	220	Wolkenstein	120	Zhyiney	222
Westmerland, Westmorland	214	Wretton?	198	Zitwinde	132
Weylheim	110	Wuerfel, Würfel	110	Zouche (La)	216, 218, 226
Weymouth	212	Wylby	216	Zuaven	101
Wiettolf	xvii	Wythoingtol, Wylrington	224	Zutwiit	132
Wiezbieta	252	Yle (l')	216	Zuydwyk	132
Wilferstorf	112	Ysseistein	128, 130	Zully	222
Willoughby	216	Yvelduroz?	226	Zaylen	128, 130
Wilton	214, 248	Zador, Zadora	243, 248	Zveten	132
Winden	110	Zamoiski	243	Zybiilka	246
Windischmark	108	Zarbygon	226	Zwieten	132
Winendale	59	Zassnem	132	Zyel, Zyl	128
Winnecker, Winegk	118	Zaypser	120	Zyrkiby	224
Wireton?	198	Zebech	112		
Wistemberg	147	Zeelkinge, Zeelkinghe, Zeickhing	110, 114		

SOURCES CONSULTÉES

Notre liste serait dix fois plus longue si elle comprenait tous les titres d'ouvrages auxquels nous avons recouru sans succès. Elle se borne à l'énumération de ceux qui ont été principalement utiles.

Le texte de ce fac-simile n'étant par le fait qu'une suite d'annotations destinées à faire mieux comprendre nos fac-simile, nous n'avons pas jugé utile de multiplier les renvois en bas de page. Les sources ont été indiquées dans le corps du texte quand la nécessité s'en est fait sentir. D'une façon générale, nous allons revenir sur ces indications.

Pour l'*Armorial de la Toison d'Or*, la tâche était facile, parce qu'elle se limitait à un petit nombre de personnalités. Il a suffi de suivre les *Insignia equitum Velleris aurei* de Chifflet (Anvers, 1632) pour relever les modifications apportées par le temps aux armes de certaines familles. Le *Mausolée de la Toison d'Or* (Amsterdam, 1669) et l'armorial de Maurice (*Blason de la Toison d'Or*, La Haye, 1667), ainsi que l'armorial manuscrit 627 (314) de la bibliothèque de Dijon, ont permis de compléter un contingent de données suffisantes pour notre cadre. Les *Ordonnances* de la Toison ont été données d'après le texte de Saint-Remy, ce qui n'empêche point une réimpression officielle, celle de Vienne (1735) d'avoir fourni la matière (page 38) d'une remarque utile.

Les communications de M. Georges Duplessis, conservateur du cabinet des Estampes de la Bibliothèque nationale, de MM. Guignard, bibliothécaire de la ville de Dijon, et Garnier, archiviste de la Côte-d'Or, de M. Castan, bibliothécaire de la ville de Besançon, nous ont été précieuses en ce qui regardait divers manuscrits sur l'ordre de la Toison d'Or. Les planches conservées au cabinet des Estampes ont ceci de particulier qu'elles semblent une copie faite, par à peu près, au siècle dernier, d'une suite équestre presque semblable à la nôtre, mais ne regardant que les chevaliers de la première promotion. Les bibliothécaires de Bruxelles, de Bâle et de Lille ont enfin bien voulu adresser des indications qui nous ont fait vivement regretter de ne pouvoir aller les mettre à profit dans leurs dépôts respectifs.

Beaucoup plus nombreuses, mais moins déterminées, étaient les sources à consulter pour l'*Armorial de l'Europe*.

Comme manuscrits, nous citerons :

1° A la Bibliothèque nationale, les livres du roi d'armes Berry (4985, ms. français, quinzième siècle) et du héraut d'armes Navarre (14356, ms. français, daté de 1406), ainsi que d'autres armoriaux du quinzième siècle conservés sous les n°⁵ 5930, 18651 et 24020;

2° A la bibliothèque de l'Arsenal : les précieuses copies d'anciens livrets héraldiques du quinzième siècle, faites par Du Cange (n°⁵ 5256 et 5257), ainsi que la copie d'un armorial de Charolais (Jean de Saint-Remy), daté de 1425 (n° 4150) et les *Stemmata Polonica* (1114, ms. latins). Les copies de Du Cange précitées étaient pour nous d'une importance exceptionnelle, car elles ont été prises sur des livres d'armes presque contemporains du nôtre. Sans leur aide, notre embarras eût été bien plus grand.

Pour ce qui regarde les imprimés, il y avait à chercher un peu partout.

Du côté de l'Allemagne, je me suis aidé du *Wappenbuch* (éditions de Nuremberg, 1605 et 1667), du texte explicatif du *Livre de Gelre*, fac-similé exécuté par M. Victor Bouton, d'après un manuscrit établi sur le même plan que le nôtre, mais antérieur d'un siècle. L'examen de l'exemplaire de la *Cavalcade de Maximilien* possédé par le cabinet des Estampes de la Bibliothèque nationale, n'a pas été non plus inutile. Pour la France, la Picardie et les Flandres, nous avons consulté les chroniques de Monstrelet, de Commines, de Saint-Remy, d'Olivier de la Marche, de Du Clercq, du chevalier de Lalain, le nobiliaire d'Haudicquer de Blancourt, les inventaires de sceaux artésiens, picards et flamands publiés par Demay, et surtout son inventaire des sceaux de la collection Clairambault. Ce dernier répertoire a été d'un bien plus grand secours que les ouvrages historiques proprement dits, les grands recueils généalogiques et les armoriaux particuliers de chaque province.

L'altération des noms, la disparition des familles, la complication des brisures adoptées par leurs membres pour se mieux distinguer, ont été de grands obstacles. Nos rectifications, nos éclaircissements, ne portent que sur une partie de notre contingent, et cependant leur petit nombre représente bien des efforts. Il est tel écu de famille éteinte au sujet duquel une longue correspondance s'est poursuivie sans résultat, parce que la bonne volonté et le savoir des érudits ne pouvaient rien, même sur l'histoire locale où ils étaient passés maîtres.

Hors de France, les difficultés se sont accrues nécessairement. Ainsi, nos recherches dans les livres héraldiques anglais ont été bien moins profitables qu'une liste des anciennes promotions de l'Ordre de la Jarretière donnée par le *British compendium* de 1769. Le *Scots compendium* de 1764 nous a servi également. Un secours inappréciable a été celui de la copie manuscrite, faite par Du Cange, d'un livre d'armes anglais de 1420 (5256, ms. bibliothèque de l'Arsenal).

L'*Art de vérifier les dates* et la *Science héroïque* de Vulson de la Colombière (Boissieu) ont également contribué au texte des figures équestres pour ce qui concerne certaines souverainetés disparues. D'un monastère de Burgos, Dom Du Coëtlosquet a bien voulu nous renseigner sur l'état présent des chaînes de Navarre. Autant que possible, j'ai tendu à l'éclaircissement des détails héraldiques et de leurs traditions.

L'*Orbis Polonus* d'Okolski, imprimé à Cracovie en 1643, et un exemplaire colorié des *Arma regni Poloniæ*, conservé à la bibliothèque de l'Arsenal (15717, Histoire in-12), nous ont aussi servi, moins toutefois que les communications de M. le baron Oscar de Watteville, directeur honoraire au ministère de l'Instruction publique, en ce qui concernait les écus polonais, comme les écus allemands et flamands. M. Janvier, d'Amiens, nous a aidé pour certains écus picards. Les incertitudes causées par l'examen des écus de Brunswick eussent été plus complètes sans l'avis de M. le professeur Hildebrand, de Berlin, et de M. l'archiviste de Brunswick.

Nous devons enfin exprimer notre gratitude à MM. O. Thierry et Depret; leur obligeance habituelle a facilité nos recherches aux Imprimés et aux Manuscrits de la Bibliothèque nationale, où les travailleurs n'ont rencontré en aucun temps plus gracieuse assistance. On doit rendre cette justice à la haute direction de M. Léopold Delisle, son administrateur général.

INDEX DES MATIÈRES

Les numéros renvoient aux pages de texte; les numéros suivis d'un astérisque (*) renvoient aux pages de l'Introduction, qui est paginée en chiffres romains. — Pour la recherche des noms de personnes et détails héraldiques, se reporter aux trois tables qui précèdent, avec lesquelles cet index ne fait point double emploi.

Aigle du Saint-Empire. Ses modifications, page 88.
Allemagne. Écus de sa noblesse, 108 et suivantes.
Angleterre. Écus de sa noblesse, 214 et suiv.
Armement des figures. Est de la première moitié du quinzième siècle. *Voyez* Chapeau de Montauban, Souliers à la poulaine.
Armes. *Voyez* Noblesse.
Armes et cimiers de figures équestres autres que ceux attribués généralement, 104, 122, 124, 126, 136, 140, 150, 188, 190, 202, 230, 234. (Les variantes relevées pour les écus sont en regard de chaque planche.)
Armorial (Manuscrit du présent). Comment sa publication fut entreprise, 22*, 86. — Description et inventaire détaillé, 17* et suiv. — Lacunes et biffures, 9* et suiv., 18* et suiv. Mutilations, interversions, additions facétieuses, 16*, 17* et suiv., 26*, 96. — Son auteur probable, 9* et suiv. — Ses divers possesseurs, 15* et suiv. — Dates auxquelles on a pu commencer et poursuivre son exécution, 8*, 9*, 10*, 56, 83, 142. — Pourquoi il n'a pas été publié jusqu'ici, 22*. — Impossibilité de le photographier, 9*. — *Voyez* Figures, Filigrane, Légendes, Noblesse.
Armorial de l'Europe, 83 à 262.
Armorial de la Toison d'or, 25*, 26*, 2 à 79.
Artois. Écus de sa noblesse, 204 et suiv.
Avant-propos de l'Armorial de la Toison d'or, 25*, 26*.
Avant-propos de l'Armorial de l'Europe, 83 à 86.
Banderole à devise du casque du Cte de Toulouse, 84.
Bannières, 90 à 100, 150 à 172.
Bâtards chevaliers de la Toison, 61.
Berry (Le Livre d'armes de). Analogies et différences avec cet Armorial, 9*, 11*.
Bibliothèque Nationale de Paris; bibliothèques de Besançon, Bruxelles, Dijon et Lille. Leurs conservateurs ont facilité le travail de la publication de cet Armorial, 289, 290.
Blason polonais. Ses particularités, 85, 242 et suiv.
Bleu de France. Reflets jaunes et roux du manteau royal, 156.
Brabant (Duc de). Son droit de porter l'épée de l'Empereur, 102. — Représente le duc de Normandie au sacre de Charles V, 168.
Brabant, héraut d'armes, 14*.
Brandebourg (Margrave de). Il a le privilège de ne pas porter sa couronne lorsqu'il présente l'aiguière à l'Empereur, 98.
Brisures des écus, selon l'ordre de naissance. Usages différents, 84, 85.
Brunswick (Duc et noblesse de). Comment les armes et la figure représentées sont douteuses, 122, 124.
Bruxelles (Manuscrits de), 13*, 14*, 17*.
Casques. *Voyez* Heaume, Salade.

Chaînes de Navarre. *Voyez* Traditions héraldiques.
Chanoines de Cologne déposant leur évêque, 90.
Chapeau de Montauban, 7*, 88, 92, 145, 170.
Charolais (Comte de). Comment sa figure aide à préciser la date de l'Armorial, 25*.
Charolais, héraut d'armes. *Voyez* Saint-Remy.
Chérubins porte-mitre et porte-heaume, 145.
Chevaux. Ils ne sont que des mannequins sans tête, 7*.
Chromotypographies de l'Armorial, 22*.
Cimier. Son ajustage, 8*. — N'est point porté en costume de pair et de prince électeur, 96. — Cimier de fantaisie, 146. — Changements de cimiers, 100, 106, 178. — Table héraldique de cimiers, 277.
Clairambault (Inventaire de la collection). Utilité de ses tables, 290.
Clés de l'écu épiscopal de Beauvais. Forme oubliée, 156.
Coëtlosquet (Dom E. du), communication, 240.
Collier de la Toison, 10*, 25*, 2, 10.
Costumes, 8*, 146 et suiv. — Différences du costume de pair avec le costume de suzerain, 162. — *Voyez* Tournois.
Cottes d'armes, 8*, 88, 145.
Crancelin. Sa signification, 96.
Créquier, prunellier, 38.
Cris de guerre. *Voyez* Devises.
Czartoryski, 86.
Découpoir de gantier changé en ancre, 114.
Dédicace grotesque, 16*.
Devinette scatologique, 16*.
Devises et cris de guerre, 2, 4, 6, 10, 16, 18, 22, 26, 28, 30, 32, 34, 36, 38, 40, 42, 44, 54, 100, 106, 122, 144, 145, 162, 164, 168, 170, 172, 180, 182, 190, 202, 212, 232, 234, 256, 258, 260, 262.
Devises françaises d'Angleterre et d'Écosse, 212, 256.
Dictons de la noblesse bourguignonne, 34, 38, 48, 50, 77.
Du Cange. Ses précieuses copies d'armoriaux ont facilité grandement l'explication des légendes, 290.
Écosse. Écus de sa noblesse, 258 et suiv.
Écus. Leur table héraldique, 263 et suiv.
Écus de l'Europe septentrionale. *Voyez* Noblesse.
Écus de l'Europe méridionale. Leur absence, 11*.
Électeurs du Saint-Empire (Princes). Prérogatives à la cour impériale, 7*, 90 à 100.
Empire (Le Saint-), ses armes et sa couronne, 88. *Voyez* Électeurs.
Enluminure de l'Armorial, 7*, 84.
Épée des prélats électeurs et pairs ecclésiastiques, 7*, 90.
Épitaphe du margrave de Misnie, 136.
Étendards et bannières. Leurs différences, 170.

INDEX DES MATIÈRES.

Étoile, charge héraldique distincte de la molette, 134.
Figures équestres. Leur description, 2 à 79, 83 à 262. — Leur caractère conventionnel, 7*, 83, 84. — Leur exécution, 7*, 9*, 20, 84, 86.
Figures équestres du seizième siècle, non reproduites, 18*, 26*.
Filigranes du papier de l'Armorial, 17*.
Flandre. Écus de sa noblesse, 194 et suiv.
Fleur de lis (Double), 2, 46, 145.
Française (Langue), omise parmi celles dont l'enseignement est exigible pour les fils d'Électeurs, 94.
France. Écus de sa noblesse, 174 et suiv.
France. Titre d'archichancelier pour la France, porté par l'archevêque de Trèves, 94.
Fusil, roi d'armes de la Toison. Ne semble pas être l'auteur de cet Armorial, 15*.
Hache des armes de Norwège, 230.
Hachements. Voyez Lambrequins.
Heaume, 8*, 25*, 2, 145.
Hérauts d'armes. Voyez Officiers d'armes.
Herb polonais. Leur énumération, 242 et suiv.
Hermine de Bretagne, 190.
Hohenzollern (Frédéric VI de). Son acquisition du Brandebourg, 98.
Hollande. Écus de sa noblesse, 128 et suiv.
Housses de chevaux, 8*, 9*, 145.
Introduction de l'Armorial, 7* à 22*.
Inventaire descriptif de l'Armorial, 18* et suiv.
Italie. Allusion à sa rentrée dans le Saint-Empire, 90.
Jeanne d'Arc vendue par Jean de Luxembourg, comte de Ligny, 24.
Lambrequins, 7*, 8*, 63, 170.
Légendes des planches, 9*, 84 et suiv. — Relevé de leurs changements et de leurs ratures, 18* à 21*.
Léopards d'Angleterre, 212. — Leur similitude avec les léopards d'Aquitaine, de Normandie, 164.
Livres d'armes. Leur tenue prescrite, 11*, 12*.
Livre de services militaires et voyages des Lannoy, 14, 22.
Louis XI. Son entrée de 1461 dans Paris, 145.
Manteau d'armes, 8*.
Maréchaux d'armes, 12*, 14*.
Merlettes. Différences de leur nombre sur les écus d'Aumont, 178. (Elles distinguaient sans doute l'ordre de naissance de plusieurs frères. Voyez 84 et 85.)
Molette d'éperon. Voyez Étoile.
Montjoie, cri de ralliement, 2, 144.
Mühl (Ed.). Ses chromotypographies, 22*.
Noblesse d'Allemagne, 108 et suiv.; — d'Angleterre, 214 et suiv.; — d'Artois, 204 et suiv.; — de Brunswick, 124 et suiv.; — d'Écosse, 258 et suiv.; — de Flandre, 194 et suiv.; — de France, 174 et suiv.; — de Hollande, 128.; — de Normandie, 182 et suiv.; — de Pologne, 246 et suiv.
Noms des maisons nobles citées dans l'Armorial, 281 à 289.
Noms altérés et déformés. Voyez Légendes.
Normandie. Écus de sa noblesse, 182 et suiv.
Officiers d'armes. Mutations, cumul, 9*. — Compétence juridique, 10*. — Situation sur le champ de bataille, 10*. — Obligations héraldiques, 11*. — Hiérarchie, costume, mode de nomination, privilèges, 12*, 14*. — Officiers d'armes de Philippe le Bon, 15*.
Ordre des matières, 5*.

Pairs de France (Les douze premiers). Armes et prérogatives au sacre, 150 à 172. — Pairies éteintes, représentées au sacre par délégation, 166.
Palatin (Comte). Manque au manuscrit. — Attribution des cornes de son cimier au duc de Bavière, 100.
Pape. Il consacre et dépose l'Empereur, 88.
Paulmy (Marquis de), 17*.
Pèlerinages, 10*, 14, 22.
Philippe le Bon, duc de Bourgogne, 2, 61 et suiv.
Pologne. Écus de sa noblesse, 85, 242, 246 et suiv.
Pourpre, couleur. Sa nuance en blason, 228.
Poursuivants d'armes, 11*, 12*.
Procès pour fuite devant l'ennemi, 10*, 38, 78.
Procès héraldique, 10*, 28.
Quicherat (Jules), 22*.
Radiation d'un chevalier de la Toison, passée sous silence par des armoriaux, 38.
Rois d'armes. Voyez Officiers d'armes.
Sacre du roi de France. Fonctions des pairs, 150 à 172.
Saint-Remy (Jean de), dit Charolais, dit Toison d'or, héraut d'armes de Bourgogne, roi d'armes de la Toison, 76. — Pourquoi on pourrait le supposer auteur de cet Armorial, 9* à 15*, 88, 162. — Raison qui en peut faire douter, 14*. — Ses rapports avec l'étranger, 11*. — Ses missions, ses ouvrages historiques et héraldiques, 13*, 14*, 61. — Sa mort, 13*.
Salade de cent mille écus, 2, 148.
Savoie (Philippe de) représente le comté de Champagne au sacre de Charles VIII, 168.
Selles d'armes, 8*.
Sicile, héraut, 11*.
Souabe (Duc de). Armes autres que les armes connues, 104.
Souliers à la poulaine, 8*.
Sources accessibles, 289.
Table des noms de maisons nobles et souveraines, 281-289.
Tables héraldiques des écus, housses et cottes d'armes, 263 et suiv.; — des cimiers, 277; — des écus sans légendes, 270.
Toison d'or, roi d'armes. Voyez Saint-Remy.
Toison d'or (Ordre de la). Pensée première et devise, 25*. — Institution, 61. — Fêtes et tenues de Chapitre, 62 et suiv. — Costumes, 62, 69. — Ordonnances, 65 et suiv. — Ses officiers, 74. — Procès d'un de ses membres, 10*, 38, 77. — Promotions de 1429 à 1433 : planches I à XXXIX. — Inscriptions des promotions de 1440 à 1461, 26*, 59. Voyez Collier.
Traditions héraldiques : Crancelin de Saxe, 96. — Fasce d'Autriche, 106. — Lion de Léon et castel de Castille, 228. — Quatre fasces de Hongrie, 232. — Croix et alérions de Lorraine, 234. — Cinq écussons de Portugal, 236. — Pals d'Aragon, 238. — Chaînes de Navarre, 240. — Aigle de Pologne, 242. — Trois couronnes de Danemark, 254. — Trescheur d'Écosse, 256. Voyez Hermine, Léopards, Turbans.
Turbans du duc d'Aquitaine et du comte de Toulouse, 164, 172.
Tournois, 8*, 12*, 24, 36, 42, 54.
Vermandois, héraut d'armes. Son livre, 11*.
Watteville (Baron Oscar de). Ses communications, 85 et suiv., 106, 110, 112, 114, 118, 130, 242 et suiv.

ACHEVÉ D'IMPRIMER

LE PREMIER DÉCEMBRE MIL HUIT CENT QUATRE-VINGT-DIX

PAR BERGER-LEVRAULT ET Cie

A NANCY

www.ingramcontent.com/pod-product-compliance
Lightning Source LLC
Chambersburg PA
CBHW050915230426
43666CB00010B/2181